FREIHEIT DES MENSCHEN

# FREIHEIT DES MENSCHEN

Im Auftrag des Direktoriums
der Salzburger Hochschulwochen
herausgegeben von

ANSGAR PAUS



Ex libris:

Verlag Styria

Der vorliegende Band enthält die Vorlesungen der Salzburger Hochschulwochen 1973, die in der Zeit vom 30. Juli bis 11. August unter dem Leitthema „Freiheit des Menschen“ an der Universität Salzburg abgehalten wurden.

ISBN 3 222 10789 0

Printed in Austria
Einbandgestaltung: Christoph Albrecht
Gesamtherstellung:
Druck- und Verlagshaus Styria, Graz

# INHALT

# VORWORT

Die Überschwenglichkeit der Zukunftsverheißungen auf allen Ebenen des europäischen und außereuropäischen geistigen, politischen und wirtschaftlichen Geschehens hat dazu geführt, daß sich die Weltgesellschaft vornehmlich vom quantitativen Wert des Wachstums bestimmt weiß. Der unabhängig vom anderen über sich selbst verfügende Mensch wird heute immer nachdrücklicher von der Erkenntnis betroffen, daß er sich in einer Freiheit gefangen sieht, deren Maß die Unfreiheit anderer ist. Die Technik steht unter dem Druck einer unabsehbaren herrschenden Entwicklung, welche Freiheit im Öffentlichkeitsbild und in der Privatsphäre vortäuscht und zugleich abbaut. Der erklärte Wille zur absoluten Zukunftserwartung wird in die revolutionären Impulse einer kritischen Verneinung der Vergangenheit und der vergangenheitshörigen Gegenwart eingebunden. Das bewußte Heraufführen einer besseren Welt ist auf das Ziel der unbedingten Selbstbestimmung des einzelnen und seiner uneingeschränkten Mitbestimmung hingeordnet.

In dieser geschichtlichen Lage mag die Weisheit des christlich-humanistischen Abendlandes als Lehr- und Lebensüberlieferung wohl erschüttert sein; sie ist dennoch lebendig und vermag nicht zuletzt wegen ihres teilweise tiefen Einklanges mit der Weisheit außereuropäischer Hochkulturen ein Modell des Ordnungspluralismus bereitzustellen, in dem die naturgegebene Freiheit in den verschiedenen Lebensräumen kraft der Zuordnung des Menschen zur Transzendenz eines Ersten Ordnenden erst voll zur Entfaltung kommen kann. Der in diesem Ordnungsbezug zum Vorschein kommende scheinbare Rechtsverzicht des Menschen in Form der freiheitlichen Bindung schützt nicht nur aufs beste gegen jegliche Art besonders der politischen Verführung. Er bannt auch die bedrohliche Gefahr einer „völligen und von allen Autoritäten entblößten Freiheit“, denn diese entartete Freiheit schlägt notwendigerweise um in die Tyrannei, in der die Willkür eines Einzelnen gesetzlos herrscht.

Die Erkenntnis dieser Zusammenhänge ist der Anlaß für die erneute Thematisierung der Freiheit des Menschen im Rahmen der Salzburger Hochschulwochen 1973. Der ungebrochene Aktualitätswert dieser Problematik liegt zur gegenwärtigen Stunde auf der Hand. Die umfassende Wirklichkeit der menschlichen Freiheit läßt allerdings nur zu, daß lediglich einige – freilich nicht unwesentliche – Aspekte gegebenenfalls wieder ins klare Bewußtsein gehoben werden können.

Die wache Sorge für die Sache der Freiheit wird sich stets positiv orientieren und bewähren an jener Freiheit, zu der Christus uns gerufen und frei gemacht hat. Sie findet ihre letzte Vollendung im uneingeschränkten Dienst an der Gerechtigkeit und Liebe.

Salzburg, im Frühjahr 1974 *Ansgar Paus*

*Joseph Ratzinger*

# TRADITION UND FORTSCHRITT

Schlagwörter wie Traditionalismus und Progressismus, die noch vor einigen Jahren zulänglich das Gegenüber zweier Grundeinstellungen in der Kirche zu beschreiben schienen, sind inzwischen für alle ernsthaften Teilnehmer am Ringen um eine neue Ortsbestimmung von Kirche, Welt und Mensch in dieser Zeit schal geworden. Langsam wird sichtbar, daß wir das richtige Verhältnis zur Zeit alle zusammen neu erobern müssen. War vordem die Vergangenheit durch Institutionen und Sitten die tragende Kraft gewesen, die auch der Gegenwart die Muster lieferte, um das Problem des Menschseins zu bestehen, so hat in dem immer schneller werdenden Prozeß der Veränderungen die Zukunft alle Gewichte an sich gezogen: Heute ist nicht mehr, was gestern war, und morgen wird verändert sein, was heute ist; dabei wird die Zeitspanne, die ein „Heute" umschreibt, immer kürzer; ehe man sich versieht, trägt das eben noch modern Geglaubte die Bezeichnung Opas Kino, Opas Kühlschrank, Opas Zeit usw. – man fühlt sich nicht nur einmal im Leben, sondern Dutzende Male in den Stand des Opa versetzt und hätte, würde es danach gehen, schon in einem Jahrzehnt ein paar Generationen durchlaufen. Zugleich aber erhebt sich die Frage, welches Raumanzugs wir wohl bedürfen, um dieses kosmische Tempo zu bestehen, mit dem wir immer schneller aus der Erdanziehung der Tradition fortfliegen, und auch der Gedanke steigt auf, welche Bodenkontrollen wohl nötig sind, um nicht in der Weite des Alls zu verglühen, als Homunkulus der Technik zu zerplatzen – Fragen, die heute nicht mehr als obskurantische Verbohrtheit abzuweisen sind, sondern sich denen am eindringlichsten stellen, die am meisten über das Tempo unserer Entfernung vom Überlieferten wissen und am genauesten die Probleme dieses geschichtlichen Raumflugs der Menschheit kennen.

Die kirchliche und die menschheitliche Problematik lassen sich hier längst nicht mehr voneinander trennen, auch wenn es natürlich spezifisch christliche und spezifisch kirchliche Fragen gibt, die aber doch immer in der menschheitlichen Perspektive gesehen werden müssen; wo die Kirche dies übersähe, würde sie ihren innersten Konstruktionspunkt verkennen, der sie zur Universalität, d. h. zu einem Dienst an der Menschheit, an der Menschlichkeit der Menschen bestimmt. Ich möchte in den notwendig fragmentarischen Überlegungen dieses Beitrages daher so vorgehen, daß ich mit einigen Bemerkungen zum Verhältnis von Tradition und Fortschritt ganz allgemein beginne, dann die Frage untersuche, wie beides im Ursprung des Christlichen zueinander steht, um von da aus abschließend ein paar Aussagen über den Weg der Kirche heute zu gewinnen.

### *Tradition und Humanität*

Wenn wir zunächst einmal fragen, wie überhaupt Tradition und Traditionsbruch in der menschlichen Existenz zusammenstehen, so drängen sich zwei gegensätzliche Thesen auf. Einerseits gibt es Grund zu sagen, daß der Mensch von der Tradition lebt, ja daß sie ihn allereigentlichst als Menschen konstituiert; anderseits besteht die These, daß die Neuzeit auf Traditionsbruch beruht, ihren Fortschritt der Tatsache verdankt, daß sie die Tradition zugunsten der Rationalität verlassen hat. Wie verhält sich beides zueinander? Ist die Neuzeit nun die Befreiung des Menschen zu sich selbst oder der Beginn seiner Zerstörung? Ist sie der späte Aufbruch in die eigentliche Menschwerdung des Menschen oder der Anfang seines Endes? Je nach der Art, wie man das Phänomen der Tradition veranschlagt, wird man darauf anders antworten müssen; der tiefe Riß, der durch die Neuzeit geht, ruht eben darauf, daß sich an dieser Stelle die Wege getrennt haben.

## 1. Tradition als Voraussetzung von Humanität

Untersuchen wir die beiden Thesen einzeln, um ihrer Wahrheit oder Unwahrheit auf den Grund zu kommen. Im Blick auf Köhlers Schimpansenversuche, bei denen der Schimpanse Sultan sich fähig gezeigt hatte, eine Art Werkzeug zu erfinden, aber unfähig, etwas davon für die Zukunft weiterzugeben, hat A. Rüstow formuliert: „Was den Tieren im Gegensatz zum Menschen in Wahrheit fehlt, das ist, genau genommen, nicht der Geist, sondern Tradition — Tradition als die Möglichkeit, Geisterzeugtes weiterzugeben und so von Generation zu Generation bewahrend zu vermehren und zu bereichern.“ [1] An dieser Formulierung ist unschwer ein schiefer Begriff von „Geist“ zu kritisieren; statt des Wortes „Geist“ müßte so etwas wie Invention stehen, und dann könnte man den Satz, sachlich angemessener, etwa so fassen: Daß den Tieren trotz der ihnen möglichen Invention Geist fehlt, zeigt sich in der Unfähigkeit, Invention in Tradition und so in einen geschichtsstiftenden Zusammenhang umzusetzen. Anders gesagt: Invention gewinnt Bedeutung erst, wo sie Tradition zu schaffen vermag, denn erst so bildet sie Geschichte.

Damit tun sich aber bereits entscheidende Perspektiven für unser Problem auf. Der untrennbare Zusammenhang zwischen Humanität und Geschichte wird sichtbar: Humanität und Geschichtlichkeit, Geist und Geschichte stehen in einem unlöslichen Zusammenhang. Menschlicher Geist schafft Geschichte, Geschichte bedingt menschliche Existenz. Wenn wir das Charakteristische von Geschichte noch präziser zu fassen versuchen, heißt das: Das Humane – der Geist – manifestiert sich in der Überschreitung der Zeit, des Augenblicks: Geist ist grundlegend Gedächtnis – Einheit stiftender Zusammenhang über die Grenze der Augenblicke hinweg. Damit halten wir nun eine Kette zusammenhängender Begriffe in Händen, deren Fügung wir etwa so formulieren können: Geist erweist sein Geistsein als Gedächtnis – Gedächtnis stiftet Tradition – Tradition realisiert sich in Geschichte – Geschichte als vorgefundener Zusammenhang des Menschseins ermöglicht wiederum Menschsein, das ohne die notwendig transtemporale Relation der Mitmenschlichkeit nicht zu sich selbst erwacht und sich nicht auszudrücken vermag. Noch eines dürfte mit dieser Überlegung deutlich geworden sein: daß die Fähigkeit, Vergangenheit verwahrend festzuhalten, gleichbedeutend ist mit der Fähigkeit, Zukunft in der Gegenwart zu antizipieren und jetzt schon zu entwerfen. Denn als das Entscheidende an Überlieferung erwies sich uns ja gerade die Fähigkeit, mein Jetzt als bedeutsam auch für das Morgen der Nachkommenden zu erkennen und ihnen daher das heute Gefundene für morgen zu übergeben; umgekehrt bedeutet Traditionsfähigkeit, das gestern Gefundene heute zu verwahren und so den Zusammenhang eines Weges durch die Zeit und damit eben Geschichte zu bauen. Das heißt: Tradition, richtig verstanden, bedeutet die Überschreitung des Heute nach beiden Richtungen; Vergangenheit kann als zu bewahrende nur entdeckt werden, wo Zukunft als Aufgabe gesehen ist; die Entdeckung der Zukunft und der Vergangenheit bedingen sich gegenseitig, und eben diese unteilbare Entdeckung von Zeit ist das, was überhaupt Tradition ausmacht. Die Akzente können verschieden liegen, aber nur, wo die ganze Zeit entdeckt ist, da ist Tradition geschehen. In diesem Sinn können wir als erstes Ergebnis unserer Überlegungen die Aussage festhalten, daß Tradition als Konstitutivum von Geschichte für ein real sich vollziehendes Menschsein, für die humanitas hominis konstitutiv ist.

Bevor wir das Problem der Neuzeit demgegenüber ins Spiel bringen, wird es nützlich sein, noch einige ergänzende Aspekte dieser These ins Auge zu fassen, um ihren Anspruch und ihre Grenze möglichst deutlich zu sehen. Wir hatten bisher den Sachzusammenhang Gedächtnis – Tradition – Geschichte – Menschsein bedacht. Nun müssen wir noch ein Mittelglied ins Auge fassen, das dabei bisher als selbstverständlich vorausgesetzt geblieben war. Wie kann denn eigentlich Gedächtnis zu Tradition werden? Wie vollzieht sich die Vermittlung? Nun, eben durch Mit-teilung. Durch Ver-äußerung des Gedächtnisses an die anderen hin. Insofern ist neben der Transtemporalität die Mitteilungsfähigkeit ein zweites Kennmal des Geistbegriffes und zugleich ein zweiter Begriffsgehalt von Tradition. Humane Mitteilung vollzieht sich in vielerlei Formen, aber sie hat doch zentral die Gestalt der Sprache. So können wir sagen: Sprache ist zugleich Mittel und Gehalt von Tradition; Tradition hängt an der Sprachlichkeit des Menschen, die ihrerseits die zeitübergreifende Kommunikation der Menschen im Gemeinsamen des Menschseins stiftet.

Indem wir dies sagen, wird unsere Vorstellung von Tradition schon konkreter; Gedächtnis und Sprache bieten zusammen ein Modell für das Zeitverhältnis von Tradition. Denn Gedächtnis wirkt sinngebend, indem es Einheit stiftet, das Vergangene in Gegenwart vermittelt und zugleich Ausgriff auf Zukunft vollzieht. Es erweist sich darin als wahres Gedächtnis, daß es einerseits getreulich das Vergangene festhält, anderseits dies Vergangene aus den Erfahrungen der Gegenwart neu versteht und damit Voranschreiten auf Zukunft ermöglicht. Ebenso Sprache: Sie erfüllt ihre einheitsstiftende Funktion wesentlich als vorgegebene, als empfangene; Bedingung ihrer Wirksamkeit ist ihre Unbeliebigkeit, ihr Traditionscharakter. Aber zugleich erfüllt sie ihre geschichtsgewährende Funktion nur, indem sie geöffnet wird für die jeweils neuen Erfahrungen neuer Generationen und so auch ausdrucksfähig bleibt für weitergehende Traditionsbildung, für die Reinigung der Tradition und damit für die weiterzubauende Geschichte.

Damit zeichnet sich eine Erkenntnis ab, die sich im Schlußteil unserer Überlegungen als wichtig erweisen wird: Tradition braucht ein Traditionssubjekt, einen Traditionsträger. Sie findet ihn (nicht nur, aber doch grundlegend) in der Sprachgemeinschaft. Die Sache der Tradition hat wie mit Geschichte, so auch etwas mit Gemeinschaft zu tun. Sie ist nur möglich, weil viele Subjekte im Zusammenhalt gemeinsamer Überlieferung so etwas wie *ein* Subjekt werden. Die alte Welt hat diesen Sachverhalt sehr realistisch in der Lebensform des Clans gelebt: Hier stehen alle für einen, einer für alle; was einem widerfährt, ist allen widerfahren, was einer getan hat, haben alle getan. Sie haften solidarisch als ein Subjekt, sie sind einer: Kanaan, Edom, Israel. [2] Auch wenn wir solchen Verfassungen längst weit entfremdet sind, können wir etwas von ihrer Realität noch immer erkennen eben in dem Sprachsubjekt, an dem wir als Mitsprechende dieser Sprache teilhaben; an dem Geschichtssubjekt, in das uns unsere Herkunft eingliedert, so daß wir unausweichlich an Segen und Fluch dieser bestimmten Geschichte beteiligt sind. Erst wenn diese Zusammenhänge wieder gründlich reflektiert werden, wird man anthropologische Urdaten wieder begreifen können, die in einer allzu individualistischen Anthropologie ortlos geworden waren. Was ist etwa Uroffenbarung, was Ursünde? Natürlich kann die eine nicht einfach Weitergabe einzelner Erinnerungsfetzen des ersten Menschen an eine ihm zuteil gewordene Rede Gottes sein – dann müßte es in der Menschheitsgeschichte anders aussehen; natürlich kann letztere nicht als Produkt von Zeugung oder von bloß äußerem schlechten Beispiel aufgefaßt werden. Nach dem bisher Bedachten dürfen wir sagen, daß „Menschheit" in dem Augenblick entsteht, in dem Traditionsfähigkeit entsteht. Uroffenbarung würde dann bedeuten, daß es in der Bildung von Traditionssubjekten Urgegebenheiten gibt, die über das eigene Vermögen des Menschen, jedes einzelnen hinausweisen, die aber neuem Offenbarungsempfang in der Gehorsamserfahrung der großen Gründer offenstehen, jener Großen, die sich der Transzendenz verfügbar halten und ihr Einlaß gewähren; umgekehrt bedeutet dies auch die Möglichkeit des Verfalls, der Untreue, der Eigenmacht. Und Erbsünde würde dann dies heißen: Das Humanum wird durch Überlieferung gegründet, zu deren Aufbrechen zuallererst auch die Hörfähigkeit gegenüber dem Anderen gehört (das wir Gott nennen); aber dem wäre hinzuzufügen, daß von Anfang an nicht nur diese Hörfähigkeit und das Hören, sondern auch Sünde konstitutiv wurde für die Art der Subjektbildung, die ihrerseits konstitutiv ist für Menschsein überhaupt.

## 2. Tradition als Gefährdung der Humanität

Damit aber führt uns diese scheinbare Abschweifung von neuem auf den Traditionsbegriff zurück und zugleich auf die Problematik der Neuzeit hin. Schon vorhin hatte sich eine Möglichkeit zu einer gewissen Versöhnung abgezeichnet zwischen der Idee der Tradition als Gründung des Menschseins und des Traditionsbruches, insofern wir sagen konnten, wahre Tradition habe keineswegs nur mit Vergangenheit, sondern zuinnerst auch mit Zukunft zu tun. Nun stoßen wir auf etwas anderes: Tradition, deren Wesen es ist, Humanität zu begründen, ist allenthalben auch mit dem vermischt, was den Menschen entmenschlicht. Der

Grund der Humanität, die Tradition, ist befleckt. Er trägt zugleich selbst und als solcher auch den Grund des Antihumanen in sich. Das Gründende und das Zerstörende sind heillos ineinander vermischt – das ist die eigentliche Tragödie des Menschen. Man muß Tradition festhalten, um überhaupt den Menschen festzuhalten, aber man hält unweigerlich mit ihr immer auch die Kraft der Entfremdung fest. Der einfache Befund des Anfangs gewinnt so eine unheimliche Zweideutigkeit, insofern wir ihn jetzt ausweiten müssen in die Aussage hinein: Tradition ist Bedingung des Menschseins, aber sie ist zugleich auch seine Gefährdung. Wer sie zerstört, zerstört den Menschen – er gleicht dem Raumfahrer, der selbst die Möglichkeit der Bodenkontrolle, des Kontaktes zur Erde zerstört. Aber wer sie bewahrt, gerät ebenfalls in die Gefahr des Zerstörens.

Demgemäß müssen wir mit zwei Arten der Traditionskritik rechnen. Zunächst gilt es, theologisch ausgedrückt, die Tradition gegen die Traditionen zu schützen, d. h. im vielfältigen Wucherwerk von Einzelüberlieferungen nicht zu ertrinken, sondern rechtzeitig je das Zufällige, Augenblickliche zu beschneiden und in Grenzen zu halten zugunsten der wirklich grundlegenden Zusammenhänge. Dieses Muster läßt sich in jeder Gemeinschaft belegen: Ein Orden etwa wird darauf achten müssen, daß die Einzelgewohnheiten, die sich ganz logisch ausbilden, von Zeit zu Zeit zurückgeschnitten werden zugunsten der eigentlichen Grundidee, der er dient; ein Volk wird je seine eigenen Überlieferungen reinigen müssen; die Kirche muß es tun. Aber daneben und dahinter steht etwas Tieferes auf, das wir nun freilich nicht mehr so einfach auf die Kirche übertragen können, aber in den menschlichen Geschichtszusammenhängen um so sicherer finden: Ist denn eigentlich die Grundüberlieferung selbst intakt, oder ist sie nicht gerade selbst auch von Kräften der Entfremdung geprägt? Nehmen wir als Beispiel das alte Rom: Wenn es sich in der Kaiserzeit gegen das Wohlleben der Gegenwart und seine zerstörerischen Wirkungen auf die prisca virtus Romana besinnt, ist dies gewiß ein eindrucksvoller Reformgedanke von einer imponierenden sittlichen Kraft. Aber hatte Ovid eigentlich ganz unrecht, wenn er gerade schon in dieser prisca virtus die Erbsünde des Brudermordes entdeckte, mit der Rom unter seinen sagenhaften

Gründern Romulus und Remus begonnen hatte? Lag in dieser prisca virtus nicht auch etwas Zerstörerisches, eine Härte, ein nationaler Egoismus, der gegen die Wahrheit des Menschen und seine wahre virtus steht? Und jedermann sieht, daß ein zeitlich so weit abliegendes Beispiel sich ohne Schwierigkeit in die Geschichtssubjekte unserer Gegenwart übertragen ließe.

### 3. Das Grundproblem der Neuzeit: Tradition oder Traditionsbruch als Weg zur Humanität?

Damit sind wir von der scheinbaren Antithese her direkt in den Ausgangspunkt der Neuzeit hineingeführt. Neuzeit als eine neue geschichtliche Verfassung des Menschen ist offensichtlich durch ein verändertes Verhältnis zur Tradition entstanden: Tradition erscheint nunmehr als Bindung des Menschen an die Vergangenheit, der seine Orientierung auf die Zukunft entgegenzustellen ist; sie erscheint als unbefragte Übernahme von auctoritas, während dem Menschen die kritische Rationalität aufgetragen ist; es gibt nur *eine* auctoritas, der er sich unbedingt beugen muß, und das ist die ratio. [3] Der Humanitätsbegründung aus der Tradition tritt damit die Humanitätsbegründung aus der emanzipierenden, traditionskritischen Vernunft entgegen; die gegenwärtige Krise der Kirche beruht nicht zuletzt darauf, daß beide Modelle nun auch in ihr und bezogen auf ihre eigene Überlieferung mit voller Schärfe aufeinanderstoßen.

Was soll man dazu sagen? Zunächst einmal ist festzustellen, daß es auch in der Neuzeit Traditionskritik unterschiedlichen Ranges gibt, ja daß sie überhaupt nicht als ganze unter dem Begriff der Traditionskritik erklärt werden kann. Der Aufbruch der Naturwissenschaft, wie ihn Kepler, Kopernikus und wohl am deutlichsten Galilei bezeichnen, ist nicht etwa Aufstand der traditionsfreien Vernunft gegen die Überlieferung. Bei Galilei zeigt er sich ganz deutlich als Aufnahme der pythagoräisch-platonischen Tradition gegen die aristotelische. In diesem Sinn handelt es sich um ein Einstimmen in die Grundbewegung der Renaissance überhaupt: Das rein Griechische wird gegen die griechisch-christliche Synthese des Mittelalters zur Geltung gebracht; gegen eine gefrorene und einseitig verfahrene Tradition wird auf eine offene Tradition zurückgegriffen, die so als Tradition der Vernunft erscheint gegenüber autoritär verfestigter Tradition. [4] In diesem Sinne könnte man Galileis Denkweg im Bereich der mathematischen Erklärung der Natur in Parallele setzen zu dem, was Luther im Bereich des Kirchlich-Christlichen getan hat: Luthers Parole ist ein scharfes Nein zum Menschenwerk der Überlieferungen, denen er „die Schrift allein" als Gottes reines Wort entgegenhält. In Wahrheit ist natürlich auch die Schrift Überlieferung, und Luthers Negation der Tradition ist damit ebenfalls in Wirklichkeit Protest gegen eine bestimmte Traditionsgestalt, der er die primäre Überlieferung entgegenhält, die für ihn freilich nicht kirchlich-geschichtliche Überlieferung, sondern eben direkte Gottesrede bedeutet, ähnlich wie für Galilei Platonismus nicht als Überlieferung, sondern als zu sich gekommene Vernunft wichtig war. So können wir in einem ersten Anlauf feststellen, daß die Traditionskritik der Gründer der Neuzeit in Wahrheit nicht die Tradition als solche, sondern Traditionen trifft. Sie lebt davon, daß sie hinter den Traditionen Tradition findet und sich einreihen kann in einen Prozeß des Lernens, dessen Festhalten und Weitergehen Fortschritt ermöglicht. Denn weder könnte Religion sich fruchtbar entwickeln ohne die Gemeinsamkeit mit denen, die vordem die Wirklichkeit Gottes erfahren haben, noch könnte Naturwissenschaft sich ohne die in Jahrhunderten weitergehende Gemeinschaft des Lernens entfalten, die die geschehenen Durchbrüche des Geistes aufnimmt und von innen her weiterführt. So könnte über den bisher beschriebenen Prozeß auch gesagt werden, daß er eine dynamische, selbstkritische, von der Vernunft je neu kontrollierte Überlieferung an die Stelle einer statischen, autoritär fixierten Überlieferung setzt. Freilich scheint doch etwas Grundsätzlicheres auf: Gewollt wird eigentlich die reine Macht der Vernunft, die reine Direktheit zu Gottes Wort. Daß beides doch in Tradition stattfindet, daß Überlieferung nicht der Gegenpart der Vernunft, sondern ihr eigenstes Werk, ihre Auszeichnung und ihre gründende Möglichkeit ist, verliert an Deutlichkeit; vielleicht bei Galilei weniger als in Luthers sehr grundsätzlicher Polemik gegen Überlieferung.

Das Bewußtsein, daß es ohne Überlieferung auch keine Vernunft gibt, tritt dem freilich in der ganzen Neuzeit immer wieder als kritisches Korrektiv zur Seite. Ich nenne als Beispiel nur die Geschichte der neueren Exegese. Ihren Anfang kann man mit dem radikalen Angriff des Reimarus auf das überlieferte Christusbild datieren: Für Reimarus ist der kirchliche Glaube nicht mehr der Weg, um Jesus zu finden, sondern der mythische Nebel, der seine historische Wirklichkeit verdeckt. [5] Man muß Jesus nicht *durch* das Dogma, sondern *gegen* dieses suchen, wenn man zu historischer Erkenntnis vorstoßen will. Historische Vernunft wird zum Korrektiv des Dogmas, Vernunftkritik zum Antipoden der überlieferten Gläubigkeit. Aber der Weg des Reimarus war eine Sackgasse, aus der man nur herauskommen konnte, indem man wieder neu bei der Überlieferung anknüpfte und von ihr her die Konstruktion des Reimarus kritisierte. Albert Schweitzer hat bekanntlich die Geschichte des verschlungenen Weges der Leben-Jesu-Forschung von da bis in den Beginn des 20. Jahrhunderts dargestellt; ihr Weg ist in dieser ganzen Zeit und bis zur Gegenwart derselbe geblieben, daß historische Vernunft nur im immer neuen Anknüpfen an die Überlieferung fruchtbar wurde und daß umgekehrt Überlieferung nur durch immer neue Konfrontation mit den Möglichkeiten des historischen Denkens lebendig und in ihrer Zeit wirksam blieb.

Der Schritt des Reimarus hat dennoch etwas Symptomatisches für die zweite Phase der Neuzeit an sich. Er liegt zeitlich in etwa parellel zum Erscheinen der Französischen Enzyklopädie, deren Geisteshaltung die Französische Revolution vorbereitete. Der Angriff auf Überlieferung gewinnt hier immer mehr an Grundsätzlichkeit, an Bewußtheit, an Schärfe, und diese Bewegung hat sich im Zeitalter der technischen Vernunft immer weiter verbreitert. Die Idee der Emanzipation versteht sich heute als radikale Antithese zur Idee der Überlieferung: Alle herkömmlichen Wertsysteme sollen durchschaubar werden, in der technischen Rationalität wird der Mensch zum Schöpfer seiner selbst und einer von ihm aus eigener Erfindung gebauten Welt; er konstruiert sich und die Wirklichkeit neu in der unbedingten Transparenz seiner eigenen Vernünftigkeit. Philosophisch findet dies seinen Ausdruck in der Idee, daß es ein vorgezeichnetes Wesen des Menschen nicht gebe, so daß er frei ist (und zugleich von der Freiheit genötigt wird), sich selbst zu erfinden – zu bestimmen, was Mensch in Zukunft sein soll. [6] Am stärksten tritt diese Loslösung des Menschen vom Boden der Erde, von der Vorgegebenheit, die ihn trägt, in der Idee einer perfekten Verfügung über Leben und Tod wie in der Auflösung des Unterschiedes von Mann und Frau in Erscheinung: Das Ziel der völligen Emanzipation scheint erreicht, wenn der Mensch technisch erzeugt werden kann, wenn er nicht mehr an der Zufälligkeit des Bios hängt, sondern, alle Geheimnisse durchschauend, sich selber plant in einem Denken, das nicht nach rückwärts blickt, sondern allein die Bedürfnisse und Hoffnungen der Zukunft zum Maßstab nimmt.

Gegen diese totale Raumfahrt des Geistes wird in der Tat die Kirche so etwas wie eine „Bodenkontrolle", Instanz der Überlieferung sein müssen, so sehr sie unter anderen Bedingungen umgekehrt die Himmelsstation sein sollte, die den Menschen aus der geschlossenen Welt seiner Überlieferungen herausreißt und ihn selbstkritisch macht. Sie geht ja davon aus, daß es „Erbsünde" gibt, d. h. daß keine Tradition unversehrte Gründung des Humanen ist, sondern jede auch infiziert ist von den Kräften des Antihumanen, die den Menschen an der Selbstwerdung hindern. Insoweit hat sie mit dem Geist der Neuzeit und dieser mit ihr zu tun. Sie kennt nur *eine* heile Tradition: die Tradition Jesu, der sein Leben vom Vater her lebt, von ihm her sich selbst empfängt und sich ihm fortwährend selbst zurückgibt. Von diesem Bezugspunkt her ist sie einerseits kritisch zu allen vorfindlichen Traditionen, denn von ihm her tritt das „Erbsünde" genannte Phänomen, d. h. der inhumane Faktor, in allen Traditionen nicht bloß als eine statistische, sondern als eine grundsätzliche Gegebenheit in Erscheinung. Aber anderseits muß sie von ihm her jener Philosophie der Emanzipation Widerstand entgegensetzen, die den Menschen für wesenlos und wahrheitslos erklärt und ihm damit die unbeschränkte Freiheit zuschreibt, sich nach seinen Zwecken selbst zu erschaffen. Denn die Gestalt Jesu bedeutet für den Glauben eben dies, daß der Mensch nicht wesenloses Produkt der Evolution, sondern etwas von Grund auf anderes ist: Der Gehalt des Lebens Jesu besteht ja darin, daß er in Begegnung, im Austausch mit dem steht, den er Vater nennt. Daß er sich von ihm her entgegennimmt und von ihm her seinen Weg findet. An Jesus glauben heißt daher daran glauben, daß es eine Wahrheit gibt, von der her der Mensch kommt und die seine eigenste Wahrheit, sein wahres Wesen ist. Sich von ihr emanzipieren zugunsten der selbsterfundenen Zweckmäßigkeit heißt sich von der Menschlichkeit, vom Menschsein des Menschen emanzipieren. Die Traditionskritik findet ihre Grenze darin, daß der Mensch an die Wahrheit seines Wesens, an die geschaffene Schöpfung gebunden bleibt und sich nur finden kann, wenn er diese Wahrheit findet. Und das bedeutet, daß die Vernunft des Machens rückgebunden bleibt an die Vernunft des Vernehmens, die Tradition der Humanität.

### *Die Jesusfrage als Voraussetzung einer theologischen Antwort auf das Dilemma der Neuzeit*

Aber wo spricht diese Tradition? Die Analyse des Problems der Neuzeit hat uns von selbst bereits in die nächste Etappe unserer Überlegungen hineingeführt, indem sie uns veranlaßte, auf den Daseinsentwurf des Glaubens und damit auf die Gestalt Jesu Christi hinzublicken. Was erfahren wir über den Rang der Tradition für den Aufbau menschlicher Existenz, wenn wir das tun? Auf dem Hintergrund der neueren Jesus-Literatur könnte man versucht sein, das Thema ähnlich antithetisch zu behandeln, wie wir es vorhin im Gegenüber von gewohnter Traditionserfahrung und neuzeitlichem Existenzverständnis getan haben – wobei der Gang der Überlegungen dann doch eine zu geradlinige Antithese korrigiert hatte. Man könnte also meinen, die Sache lasse sich etwa in einer Gegensatzformel darstellen wie dieser: Das Christentum des Neuen Testamentes beruht in Jesus und Paulus auf radikaler Traditionskritik – das Christentum als kirchliches beruht auf ebenso radikalem Traditionalismus. Aber man muß der Versuchung solcher Gags widerstehen, die ebenso publikumswirksam wie ungenau sind; ihr Wahres kommt in einer differenzierten Betrachtung viel besser zum Vorschein. Ich möchte daher die Frage in einer voranschreitenden Skala von drei Gedankengängen entwickeln.

## 1. Traditionsbejahung und Traditionskritik bei Jesus

Der Botschaft Jesu hat ein vielstimmiges Echo geantwortet, das auch in seiner Stellung zur Tradition unterschiedlich ist: Dem traditionsfrommen Christentumstyp des Jakobus steht die radikale Traditionskritik des Paulus gegenüber; in etwa zwischen beiden könnte man die lukanische Theologie ansiedeln, die sich auf den Boden des gesetzesfreien paulinischen Christentums stellt, aber ausdrücklich eine durchgehende Geschichtslinie vom Alten Testament in die Zeit der Kirche hinein zeichnet und so den Nachdruck auf die Kontinuität der Glaubensgeschichte legt.

Diesem hier nur grob angedeuteten Befund der frühen Kirche entspricht die Vielstimmigkeit, die sich in der Jesus-Überlieferung selbst zeigt. Die Skala reicht von ausgesprochen traditionalistischen Texten, wie dem bei Mattäus aufbewahrten Wort, wer auch nur eines der geringsten Gebote auflöse, werde ein Geringster im Himmelreich genannt werden (Mt 5,19), bis zu schärfster Kritik, wie etwa in dem bei Markus und Mattäus zu findenden Spruch: Ihr erklärt das Wort Gottes für ungültig um eurer Überlieferung willen (Mk 7,13; Mt 15,6) oder in dem freilich schwer auszulegenden Satz: „Der Sabbat ist für den Menschen da, nicht der Mensch für den Sabbat" (Mk 2,27 – Sondergut des Markus). [7] Einheitlich erkennbar ist quer durch die Differenz der Überlieferungen, daß Jesus zwar die Dogmatisierung eines kasuistischen Traditionalismus schärfstens bekämpft, sich aber ganz entschieden auf den Boden des alttestamentlichen Glaubens, d. h. auf den Boden von Gesetz und Propheten gestellt hat. Dies scheint mir, vom Inhaltlichen ganz abgesehen, eine strukturell höchst bedeutsame Einsicht: Jesus hat seine Botschaft nicht als etwas schlechthin Neues, als das Ende alles Bisherigen vorgetragen; er war Jude und ist Jude geblieben, d. h. er hat seine Botschaft an die Tradition des glaubenden Israel gebunden. Er hat das Alte Testament nicht als das Alte und jetzt Überholte hinter sich gelassen, sondern es gelebt und so seinen Sinn offengelegt: Seine Botschaft war schöpferisches Durchtragen der Tradition auf ihren ursprünglichen Grund hin. Die Traditionen werden kritisiert, damit die eigentliche Tradition zum Vorschein kommt.

Nur mit Einschränkungen läßt sich dieses Traditionsverhältnis

Jesu durch das Gegenüber von Schrift und Überlieferung charakterisieren. Obgleich Jesus auf den alttestamentlichen Kanon gegen die frühjüdischen Überlieferungen rekurriert, wäre es doch anachronistisch, ihm ein alttestamentliches Sola scriptura nachzusagen. Damit wäre zuviel und zuwenig zugleich behauptet. Zuviel, weil Jesus in der lebendigen Gemeinschaft Israels gelebt und den Weg der archaisierenden Gruppen nicht geteilt hat – wobei Archaismus sowohl ein Vehikel des Liberalismus wie der Sektiererei sein kann. Für das eine stehen die Sadduzäer: Man zieht sich auf den ältesten Überlieferungsteil zurück, um freies Feld für die Arrangements der Gegenwart zu gewinnen. Für das andere steht Qumran: Man versteinert an irgendeinem Augenblick die Tradition und schließt sich damit im Zirkel des Vergangenen ab. Für beides gibt es auch heute Beispiele genug: Die meisten Progressismen leben von einem stillen Archaismus, indem sie nur die alte Kirche, nur das Neue Testament oder gar nur das zwölfte Kapitel des ersten Korintherbriefes gelten lassen; die Sekten leben vom Archaismus, indem sie an irgendeinem Punkt aus der weitergehenden Geschichte des Glaubens austreten. Nichts davon ist bei Jesus feststellbar. Er lebt in der lebendigen Gemeinschaft Israels, er vollzieht seinen Tempelkult und seine Frömmigkeit mit, er schnürt nicht an irgendeinem Datum die Geschichte Israels ab – das zeigt gerade die neuere jüdische Jesus-Literatur ganz deutlich. [8] Aber mit einem Sola scriptura ist in anderer Hinsicht zuwenig behauptet, denn Jesus hat auch den Buchstaben des mosaischen Gesetzes überschritten, also auch am heiligsten Teil des Kanons Kritik geübt, oder richtiger: beansprucht, den darin verborgenen Gotteswillen reiner auszulegen, als es in der geschriebenen Schrift geschah. So können wir sagen, daß er die unter dem Namen des Mose gehende Traditionssammlung und die prophetische Tradition als maßgebliche Überlieferungen angesehen hat, die freilich in einer lebendigen Geschichtsgemeinschaft vermittelt und durch das neue Bestehen ihres Anspruchs neu ausgelegt werden müssen: Indem er dies mit dem Bewußtsein der Vollmacht tut, stellt er sich selbst in die prophetische Tradition und will traditionsschöpferisch sein, Auslegung schaffen, die Traditionszentrum wird.

## 2. Die vereinigende Mitte: das Sendungsbewußtsein Jesu

Damit erhebt sich die Frage: Wie kommt es zu diesem Anspruch Jesu? Was steht hinter diesem merkwürdigen Ineinander von Traditionsbindung und Traditionskritik? Thesenhaft können wir dazu zunächst sagen: Die Traditionskritik Jesu ist Ausdruck seines spezifischen Sendungsbewußtseins und der darin gründenden einzigartigen Vollmacht. Das bedeutet, daß man im Sinne Jesu selbst darin keinesfalls ein generelles und schlicht generalisierbares Verhaltensmuster sehen darf. Ein Schlußverfahren, welches sagte, wer Jesus zugehören wolle, müsse wie er radikal traditionskritisch sein, verkennt das Ureigenste seines Stehens zu Gott und von daher zu der überlieferten Gestalt des Wortes Gottes. Die verbreitete Konklusion: Jesus war Revolutionär – also ist man auf der Spur Jesu, indem man Revolutionär wird, oder in anderer Form: Wie Jesus zur Synagoge, so muß der wahre Jünger Jesu zur Kirche stehen – diese Konklusion steckt zunächst einmal inhaltlich voller Ungenauigkeiten; denn Jesus war, ob es uns gefällt oder nicht, fromm. „Fromm und liberal zugleich" hat Ernst Käsemann gesagt und in diesem „Zugleich" einen inneren Zusammenhang mit dem Zugleich des chalkedonischen Dogmas – Gott und Mensch zugleich – gesehen. [9] Wenn man den Begriff „liberal" richtig, nämlich hier nicht vom 19. Jahrhundert her, sondern aus dem Kontext der Bibel auslegt, muß man dieser Formel zustimmen, und wenn damit auch unzweifelhaft das Frommsein Jesu von manchen Frömmigkeitstypen sehr deutlich unterschieden ist, so bleibt eben doch, daß er fromm – ein Beter, ein Kirchgänger, ein Leser der Bibel – war; alles andere, ein Jesus in schlechter Gesellschaft, ein nichtreligiöser Jesus usw. sind mehr oder weniger geschmacklose und abenteuerliche Erfindungen. Aber gegen die genannte Konklusion steht nicht nur dies Inhaltliche, sondern vor allem auch das Strukturelle, daß solche direkten Übertragungen an der Einzigkeit seiner Sendung als Sohn vorbeigehen, die sich als Sohnesexistenz gerade im schöpferischen Ausleiden der Tradition und damit in deren schöpferischer Ausweitung auf die Zukunft bewährte. Dies ist gemeint, wenn von Jesu Gehorsam geredet wird, der als Interpretationsmittel für den Inhalt von Sohnschaft steht.

Hier müssen wir genau zuhören, denn nun geht es um die eigentliche Mitte des Neuen Testamentes. Was ist es also mit diesem Gehorsam Jesu, der einerseits sein Traditionsverhältnis, anderseits den Kern seines Gottesverhältnisses beschreibt, das in die Formel „Sohn“ gefaßt wird? Äußerlich sieht das so aus: Die Schrift redet vom Tod des Gottesknechtes. Jesus ist dieser Knecht. Also muß er der Schrift und damit dem Vater gehorchen und sterben, „damit die Schrift erfüllt werde“. Aber natürlich geht es in Wirklichkeit nicht um die mechanische Erfüllung eines vorgezeichneten Buchstabens, selbst wenn man dies aus einer oberflächlichen Lektüre der Evangelien von Mattäus bis hin zu Johannes entnehmen könnte. Sohnesgehorsam, ein Sohnesverhältnis zur Tradition – der Schrift – ist nichts Mechanisches. Die Wirklichkeit ist vielmehr diese: Die in der Schrift sich ansagende Wahrheit, d. h. die in der Stimme der zentralen Tradition sich darstellende Wahrheit über den Menschen, in dieser Stunde unverkürzt zu bestehen, das bedingt die Passion der Wahrheit bis in den tödlichen Konflikt mit den Mächten hinein, die diese Wahrheit verdecken und verstellen. Jesus stirbt, weil die Wahrheit angefeindet wird; sein Gehorsam ist das Stehen zur Wahrheit gegen die Konspiration der Lüge. Aber gerade indem er der Wahrheit gehorcht, gehorcht er dem Vater und gehorcht er der Schrift, die er aus der Direktheit seines Gottesbezuges liest und daher auf ihren innersten Grund hin neu öffnet und durch sein Ausleben ihres Wortes auch mit neuer Wirklichkeit erfüllt. Sein Verhältnis zum gründenden Grund des Seins ist ein Verhältnis realer Einigung mit der gründenden Wahrheit – d. h. „Sohnschaft“: In diesem Gottesverhältnis wird der Buchstabe Fleisch.

### 3. Der tragende Grund: das Gottesverhältnis Jesu

Was der Christ von Christus zu lernen hat, ist daher weder Revolution noch Traditionalismus, sondern zuerst etwas ganz anderes: daß man die Schrift vom Vater her, d. h. aus einem konkreten Gottesverhältnis heraus lesen muß. Darin liegen Unterschied und Gemeinschaft zwischen Christus und dem Christen zugleich. Der Unterschied, weil unser Gottesverhältnis nicht dasjenige Jesu ist; die Gemeinschaft, weil er uns dazu führen will, durch die Tradition den Vater kennen und vom Vater her die Tradition verstehen zu lernen. Hier liegt auch der Schlüssel für das von außen her so rätselhafte Ineinander von Traditionstreue und Traditionskritik bei Jesus, für das Zugleich von „liberal" und fromm. Auf den ersten Blick mutet vieles von dem, was Jesus sagt und tut, wie die Haltung eines Liberalen an, und eine ganze Wegstrecke weit deckt sich in der Tat das eine und das andere, ob man an seine Haltung zu den Reinheitsgeboten oder an seine Stellung in der Sabbatfrage denkt. Stutzig wird man freilich, wenn man sieht, daß sein Nein zu den pharisäischen Traditionen keineswegs generell zu einer liberaleren Handhabung des Gebotes tendiert, sondern an anderer Stelle eine unerhörte Verschärfung der Forderung bedeutet, ob man nun seine Stellung zur Unauflöslichkeit der Ehe, zum Anspruch der Nächstenliebe oder zur Forderung der Nachfolge bedenkt. [10] Damit wird sichtbar, daß es bei Jesus nirgends um eine beziehungslose Liberalität geht, sondern seine Freiheit wie seine Strenge kommen aus einer gemeinsamen Mitte hervor: aus seinem betenden Umgang mit dem Vater, aus der persönlichen Kenntnis Gottes, von der aus er die Scheidelinie zwischen Zentrum und Peripherie, zwischen Gotteswille und Menschenwerk trifft. Jesus hat den Buchstaben vergeistigt – darin liegt seine Freiheit gegenüber der Tradition; aber er hat ihn nicht vergeistigt in irgendeine allgemeine Aufklärung hinein, sondern in sein Gottesverhältnis hinein. Käsemann umkehrend werden wir also sagen können, daß das Ineinander von liberal und fromm zugleich, das wir bei Jesus antreffen, in der Tat nur vom chalkedonischen Geheimnis des Gott und Mensch zugleich aus zu verstehen ist.

Noch einmal: Dieses Besondere des Gottesverhältnisses Jesu können wir nicht nachahmen; er hat aus seiner innersten Zugehörigkeit zu Gott heraus die Überlieferung neu ausgelegt, auf ihre Mitte hin geöffnet und uns damit den Weg in die Überlieferung hinein gebahnt. Aber dennoch geht für den Christen von diesen Zusammenhängen eine Weisung aus für das Verhältnis zur Tradition: Der Christ sieht in Jesus den Durchbruch auf die Mitte der Tradition, dorthin, wo sie wirklich Durchbruch ins Ursprüngliche ist und nicht gegen die Vernunft steht, sondern ihren tragenden Grund freilegt. Das heißt: Er sieht sich vor der falschen Tradition wie vor der falschen Traditionslosigkeit dadurch geschützt, daß er die Tradition mit Jesus liest. Und das heißt zentral, daß er sich am Gottesverhältnis Jesu beteiligt, daß er die Überlieferung aus dem Gespräch mit Gott, dem Vater Jesu Christi, herausliest. Nur die durch Jesus ermöglichte inwendige Bekanntschaft mit Gott kann einen Weg öffnen durch den ohne diesen lebendigen Zusammenhang tot und verwirrend bleibenden Berg der Traditionen. Wo dieses Gottesverhältnis fehlt, werden Traditionalismus wie Traditionskritik zu einem willkürlichen Spiel. Deshalb muß der heute zusehends auftauchenden Idee eines „nachtheistischen Christentums", in der man die Romantik der Gott-ist-tot-Theologie auf einen begrifflichen Nenner zu bringen versucht, mit aller Schärfe widersprochen werden. Das, was Jesus als gründende und zentrale Tradition bloßlegt, ist letzten Endes nicht ein Vielerlei von Aussagen, sondern das einfache Urbekenntnis Israels: Gott ist. In diesem Sinn ist Jesus radikaler Jude – es geht um das Gottsein Gottes, das so sicher ist wie sein Menschsein, weil dieses überhaupt nur aus dem Aug-in-Auge mit dem Vater existiert. Gott ist so, wie er in Jesus schaubar wird, weil Jesus selbst zu Gott göttlich gehört. Die Auferstehung ist nur die äußerste Konkretisierung dieses Satzes: Gott ist – sie zeigt, daß er wirk-lich ist, denn das Sein ist Wirken, und das Sein Gottes ist Leben, das den Tod überwindet. Daß Gott wirk-lich ist, heißt, daß es eine Wahrheit des Menschen gibt, an der die Zwecke seiner operativen Vernunft ihre Grenze und ihren Maßstab finden. Damit hat uns unsere Analyse zuletzt wieder an den Ausgangspunkt zurückgeführt; über das spezifisch Christliche hinaus ist die grundsätzliche menschliche und menschheitliche Option deutlich geworden, die in der Botschaft Jesu liegt. Es gibt zuletzt nur die Alternative zwischen einer absoluten Herrschaft der technischen Vernunft, die dann voraussetzen muß, daß das Sein in sich absurd ist, und dem Glauben an eine schöpferische Vernunft, der als grundlegende Überlieferung zugleich der Vernunft Sinn gibt. [11]

## *Ausblick auf das Problem Kirche, Christentum und Tradition*

Nun müßte an sich vom Anspruch des Themas her ein dritter Schritt getan und über das Traditionsproblem in der Kirche gesprochen werden. Vielleicht hatten Sie darüber zu hören vor allem erwartet und sind enttäuscht, daß davon nur noch in einer abschließenden Bemerkung gehandelt werden soll; vielleicht auch empfinden Sie dieses Vorgehen als Ausflucht vor der Härte der praktischen Fragen, mit denen wir es doch Tag um Tag zu tun haben. Ich leugne diese Härte nicht, aber mir scheint, daß die Ausweglosigkeit so vieler Streitigkeiten heute doch auch gerade darin begründet liegt, daß man ständig im Vordergrund der Reibereien des Alltags verbleibt und den größeren Zusammenhang nicht sieht, um den es geht. Aber nur der große Zusammenhang kann die Passion des Alltags erträglich machen und einen Faden durch sein sonst auswegloses Labyrinth bieten. Deswegen habe ich ganz bewußt versucht, einmal den umfassenden Rahmen zu zeigen, um die Größenordnungen zurechtzurücken und sichtbar zu machen, worum es über allen Ärger des Alltags hinaus doch in Wirklichkeit geht. Ich bin überzeugt, daß wir nicht vorwärts kommen, solange wir nicht bereit sind, uns dem *Ganzen* zu stellen und von hier aus im täglichen Leben Stellung zu beziehen, das mühsam bleibt, so und anders; die Frage ist doch nicht, wie man ein Dasein ohne Anstöße herstellen kann, sondern die, wofür es sich lohnt, Ärger auf sich zu nehmen, und wofür nicht.

Aber nun zur Sache: Um die Bedeutung der Kirche richtig einordnen zu können, ist zunächst noch einmal an eine Einsicht zu erinnern, die wir vorhin in der generellen Analyse des Traditionsbegriffs gewonnen hatten. Tradition, so sagten wir, setzt ganz allgemein einen Traditionsträger, d. h. eine tradierende Gemeinschaft voraus, die das gemeinsame, übergreifende Subjekt der Tradition bildet und durch die Identität des festgehaltenen Geschichtszusammenhanges Träger konkreter Erinnerung ist. Dieses Traditionssubjekt der Jesus-Tradition ist die Kirche – das ist eine einfache Tatsachenfeststellung, noch nicht einmal ein eigentlich theologisches Urteil. Ihr Subjektcharakter ist durch die Identität des Geschichtszusammenhanges und durch die Gemeinsamkeit der sie konstituierenden Grunderfahrungen gegeben. [12] Dieses

Subjekt ist folglich die Bedingung der Möglichkeit für die reale Partizipation an der traditio Jesu, die es ohne dieses Subjekt nicht als geschichtliche und geschichtsbildende Realität, sondern nur noch als private Erinnerung gibt.

Kirche ist Tradition, konkrete Stätte der traditio Jesu, in die – wir alle wissen es – viel menschliche Pseudotradition eingeflossen ist, so viel, daß auch sie, gerade sie, zur generellen Krise der Tradition in der Menschheit beigetragen hat. Wie also soll man sich verhalten? Welchen Weg gibt es?

Ich denke, es ist deutlich geworden, daß zwei Wege ins Weglose führen: Es ist absurd, das Traditionssubjekt als solches zerstören zu wollen, kirchlich auf eine Raumfahrt ohne Bodenstation zu gehen, Christentum in der Retorte der operativen Vernunft neu und reiner erzeugen zu wollen: Eine Kirche des totalen Managements ist überhaupt nichts, sie ist nicht mehr Tradition, und sie ist in einer traditionslosen Vernunft erst recht ein pures Nichts, ein Monstrum an Sinnlosigkeit.

Verfehlt ist aber auch der damit eng verwandte Versuch, Tradition an irgendeinem Punkt abschließen und die Kirche durch einen liberalen oder einen konservativen Archäologismus retten zu wollen. Es scheint mir wichtig, zu erkennen, daß die rabiatesten Progressismen Archäologismen sind: Ihnen genügt die Begrenzung der Tradition durch das Sola scriptura nicht mehr, für sie ist schon alles, was nach Paulus kommt, verfehlt, also ganz besonders die lukanischen Schriften, ganz zu schweigen von den Pastoralbriefen. Der Unterschied zwischen solchen Progressismen und verfehltem Traditionalismus ist kein grundsätzlicher, er liegt nur in der Frage, wann man die Tradition schließt. Tradition im eigentlichen Sinn wird auf diese Weise ganz und gar verfehlt, abgesehen davon, daß gerade die progressistischen Archäologismen unehrlich sind, weil sie die Meßmarke je nach Bedarf legen und weitgehend von Rekonstruktionen ausgehen, die nur Spiegelungen des eigenen Apriori sind: Fausts Spott auf die Historiker, daß hinter dem angeblichen Geist der Zeiten doch nur der Herren eigener Geist stehe, trifft hier wirklich zu.

Nichts davon dient dem Menschen, der heute in einer Krise steckt, in der es wahrhaft um Sein oder Nichtsein geht: Es hat für mich beinahe etwas Gespenstisches an sich, zu sehen, in welch albernen und egoistischen Streitigkeiten sich heute vielfach die Theologie ergeht, wo doch dem Menschen das Wasser bis zum Halse steht und eigentlich gerade die Stunde der Theologie gekommen wäre. Noch einmal: Nicht Auflösung des Traditionssubjekts, nicht archäologische Neutralisierung der Tradition rettet, sondern allein das Vertiefen des Traditionssubjekts auf seine wahre Mitte hin, das Leben im Kern der Tradition, in der durch Glaube und Gebet sich eröffnenden Gemeinschaft mit dem Gott und Vater Jesu Christi. Nur wo dies geschieht, kann sich der wahre Fortschritt ereignen, der zum Ziel der Geschichte führt: zum Gottmenschen, der die wahre Vermenschlichung des Menschen ist.

## ANMERKUNGEN

[1] *A. Rüstow,* Kulturtradition und Kulturkritik, in: Studium Generale 4 (1951) 308; zitiert nach *J. Pieper,* Überlieferung. Begriff und Anspruch, München 1970, 37. Der Kundige wird leicht erkennen, wieviel besonders der erste Teil dieser Abhandlung den Arbeiten Josef Piepers verdankt.

[2] Vgl. die zusammenfassende Darstellung des Clandenkens durch *J. Scharbert,* Prolegomena eines Alttestamentlers zur Erbsündenlehre, Freiburg 1968, 31–44; dort weitere Literatur.

[3] Eine Reihe beleuchtender Zitate hierzu bei *J. Pieper,* a. a. O., 112: Traditionsbruch sei Voraussetzung der Entstehung der modernen Wissenschaft gewesen (J. Ritter); 43: „Tradition steht im Widerspruch zur Rationalität" (Adorno); umgekehrt 106: „Die auf die Weise des Vergessens erschlichene Freiheit ist leer" (Iwanow); ähnlich Kolakowski (116); für beide Seiten Jaspers: Autorität der eigentliche Feind des Philosophierens (44), das Resultat einer Philosophie ohne die Gehalte der großen Überlieferung „ein leer werdender Ernst" (106).

[4] Vgl. die bei *W. Heisenberg,* Das Naturbild der heutigen Physik, Hamburg 1955, 59–78 übersetzten Galilei-Texte; *N. Schiffers,* Fragen der Physik an die Theologie, Düsseldorf 1968, bes. 25–39; *W. Kamlah,* Utopie, Eschatologie, Geschichtstheologie. Kritische Untersuchungen zum Ursprung und zum futuristischen Denken der Neuzeit, Mannheim 1969.

[5] Vgl. zur Frage vor allem das von *H. Ristow* und *K. Matthiae* herausgegebene Sammelwerk: Der historische Jesus und der kerygmatische Christus, Berlin ²1961; *J. M. Robinson,* Kerygma und historischer Jesus, Zürich 1960; als Textbuch zur Geschichte der historisch-kritischen Exegese überhaupt wertvoll *W. G. Kümmel,* Das Neue Testament. Geschichte der Erforschung seiner Probleme, Freiburg 1958; dort auch 299ff Auszüge aus *Albert Schweitzers* klassischem Werk: Geschichte der Leben-Jesu-Forschung ²1913.

[6] Auf die hier vorliegende Problematik hat vor allem *J. Pieper* immer wieder aufmerksam gemacht. Vgl. bes. *J. Pieper,* Wahrheit der Dinge, München ⁴1966.

[7] Eine differenzierte Darstellung des Befundes bietet *E. Käsemanns* Beitrag „War Jesus liberal?" in: Der Ruf der Freiheit, Tübingen ³1968, 19–53.

[8] Vgl. die Übersicht von *R. Pesch,* Christliche und jüdische Jesusforschung, in: *W. Pesch,* Jesus in den Evangelien, Stuttgart 1970, 10–37; ferner den Literaturbericht von *P. E. Lapide,* Jesus in der israelischen Literatur, in: Internationale katholische Zeitschrift 2 (1973) 375–382 sowie Freiburger Rundbrief 23 (1971) Nr. 85/88, besonders den Beitrag von *F. Mußner* (Der Jude Jesus, 3–7).

[9] *E. Käsemann,* a. a. O., 25: „Es soll das Chalcedonense keineswegs auf das ‚fromm und liberal zugleich' reduziert werden. Es wird nur behauptet, daß diese Formel für die rechte Interpretation des Chalcedonense unentbehrlich ist, weil sie ein entscheidendes Merkmal Jesu benennt . . ."

[10] Vgl. *E. Käsemann,* a. a. O., 29; vgl. auch *G. Bornkamm,* Jesus von Nazareth, Stuttgart ⁷1965, 92–100.

[11] Vgl. die Analyse von *R. Spaemann,* Die Frage nach der Bedeutung des Wortes „Gott", in: Internationale katholische Zeitschrift 1 (1972) 54–72, bes. 65ff.

[12] Vgl. *Internationale Theologenkommission,* Pluralismus, Einsiedeln 1973, Kommentar zu den Thesen 4, 5 und 6.

*Eugen Biser*

# PROVOKATIONEN DER FREIHEIT

## Motive und Form christlicher Emanzipation

### *Vorbesinnung*

Auf dem neuzeitlichen Höhepunkt der menschlichen Freiheitsgeschichte gab Kant das Stichwort vom „Ausgang des Menschen aus seiner selbstverschuldeten Unmündigkeit“ aus. [1] Seitdem ist dreierlei klar: Erstens, daß die vordringlichste und doch stets unabgeschlossene Aufgabe des Menschen in seiner Selbstbefreiung besteht; zweitens, daß umgekehrt von Freiheit nicht abstrakt, sondern immer nur im Rückbezug auf den Menschen sinnvoll gesprochen werden kann; und drittens, daß sich die Rede von der Freiheit, wenn sie die Sache nicht zentral verfehlen will, operativ, als Beitrag zur aktiven Befreiung des Menschen, als emanzipatorischen Akt also, verstehen muß.

Das macht im Vergleich zu anderen Begriffsanalysen einen signifikanten Unterschied. Anders als bei diesen gibt es, wie die Begriffsgeschichte bestätigt, keine Freiheits-Theorie. Vielmehr schlagen alle theoretischen Entwürfe schon beim ersten Anlauf aus innerer Konsequenz in emanzipatorische Programme um, auch wenn sich dieser Zusammenhang bisweilen, wie im Fall des Konnexes der Hegelschen Freiheitsanalyse mit dem Kommunistischen Manifest, auf zwei geistesgeschichtliche Rollenträger verteilt.

Des weiteren bedingt das einen besonderen Stil der Rede von Freiheit und Befreiung. Sie muß darauf achten, daß sie die gewonnene Einsicht in den Doppelbezug der Freiheit, der sich gleichzeitig als Beziehung zum Menschen und zur Praxis der menschlichen Selbstverwirklichung darstellte, nicht durch die Art ihres Sprechens zurücknimmt oder – und wäre es auch nur partiell – verbaut. Positiv formuliert besteht das in der Nötigung, so von Freiheit zu reden, daß sich der Mensch durch sie zu ihr und zu sich selbst gerufen weiß und daß er umgekehrt die Berufung zu sich selbst als Anruf der Freiheit erfährt. Zur Freiheit gerufen aber wird er auf zweifache Weise: evokativ und provokativ. Evokativ, sofern er bereits unterwegs ist zu ihr, in der Regel aber nicht entschieden und zielbewußt genug, so daß er ausdrücklich zu der von ihm angezielten Freiheit aufgerufen werden muß. Und – wie schon im Titelwort angedeutet – provokativ, da er durch Fremd- und Eigenverschulden zumeist im Status der Unfreiheit und Unmündigkeit lebt, aus dem er herausgerufen werden muß, wenn sich der emanzipatorische Wille wirklich durchsetzen soll.

Wer so von Freiheit redet, gibt schon durch die Art seines Redens zu verstehen, daß es ihm bei allem Interesse am Phänomen letztlich darum zu tun ist, den Menschen auf den Weg der Freiheit zu bringen. Und er grenzt sich damit zugleich aufs nachdrücklichste von jedem nur ideologischen Gebrauch des Wortes Freiheit ab. Beispielhaft für ein sachgerechtes Reden ist eine Stelle aus Martin Bubers „Reden über das Erzieherische" (von 1926). Ausgehend von der seiner Ansicht nach falschen Polarisierung von Zwang und Freiheit, beschreibt Buber hier die Freiheit als den erzieherischen Weg zur Verbundenheit. [2] Dem folgen in fast unvermitteltem Umbruch zur bekenntnishaft-provokativen Redeweise die Sätze:

„Freiheit oder, wie ihr rechtmäßiger altdeutscher Name ist: Freihals – ich liebe ihr aufblitzendes Gesicht: es blitzt aus dem Dunkel auf und verlischt, aber es hat dein Herz gefeit... Ich gebe meine linke Hand dem Aufrührer und meine rechte dem Ketzer: voran! Aber ich vertraue ihnen nicht. Sie verstehen zu sterben, aber das ist nicht genug. Ich liebe die Freiheit, aber ich glaube nicht an sie. Wie könnte man an sie glauben, wenn man ihr ins Gesicht gesehen hat! Es ist der Blitz der Alldeutigkeit – der Allmöglichkeit. Um die kämpfen wir immer wieder, von jeher, siegreich und vergebens." [3]

Zwei signifikante Momente seien an diesem Text hervorgehoben. Erstens die reine Potentialität, in welcher die Freiheit hier erscheint. Sie ist, wie Buber betont, bloßer Rahmen, nicht aber verwendbarer Inhalt, bloßes Wodurch, aber weder Wofür noch Was, weder Theorem noch Programm. Wenn sich diese vereinfachende Sicht auch nicht durchhalten läßt, erhellt daraus doch negativ, daß der Sache der Freiheit mit Analysen und Appellen allein nicht hinreichend gedient ist. Vielmehr gilt es auf zweifache Weise ein Freiheitsbewußtsein zu wecken: des Menschen zunächst, indem ihm seine Bestimmung zur Freiheit, die ihn von allen übrigen Lebewesen auszeichnet, in Erinnerung gerufen wird; aber auch der Freiheit selbst, indem so von ihr geredet wird, daß sie anteilig an diesem Bewußtsein und nicht nur als sein Anlaß und Inhalt erscheint. Demgemäß gliedert sich das Titelwort von den „Provokationen der Freiheit" in zwei deutlich divergierende Sinnkomponenten auf. Erfragt ist mit ihm nicht nur das, was zur Freiheit ruft, sondern auch der Ruf der Freiheit nach sich selbst.

Um in dieser zweiten Richtung voranzukommen, ist es erforderlich, das andere der im Buberwort mitschwingenden Motive in Betracht zu ziehen: die von Buber nicht zufällig, sondern aufgrund essentieller Einfühlung in den Sachverhalt gewählte Metapher vom Antlitz der Freiheit: „Freiheit – ich liebe ihr aufblitzendes Gesicht: es blitzt aus dem Dunkel auf und erlischt, aber es hat dein Herz gefeit."

Das Wortbild vom „Gesicht der Freiheit" steht, so spontan es anmutet, in alter ideengeschichtlicher Tradition. Von Buber spannt sich hier ein Bogen zum frühen Augustinus, der in seinen Soliloquien von der facies veritatis, dem Antlitz der Wahrheit, spricht [4], und von da zurück zum quasipersonalen Wortverständnis der alttestamentlichen Schriften. Was antlitzhaft erscheint, ist selbstmächtig, und wäre es dies auch nur in der machtlosen Weise, daß es erblickt werden kann und in der Erwiderung dieses Blickes für sich und sein Anrecht einsteht. Doch hilft die Antlitz-Metapher auch dadurch weiter, daß sie die Freiheit enger als jede These oder Konklusion an den Menschen bindet. Denn ein Antlitz trägt nur, was Mensch ist oder – wie Wahrheit, Wort und Freiheit – in einem konsubstantialen Verhältnis zu ihm steht. Daß die Bezeugung erst so späten Datums ist, kann den nicht befremden, der die menschliche Freiheitsgeschichte mit Hegel im

Zusammenhang der Wirkungs- und Verwirklichungsgeschichte des Christentums sieht. [5] Danach tritt erst mit Jesus Christus das Prinzip Freiheit in die Geschichte ein, und dies durchaus auch im einschränkenden Sinn des Begriffs Prinzip, so daß es nicht verwundern kann, wenn es Jahrhunderte dauert, bis das Prinzip aus seiner unterschwelligen Verborgenheit hervortritt und die öffentlichen Verhältnisse zu bestimmen beginnt.

Mit Wort und Wahrheit sind erst zwei, wenngleich besonders typische Motive provokatorischer Art genannt. Ihnen lassen sich diejenigen anreihen, die gleicherweise die Bedingung der Konsubstantialität erfüllen und von ihrer Struktur her geeignet sind, das Freiheitsstreben des Menschen zu stimulieren. Dabei geht es primär um die Überwindung der ihm durch die gesellschaftliche Situation auferlegten Grenzen, nicht oder doch nur bedingt um die der naturhaft gegebenen. Sie gehören deshalb durchweg der Heilsordnung an, die vom Liebeswillen Jesu her darauf angelegt ist, das, was ihn beengt und niederhält, auszuräumen, um ihm so die volle Freiheit, vor allem die Freiheit zu sich selbst, zu vermitteln.

Was provoziert somit zur Freiheit? Die nächstliegende und darum erste Antwort auf diese Frage muß lauten: die Freiheit selbst! Aufgrund der von Buber konstatierten Offenheit ist sie mehr noch Verheißung als Gabe, mehr noch Potenz als Akt. Als Ansporn wird sie gefühlt, als Auftrag erfahren. Nie gibt es in ihrem Besitz ein Verweilen. Sie haben heißt unterwegs sein zu ihr; sie ergreifen soviel wie vorgreifen auf ihre je größere Verwirklichung. Das alles ist mitgesagt in der Metapher von ihrem Antlitz. Wer sich richtig mit ihr befaßt, ist von ihr erblickt. Daher kann man auf sie immer nur reagieren. Denn sie kommt – als Anwalt in eigener Sache – jeder auf sie abzielenden Initiative immer schon zuvor. Die Freiheit besitzt man nicht; man ist in sie freigegeben, mit ihr begabt und begnadet. Etwas deutlicher ausgeführt heißt das: Die Antlitz-Metapher impliziert nicht nur die Vorstellung vom Blick der Freiheit, sondern auch von ihrem Mund, durch den sie den ihr Zustrebenden beruft und in ihre Pflicht nimmt. Das aber heißt dann umgekehrt, daß unter den Provokationen der Freiheit diejenige durch sie selbst an erster Stelle steht. Erst in zweiter Linie sind, gleichsam in ihrem Gefolge, jene Motive zu nennen, die aus separater Kompetenz das bekräftigen, was sie aus eigenen Stücken provoziert. Es sind dies, um sie nun namentlich aufzuführen, das Wort, die Wahrheit, Jesus als der Befreier von inneren und äußeren Fesseln, das von ihm proklamierte Gottesreich und schließlich die als Freiraum begriffene Kirche.

Wie gerade das letzte Glied dieser Kette zeigt, kann die Ableitung nicht ohne kritische Rückbezüge durchgeführt werden. Die als Freiheitsraum oder, im Vorgriff auf die spätere Explikation gesprochen, als Raum der aufgehobenen Entfremdung begriffene Kirche ist notwendig als Alternative zu den gesellschaftlichen Zwängen zu denken. Ähnliches gilt von dem das Grundkonzept der gesellschaftlich reglementierten Zwischenmenschlichkeit in Frage stellenden Gottesreich und zumal von Jesus, der – bezeichnend für sein kritisches Selbstverständnis – nach der johanneischen Hirtenrede die vor ihm Gekommenen „Diebe und Räuber“ nennt (Joh 10,8), und nicht zuletzt von der auf den Gott Jesu Christi hinführenden, als Abglanz seiner Epiphanie verstandenen und deshalb antlitzhaft aufscheinenden Wahrheit und dem in der Alternative zum Denken begriffenen Wort.

Auf die Freiheit selbst zurückbezogen heißt das, daß sie das schlechthin Unverrechenbare ist, das die eingespielten Strategien durchkreuzt und die mit ihrer Hilfe etablierten Systeme in Frage stellt. Als solche ist sie dadurch, daß sie ihre eigene Sache provoziert, die heftigste aller Provokationen. Kein Wunder, daß sie von den Fürsprechern einer total verwalteten Ordnungswelt stets als der große Stein des Anstoßes empfunden wurde, etwa von Dostojewskijs Großinquisitor, der seinen Einspruch unmittelbar an die Adresse des wiedergekommenen Jesus richtet:

„Anderthalb Jahrtausende haben wir uns mit der Freiheit abgequält, doch jetzt ist das überwunden, und zwar endgültig! Du glaubst nicht, daß es endgültig beendet ist? Du blickst mich milde an und würdigst mich nicht einmal deines Unwillens? So höre denn, daß die Menschen gerade jetzt mehr denn je überzeugt sind, vollkommen frei zu sein, und dabei haben sie doch selbst ihre Freiheit zu uns gebracht und sie gehorsam und unterwürfig uns zu Füßen gelegt. Das ist unser Werk. Oder war es das, was du wolltest, war es diese Freiheit?“ [6]

Aus der Kompetenz seines großen literarischen Zeugnisses bestätigt das den methodologischen Ansatz, der die zentralen Motive der Freiheitsprovokation fugenlos aneinanderreihte, gleichviel, ob sie dem angestammten Seinkönnen des Menschen oder der ihm mit und durch Jesus gewährten Hilfe entsprangen. Mit um so größerer Entschiedenheit sei der Ansatz darum in den folgenden Ausführungen durchgehalten. Im übrigen entspricht er auch der emotionalen Komponente des Problems. Denn so sensibel das menschliche Freiheitsbewußtsein alles registriert, was es fördert oder hemmt, so indifferent ist es gegenüber der jeweiligen Herkunft dieser Motive. Was unser Freiheitsbewußtsein formt, ist somit das, was uns zur Freiheit verhilft, aber nicht auch noch die Rückfrage nach dem Woher dieser Hilfen. Daraus erklärt sich auch, daß zusammen mit den exogenen Impulsen die Freiheit selbst in die Reihe ihrer Provokationen tritt. Als Ursache ihrer selbst nimmt sie an der Frage ihrer Mitverursachungen kein zentrales Interesse. Das begründet das methodische Recht, alles, was auf zugleich effiziente und legitime Weise zur Freiheit verhilft, auf eine Linie zu ziehen.

### *Initiative in eigener Sache*

Den seltsamen Fall, daß eine „Idee" in eigener Sache wirkt, daß sie für sich einsteht und zu sich selbst aufruft, kennt, soweit sich absehen läßt, nur das Alte Testament bei seiner retrospektiven Würdigung der Weisheit. An den beiden Fundstellen rühmt sie sich jeweils im Stil einer Einladung. So sagt sie im Spruchbuch: „Kommt, eßt von meiner Speise und trinkt vom Wein, den ich gemischt habe. Verlaßt die Toren, damit ihr am Leben bleibt, und geht auf dem Weg der Einsicht" (9,5f). Ähnlich äußert sie sich im Buch Jesus Sirach, und hier mit einem Wort, das unüberhörbar die große Einladung Jesu (Mt 11,28) vorwegnimmt: „Kommt her zu mir, die ihr nach mir verlangt, und sättigt euch an meinen Früchten. Denn an mich denken ist süßer als Honig, und mich besitzen köstlicher als alle Süße. Wer mich kostet, hungert noch mehr, und wer von mir getrunken hat, dürstet noch mehr" (24,19ff).

Auch an dieser Einladung der Weisheit sind zwei Momente hervorzuheben. Einmal die bereits angesprochene Tatsache, daß die Weisheit hier in eigener Sache tätig wird, ganz so, als liege sie nur bei ihr in den richtigen Händen. Sodann der geradezu paradoxe Hinweis, daß die Sättigung durch sie noch größeren Hunger und Durst nach ihr wecke. Beides trifft uneingeschränkt auch auf die Freiheit zu. Sie ist Provokation in eigener Sache, und sie ist dies am wirksamsten aufgrund ihrer Unabgeschlossenheit. Und das besagt: Die von ihr selbst betriebene Sache ist nie zu Ende gebracht. Freiheit ist ein Weg, kein Ziel. Denn immer dann, wenn man sie als Ziel erreicht zu haben glaubt, führt ihr Weg nur um so eindeutiger über das Erreichte hinaus.

Eine Bestätigung dessen bringt die Freiheitsgeschichte insofern, als sie, formal gesprochen, durch den Übergang von der Freiheit als Fremdbegriff zur Freiheit als Selbstbegriff gekennzeichnet ist. Mit „Fremdbegriff“ ist der die anfängliche Phänomengewahrung charakterisierende Befremdungseffekt angesprochen, der sich der Freiheit gegenüber mehr noch als sonst in Form einer schwer zu überwindenden Ratlosigkeit äußert. Sie zeigt sich begriffstheoretisch darin, daß die Freiheit nicht, wie es ihr doch angemessen wäre, aus sich selbst, sondern von wirklich oder vermeintlich anderem her bestimmt wird. *Eleuthería* ist selbst für Platon, wie Dieter Nestle zeigte [7], „kein philosophisches Wort“. Wenn er sie dann, wie im achten Brief, doch definiert, dann von bekannten Grundgegebenheiten des menschlichen Daseins her. So erklärt sich etwa seine Überzeugung, Freiheit sei *philía.* [8] Dasselbe Verfahren liegt auch dort vor, wo – lange schon vor Platon – die Freiheit von ihren Gegenbegriffen her charakterisiert wird. So etwa in den Herakliden des Euripides, wo der Sinn von Freiheit vor allem gegen das Spiel des Zufalls *(týche)* und die von Menschen ausgeübte Gewalt *(bía)* abgegrenzt und in der Engführung durch beide schließlich auf die Möglichkeit des freigewählten Todes – *eleuthérôs thánô,* sagt die sich freiwillig opfernde Makaria – zurückgenommen wird. Bedenkt man, wie stark sogar die vorzüglichsten Freiheitszeugnisse der Antike vom Gegenteil ihrer selbst verschattet bleiben, so etwa dasjenige Platons von seinem Entwurf eines totalitären Staates, der alle Elemente einer inhumanen Zwangsherrschaft einschließlich der

Kunstzensur, der Kinderaussetzung und der Euthanasie aufweist, so läßt sich die Folgerung schwerlich umgehen, daß ein wirklicher Selbstbegriff von Freiheit noch nicht erreicht ist. Er ist und bleibt die spezifische Leistung des Christentums, genauerhin der paulinischen Anthropologie.

Man kann den vom Christentum erzielten Durchbruch vielleicht auf die Formel bringen, die Antike habe es immer nur zu einem partikulären Freiheitsbewußtsein gebracht – jetzt aber entstehe ein absolutes. Genausogut könnte man sagen, das antike Freiheitsbewußtsein sei durch die Verneinung niederhaltender Zwänge gekennzeichnet, das christliche durch die Bejahung der Freiheit um ihrer selbst willen. Dem scheint indessen schon der paulinische Freiheitsbegriff zu widersprechen, sofern er das Wesen der in Christus gewonnenen Freiheit privativ, als Befreiung aus der Herrschaft des Gesetzes, denkt.

Wie die in Christus gewonnene Freiheit aus der Fron des Gesetzes herausführt, zerreißt sie die Verstrickung in die Sünde und zerbricht sie das auf dem Menschen lebenslang lastende Sklavenjoch der Todesangst. [9] Aus dieser Sicht kann Paulus versichern, er werde nichts Macht über sich gewinnen lassen (1 Kor 6,12), und in der Konsequenz dessen seine Gläubigen mahnen: „Macht euch nicht zu Sklaven von Menschen" (7,23). Eine letzte Bindung bleibt nur in der Weise, daß die so konzipierte Freiheit nicht mit dem Menschsein oder einer seiner Qualitäten, etwa der Vernunft, gesetzt, sondern durch Christus gewährt und vermittelt ist, so daß sie sich ganz seinem Heilswirken verdankt. Im Zentrum der paulinischen Freiheitslehre steht darum der pleonastisch klingende Satz des Galaterbriefes: „Zur Freiheit hat uns Christus befreit" (5,1). Er bildet aber nicht nur den „harten Kern" der gesamten Konzeption; vielmehr läßt er schon von seiner Sprachgestalt her erkennen, daß die Vermitteltheit, in welcher die Freiheit hier erscheint, von Grund auf aufgehoben und zum Verschwinden gebracht ist. Was der Glaubende von Christus empfängt, bleibt nicht wie eine Auflage oder eine Auszeichnung außer ihm. Vielmehr geht es ununterscheidbar in seine Beziehung zu Christus ein, weil sich dieser von allen Helfern der Menschheit dadurch unterscheidet, daß er sich in seinen Gaben selber gibt. Im vollen Umfang gilt das auch von seiner Gabe der Freiheit. Sie ist, gerade auch nach Paulus, ganz seine im Werk der Weltüberwindung gewonnene Errungenschaft und darum ganz an seine Zuwendung gebunden. Doch eignete er sie – typisch für die Art seines Gebens – in einer Weise zu, daß sie bruchlos in den Existenzakt des Empfängers eingeht und so als seine ureigene Dignität empfunden und erfahren wird.

Als Selbstgewährung Jesu begriffen, tritt die christliche Freiheit endgültig aus dem Schatten des Abkünftigen und Heteronomen heraus. Denn das Moment des Gewährtseins wird dadurch neutralisiert, daß sie durch Jesus allen und allen unbedingt gewährt ist. So hat sie weder eine einschränkende Norm noch eine wie immer geartete Bedingung über sich. Christliche Freiheit ist Freiheit um ihrer selbst willen. Eben dadurch schafft sie jenen von der stoischen Freiheitslehre zwar ebenfalls schon angezielten, aber nicht erreichten Raum der Autarkie, in dem sich der zu dieser Freiheit Gelangte ungehindert auf das Ziel seiner Selbstverwirklichung zubewegen kann. Darauf hebt insbesondere Bultmann ab, wenn er in seiner Würdigung des Urchristentums im Rahmen der antiken Religionen (von 1954) das christliche Freiheitsverständnis wiederholt in das stoische spiegelt und es dabei als dessen erfüllende Überbietung erweist. „Triumphierende Worte der Erhabenheit über das Schicksal“, heißt es bei Bultmann, „über Not und Tod, hat Epiktet so gut wie Paulus gesprochen.“ [10] Der paulinische Appell, sich nicht von den Werturteilen der Menschen abhängig zu machen, entspreche gleichfalls der stoischen Lehre, „ebenso wie die paulinische Paradoxie, daß der Sklave ein Freier ist“. Der Unterschied betreffe vor allem den Grund; denn für die Stoa entstehe Freiheit „durch die Weisheit, für Paulus durch Christus, das heißt durch die Gnade“.

Mit der Ausarbeitung des Autarkie-Moments gibt Bultmann deutlich genug zu verstehen, in welchem Sinn die Vermittlungsstruktur der christlichen Freiheit aufgehoben ist. Ergänzt werden muß sein Ansatz lediglich noch durch den Gedanken, daß die Gewährung der christlichen Freiheit unbedingt und allen gilt. Denn damit erscheint die Freiheit in jenem öffentlichen Horizont, der ihr emanzipatorisches Wirken erst wirklich glaubhaft macht. Christliche Freiheit erscheint jetzt als die – zumindest bedingt ins Gesellschaftsgefüge eingreifende – Loskettung des gläubigen

Menschen von heteronomen Bindungen und seine damit erzielte Evakuierung aus dem Machtbereich der Gewalten und Institutionen. Das eine sagt, deutlicher als die kanonischen Logien, das apokrypher Überlieferung entstammende Jesuswort an den Sabbatschänder, das andere die Kritik Jesu am Institutionsdenken seiner pharisäischen Gegner, die schließlich in den Satz ausmündet: „Der Sabbat ist für den Menschen da, nicht der Mensch für den Sabbat" (Mk 2,27).

Das als Interpolation (zu Lk 6,4) im Codex Bezae überlieferte apokryphe Herrenwort lautet: „Als er am selben Tag einen Mann am Sabbat eine Arbeit verrichten sah, sagte er zu ihm: Mensch! Wenn du weißt, was du tust, bist du selig. Wenn du es aber nicht weißt, bist du verflucht und ein Übertreter des Gesetzes."

Freiheit, wie sie sich hier präsentiert, ist nicht nur faktisch, sondern im aktiv-stimulierenden Sinn die Antithese zu allem, was den Menschen, und sei es auf noch so sublime Weise, funktionalisiert. Das betonen, jedes auf seine Weise, die beiden Sabbat-Worte; das erste, indem es an die Priorität des Menschlichen gegenüber jeder, auch der religiös sanktionierten Institution erinnert; das zweite, indem es, vielleicht mit einem gnostischen Einschlag, das Recht der Freiheit an das rechte Freiheitsbewußtsein bindet. Nur wer die Gründe seiner Freiheit kennt, kann sie rechtens nutzen. Und er kann es, weil er durch die Kenntnis der Gründe zu dem Wissen gelangte, daß er wirklich frei ist.

An dieser Stelle erscheint die Freiheit vollends als die große Provokation, an der die restriktive Wirksamkeit der systemerhaltenden Strukturen zuschanden wird. Der freie Mensch erhebt sich als Selbstwesen über alle angeblich oder wirklich zu seiner Sicherung geschaffenen Einrichtungen, um im kalkulierten Risiko dieses Aufbruchs und Ausbruchs die eigene Lebensgestalt – anstelle der ihm suggerierten – zu suchen. Das bringt die Freiheit in den Anschein des Unkoordinierbaren, wenn nicht gar des Anarchistisch-Gefährlichen, das es im Interesse der bestehenden Daseinsordnung möglichst weit zurückzudämmen gilt. Daher die schon in den neutestamentlichen Schriften laut werdende Verdächtigung der Freiheit als Deckmantel der Bosheit (1 Petr 2,16) und Vorwand libertinistischer Tendenzen. Daß die Kritik hier erst in der Spätschicht, lange nach Paulus, zu Wort kommt, deutet auf eine funktionale Abhängigkeit hin. Tatsächlich wächst der durch die Freiheit erregte Argwohn in dem Maße, wie sich die kritisch reagierende Sozietät konsolidiert. Je größer die Konzentration, desto stärker die Abneigung, der Freiheit auch nur das Minimum des für sie erforderlichen Spielraums zuzugestehen. Mag ihr für die private Sphäre eine legitime Kompetenz zukommen, so doch keinesfalls im selben Umfang und Maß für die öffentliche. Hier geht Struktur vor Dynamik, Institution vor Leben. Das setzt die Wortführer der Freiheit von Anfang an dem Verdacht aus, die bestehende Ordnung zu untergraben und die Sache der Revolution und Anarchie zu betreiben. Der Prozeß des Sokrates hat hierin ebenso seine Wurzeln wie der Prozeß Jesu und die lebenslange Verfolgung des Paulus durch seine judaistischen, dem spätjüdischen Gesetzesdenken verhafteten Gegner.

Provokation ist ein psychologisch-soziologischer Begriff, der auf den Reizwert einer Idee abhebt, ohne die Möglichkeit ihrer Eigeninitiative zu berücksichtigen. Doch muß der ganze Komplex gerade darauf reduziert werden, wenn außer der Peripherie auch sein Zentrum zum Vorschein kommen soll. In diese Perspektive gerückt, besagt Provokation der Freiheit, daß sie das, was dieser Begriff in reaktiver Hinsicht besagt, zuvor aus eigener Spontaneität bewirkt und ist. Freiheit ist kein Sinn- und Sachverhalt unter anderen. Sie gehört zum Menschsein auch nicht nur attributiv hinzu. Vielmehr partizipiert sie an diesem vor allem darin, daß das Menschsein nie in einem starren „An-sich", sondern im lebendigen Vollzug, im Modus der Selbstverwirklichung also, gesehen sein will. Freiheit ist nur deshalb ein im höchsten Sinn affektiver Begriff, weil sie zugleich ein ebenso effektiver ist. Wer ihrer ansichtig wird, ist von ihr betroffen, und er ist es, weil sie auf dem Weg des Wissens um sie sich durchzusetzen sucht. Von daher hat das Freiheitsbewußtsein immer schon eine Tendenz zur praktischen Verwirklichung hin. Theorie und Praxis sind in ihm in Richtung auf die letztere hin aufgehoben. In Anlehnung an einen sprachtheoretischen Terminus könnte man den Unterschied auch dadurch deutlich machen, daß man vom „performativen" Charakter des Freiheitsbegriffes spricht. Die Sache der

Freiheit läßt sich nicht wertneutral analysieren, weil man sie nicht auf sich beruhen lassen kann. Wer das versuchen würde, hätte sie im Grund bereits verraten. Damit hängt es auch zusammen, daß sich die Freiheit in kein System einbringen läßt. Gerade derartigen Versuchen gegenüber beweist sie immer wieder ihre eminent systemsprengende Effizienz. Und das heißt, im Anschluß an das Titelwort gesprochen: die Freiheit ruft zu sich selbst. Sie ist die erste und effektivste ihrer Provokationen.

Mit dem Nachdruck einer johanneischen Offenbarungsaussage bestätigt das der aus höchster Kompetenz gesprochene Satz: „Wenn ihr in meinem Wort bleibt, seid ihr wirklich meine Jünger. Ihr werdet die Wahrheit erkennen, und die Wahrheit wird euch frei machen" (8,31f). [11]

In seinem Johanneskommentar nennt Rudolf Schnackenburg den Kerngedanken – „Die Wahrheit wird euch frei machen" – eine jener großartigen johanneischen Formulierungen, die bis heute nichts von ihrer Strahlungskraft verloren habe, die jedoch das Schicksal anderer großer Worte teile, nämlich mißverstanden und falsch angewendet zu werden. Und er fährt fort: „Der Satz spricht nicht vom Eros menschlichen Wahrheitssuchens und der dadurch erlangten Freiheit, wie hoch diese auch immer im geistigen und ethischen Bereich angesiedelt wird, sondern von der gottgeschenkten Freiheit, die den Menschen aus der tiefsten Knechtschaft seiner menschlichen Existenz befreit und ihm Anteil an der Freiheit des göttlichen Geistes, an der Herrlichkeit göttlichen Lebens gewährt." [12]

In voller Würdigung des zu Eingang dieser Stelle gegebenen Fingerzeigs sei zunächst doch daran erinnert, daß auch der mundanen Erkenntniswahrheit emanzipatorische Wirkung zukommt. Einprägsame Metapher dieses Tatbestandes ist das platonische Höhlengleichnis, in welchem das Wissen den Weg aus der unterirdischen Höhle der Trugbilder bahnt. Als Wissende – das ist der Gedanke – emanzipieren wir uns aus der Befangenheit in individuellen und kollektiven Wahnvorstellungen, die uns eine Orientierung im Dasein vortäuschen, tatsächlich aber die Gewinnung eines aus selbständiger Einsicht erstellten Weltbildes verhindern. Oder kürzer: Wissen ist Verabschiedung des Wahns.

Indessen geht es bei der Johannesstelle, wie Schnackenburg

mit Recht anmerkt, gerade nicht um die Erkenntniswahrheit, sondern um die in und mit Jesus gegebene Wahrheit. Von ihr heißt es: sie wird euch frei machen. Das kann von ihr gesagt werden, weil sie in der Weise von Jesus gegeben ist, daß er sich in ihr selber gibt. Im einzigartigen Modus dieses Gegebenseins ist sie gleicherweise mit seinem Frieden und seiner Liebe verspannt. Davon rührt es her, daß sie wie ein Licht nicht darauf wartet, gesehen zu werden, sondern den ihr zugewandten Initiativen schon von sich aus entgegenkommt, ja sogar ermöglichend zuvorkommt. Daß diese aktive Offenheit der auf dem Antlitz Jesu aufscheinenden Wahrheit primär befreiend wirkt, hängt ursächlich mit seinem Wesenswillen zusammen, der auf die Aufhebung aller den Menschen niederhaltenden Zwänge und, positiv ausgedrückt, die Eröffnung eines seine Selbstentfaltung begünstigenden Freiheitsraumes gerichtet ist. Wo Jesus Gegenwart gewinnt, kann sich keine Fessel halten und kein Zwang behaupten. Um ihn entsteht ein Raum der Offenheit, in welchem ein jeder, der ihn betritt, freien Zugang zu seinen eigenen Werdemöglichkeiten und zum Wohlwollen seiner Mitmenschen findet. Weil sich das so verhält, wirkt die Wahrheit Jesu befreiend. Und aus demselben Grund ist die Freiheit, zu welcher Jesus verhilft, ein Ereignis seiner Wahrheit.

Das bedingt eine vom Regelfall deutlich unterschiedene Initiation der Freiheitserkenntnis. Steht am Beginn der Erkenntnis sonst nur das Staunen, das die platonische Aktanalyse an dieser Stelle diagnostizierte, so kommt es hier, im Fall der Freiheit, zu einer schroffen Entzweiung der kognitiven Emotionen. Entweder erregt sie als Provokation im negativen Sinn des Ausdrucks Anstoß, so daß der ganze Erkenntnisweg zu ihr von Affekten der Furcht und Abwehr besetzt ist. Oder aber die Erkenntnis stimmt sich von Anfang an positiv auf ihre vorgängige Entgegenkunft ein, und dies dann mit dem Effekt, daß sie sich auf ihrem ganzen Weg durch die anvisierte Sache selbst begünstigt und gefördert weiß. Das verdichtet sich schließlich zu dem Eindruck, als fordere die Freiheit, wo immer sie unverstellt in Erscheinung tritt, zu ihrer intellektuellen und praktischen Aneignung auf. Mit dem Vernehmen dieses Rufes – und erst mit ihm – beginnt der Prozeß, der zu ihrer Erkenntnis führt. So gesehen ist die Freiheitserkenntnis prinzipiell dialogisch-hermeneutischer Art. Ihr eignet der die bloße Sachkenntnis übergreifende Modus des Verstehens. Kein Wunder, daß unter den Faktoren, die von außen her zur Freiheit rufen, an erster Stelle das Wort zu nennen ist. Es steht an der Spitze der exogenen Freiheitsprovokationen.

*Die Provokation des Wortes*

Zur Ordnung kann, zur Freiheit muß gerufen werden. Denn die Freiheit ist dem Menschen im Status seiner konkreten Selbstverwirklichung immer schon voraus. So ist sie stets mehr als das, was von ihr faktisch bereits erreicht ist. Eine Realität zwar, jedoch umgeben von einer je größeren Möglichkeit, in die hinein sie sich fortwährend übersteigt. Im Blick auf die Konstitution des Menschen gesprochen, hat es die Freiheit weniger mit dem zu tun, was er durch eigenes Zutun und schicksalhafte Entwicklungen wurde, als vielmehr mit dem, was ihm bevorsteht und als der Inbegriff der noch ungenutzten Möglichkeiten ebenso lockend wie fordernd vor Augen steht. Freiheit geht, so gesehen, mehr auf das noch unausgeschöpfte Seinkönnen als das faktische Sein des Menschen, mehr auf seine Chance als seinen tatsächlichen Besitz. Als solche gehört sie in den als permanente Selbstüberschreitung zu denkenden Akt der menschlichen Selbstverwirklichung hinein. Im großen Spielfeld dieser Verwirklichung ist die Freiheit demgemäß nicht so sehr dort angesiedelt, wo endgültige Entscheidungen getroffen und feste Positionen bezogen wurden, als vielmehr dort, wo noch alles offen, unentschieden und in Bewegung ist. Das aber ist die Region des Kommenden, der Zukunft, der sich der Mensch in permanenter Sorge und Sehnsucht zuwendet. Da sich diese Ferne für den Ängstlichen verdüstert und für den Satten verflüchtigt, muß sie beiden als das ihnen tatsächlich Nächstliegende in Erinnerung gebracht werden. Deshalb ist das Wort von der Freiheit notwendig auch immer der Aufruf zu ihr, Evokation der ihr entgegendrängenden Sehnsüchte. Provokativ aber muß von ihr gesprochen werden, sofern sich der von seinen eigenen Werdemöglichkeiten geängstete Mensch im Bestehenden verschanzt und seine bestehende Unfreiheit der bevorstehenden Freiheit vorzieht. Kant bringt das im Eingang seiner Aufklärungsschrift mit dem Wort von der „selbstverschuldeten Unmündigkeit“ zum Ausdruck. Hier bedarf es der provokativen Zuspitzung der Freiheitsrede, weil nur so die Dominanz des Tatsächlichen und seiner niederhaltenden Zwänge zu brechen ist. Stringent ist dieses Postulat nur unter der Voraussetzung, daß mit der rechten oder verfehlten Rede von Freiheit die Sache selbst getroffen oder verfehlt wird. Das aber heißt in letzter Zuspitzung, daß die Entscheidung über die Freiheit nicht erst in den politischen Aktionen, sondern lange schon vorher, nämlich im Wort von ihr, fällt. Was aber hat die Freiheit mit dem Wort und was das Wort mit der Freiheit zu tun?

Auf den ersten Teil dieser Frage kann nur eine Beobachtung, auf den zweiten nur ein Einblick in das Verhältnis von Wort und Denken antworten. Was zunächst die Beobachtung anlangt, so meint sie die unbestreitbare Tatsache, daß die Freiheit, gleichviel ob im Leben des einzelnen wie der Gemeinschaft, immer nur im Bund mit dem Wort zum Durchbruch gelangt. Wer sich aus einem Zustand der Gebundenheit und Unmündigkeit emanzipiert, sagt sich, meist in einem gezielt deklamatorischen Akt, von den als Fessel empfundenen Verhältnissen los. Die Aufkündigung eines Dienstverhältnisses hat hier ebenso ihren Ort wie die sich in unendlich vielen Spielarten vollziehende Absage an bestehende Bindungen, handle es sich nun um den Austritt aus einer Partei oder Kirche oder um den verbalen Bruch mit gesellschaftlichen oder weltanschaulichen Konventionen. Wie sehr das Wort in diese emanzipatorischen Akte hineingehört und wie unmittelbar diese ihrerseits an verbale Äußerungen gebunden sind, erhellt schon daraus, daß in den Fällen, wo ausdrückliche Zeugnisse fehlen, die Legendenbildung besonders rasch und intensiv zur Hand ist. Das angebliche Aufbegehren des sterbenden Galileo Galilei – „Und sie bewegt sich doch!“ – ist dafür ebenso Beleg wie das historisch unhaltbare Schlußwort Luthers auf dem Wormser Reichstag: „Hier stehe ich, ich kann nicht anders!“ [13] Im übrigen spricht hier die tägliche Erfahrung mit emanzipatorischen Akten und Vorgängen zu vernehmlich mit, als daß es noch weiterer Belege und Interpretationen bedürfte.

Anders steht es freilich mit dem Freiheitsbezug und der emanzipatorischen Effizienz des Wortes, die alles andere als selbstverständlich und als solche einsichtig ist. Hier hilft in der Tat nur eine sprachtheoretische Fundamentalreflexion weiter, die das Verhältnis von Sprache und Denken und darauf aufbauend dasjenige von Erkennen und Verstehen betrifft. Ausgangspunkt dessen ist die Einsicht in die Ungleichwertigkeit der beiden verglichenen Beziehungspole. Sprache kann nicht, wie noch Kant in seiner Anthropologie meinte, wechselweise mit Denken definiert werden, so daß sich Denken als ein Reden mit sich selbst und dieses als ein Denken mit anderen bestimmen ließe. [14] Das aber heißt: Die Sprache ist umfassender, mächtiger und älter als das Denken. Gleicht dieses, mit Hegel gesprochen, dem abendlichen Flug der Minerva-Eule, so jene dem Jubelgesang der Lerche in der Morgenfrühe. Die Sprache setzt die Welt; das Denken reflektiert über sie. Sprechend geben wir uns aus; denkend sammeln wir uns zu neuer Verausgabung. Im Wort werden wir eins mit unseresgleichen; im Denken ziehen wir uns in unsere einsame Ich-Mitte zurück. Als Redende haben wir die Gewißheit, die wir dem Denken nur schlußfolgernd entnehmen können.

Dem entspricht die Strukturdiskrepanz von Erkennen und Verstehen. [15] Alter erkenntnistheoretischer Tradition zufolge untersteht der Erkenntnisakt dem Gleichheitsprinzip; er besteht in der adaequatio intellectus ad rem, in der Gleichwerdung des als geistiges Angestaltungsvermögen begriffenen Intellekts an den zu erfassenden Sachverhalt. Damit verglichen ist das hermeneutische Verhältnis, also das Verhältnis von Verstehen und Sprachverhalt, durch ein erhebliches Spannungsgefälle gekennzeichnet. Genauer besehen findet nämlich das Verstehen seinen „Gegenstand" nicht vor; um ihn zu „haben", muß es ihn sich vielmehr zuerst schaffen. Was wir verstehen, ist nämlich gar nicht der verbal oder graphisch ausgedrückte Sinn, sondern der Mensch, für den dieser Sinn zeichenhaft steht und der sich in ihm, umgekehrt gesehen, zeichenhaft darstellt. Insofern ist alles Verstehen an die Gleichzeitigkeit des zu Verstehenden gebunden. Sie ist aber, abgesehen von der Dialog-Situation, nicht gegeben, so daß das Verstehen, bevor es in Gang treten kann, sich vor die Notwendigkeit gestellt sieht, den Sinn-Träger der zu deutenden Vokabel oder Chiffre zuerst einmal aus seiner Abwesenheit hervorzuholen. Da diese im Regelfall den Charakter des Gewesenseins hat, nimmt die im Verstehensakt zu bewältigende Aufgabe zunächst einmal den Charakter der „Wiederholung“ an, der Ausdruck zentral in dem von Kierkegaard geprägten Sinn genommen. Verstehend wiederholen wir – zumindest intentional – die dialogische Ausgangssituation, indem wir den menschlichen Sinn-Träger aus seinem Gewesensein hervor-bringen und, wie im Akt seiner genuinen Mitteilung, zu uns reden lassen.

Dieser ersten, kreativen Perspektive steht indes eine zweite, ganz anders strukturierte gegenüber. In eigentümlicher Verflechtung von Grund und Folge geht es darin um die Ermöglichung dessen, was mit dem Stichwort „Wiederholung“ angegeben wurde. Um vom Zeichen auf den Bezeichneten zurückgehen und ihn aus seinem Gewesensein hervorholen zu können, muß der Verstehensakt das ihm unmittelbar Gegebene auf das darin Ungegebene und es doch allererst Ermöglichende hin überschreiten. Das ist der von Heidegger angenommene Fall, daß ein Text besser als von seinem Verfasser selbst verstanden werden kann und deshalb auf das in ihm Ungesagte hin interpretiert werden muß. Damit nimmt sich das Verstehen eine erstaunliche Freiheit gegenüber seiner Vorlage und dem, was diese an direkten Hinweisen über den Mitteilungswillen ihres Autors enthält. Eine „Freiheit nehmen“ kann sich jedoch nur derjenige, der sie hat. Die Frage ist nur, woher er sie hat. Im vorliegenden Fall ist es mit dem Rekurs auf die allgemein menschliche Freiheit, aus welcher der Interpret an die von ihm gedeutete Äußerung herangeht, nicht getan. Sie erklärt zwar, daß er den Verstehensakt zu setzen vermag, nicht jedoch dessen Vollzug. Und die Freiheit, die zur Rede steht, ist gerade die des hermeneutischen Vollzugs: Freiheit im Umgang mit dem Text und nicht nur die, die den Zugang zu ihm bahnt. Gemäß dem von Johann Albrecht Bengel formulierten Grundsatz „Te totum applica ad textum, rem totam applica ad te“ – „Halte dich so streng wie möglich an den Text und beziehe diesen so eng wie möglich auf dich selbst“ – erweckt dieser Umgang zunächst den Anschein einer denkbar engen zweiseitigen Gebundenheit. Doch der Anschein trügt, wie so oft, auch hier. In der Doppelbindung von Aussage und Interpret wird, wie die Wechselseitigkeit dieser Bindung erkennen läßt, die Zweiheit von Subjekts- und Gegenstandswelt wenn nicht faktisch, so doch intentional aufgehoben. Wer sich im Sinn der Bengelschen Maxime auf den Text einläßt, hat ihn nicht mehr wie einen Gegenstand vor sich und außer sich. Vielmehr tritt er zu ihm in ein Verhältnis der Zugehörigkeit, das ihn dem Feld seiner genuinen Selbstverwirklichung zuschlägt. Im hermeneutischen Akt ergeht es ihm somit wie dem Jüngling bei Novalis, der wagemutig den Schleier vom Antlitz der Göttin Isis wegzieht: „Und was sah er? Er sah, Wunder der Wunder, sich selbst!"

In dieser Aufhebung der Andersheit, diesem Verständnis der vernommenen Zusage als Selbstaussage, bekundete sich das emanzipatorische Moment des Verstehens, wie es hier zur Rede steht. Ein Zweifaches wird deutlich: Der Verstehende gewinnt Freiheit, sofern es ihm im Maß seines Verstehens gelingt, den Raum seines Eigenseins und Eigentums zu vergrößern und die Grenzen des Fremd- und Andersartigen weiter hinauszurücken. Die gewonnene Freiheit aber ist primär Freiheit zu ihm selbst. So gesehen geht es im Verstehen nicht so sehr um die Gewinnung von Einsichten als vielmehr um eine Veränderung im geistigen und existentiellen Besitzstand. Keineswegs darf das freilich dahin interpretiert werden, daß es das Eigentum des „Einzigen" im Sinne Max Stirners ist, das auf dem Weg der verstehenden Aneignung wächst. Zwar dehnt sich der geistige Besitz- und Herrschaftsraum; dies jedoch als ein Raum, der mit dem Verstehenden zusammen auch anderen zugänglich und zu eigen ist. Wie das Verstehen aus einem Akt der Mitteilung hervorgeht, erfüllt es sich in der Gemeinsamkeit des gewonnenen Wahrheitsbesitzes. Und das heißt: Verstehen ist kein Ereignis der um das Lebensrecht des einzelnen bekümmerten Sorge, sondern ein Ereignis der Liebe. Davon ist auch die in ihm errungene Freiheit essentiell geprägt. Sie ist, zumindest primär, nicht Freiheit von . . ., sondern Freiheit zu . . .; die Freiheit, die sich anderen verbunden weiß, und darum nicht jene andere Freiheit, die sich im Rückzug aus allen Bindungen verwirklicht.

Auf die Freiheitsproblematik zurückbezogen, heißt das: Freiheit gibt es nicht nur dort, wo Herrschaftsstrukturen abgebaut und repressive Zwänge beseitigt werden, sondern in dem vergleichsweise weit näher liegenden und undramatischeren Vorgang, daß Menschen einander verstehen. Der Knecht, der nach einem Wort der johanneischen Abschiedsreden „nicht weiß, was der Herr tut“, kann sich der auf ihm lastenden Herrschaft nur in Akten revolutionären Aufbegehrens entledigen. Anders der mitwissende Freund. Er hat das konfliktreiche Verhältnis, in welches Herr und Knecht verspannt sind, hinter sich und außer sich, weil er eingeweiht und als Eingeweihter in die ihm vordem entgegenstehende Herrschaftsposition einbezogen ist. Siegel dieser auf dem Verstehensweg gewonnenen Freiheit ist die Neugestaltung des Verhältnisses zur Autorität. Zu diesem kritischen Stellenwert gelangt die Autorität, weil sich in ihr das Wesen von Macht und Herrschaft kognitiv und darum auf besonders peinigende Weise darstellt. Autorität ist, hermeneutisch gesehen, die Dominanz, die aus einem zugleich überlegenen und vorenthaltenen Wissensbesitz erwächst. Autorität hat in diesem Sinne derjenige, der mehr weiß und diese Überlegenheit gegen die Nichtwissenden ausspielt. Der erste – und entscheidende – Einbruch in diese Vormachtstellung erfolgt durch die Einsicht, daß die einzig sinnvolle und legitime Ausübung dieser „Macht“ in ihrer Selbstentäußerung besteht. Wer sein überlegenes Wissen nicht despotisch veruntreuen will, kann ihm nur dadurch genügen, daß er es weitergibt. So ist es ihm durch die Struktur dieser spezifisch kognitiven Form von Überlegenheit vorgezeichnet. Denn abgesehen von sadistischen Fehlformen, bleibt ihm kein anderer Weg, seine „Macht“ zu dokumentieren. Autorität in diesem genuin hermeneutischen Sinn ist somit eine Größe, die nur im Akt der Selbstaufgabe leuchtet und die somit aufgrund innerer Wesensnötigung aufgegeben werden muß, wenn sie in Erscheinung treten will. Geistige Autorität hat man entweder, um sie dialogisch zu verspielen, oder man hat sie überhaupt nicht. Insofern endet alles Verstehen wie der Weg, den Dante mit seinem Begleiter und Deuter Vergil auf dem Gang durch die Tiefen des Infernos und die Höhen des Läuterungsberges durchmißt: mit der Übernahme dessen, was heteronome Autorität war, in den eigenen Inbesitz. Am Ende seiner Mission angelangt, erkennt Vergil dem von ihm bisher Geführten dies in einem Akt verbaler Investitur feierlich zu:

„Von mir erwarte nicht mehr Wort noch Wink.
Dein Wille ist nun frei, gesund und grade . . .
Ich kröne dich zum Fürsten deiner Zeit,
Zum Seelenhirten deiner Ewigkeit!“ [16]

Die im Verstehensakt gewonnene Souveränität kommt mit ihren Energien in erster Linie diesem selbst zugute. Das wird freilich erst dann ersichtlich, wenn man ihn, spiegelbildlich zum Sprechen, als ein nachgestaltendes Sprachverhalten ansieht, durch das die vernommene Äußerung „übernommen“ und so zu voller Effizienz gebracht wird. Im Fall vergangener, nur noch in Form von Schrift- oder Tondokumenten zugänglicher Mitteilungen hat das eine „symbolische“ Wiederbelebung des Redenden und seiner Äußerung zur Voraussetzung. Der Verstehende holt ihn, wie Orpheus die verlorene Gattin, aus dem Schattenreich seines Gewesenseins herauf, um dialogisch auf ihn hören und eingehen zu können. Verstehen heißt darum nicht nur sich deutend und auslegend mit einem Sprachverhalt befassen, sondern auch: ihm als Wortereignis zu aktueller Wirksamkeit verhelfen. Es ist, so gesehen, gleicherweise ein Akt der Weltgestaltung wie der Weltdeutung. Und es greift nicht nur deshalb gestaltend in den Weltkontext ein, weil es mit dem von ihm erhobenen Sinn ein neues lichtendes Moment in ihn einbringt, sondern weil es auf nachgestaltende Weise die kreative Macht des Wortes zum Zug bringt, ja, wesentlicher noch gesagt, in dieser nachgestaltenden Kreativität besteht. Ursprünglicher als in jeder Aktion wird das Wort somit im Verstehen wirksam, das damit umgekehrt als die genuine „Tat des Wortes“ erscheint. Verstehend brechen wir, meist ohne uns dessen bewußt zu werden, aus dem Gefüge der bestehenden Welt und ihrem Deutungszusammenhang aus, indem wir diesem neue Sinnkomponenten und, was noch wichtiger ist, neue Gesichtspunkte hinzufügen. So entsteht, gleichsam am Rand der gedeuteten Welt, ein Freiraum, den wir zunächst ganz spielerisch betreten, um im Spiel mit den sich anbietenden Interpretamenten dann aber schon bald zu bemerken, daß es bruchlos in den tödlichen Ernst des Lebenskampfes übergeht.

Eine Besinnung auf die emanzipatorischen Grundmotive des Christentums stößt schon beim Einstieg auf den Kardinalsatz des Johannesevangeliums: „Ihr werdet die Wahrheit erkennen, und die Wahrheit wird euch frei machen" (8,32).

Dem verbalen Anklang zum Trotz redet dieses Logion keineswegs der philosophischen Aufstiegs-Emanzipation, die modellhaft für die gesamte Folgezeit das platonische Höhlengleichnis beschrieb, das Wort. Vielmehr handelt es sich umgekehrt um die von oben gegebene, in Christus der Welt eingestiftete Wahrheit, die überall dort, wo sie, mit dem johanneischen Schlüsselwort gesprochen, „Aufnahme" findet, den Aufnehmenden in sich aufnimmt, indem sie ihm den Freiheitsraum reiner Entschränkung und vollkommener Selbstverwirklichung eröffnet. Unzertrennlich mit der Gestalt Jesu verknüpft, ist die von der Johannesstelle gemeinte Freiheit ausschließlich die Gewährung einer Person und darum nur als deren Selbstgewährung zu verstehen – und zu gewinnen. Im Blick auf den christlichen Grundgedanken von der Sendung des Sohnes durch den Vater und seinem Descensus aus der Gottherrlichkeit in die „Niederungen" der Menschenwelt könnte man sinngemäß von einer Abstiegs-Emanzipation sprechen.

Wie der Gang der Freiheitsgeschichte lehrt, kommt Freiheit tatsächlich auf beiden Wegen zustande: bald als reine Gewährung, bald als Frucht emanzipatorischer Initiativen. Einem tiefsitzenden Vorurteil zum Trotz sind diese aber primär nicht auf dem Feld politischer Aktivitäten zu suchen, sondern dort, wo jede Veränderung, auch die politische, ihren unsichtbaren Ausgang nimmt: im Bereich der Reflexion. Nicht umsonst ist das erste und gewichtigste Dokument dieser auf dem Erkenntnisweg errungenen Freiheit, das platonische Höhlengleichnis (Politeia VII, 514a–517a), nahezu so alt wie die abendländische Freiheitsgeschichte selbst. [17] Nach Martin Heideggers eindringlicher Interpretation des Textes entwickelt das Gleichnis seinen Gedanken in vier Stufen. Sie bezeichnen jeweils einen der „Aufenthalte", die der durch Denken Emanzipierte auf seinem Freiheitsweg durchmißt. Auf der ersten Stufe leben die Menschen im Zustand vollständiger Blickbefangenheit, hingegeben an die Schattenbilder der Gerätschaften, die hinter ihrem Rücken vorbeigetragen werden. Sie halten, bezeichnend für das Wahnhafte ihres Zustandes, die an die Höhlenwand vor ihnen projizierten Schattenbilder für das Wahre. Mit der Abnahme der Fesseln, von der auf der zweiten Stufe berichtet wird, gewinnen die Gefangenen die Fähigkeit, den Mechanismus, dessen „Opfer" sie bisher waren, zu durchschauen. Dadurch kommen sie „um ein beträchtliches Stück dem Seienden näher" (515d). Dennoch ist von Freiheit hier nur bedingt die Rede. Denn die Losgeketteten geraten im Hin und Her zwischen dem blendenden Feuerschein und den von ihm erzeugten Schattenbildern in große Verwirrung. Bloßes Losgelassenwerden bringt, mit Heidegger gesprochen, „noch nicht die wirkliche Freiheit". Zu ihr steigt der Denkende erst auf der dritten Stufe empor. Er gewinnt den Eingang der Höhle und damit die Schau der Tageshelle, die ihn alles im „wahren Licht" – im Sinne Platons ist zu verdeutlichen: im Licht der Wahrheit – erkennen läßt. Zwar gewöhnt er sich nur langsam und unter Schmerzen an die ungewohnte Helle. Dafür lernt er jetzt im Licht der Wahrheitssonne, der „Idee des Guten" und ihrer Derivate, die Dinge und ihre Verhältnisse zu sehen, wie sie sind. Sie sind nämlich so, wie sich ihr Sinn in der erschauten Idee entbirgt und zeigt. Weil der Entbergungsgrund dieser Erkenntnis die Idee des Guten ist, erreicht der Freiheitsweg hier eine Stelle, an der seine Bahn fast gegensinnig zum Ausgangspunkt zurückverläuft. Heidegger bemerkt dazu:

„Deshalb endet die Erzählung in der Geschichte nicht, wie man gern meint, mit der Schilderung der erreichten höchsten Stufe des Aufstiegs aus der Höhle. Im Gegenteil ... Der Rückstieg in die Höhle und der Kampf innerhalb der Höhle zwischen dem Befreier und den aller Befreiung widerstrebenden Gefangenen bildet eine eigene vierte Stufe des ‚Gleichnisses', in der es sich erst vollendet." [18]

Weil die Wahrheit, platonisch gesehen, dem Guten entstammt, kann sie nicht als private Habe in Besitz genommen werden. Als Gewährung des Guten drängt sie vielmehr zur Mitteilung. Dasselbe gilt von ihrer Frucht, der Freiheit. So wenig wie ihren Ursprung, die Wahrheit, kann man diese für sich selbst, als privates Besitztum, haben. Die Freiheit hat man entweder ganz oder gar nicht. Das heißt aber zugleich: man hat sie entweder für alle, oder man hat sie nicht. Deshalb wird auf der vierten Stufe des Gleichnisses der Befreite aus innerer Nötigung zum Befreier. Was im Akt der Abscheidung und Überschreitung begann, läuft in eine Bewegung der Herablassung und Solidarisierung aus. Auf seine Weise zeichnet damit der vom Gleichnis beschriebene Gang des Freiheitsweges die Korrespondenz von Aufstiegs- und Abstiegsemanzipation nach, jetzt nur auf der „Innenbahn" einer in sich selbst verlaufenden Bewegung.

In seiner Schlußphase scheint das platonische Modell dort auszumünden, wo die Freiheitsbotschaft des Evangeliums beginnt. Doch täuscht die vermeintliche Harmonie über den tatsächlichen Dissens hinweg. Hinter der Gleichsinnigkeit des Verlaufs verbergen sich Unterschiede der Struktur und des Prinzips. Der Struktur zunächst: denn im einen Fall will die Freiheit errungen, im anderen entgegengenommen werden. Entsprechend strenger ist die mit der gewährten Freiheit verbundene Auflage. Sie muß an andere weitergegeben werden, während die Weitergabe der errungenen Freiheit dem guten Willen des Befreiten und seiner Menschenliebe überlassen bleibt. Dazu ist er durch die auf seinem Freiheitsweg erlangte Bildung *(paideía)* auch dann nicht unbedingt befähigt, wenn man mit Heidegger darunter „die Umwendung des ganzen Menschen im Sinne der eingewöhnenden Versetzung aus dem Bezirk des zunächst Begegnenden in einen anderen Bereich" [19] versteht. Vielmehr muß der Gedanke hinzugenommen werden, daß er in der Schau der Wahrheitssonne zugleich mit dieser der Idee des Guten ansichtig wird und daß er, indem er sie schaut, in ihr Kraftfeld gerät. So ist es letztlich das als wahr waltende Gute, das den Befreiten auf die Gegenbahn schickt, zurück zu seinen einstigen Leidensgenossen.

Das schlägt sich unmittelbar auf die in den beiden Phasen des Erkenntnisweges gewonnene Freiheit nieder. Anders als beim Anstieg, wo der Wille zur Loskettung vorherrscht, wird sie auf der Abstiegslinie zunehmend vom Antrieb zu emanzipatorischer Solidarität getragen. So ergibt es sich aus den unterschiedlichen Aspekten des Wahren, das zunächst beim Anstieg als reine

Helle und erst beim Abstieg als sich verströmende Quelle erfahren wird. Aber auch dort, wo die auf dem Erkenntnisweg gewonnene Freiheit im Modus des Auftrags und der Gewährung erscheint, ist sie von der im Umgang mit Jesus gewonnenen und von ihm gewährten grundverschieden. Nur hier ist sie die ungeschuldete Gabe, die der Befreite sonst auf keine Weise zu erreichen vermöchte. Im anderen Fall bliebe sie dagegen die Gabe, mit der er sich letztlich doch selbst beschenkte. Darin besteht der durch keine Dialektik auszuräumende Unterschied. Darum gehen auch die beiden Freiheitswege, so sehr sich ihre Bahnen glichen, hier, in der Frage nach dem letzten Woher, unvereinbar auseinander. Sie entsprechen sich, aber wie Figuren, die bei aller Ähnlichkeit zuletzt doch nicht zur Deckung zu bringen sind.

Hier wie dort ist die Freiheit die Folge der Erkenntnis und damit die Frucht der Wahrheit. Insofern fällt die Frage nach dem Grund des tiefgreifenden Strukturunterschiedes zuletzt auf diese zurück. Indessen war es mit dem Rekurs auf das mit dem Wahren gleichgesetzte „Gute“ nicht getan. Damit gewinnt die Freiheit zwar einen neuen Motivgrund, der ihre Auffassung als individuelles Privileg ausschließt, nicht aber das menschliche Antlitz, das ihr Buber zuschreibt. Doch gerade darauf kommt es an, weil dem Menschen letztlich nur durch Menschliches zu helfen ist. Gerade hier ist seiner Schöpferkraft eine unübersteigliche Grenze gezogen. Zwar vermag er seinen Hervorbringungen seinen Stempel aufzudrücken, doch bleibt ihm die Schaffung von etwas ihm Wesensgleichen, das ihm partnerhaft zu antworten vermöchte, ewig versagt. Im Wunschtraum von der Hervorbringung des Homunkulus geht er nachtwandlerisch an der äußersten Grenze seines Schöpfertums entlang, zielsicher zwar, aber ohne jede Chance, sie jemals überschreiten zu können. Dem entspricht dort, wo tatsächlich antlitzhaft Erscheinendes begegnet, die Erfahrung dieser Entgegenkunft als Gnade. „Gnade“ besagt hier, daß mir das entgegentritt, ohne das ich nicht sein kann und das ich mir doch aus eigenem Vermögen niemals zu geben vermöchte. Solcherart ist die von Jesus gewährte Freiheit. So sehr sie die menschlich errungene fortführt und krönt, überkommt sie die emanzipatorischen Akte doch zugleich im Modus des unkoordinierbar Anderen. Sie ist die Gnade, die den menschlichen Aktivitäten ermöglichend zuvorkommt und die sie zugleich begünstigend zum Ziel führt. Den Motivgrund der Aufstiegs-Emanzipation bildet somit die Erkenntniswahrheit, den Bezugsgrund der von Jesus gewährten Freiheit die Wahrheit, die mit ihm identisch ist. Doch worin kommen die beiden Konzeptionen überein, und worin unterscheiden sie sich?

Die Übereinkunft signalisiert deutlicher als jede theoretische Angabe die Licht-Metapher, die beide Male die von der Wahrheit zu erwartende Wirkung veranschaulicht. Im platonischen Höhlengleichnis wird dieses Moment nicht auf einmal, sondern in aufsteigender Stufenfolge eingeführt, bei der das Feuer im Höhleninneren den Ausgangspunkt und die am Ideenhimmel erstrahlende Zentralsonne das Ziel bildet. Dem entspricht ein mühsamer Gewöhnungsprozeß, der den Erkennenden vom Anblick des Höhlenfeuers über den des nächtlichen Sternen- und Mondlichts bis hin zur erfüllenden Schau der Tagessonne gelangen läßt. Bei allem Wissen um die Herkunft erfährt er die wahrgenommene Helle indessen jeweils als „sein" Licht, theoretisch ausgedrückt als das Licht seiner erkennenden Vernunft. Zur Vollständigkeit des im Höhlengleichnis explizierten Motivs gehört darum die Gegenvorstellung von der Sonnenhaftigkeit des Auges, um welche Plotin den platonischen Ansatz bereicherte. Gegen Ende des sechsten Buches der ersten Enneade heißt es:

„Wer sehen will, muß ein Auge besitzen, das dem zu sehenden Gegenstand verwandt und ähnlich ist: nie hätte das Auge jemals die Sonne gesehen, wenn es nicht selber sonnenhaft wäre."

Im selben Sinn dichtet Goethe bekanntlich im dritten Buch seiner Zahmen Xenien (von 1823):

„Wär' nicht das Auge sonnenhaft,
Die Sonne könnt' es nie erblicken;
Läg' nicht in uns des Gottes eigne Kraft,
Wie könnt' uns Göttliches entzücken?"

Die naheliegende Annahme, daß sich die dabei erschließende Wahrheit als eine spezifisch menschliche, menschengestaltig und menschengesichtig, darstellen müsse, trifft freilich nicht zu. Sie wird vielmehr als ein sich weitender Lichtraum erfahren. Sofern sich darin überhaupt Strukturen abzeichnen, sind sie mundaner Art. Die auf dem Erkenntnisweg gewonnene Wahrheit ist, mit Balthasar gesprochen, „Wahrheit der Welt", die strukturell als „Welt der Wahrheit" in Erscheinung tritt. [20] Deutlichstes Symptom dessen ist die Metaphorik des platonischen Höhlengleichnisses. Sie ist auf der ganzen Linie welthafter Art. Das gilt nicht erst für die Nachtgestirne und die Tagessonne, zu deren Anblick sich der Erkennende durchringt. Schon die Höhlenszenerie ist, wie Heidegger zeigte, kosmisch strukturiert:

„Das Feuer in der Höhle, das oberhalb der Höhlenbewohner glüht, ist das ‚Bild' für die Sonne. Das Höhlengewölbe stellt das Himmelsgewölbe dar. Unter diesem Gewölbe, auf die Erde angewiesen und an sie gebunden, leben die Menschen." [21]

Selbst das in der Höhle leuchtende Feuer ist ein „Sproß" der Sonne: „Innerhalb der Höhle bleibt die Sonne unsichtbar, und doch zehren auch die Schatten noch von ihrem Licht." [22]

Im Hintergrund dieser Konzeption steht, wie leicht zu ersehen ist, der ebenso großartige wie fatale Gedanke von der strukturellen Identität von Welt und Mensch. Großartig ist diese Konzeption, sofern sie den Menschen ins Zentrum des Universums rückt, so daß sich dieses von nirgendwo anders als von ihm her erschließt. Und sie ist zugleich fatal, weil sie den Menschen bei aller Weiträumigkeit zuletzt doch zum Gefangenen des Universums macht: Beim Einstieg in die eigene Innerlichkeit gelangt er zwar zur Welt, nicht jedoch, der Urintention seines Suchens gemäß, zu sich selbst. Davon ist auch die von dieser kosmisch strukturierten Wahrheit vermittelte Freiheit gezeichnet. Sie ist die Dimension, in die hinein sich das Menschsein von ihm selbst her öffnet. Damit ist aber auch schon negativ gesagt, daß sie dem Menschen nicht erfüllend antwortet. Er kann mit ihr auf die Barrikaden gehen; leben jedoch kann er mit ihr nicht.

Ganz anders die durch Jesus vermittelte und an ihm „ersehene" Wahrheit. Im Unterschied zur Erkenntniswahrheit kommt sie zum Menschen, nicht der Mensch zu ihr. Damit ist bereits die entscheidende Differenz vermerkt. Wie im Fall des von Jesus als „nahe herbeigekommen" angekündigten Gottesreiches ist das „Kommen" auch hier personal, als Gebärde frei gewollter Annäherung also, zu verstehen. Zwar sagt das Johannesevangelium an entscheidender Stelle, im Epilog zum Nikodemusgespräch: „Wer die Wahrheit tut, kommt zum Licht" (3,21), so daß im ersten Augenblick der Eindruck entsteht, es handle sich auch hier um eine Aufstiegsbewegung nach Art des aus eigener Denkanstrengung vollzogenen Erkenntnisaktes. Doch läßt der begründende Nachsatz – „damit offenbar wird, daß seine Taten in Gott vollbracht sind" – keinen Zweifel an der Andersartigkeit des Grundverhältnisses. Jede subjektive Annäherung an die Wahrheit ist hier die Folge ihrer vorgängigen Entgegenkunft. Dem entspricht die Erfahrung ihrer Helle. Sie ist nicht Licht, das sich letztlich der Erhellungskraft der subjektiven Vernunft verdankt, sondern Widerschein einer personalen Zuwendung, paulinisch ausgedrückt: Herrlichkeitsglanz, der aufleuchtet auf dem Antlitz Christi (2 Kor 4,6). So gesehen ist die Wahrheit Jesu lediglich der theoretische Ausdruck der Erfahrung, daß sich in seiner Nähe kein Wahngebilde und Lügengewebe zu halten vermag oder, nun ins Positive gewendet, daß sich um ihn die Dinge und Verhältnisse lichten, daß Rätselhaftes einsichtig, Verworrenes durchsichtig und Unkoordinierbares überblickbar wird. Deshalb ist die Theorie dieser Erfahrung erst dann wirklich zu Ende gebracht, wenn man die Wahrheit Jesu im Gegensatz zur spekulativen Welt-Wahrheit gestalthaft denkt und mit Augustinus von ihrem Antlitz, der facies veritatis, spricht. Darum ist der durch die Wahrheit Jesu eröffnete Sinnraum auch keine Dimension, in der sich der Menschengeist ohnehin schon bewegt. Ohne ihm aufgestockt zu sein, wird er ihm vielmehr als Offenheit gewährt, die er aus eigener Kraft niemals erlangt hätte. In die von Jesus gewährte Freiheit ist der Mensch wirklich entlassen; die andere, auf dem Erkenntnisweg gewonnene, hat er sich bestenfalls erkämpft. Das bringt es mit sich, daß erst hier alle Fesseln, auch die ihm selbst nicht ersichtlichen und bewußten, von ihm abfallen. Wenn der Durchbruch zur vollen und zumal zum Bewußtsein ihrer selbst gelangten Freiheit aber so sehr an die Begegnung mit Jesus gebunden ist, wendet sich die Frage nach ihren Provokationen nunmehr unabwendbar ihm zu. Was hat Jesus mit der Freiheit zu tun? In welchem Sinn ist er ihr Initiator und Protagonist? Warum kommt sie gerade durch ihn zur Vollendung? Das gilt es jetzt zu bedenken.

„War Jesus liberal?“ fragte Ernst Käsemann Ende der sechziger Jahre in seiner Kampfschrift „Der Ruf der Freiheit“. [23] Und er stellte damit die Frage, um die sich die gesamte gegenwärtige Diskussion der Gestalt und Botschaft Jesu wie um keine andere dreht. Nur zwei weniger bekannte Beispiele seien erwähnt. So nennt Eduard Schweizer Jesus in seiner Schrift „Jesus Christus im vielfältigen Zeugnis des Neuen Testaments“ den „Mann, der alle Schemen sprengt“ [24]: der Gott auf eine völlig neue und vordem unerhörte Weise als Vater anruft; der durch sein qualvolles Sterben das jüdische Leitbild von dem in Gottes Hand aufgehobenen Gerechten desavouiert; der von der apokalyptischen Naherwartung des Gottesreiches abrückt und durch seine eigene Verkündigung des Kommenden die Zeitgenossen schockiert; der schließlich durch seine Gleichnisreden die eingeschliffenen Denkgewohnheiten auch noch formell in Frage stellt. [25] In dieselbe Richtung tendiert, wenn auch weniger deutlich, das als zweiter Kronzeuge zu nennende Jesus-Buch von Milan Machovec „Jesus für Atheisten“. [26] Zwar kommt hier das Freiheitsmoment, bezeichnend für die geistige und politische Situation des Autors, mehr indirekt zum Zug, dafür aber nicht weniger überzeugend. Für Machovec ist Jesus der „befreite Befreier“, der in Akten innerer und äußerer Emanzipation jene Freiheit gewann, der er in seiner revolutionären Botschaft Ausdruck verlieh.

Emanzipationsgestalt ist Jesus für Machovec vor allen Dingen insofern, als er sich der Lawine des Leidens, welche die Menschheit unter sich zu verschütten droht, mit seiner ganzen Kraft entgegenstellt. In der Wüste der Hoffnungslosigkeit stiftet er durch sein Wort und mehr noch durch sein Sein die Hoffnung, daß es bei den ungleichen Proportionen des Daseins nicht bleiben muß, daß das Glück der Wenigen nicht unvermeidlich mit dem Unglück der Allzuvielen, die Begünstigung Vereinzelter nicht notwendig mit der Benachteiligung der Massen erkauft werden muß, kurz, daß es mit der Geschichte der Menschheit als ausgesprochener Leidensgeschichte ein Ende hat.

Freiheit besteht für Machovec somit nicht primär in der Gewinnung eines je größeren Raumes spontaner Selbstverfügung und Selbstverwirklichung; auch hat sie für ihn nicht primär den Charakter der Loskettung von niederhaltenden und restringierenden Zwängen, es sei denn, daß man sie dort sucht, wo diese sich, das Leidenspotential der Welt vergrößernd, auswirken. Freiheit besteht für ihn vielmehr in erster Linie in der Rettung des Menschen aus der Zwangsläufigkeit, sein Dasein in innerem und äußerem Elend, als ein Genötigter, Manipulierter, Ausgebeuteter, fremden Zwecken Unterworfener, als ein Leidender also, fristen zu müssen. Diesen Aspekt wird man um so mehr berücksichtigen müssen, als er Tendenzen entspricht, die im Feld der Gegenwartstheologie zunehmend zur Geltung kommen.

Wie aber antwortete Käsemann selbst auf seine Frage: „War Jesus liberal?“ Zunächst damit, daß er sie zu der Frage präzisiert, ob sich eine Kirche noch weiterhin christlich nennen dürfe, „in welcher die Frommen nicht mehr liberal sein und die Liberalen nicht mehr als fromm anerkannt werden können“ [27]. Darauf antwortet er spontan mit der zwar radikal klingenden, richtig bedacht aber durchaus konsequenten These, daß die chalkedonische Formel „wahrer Gott und wahrer Mensch“, im Blick auf die heutige Situation aktualisiert, durchaus zutreffend mit der Formel „fromm und liberal zugleich“ wiederzugeben sei. [28] Daß Käsemann damit tatsächlich die Gottessohnschaft Jesu aussagen will, gibt er mit den Worten zu verstehen:

„Liberal war er anders als alle anderen, also einzigartig darin, daß er in der Freiheit der Gotteskindschaft stand, lebte und starb, handelte und sprach. Die Freiheit der versöhnten, aus der Verlorenheit zurückgerufenen Gotteskinder ist seine Offenbarung, seine Herrlichkeit, Gabe und Forderung. Seit ihm und durch ihn ist diese Freiheit der Gotteskinder die wahre Signatur des Evangeliums und das ausschlaggebende Kriterium für alles, was sich christlich nennt, insofern natürlich auch für das Unchristliche, das sich kirchlich, konfessionell, religiös und theologisch tarnt.“ [29]

Und er fügt dem die Warnung hinzu: „Wer das ‚wahrer Gott‘ gegen diese Liberalität geltend macht, mag sehen, daß er nicht den wirklichen Jesus dem Idol seiner Einbildungen opfert und damit den Grund alles christlichen Glaubens zerstört.“ [30]

Wenn Jesus aber durch das Freiheitsmoment so wesentlich angesprochen ist, daß ihn, damit verglichen, eher noch die

Aussage „wahrer Gott“ verfehlt, stellt sich unvermeidlich die Rückfrage nach dem Woher seiner Freiheit. Im Übergang dazu muß aber zunächst noch Käsemanns These selbst überprüft werden. War Jesus tatsächlich liberal? Muß man ihn, um seinem Selbstverständnis und seiner Wirkung gerecht zu werden, in erster Linie als Emanzipationsgestalt begreifen? Entspricht somit die heutige Gleichsetzung von Erlösung mit Befreiung seinen ureigenen Intentionen? [31]

Bei der Beantwortung dieser Fragen sollte man nicht nur an den emanzipatorischen Kampf denken, den Jesus gegen den unter dem Vorwand der Gesetzestreue unternommenen Versuch einer totalen Schematisierung des Daseins führt. Wenn man hier aber dennoch ansetzen wollte, dann dort, wo im Kampf dessen innerstes Motiv aufscheint, also etwa bei dem Drohwort gegen die Schriftgelehrten und Pharisäer: „Sie schnüren schwere Lasten zusammen und legen sie den Menschen auf die Schultern, sie selbst aber rühren keinen Finger, um die Lasten wegzuschaffen“ (Mt 23,4).

Schlimm ist es diesem Logion zufolge schon, daß die Verantwortlichen „Lasten zusammenschnüren“, um sie dem Volk – wie das Holzbündel, das Abraham dem „zum Opfer ausersehenen“ Isaak aufbürdet (Gen 22,6) – „auf die Schultern zu legen“; schlimmer noch, daß sich keine Hand rührt, um sie den Beladenen tragen zu helfen. Von diesem kritisch-polemischen Ausgangspunkt führt eine direkte Linie zu der Stelle, wo Jesus seine Alternative und mit ihr sein „Freiheitsprogramm“ formuliert. Das geschieht in der erst von Kierkegaard in ihrer vollen Bedeutung wahrgenommenen und als Leitwort seiner „Einübung im Christentum“ (von 1850) zugrunde gelegten Einladung, in der sich Jesus den Bedrückten und Beladenen selbst als Stütze und Ruhestätte anbietet: „Kommt alle zu mir, die ihr euch plagt und unter Lasten stöhnt! Ich werde euch Ruhe verschaffen. Nehmt mein Joch auf euch und lernt von mir; denn ich bin gütig und selbstlos. So werdet ihr in eurem Herzen Ruhe finden. Denn mein Joch drückt nicht, und meine Last ist leicht“ (Mt 11,28ff). [32]

Jesus hält nichts von dem Disziplinierungserfolg repressiver Vorkehrungen; denn er weiß, daß die Menschen es ohnehin schwer genug haben: nicht nur der verzweifelte Vater, der die

Qualen seines epileptischen Jungen nicht mehr mit ansehen kann, und die Witwe, der mit dem Tod ihres einzigen Sohnes alles, Halt und Inhalt ihres Lebens, entrissen wurde, sondern auch all die anderen, deren ärmliche Schicksale sich vor allem in seinen Gleichnissen spiegeln. So der vom Neid des Nachbarn verfolgte Bauer, dem dieser Unkrautsamen unter den Weizen sät; so der Hirt, dem mitten in der Steppe ein Schaf abhanden kommt, und der Vater, der mit seinem von Fernweh gepackten Jüngsten Kummer hat. Sie alle haben schwer genug an ihrer eigenen Lebenslast zu tragen und brauchen keine zusätzliche Bürde, um im Rahmen der Wohlanständigkeit gehalten zu werden.

Im Prinzip hätte er freilich auch nicht dem vierfachen Gebot der „Apostelversammlung" widersprochen, weil dort, wo das bessere Regulativ der Liebe fehlt, mögliche Konflikte durch Normen und Weisungen verhindert werden müssen. Hätte darum Jesus die Lobrede auf Abraham gehalten, wie sie Kierkegaard seiner (1843 erschienenen) Schrift „Furcht und Zittern" voranstellte, so hätte vermutlich der Hinweis auf das Holzbündel nicht gefehlt, mit dem der unter der Überlast seines schrecklichen Auftrags wankende Vater den zum Tod bestimmten Sohn belud, um die in ihm aufdrängenden Fragen niederzuhalten. Deshalb ist ausgerechnet in dem Wort, das wohl ursprünglicher als jedes andere von der durch Jesus eingeräumten und gewährten Freiheit spricht, von der „Last" und dem „Joch" die Rede, die er gerade dem durch ihn Befreiten zumutet. [33] Mitzubedenken ist freilich die harte Kritik, die Jesus an der repressiven Behandlung der Kleinen und Schwachen übt. Sie richtet sich nicht so sehr gegen die Aufbürdung der Lasten selbst, als vielmehr dagegen, daß sich keine Hand rührte, sie den Beladenen erträglicher zu machen. Hier setzt der Hilfs- und Liebeswille Jesu ein. Die von ihm selber auferlegte Bürde ist „leicht", weil er sie dem damit Beladenen tragen hilft, weil er also mit der Bürde zusammen immer auch die Kraft verleiht, ihr gewachsen zu sein. Wem dieser Beistand fehlt, der ist in seinen Augen unfrei. Unterjocht sein heißt darum für ihn primär unter einer Lebenslast stehen, die über das Maß der verfügbaren Kräfte geht. Dabei macht es keinen entscheidenden Unterschied, worin diese Last im einzelnen besteht, ob in einem unerträglich schweren Schicksal oder in einer beruflichen

Überforderung, ob in einem inneren Konflikt oder in einem als drückende Fessel empfundenen Gesetz. So gesehen besteht die Unfreiheit, gegen welche Jesus angeht, in einem Mißverhältnis: in der Unfähigkeit, die einem jeden aufgebürdete Daseinshypothek so anzunehmen, daß sie als herausfordernde Aufgabe anstatt als drückende und erdrückende Lebenslast empfunden wird.

In positiver Rückspiegelung ergibt dies ein Vorverständnis der Freiheit, wie sie Jesus meint und gewährt. „Frei" ist in seinem Sinn derjenige, der in ihm den Beistand gefunden hat, durch dessen Hilfe ihm die drückende Lebenslast „erträglich" wird. Er fühlt sie noch immer auf seinen Schultern, aber sie hört auf, seine Initiativen zu lähmen, sein Selbstvertrauen zu untergraben und ihn innerlich aufzureiben. Statt dessen zwingt sie ihn zu engster Lebensgemeinschaft mit dem zusammen, der sich ihm als Beistand und Stütze anbot. Wer zu ihm findet, kommt als ein Aufatmender, versöhnt mit seinem Schicksal, ermutigt zu sich selbst. Nicht, als verliere das Heteronome, Unverrechenbare alle Schrecken und alles Gewicht. Wohl aber verringert sich dieses Gewicht um so viel, daß es in aller Unbegreiflichkeit „verständlich" und in aller Schwere „erträglich" wird. So fallen zwar keine sichtbaren Gefängnismauern, wohl aber die inneren Fesseln, die den Menschen am souveränen Gebrauch seiner Kräfte hindern. Und indem sie fallen, entsteht jene elementare Erfahrung von Freiheit, die das Hochgefühl der gewaltsam Emanzipierten deswegen übertrifft, weil sie der Führung der sich hilfreich zuwendenden Liebe entstammt. Nicht, als müßten im Namen Jesu nicht auch Mauern gesprengt und Fesseln zerrissen werden; doch ergeben sich Konsequenzen dieser Art erst in zweiter Linie aus der Freiheit, mit der er einen Anfang machte. Denn diese ist und bleibt die Freiheit derer, die durch ihn zum Glauben an sich selbst und zur Einwilligung in ihr Schicksal gelangten.

Wenn Jesus aber dort Freiheit stiftet, wohin keine befreiende Hand sonst zu reichen vermag, erhebt sich um so dringlicher die Frage nach dem Woher, dem Grund und Antrieb seiner eigenen Freiheit. Sie läßt sich nur schrittweise beantworten. Fürs erste ist Jesus frei, sofern er als der Prophet, als welchen er sich (nach Mt 13,57 und Lk 13,33) versteht und (nach Lk 7,16) vom Volk angesehen wird, ein „Herausgerufener" ist: herausgerufen sowohl aus den familiären Bindungen als auch aus der Geborgenheit der Gesellschaft, so daß er noch nicht einmal über diejenige des Tieres verfügt: „Die Füchse haben ihren Bau und die Vögel ihr Nest; der Menschensohn aber hat nichts, worauf er sein Haupt hinlegen kann“ (Lk 9,58).

Daß dieses Ausgenommensein Freiheit bedeutet, wird dort erst ganz einsichtig, wo Jesus daraus ausgesprochen emanzipatorische Folgerungen zieht. So in der alle gesellschaftlichen Tabus mißachtenden Gemeinschaft, die er mit den Zöllnern (Mt 5,46; 18,17), den Huren (21,31f) und den pauschal mit dem Sammelnamen „Sünder“ (9,11; 11,19) Bezeichneten aufnimmt. Oder in den das gesellschaftliche Reglement beiseite schiebenden Mahnworten an zwei angehende Jünger, von denen der eine zuvor noch das Begräbnis seines Vaters bestellen, der andere von seinen Angehörigen noch Abschied nehmen möchte: „Laß die Toten ihre Toten begraben; du aber geh und verkünde das Reich Gottes!“ (Lk 9,60) und weiter: „Keiner, der die Hand an den Pflug legt und nochmals zurückblickt, taugt für das Reich Gottes“ (Lk 9,62).

Herausgerufen ist Jesus aus dem gesellschaftlichen Beziehungssystem sodann, weil ein Ruf an ihn erging. Aber wessen Ruf? Bevor man darauf vorschnell mit der Formel „Der Ruf des Vaters“ antwortet, sollte man bedenken, daß die Himmelsstimme selbst dort, wo sie „von unten“, aus dem Mund des stellvertretend für Gott redenden Petrus (Mk 8,27ff) ertönt [34], eher die Funktion der Bestätigung aufweist als die der Evokation. Das nötigt zu dem Schluß, daß Jesus der spezifische Ruf von anderer Seite zugesprochen wird. Von Johannes etwa, hinter dessen Identitätsfrage „Bist du es?“ der Appell an Jesus hörbar wird, das, was sich an Erwartungen mit dem „Kommenden“ verbindet, auch wirklich zu sein (Lk 7,19). Oder in der vielfältigen Bitte der von inneren und äußeren Nöten Geplagten um seine Hilfe, angefangen von der aus höchster Bedrängnis gewagten Geste der blutflüssigen Frau (Mk 5,25–29) bis hin zu der inständigen Bitte des Mitgekreuzigten: „Jesus, denk' an mich, wenn du mit deinem Reich kommst“ (Lk 23,42).

Durch diesen vielstimmigen Notschrei fühlt sich Jesus zutiefst provoziert. In der Stimme der Kreatur, der, mit Tasso gesprochen, ein Gott zu sagen gab, wie sie leidet, rührt ihn, wenn auch nur in Form einer Bitte, das an, was aus dem Unglückskontext des Daseins herausdringt, ohne den ersehnten Freiraum aus eigener Kraft gewinnen zu können. Darin erfährt Jesus, ursprünglicher als je sonst, die Provokation der Freiheit, und er erfährt sie um so dringlicher, als ihr Anruf in der Stimme der Hilflosen und Schwachen an ihn ergeht. So gesehen ist Jesus frei, weil ihn der vielstimmige Notschrei, der an sein Ohr dringt, mit einem Paradox gesprochen, zur Freiheit nötigt oder ihm doch wenigstens die Freiheit, die er faktisch besitzt, erst voll zu Bewußtsein bringt.

Am bewegendsten kommt dieser Ruf im Mund des Mitgekreuzigten zur Sprache, weil er hier aus der äußersten Verbindlichkeit des Menschseins, dem Zwang des Sterbenmüssens, gesprochen ist. Um so erstaunlicher ist das in der Bitte bekundete Vertrauen, das die Hilfe ausgerechnet von dem schuldlosen Gefährten der gleichen Todesqual erhofft, und das Wissen um die Rolle, die dem Gottesreich dabei zufällt. Verständlich ist das nur unter der Voraussetzung, daß das von Jesus verkündete Reich in der Sicht der Leidensgefährten jenseits der Todeszone liegt und daß ein Initiator mit ihm die endgültige Befreiung vom Todesjoch herbeiführt. Dem entspricht die Zusage Jesu: „Amen, ich sage dir: Heute noch wirst du mit mir im Paradies sein" (Lk 23,43), mit der er dem Gequälten nicht so sehr das erlösende Danach als vielmehr sich selbst als seine erlösende Zukunft in Aussicht stellt. Das aber heißt, daß die von Jesus gewährte Freiheit letztlich die Freiheit des Todes ist. Die Erwartung des Hilfesuchenden besteht zu Recht, weil er sich dem ihm bestimmten Todesschicksal überantwortete und, determiniert durch diesen Akt, das Dasein eines fortwährend Sterbenden führte. Das aber heißt für Jesus wie für jeden anderen: im qualvollen Abbruch aller Lebensbeziehungen die ebenso endgültige wie unverlierbare Freiheit von allen niederzwingenden Fesseln erlangen. Daher seine große Indifferenz gegenüber allem Mehr oder Weniger, Früher oder Später. Jetzt wird es für ihn im Grunde belanglos, ob sich der Erfolg schon zu seinen Lebzeiten oder erst in seiner Wirkungsgeschichte einstellt, ob den Jüngern im aktuellen Gespräch mit ihm oder erst nach seinem Tod die Augen aufgehen und ob alle zehn Geheilten zur Dankerstattung zurückkehren oder nur einer (Lk 17,11–19). Sogar seinen Feinden kann er zugute halten: „Sie wissen nicht, was sie tun" (Lk 23,34). So wenig wie die anderen Privilegien will Jesus diese in der Abscheidung des Todes erlangte Freiheit für sich selbst. Vielmehr tritt er in den durch den Tod eröffneten Freiraum nur ein, um losgekettet von allen Fesseln und Beschränkungen ganz für uns dazusein. Mußte er zuvor aus dem Schmerz der zurückgewiesenen Liebe über das todgeweihte Jerusalem klagen: „Wie oft wollte ich deine Kinder um mich sammeln, so wie eine Henne ihre Jungen unter ihren Flügeln sammelt; aber ihr habt nicht gewollt" (Lk 13,34), so weiß er jetzt aus der Freiheit des vorweggenommenen Todes: „Wenn ich von der Erde erhöht bin, werde ich alle an mich ziehen" (Joh 12,32).

Dort, wo sich der Entsetzensschrei Jesu über eine Welt, die als Lohn für seine Liebe nur die Kreuzesqual hatte, in den Freudenschrei des aus dieser qualvollen Fesselung Entronnenen wandelt, weiht er sich uns nur um so mehr, ganz so, als habe der Tod seine ans Kreuz geschlagenen Arme nur dazu gelöst, daß sie uns endgültig umfassen können. Kein Wunder, daß sich die Freistatt, die der Sterbende gewinnt, zur Wohnstätte für uns alle wandelt: „Euer Herz sei ohne Angst! ... Im Haus meines Vaters sind viele Wohnungen" (Joh 14,1f).

Wenn sich das aber so verhält, erhebt sich hinter der Frage nach dem Woher der Freiheit Jesu nun nochmals und jetzt mit letzter Dringlichkeit diejenige nach ihrem Inhalt. Worin besteht sie? Auf die kürzeste Formel gebracht: in der Freiheit, für uns dazusein! Denn derjenige, der alle Fesseln hinter sich ließ, ist auch dem Zwang zur Objektivierung seiner selbst entronnen. Er hat es nicht nötig, seine Liebe zu uns in Form von Leistungen unter Beweis zu stellen. Er braucht sie, anders als die übrigen Wohltäter der Menschheit, nicht in ideelle oder materielle Hilfen umzusetzen, damit sie als Hilfe glaubhaft wird. Und das heißt positiv: Er kann es sich leisten, sich in seiner Liebe selbst zu geben, seine Liebe sie selbst sein zu lassen und davon alles zu erwarten. Daß er sich das leisten kann, ist die Frucht seiner Freiheit, so wie diese umgekehrt die Frucht seiner Liebe ist. So ist seine Freiheit, in letzter Vereinfachung gesprochen, die Freigabe seiner Liebe und diese ihrerseits die Liebesgabe seiner Freiheit.

Nur scheinbar wird damit die Sache der Freiheit in den Bereich des Privat-Intimen abgeschoben. Der Liebe zugeordnet, wird sie vielmehr aller kategorialen Enge und funktionalen Zweckverhaftung entrückt. Und darauf kommt es entscheidend an. Denn die Sache der Freiheit ist von vornherein verspielt, wenn man sie in einen Zweckzusammenhang zu bringen oder auf ein vorgewußtes Beziehungssystem festzulegen sucht. Freiheit, das ist vielmehr das Ende aller Zwecke und die Aufhebung aller Systeme. Sie duldet nur eine einzige Rückkoppelung: diejenige an den Menschen. Diese ist allerdings solcher Art, daß die Freiheit mit ihr steht und fällt. Freiheit ist die Bedingung des Menschseins und dieses der Sinn der Freiheit.

Im Hinblick darauf bedarf es keiner apologetischen Rechtfertigung der Tatsache, daß Jesus weder mit einer Freiheitsparole antrat noch emanzipatorische Aktivitäten ins Werk setzte. Er hatte weder das eine noch das andere nötig, weil er die Sache der Freiheit ursprünglicher, in seinem Kampf gegen die Funktionalisierung des Menschen, vertrat. Was im ersten Augenblick wie ein Umweg aussieht, erweist sich bei näherem Zusehen als das tatsächlich effizienteste Vorgehen. Denn mit Jesu Eintreten für die unbedingte und ausnahmslose Priorität des Menschen war das Entscheidende für eine Freiheit getan, die sich als Frucht der Liebe verstand und deshalb immer nur konkret, im Dienst am Menschen, zur Geltung gebracht werden konnte. Das gemeinschaftliche und gemeinschaftsstiftende Moment ergab sich aus ihrer Unteilbarkeit. Freiheit im Sinne der Befreiung zu immer vollständigerer Selbstergreifung gibt es niemals nur für den einzelnen. In einem durch die durchgängige Funktionalisierung des Menschlichen bestimmten Bereich vermöchte sie sich niemals durchzusetzen. Sie lebt von der Chance, von möglichst vielen gelebt zu werden. Indessen ist das nicht erst eine Frage der äußeren Realisierung, sondern bereits des inneren Vollzugs. Als Frucht der Liebe gibt es die Freiheit Jesu nur dort, wo seinem Liebesauftrag an die Jünger Genüge geschieht. Genausogut, wie Jesus am Ende des johanneischen Fußwaschungsberichtes versichern kann: „Daran werden alle erkennen, daß ihr meine Jünger seid, wenn ihr Liebe habt zueinander“ (13,35), hätte er sagen können: Dadurch macht ihr euch glaubwürdig in dieser Welt der Zwänge, daß ihr freiheitlich lebt!

Man kann sich nicht an Jesus halten und sein Verhalten gleichzeitig von gesellschaftlichen Regulativen und Schematismen steuern lassen. Das eine ist die Verneinung des anderen. Wer sich von Jesus in den durch seine Todeshingabe eröffneten Freiheitsraum ziehen läßt, ist vielmehr dazu angehalten, sein Leben selbst in die Hand zu nehmen und es in kreativen Akten je neu zu entwerfen. Er findet sich nicht vor; er muß sich erst noch erfinden. Das ist der Anfang, den Jesus mit ihm macht. Das aber ist stets ein Anfang für alle. Denn die Freiheit, die Jesus gewährt, ist Freiheit „von ihm für dich". Sie gewinnt nur im Akt der Weitergabe Raum. Als individuelles Besitztum erstrebt, zerrinnt sie in nichts. Deshalb gehört das emanzipatorische Interesse, das Jesus verfolgt, unabdingbar in seine Reich-Gottes-Botschaft hinein. Umgekehrt ist dann aber auch zu fragen, auf welche Weise sie zur Freiheit ruft. Unter diesem Doppelaspekt stellt sie sich nunmehr zur Diskussion.

## *Die Proklamation der Freiheit*

Markus faßt seinen Bericht vom Beginn der Lehrtätigkeit Jesu in das knappe Resümee zusammen: „Nachdem man Johannes ins Gefängnis geworfen hatte, ging Jesus nach Galiläa und verkündete das Evangelium Gottes: Die Zeit ist erfüllt, und das Reich Gottes ist nahe. Bekehrt euch und glaubt an das Evangelium" (Mk 1,14f).

Als die zentrale Thematik der Verkündigung Jesu ist damit die Botschaft von der Heraufkunft des Gottesreiches genannt. Sie steht, wie eine nähere Analyse zeigt, auf zweifache Weise im Zeichen der Freiheit: einmal durch ihre Aneignung, sodann durch ihre Übereignung. Der Tatbestand der Freiheit ist damit jeweils gegeben, weil sich diese überall dort ereignet, wo Entfremdung aufgehoben wird, sei es, daß Fremdes in Besitz genommen oder daß Eigenes an „Fremde" übergeben und so die hindernde Distanz zu ihnen aufgehoben wird. Das erste gilt für den Vorgang, durch den der Reich-Gottes-Gedanke in Jesu Eigentum übergeht, das zweite für den Akt seiner Promulgation durch die Predigt- und Wundertätigkeit Jesu.

Was die Aneignung der der spätjüdischen Denkwelt angehörigen Reich-Gottes-Idee durch Jesus anlangt, so hängt sie zweifellos mit der Entwicklung seines Selbstverständnisses zusammen, die ihn schließlich dazu führt, sich als „Menschensohn" zu bezeichnen. Als Zentralgestalt im Figurenkreis der apokalyptischen Jenseitsvorstellung repräsentiert der Menschensohn zunächst das Schicksal Israels vor dem Antlitz des in Herrlichkeit thronenden Gottes, der ihm sein Reich überträgt und ihn mit dessen endzeitlicher Heraufführung beauftragt. Zu einem nicht mehr genau bestimmbaren Zeitpunkt muß es dann, vermutlich im Zusammenhang mit dem großen Abfall, von dem der Epilog der johanneischen Brotrede berichtet (Joh 6,60–71), dazu gekommen sein, daß sich Jesus selbst im Bild der Himmelsgestalt wiedererkannte. Zutreffender noch als das Schicksal seines Volkes spiegelte sie jetzt für ihn sein eigenes. Mehr noch: er erfuhr sie als die höchste Sinndeutung seiner Existenz und Sendung. Die spontane Konsequenz dessen war ein Akt der Identifikation, in welchem Jesus mit dem Namen des Menschensohnes auch dessen Befugnis und Auftrag übernahm. Er trat in die Rolle dessen ein, dem Gottes ureigene Sache, die Sache des Gottesreiches, in die Hand gelegt war. Damit war ihm aber auch die Sache der Freiheit übergeben. Nicht nur, daß er selbst durch den ihm zuteil gewordenen Auftrag der Suche nach dem erfüllenden Lebenszweck endgültig überhoben und damit in die volle Freiheit des Selbstseinkönnens gelangt war; auch inhaltlich stellte sich das ihm übertragene Reich als Inbegriff emanzipatorischer Impulse und Gesamtentwurf einer freiheitlichen Lebensordnung dar. [35]

Nicht, als hätte Jesus mit dem von ihm verkündeten Reich die Vorstellung eines revolutionären Umsturzes der bestehenden Verhältnisse verbunden! Wer ihn zum Sozialrevolutionär abstempelt, hat ihn in seiner Zielsetzung, seiner Prioritätenfolge und dem, was er direkt und indirekt anzielte, gründlich mißverstanden. Der Zugang zum Gottesreich wird nicht mit Waffen erstritten, auch nicht mit den Waffen des Klassenkampfes.

Politische Freiheit ist, metaphorisch ausgedrückt, ein Leerraum. Ihr geht es in erster Linie darum, ein möglichst weites Aktionsfeld für subjektive Initiativen zu schaffen. Anders die Freiheit des Gottesreiches. Sie gibt es nur, sofern mit ihr zusammen die freisetzende Kraft geschenkt wird, also nur als die Funktion dieser Kraft. Hier kommt ein Moment zum Vorschein, das die christliche Freiheit zentral bestimmt. Sie wird nicht erkämpft, sondern gewährt. Und das heißt: Man hat sie entweder im Modus der Zueignung oder überhaupt nicht. Das meint die Korintherstelle mit dem Hinweis auf den sie ermöglichenden und gewährenden Geist. Mit der Kennzeichnung dieses Geistes als „Geist des Herrn" ist zunächst der ursächliche Rückbezug auf Jesus in Erinnerung gerufen. Er ist der leibhaftige Protest gegen das an sich selbst gehinderte Menschsein, die lebendige Aufhebung der äußeren und mehr noch der inneren Repressionen. Aber er ist dies, wie seiner gängigen Stilisierung zum Sozialrevolutionär entgegengehalten werden muß, gerade nicht in der Andersheit einer historischen Gestalt. Die Differenz liegt in dem, was Paulus mit *„pneûma* meint. Und das ist Jesus im Modus des Mitgeteiltseins, in welchem er sich, unbeschadet seiner historischen Einmaligkeit, als der allen Zeiten Gegenwärtige und, ohne Minderung seiner individuellen Einzigkeit, als der den Seinen Innewohnende erweist. Damit wird er zum Urheber, nicht bloß zum Modell der nach ihm benannten Freiheit und diese zu seiner Gewährung anstatt nur zum Nachvollzug seines emanzipatorischen Handelns und Verhaltens. So ist er der Täter seiner Freiheit, heute wie einst, und die durch ihn eröffnete Freiheit seine Tat – in uns.

Seitdem gilt das an die Adresse seiner Mitarbeiter in der Reich-Gottes-Verkündigung gerichtete Wort in einem ganz spezifischen Sinn: „Wer euch hört, der hört mich, und wer euch ablehnt, der lehnt mich ab; wer aber mich ablehnt, der lehnt den ab, der mich gesandt hat" (Lk 10,16).

Mit dem durch die Vorüberlegung geschärften Ohr gehört, besagt das: Wer die Reich-Gottes-Botschaft vernimmt, vernimmt in und mit ihr Jesus selbst als den in dieser Botschaft sowohl Ausgesagten als sich selber Sagenden. Denn die Jünger sprechen nicht nur in seiner Kompetenz; sie teilen ihn auch inhaltlich mit, weil er als die *„autobasileía"*, wie Origenes ihn nannte [36], der lebendige Sinngrund und Inbegriff des von ihm proklamierten Reiches ist. Er ist das Reich, nicht umgekehrt. Das macht einen signifikanten Unterschied, sofern man nur das gegensinnige Prädikationsgefälle der beiden Sätze bedenkt. Zwar ist schon viel mit der Aussage gewonnen, wonach das Reich in dem Sinn mit Jesus identisch ist, daß es in ihm seine substantielle, die historische Verwirklichung ermöglichende Erfüllung findet. Dennoch bleibt hier ein entscheidendes Moment unerklärt: das des freiheitlich-kreativen Umgangs Jesu mit der Reich-Gottes-Idee. Bei aller Identifikation ist sein Verhältnis zu ihr doch nie so, daß sie sein Denken und Verhalten nach Art einer idea matrix beherrscht. So sehr er an sie hingegeben ist, behält er doch die freie Initiative, die sinnstiftende Dominanz. Er ist das Reich, die *„autobasileia"*, nicht umgekehrt. In seinem Mund füllt sich die Vokabel nicht nur mit völlig neuem Sinn; sie wirkt auch so, als habe er sie als erster geprägt und ausgesprochen. Wo er ein Traditionsgut zu übernehmen schien, bietet er sich im schöpferischen Selbstentwurf seiner Liebe. Und darin ist er, bei aller Treue zur Tradition, ganz er selbst, ganz frei.

Und mit Jesus zusammen gelangt derjenige zur Freiheit, dem er sich auf dem Weg seiner Verkündigung zu eigen gibt, der also, umgekehrt gesehen, in den Bannkreis seiner Botschaft tritt. Daß von dieser Botschaft eigens zu reden ist, hängt mit ihrem sprachlichen Eigenwert zusammen. Denn Jesus ist ebenso eine Gestalt der Sprach- wie der Religionsgeschichte. Im Bewußtsein des Unvergleichlichen, das er mit dem Reich-Gottes-Gedanken auszurichten hatte, beließ er es nicht bei dessen thetischer Artikulation. Was Jesus brauchte, waren Hörer, die auf dem Weg des Hörens zu bleibender Zugehörigkeit zu ihm fanden. Sie mußten auf eine neue, dem Interesse dieser zuständlichen Verbindung dienenden Weise angesprochen werden. Diesem Interesse entsprach Jesus mit der Sprachschöpfung seiner Gleichnisse. Von ihnen gilt dasselbe wie von ihrer Thematik, dem Gottesreich. Bei aller Vorbildung im alttestamentlichen und rabbinischen Sprachraum klingen sie doch im Munde Jesu von Grund auf neu. Zusammen mit seinen Selbstaussagen, mit denen er die Epoche des subjektiven Redens eröffnet, bilden sie seinen wesentlichsten Beitrag zur menschlichen Sprachgeschichte. In diesem Hervorgang aus seiner Kreativität gleichen sie ihrer Thematik, mit der sie stehen und fallen. Sie betreiben, soweit dies in der Kraft des Wortes liegt, die Aufhebung der Welt und schaffen so den Freiraum, der die Heraufkunft des Gottesreiches ermöglicht. Doch dies nicht etwa so, daß zunächst ein Vakuum entsteht, das sich mit dem Gottesreich als Inhalt füllt, sondern so, daß sie auf eine die welthaften Zwänge aufhebende Weise dem Reich Gottes das Wort reden. Die Freiheit, die sie stiften, ist somit nicht die Bedingung für den Eintritt des Gottesreiches; vielmehr ist dieses Bedingung und Wirkgrund der durch ihr unweltliches Reden entstehenden Freiheit.

Das bestätigt schon ein flüchtiger Eindruck des von ihnen in Gang gesetzten Sprachgeschehens. Den Anfang bildet, ihrer aufbrechenden Absicht zufolge, der Effekt einer umfassenden Verunsicherung und Entfremdung. Woran soll man sich auch noch halten, wenn sich im Gleichnis von der Aussaat anstatt des erwarteten Vorganges Bilder des Mißlingens häufen; wenn sich im Gleichnis vom Unkrautacker keine Hand rührt, um den heimtückisch angerichteten Schaden zu beheben; wenn im Gleichnis vom untreuen Verwalter der Schurke gelobt und im Talentengleichnis der Ängstlich-Sorgfältige gestraft wird; wenn im Gleichnis von den Weinbergarbeitern die zuletzt Eingestellten bevorzugt behandelt werden und wenn der unfruchtbare Feigenbaum im gleichnamigen Gleichnis ebenso sorgfältige wie überflüssige Pflege erfährt? Die Antwort ist klar: An nichts mehr kann man sich halten, wenn, wie diese Texte voraussetzen, auf die gewohnten Erfahrungs- und Spielregeln so wenig Verlaß ist! Nur will sich mit dem Vakuum, das im Gefolge dieses „gegensinnigen“ Redens entsteht, keinesfalls die Vorstellung eines Freiraums assoziieren. Eher scheint die Leere, die im Wegfall der gewohnten Daseinssicherungen fühlbar wird, verglichen mit dem Gesamt der alltäglichen Bindungen, in eine noch größere Enge zu führen: in die Enge der Angst. Doch bevor es dazu kommt, stellt sich beim Hören eines jeden Gleichnisses die Erfahrung ein, die das Ende der johanneischen Abschiedsreden mit dem Zuspruch verdeutlicht: „In der Welt habt ihr Drangsal; aber habt Mut: Ich habe die Welt besiegt“ (Joh 16,33).

Die umfassende Verunsicherung stürzt nicht ins Bodenlose; sie schafft vielmehr der Fühlung jenes letzten Getragen- und Geborgenseins Raum, die das Wort vom Gottesreich, besonders das gleichnishaft gesprochene, vermittelt. Nicht, als fielen die Gewichte des Daseins, wie von unsichtbarer Hand entfernt, auf einmal weg. Die sich einstellende Freiheit hat vielmehr ganz den Charakter personaler Gewährung. Sie ist das stimulierende Anzeichen dafür, daß in der Botschaft vom Gottesreich sein Botschafter als die lebendige Mitte und Vermittlung des Gesagten gegenwärtig wird. Er ist der Halt, der sich, mit dem Gleichnis vom unfruchtbaren Feigenbaum gesprochen, gegen alle Vernunft und Hoffnung anbietet. Dem entspricht die Intensität der durch ihn erfahrenen Hilfe. Sie bleibt nicht im Vorfeld sachhafter Zuwendungen stehen, sondern dringt von dorther in den Existenzakt selber ein, um ununterscheidbar mit ihm zu verschmelzen. Wer dies, getragen vom Sprachgeschehen der Gleichnisse, erfährt, weiß sich frei. Er fühlt den Druck der Lebenslasten und den Zwang der Verhältnisse nicht mehr, weil er ihnen gewachsen ist. Und er ist ihnen gewachsen, weil er in der Vielfalt des gleichnishaft Gesagten das eine Grundwort vernimmt: „Ich habe die Welt besiegt!“

## *Der Freiraum Kirche*

Im Blick auf eine Vielzahl von repressiven Strukturen und Tendenzen sollte man meinen, daß man von einer im Raum der Kirche bestehenden Freiheit nur im Optativ, nicht jedoch im Indikativ reden könne. Das trifft jedoch, selbst bei Verwendung strenger Maßstäbe, nicht zu. In ihrer jüngsten, nachkonziliaren Epoche erwies sich die Kirche vielmehr, wie in diesem Umfang vielleicht noch niemals in ihrer Geschichte, als Raum des freien Gesprächs und Spielfeld eigenständiger Gestaltung. Daran gilt es festzuhalten, gerade auch angesichts der um sich greifenden Tendenzen, den gewonnenen Freiheitsraum aufzuheben oder doch auf ein Minimum einzugrenzen. Denn im Kampf um das Gewonnene zählt lediglich das Faktum, nicht das Desiderat. Und dieses Faktum ist, gemessen an den repressiven Praktiken der vorkonziliaren Kirche, beträchtlich. Es gilt somit eine Position zu verteidigen, keine bloße Utopie. Die Frage ist nur, ob diese Position hinreichend ausgebaut ist, um verteidigt werden zu können. Und das ist, auf ihren Kern zurückbezogen, die Frage nach dem Maß der Freiheit, das der Kirche von ihrem Wesen her zugemessen ist und das als solches einer jeden ihrer Freiheitsgewährungen zugrunde gelegt werden muß.

Wie die von Maurice Blondel entwickelte Immanenzmethode zeigte, gehört zu den Indikatoren dessen, was die Offenbarung an substantiellen Gehalten umfaßt, auch die kollektive Erwartung, die ihr die Menschheit entgegenbringt. [37] Die aus einem personalen Korrespondenzerlebnis aufsteigende Erwartung vieler sieht in der Kirche aber eindeutig die ebenso unerhoffbare wie unentbehrliche Alternative zu dem, worunter sie leiden. Frustriert durch den Leistungsdruck einer selbstherrlich gewordenen, der Eigengesetzlichkeit ihrer Produktionsverhältnisse verschriebenen Gesellschaft, halten sie unwillkürlich Ausschau nach einem Asyl, das ihnen das Nachlassen des Drucks, die Beseitigung der Manipulation und das Ende der Funktionalisierung verspricht. Es spricht für die Legitimität des Emotionalen im religiösen Bereich, daß sich diese Erwartung zielsicher auf die Kirche richtet, und dies trotz des gegensätzlichen Anscheins, den ihre vielfache Durchdringung und Verfremdung durch gesellschaftliche Strukturen aufkommen läßt. Der Erwartungsinstinkt läßt sich davon nicht beirren, weil er es aufgrund des Korrespondenzerlebnisses besser weiß. Er appelliert, so gesehen, vom Erscheinungsbild an die von diesem überdeckte Möglichkeit, von den konkreten Äußerungen an das von diesen übertönte bessere Ich. Es ergeht ihm somit wie der Titelfigur im Gleichnis vom zudringlichen Freund, der trotz der unwirschen Ablehnung, die er sich anfänglich einholt, um die schließliche Gewährung seiner Bitte weiß und darum weder abläßt noch aufgibt. Doch worauf bezieht sich dieser Appell? Was korrespondiert dem Asylbegehren auf seiten der Kirche?

Die erste und grundsätzliche Antwort kann nur mit Hilfe einer Verhältnisbestimmung von Kirche und Gottesreich gegeben werden. Die Kirche ist nicht das Gottesreich. Ebensowenig behält jedoch die sarkastische Bemerkung Alfred Loisys recht: „Jesus verkündete das Gottesreich, und es kam – die Kirche."

Die Wahrheit liegt vielmehr in der dialektisch vermittelten Mitte der beiden Aussagen. Sie läßt sich auf die Formel bringen, die Kirche sei der weltzeitliche Vorgriff auf das Gottesreich und dieses das endzeitliche Werdeziel der Kirche. Wenn das zutrifft, ist eine aus dem Gesellschaftssystem völlig herausgelöste Kirche, wie sie von den charismatisch-schwarmgeistigen Bewegungen aller Jahrhunderte erträumt wurde, nicht real zu erwarten. Was von ihr jedoch erhofft und gefordert werden muß, ist die Distanzierung von den gesellschaftlichen Implikationen, ohne die sie nicht auskommt, in denen sie aber auch nicht besteht. So paradox es klingt: Im Akt dieser gegen den Sog der mundanen Systeme durchzuhaltenden Selbstunterscheidung bestünde der signifikanteste Erweis ihrer – partiellen – Identität mit dem Gottesreich und damit, was dasselbe besagt, die Chance der Freiheit, die sie sich und den Menschen schuldet. Die der Kirche erreichbare Freiheit besteht, so gesehen, in ihrer Identität mit dem Gottesreich.

Die zweite und abschließende Antwort ergibt sich aus dem Hinblick auf diesen Besitzstand. Es ist die spezifische Leistung der paulinischen Ekklesiologie, die Sache der Freiheit aus dem Wesen der Kirche selbst und nicht erst aus deren Hinordnung auf das Gottesreich abgeleitet zu haben. Daß sie dazu kam, hängt ursächlich mit der Differenz von dem verkündigenden Jesus zu dem verkündigten und geglaubten Christus zusammen, die den paulinischen Schriften nach dem ausdrücklichen Zeugnis des zweiten Korintherbriefes (5,16) bewußtseinsbildend zugrunde liegt.

Die damit ausgemessene Entwicklung weist unverkennbar das Stigma der Konzentration und Radikalisierung auf. Sie trägt auf ihre Weise der Identität Jesu mit dem von ihm verkündeten Gottesreich Rechnung. Darum verkündet Paulus nicht mehr das Reich, sondern Jesus und ihn als den Gekreuzigten. Darüber durfte das Moment seiner sozialen Selbstauslegung nicht in Vergessenheit geraten. Wenn sie nicht unvollständig bleiben wollte, mußte die Kreuzespredigt Jesus demnach so aussagen, daß sie eine zuständliche Verbindung mit ihm eröffnete. Diesem Erfordernis kam sie mit dem Entwurf der ekklesiologischen Bilder nach. Es ist kaum zufällig, daß gerade das überlieferungsgeschichtlich älteste von ihnen die Thematik der Freiheit am kraftvollsten intoniert. Hier, in der Kirchen-Allegorese des Galaterbriefes (4,21–31), ist auch die Verbindung zur Kreuzespredigt ausdrücklich gewahrt. Richtet sie sich doch an die verunsicherten Galater, denen Jesus „als der Gekreuzigte vor Augen gestellt" worden war (3,1). Ihnen wird im Blick auf die beiden Frauen Abrahams erklärt: „Hagar ist Bezeichnung für den Berg Sinai in Arabien;

ihr entspricht das gegenwärtige Jerusalem, das mit seinen Kindern in der Knechtschaft lebt. Das himmlische Jerusalem aber ist frei, und dieses Jerusalem ist unsere Mutter" (Gal 4,25f). Das heißt im Klartext appellativer Rede: „Christus hat uns befreit, und nun sind wir frei. Bleibt daher fest und laßt euch nicht von neuem das Joch der Knechtschaft auflegen" (Gal 5,1).

Die Kirche ist somit, paulinisch gesehen, der Ort, an welchem die von Jesus errungene Freiheit erfahrbar und wirksam wird. Sie ist der Ort der durch seine Liebe kompensierten und so um ihre Effizienz gebrachten Zwänge, der Ort der entmachteten Gewalten, der beseitigten Repressionen. Im Blick auf das personale Zerwürfnis, in welches ein Leben unter Zwang und Gewalt fast unvermeidlich gerät, könnte das sinngemäß auch heißen: sie ist der Raum der aufgehobenen Entfremdung. [38]

Der Sprachintention nach ist das mehr als nur eine „innere" Ortsbestimmung. Vielmehr will die Formel so von der Kirche reden, daß sie als der Freiraum fühlbar wird, der ein Entrinnen aus den gesellschaftlichen, den psychischen und zumal den selbstauferlegten Zwängen verspricht. In ähnlich insinuierend-evokativer Absicht hatte Romano Guardini zu Beginn der dreißiger Jahre das Wort vom „Erwachen der Kirche in den Seelen" geprägt. [39] Auch dieses Wort will weniger als Auskunft über das, was ist, verstanden werden, um so mehr jedoch als Aufruf zu etwas, das im Entstehen begriffen ist und wofür der Appell zu seinem Teil die formierenden Energien freizusetzen sucht. So gesehen ist das Guardini-Wort der frühe Vorgriff auf eine „konkrete Theologie", die aus der Engführung der theologischen Abstraktionen dadurch herauszukommen sucht, daß sie ihre Sache nicht nur informativ zur Sprache bringt, sondern so, daß diese mit der Information zusammen auch Anstöße zur Erfahrung des Gesagten gibt. Es liegt auf der Hand, daß gerade die heutige Ekklesiologie ohne derartige Anstrengungen nicht auskommt. Da die vielfach zu registrierende Distanzierung vom Phänomen Kirche in der Regel emotional, vor allem in Gefühlen der Enttäuschung und Frustration, motiviert ist, erscheint die Chance einer neuerlichen Identifikation entscheidend an die Möglichkeit positiver Phänomenfühlungen gebunden. Und das heißt: Die Kirche muß wieder als Inbegriff der erfüllenden Daseinssicherung erfahren werden, wenn sie wieder vorbehaltlos geglaubt und als lebensbestimmende Realität akzeptiert werden soll. Es wäre illusorisch, wenn man die Hemmnisse übersehen würde, die sich einem derartigen Versuch entgegenstellen. Erfahrungen in der Kirche insinuieren, die diese als den zugleich distanzierenden und integrierenden Freiraum im Ganzen der heutigen Lebenswelt erweisen, heißt sprachintentional gerade gegen das angehen, als was die Kirche tatsächlich von vielen empfunden wird. Insofern steht die beabsichtigte Empirievermittlung vor der schwierigen Aufgabe, sich über den Schatten einer durchaus konträren Erfahrung hinwegsetzen zu müssen, um ihre Ziele doch noch, und sei es auch nur auf dem Weg anhaltender Gefühlskonflikte, zu erreichen. Entsprechend groß ist der von ihr zu erhoffende Gewinn. Schlägt sie doch eine erste Bresche in die Mauer der negativen Affekte, die, wenn sie nur einmal gebrochen ist, den Weg zu kollektiver Vollidentifikation freilegt.

Wenn die Formel auch nur als ein erster Schritt in Richtung auf die angezielte Konkretisierung der Theologie zu gelten hat, ist mit ihr doch um so sicherer etwas im Interesse einer ungleich näherliegenden Zielsetzung erreicht. Sie betrifft das Themenziel, die Provokation der Freiheit. Mochte davon im bisherigen Gedankengang auch noch so glaubhaft die Rede sein, so wird sie doch jetzt erst, im Wort von der Kirche als dem Raum der aufgehobenen Entfremdung, wirklich hörbar. Daß es thematisch anstatt um die Freiheit um die Kirche geht, steht dem nicht entgegen. Wie das Beispiel der Reich-Gottes-Verkündigung in der Sprachgestalt der Gleichnisse zeigt, wirkt bisweilen gerade das indirekte Sprechen besonders suggestiv, weil sein Sprachfluß von der vergegenständlichenden Tendenz thematischer Nennungen nicht behindert wird. Außerdem hat dieser mittelbare Freiheitsruf den Vorzug, daß er seine Sache nicht abstrakt, sondern in Gestalt einer konkreten Erscheinung zur Sprache bringt. Das heißt umgekehrt, daß die Formel von der Kirche nicht um ihrer selbst, sondern um der Freiheit willen spricht. Das ist kein sachentfremdendes, vom Sinnziel wegführendes Reden; im Gegenteil: wenn die Kirche tatsächlich, mit dem Galaterbrief gesprochen, die freigeborene und damit Freiheit stiftende ist, führt ein Wort, das sie daraufhin anspricht, mehr als jedes andere in ihre Wesensmitte hinein. Umgekehrt ruft dann aber in diesem Wort, sofern es nur substantiell vernommen wird, die Freiheit zu sich: nicht deklamatorisch wie die Weisheit des Spruchbuches und des Jesus Sirach, die an den Wegekreuzen und Stadttoren auftritt, um die Toren zu sich und ihrem Gastmahl einzuladen, sondern in der zugleich leiseren und eindringlicheren Sprache der Realität. Daß die Realität Kirche nicht ohne weiteres als die der Freiheit ersichtlich ist, hat bei aller anfänglichen Irritation einen eher tröstlichen Endeffekt. Denn es macht deutlich, daß mehr Freiheit in dieser Welt der Zwänge und Repressionen vorhanden ist, als es den Anschein hat. Es kommt nur darauf an, aus dem Stimmengewirr der Deklamationen und Parolen das Wort herauszuhören, mit dem sie immerfort zu sich ruft.

## ANMERKUNGEN

[1] So die Eingangsworte der Abhandlung „Was ist Aufklärung?" (von 1784).

[2] *M. Buber,* Werke I: Schriften zur Philosophie, München–Heidelberg 1962, 795.

[3] Ebd., 796.

[4] Soliloquien II, c. 35. Näheres zu dem Motiv in meinem Beitrag: Mensch und Wahrheit. Eine wahrheitstheoretische Reflexion, in: Wissenschaft und Weisheit 31 (1968) 187–197.

[5] Die Vernunft in der Geschichte (Ausgabe Hoffmeister), Hamburg 1955, 61ff.

[6] Die Brüder Karamasow, München 1923, 459.

[7] *D. Nestle,* Eleuthería I: Die Griechen, Tübingen 1967, 91.

[8] Ebd.

[9] *G. Bornkamm,* Paulus, Stuttgart 1969, 164f. – Hebr 2,15.

[10] *R. Bultmann,* Das Urchristentum im Rahmen der antiken Religionen, Reinbek 1962, 172f.

[11] *R. Schnackenburg,* Das Johannesevangelium II, Freiburg–Basel–Wien 1971, 258ff; ferner der Exkurs über den johanneischen Wahrheitsbegriff: 265–281. In monographischer Weise behandelte *Schnackenburg* das johanneische Motiv in seiner Schrift: Von der Wahrheit, die frei macht. Gottes in der Bibel geoffenbarte und präsente Wahrheit, München 1964.

[12] Ebd., 261.

[13] Nach dem von *K. Heussi* herausgegebenen Kompendium der Kirchengeschichte (Tübingen 1957, 292) lautete Luthers Schlußwort vermutlich nur: „Gott helf mir, amen!"

[14] Anthropologie in pragmatischer Hinsicht, § 59 A.

[15] Dazu meine Ausführungen in: Theologische Sprachtheorie und Hermeneutik, München 1970, 273–280.

[16] Purgatorio XXVII, 139–142.

[17] Zum folgenden *M. Heidegger,* Platons Lehre von der Wahrheit, Berlin 1954.

[18] Ebd., 31.

[19] Ebd., 25.

[20] *H. Urs von Balthasar,* Wahrheit der Welt, Einsiedeln 1947. Dazu außerdem mein Beitrag: Die Welt der Wahrheit, in: Wissenschaft und Weisheit 17 (1954) 13–26 und 99–111.

[21] *M. Heidegger,* Platons Lehre von der Wahrheit, 19.

[22] Ebd., 39.

[23] *E. Käsemann,* Der Ruf der Freiheit, Tübingen 1968, 28ff.

[24] *E. Schweizer,* Jesus Christus im vielfältigen Zeugnis des Neuen Testaments, München–Hamburg 1968, 18ff.

[25] Ebd., 20, 22, 27, 29, 30ff.

[26] *M. Machovec,* Jesus für Atheisten. Mit einem Geleitwort von Helmut Gollwitzer, Stuttgart–Berlin 1972.

[27] *E. Käsemann,* Der Ruf der Freiheit, 33.

[28] Ebd., 34.

[29] Ebd., 57f.

[30] Ebd., 42f.

[31] Dazu *H. Kessler,* Erlösung als Befreiung, Düsseldorf 1972; *G. Gutiérrez,* Theologie der Befreiung, München 1973.

[32] Zur Herkunft des Logions bemerkt *R. Bultmann* in seinem Jesus-Buch (von 1926): „Seine Gemeinde gewann von ihm den Eindruck, den sie bekennt, indem sie ihm die Worte in den Mund legt, die wahrscheinlich aus einer Weisheitsschrift stammen und ursprünglich die gottgesandte Weisheit schildern" (Jesus, München–Hamburg 1967, 59f).

[33] Daß damit etwas der Tora Analoges gemeint ist, gibt *G. Eichholz* zu bedenken, wenn er im Blick auf die große Einladung fragt: „Liegt es nicht nahe, daß das bildhafte Wort vom Joch Jesu seine Weisungen umschreibt, daß hier mithin inhaltlich an die Bergpredigt (als seine Tora!) zu denken ist?": Tradition und Interpretation. Studien zum Neuen Testament und zur Hermeneutik, München 1965, 42).

[34] Näheres dazu in meinem Buch: Der Helfer. Eine Vergegenwärtigung Jesu, München 1973, 89ff.

[35] Zur Frage nach dem ideellen und praktischen Verhältnis Jesu zur Reich-Gottes-Idee sei auf das Kapitel „Die Gottesherrschaft" bei *N. Perrin,* Was lehrte Jesus wirklich? Rekonstruktion und Deutung, Göttingen 1972, 52–199 verwiesen; ebenso auf die Ausführungen meines Jesus-Buches: Der Helfer, 111–147.

[36] Nach *H. de Lubac,* Der geistige Sinn der Schrift, Einsiedeln 1952, 30.

[37] Dazu die grundlegende Studie von *E. Seiterich,* Wege der Glaubensegründung nach der sogenannten Immanenzapologetik, Freiburg 1938; ferner *H. Bouillard,* Blondel und das Christentum, Mainz 1963, bes. das vierte Kapitel: Christliche Philosophie (231–322).

[38] Dazu mein gleichnamiger Beitrag in: *H. Fleckenstein* (Hrsg.), Ortskirche – Weltkirche (Festgabe für Julius Kardinal Döpfner), Würzburg 1973, 304–324.

[39] *R. Guardini,* Vom Sinn der Kirche, Würzburg 1955, 19.

*Alois Müller*

# FREIHEIT ALS ETHISCHE BERUFUNG DES MENSCHEN

## *Das heutige Freiheitsanliegen*

Es ist ein Paradox, daß Freiheit für den Menschen eine ethische Berufung sein kann, während anderseits etwa die Ethik als dauernde Grenze, als der letzte Grenzpfahl für das Terrain der Freiheit betrachtet wird. Zuerst ist allerdings die Frage zu stellen, welche Freiheit wir meinen, wenn wir sagen: Freiheit ist eine ethische Berufung des Menschen.

Die menschliche Geistesgeschichte hat unter ganz verschiedener Sicht dieses Wort vom Menschen ausgesagt, daß er frei sei. Wenn man etwa im „Wörterbuch für Philosophie“ von Joachim Ritter die dortige enzyklopädische Darstellung unter dem Stichwort „Freiheit“ liest (sie stammt von W. Warnach, H. Pesch und R. Spaemann), dann erkennt man, wie im ganzen Bogen der abendländischen Philosophie und der christlichen Theologie von immer wieder neuen Seiten an den Menschen diese Frage gestellt wird, ob er frei sei, aber auch wie in allen Jahrhunderten von immer wieder anderer Seite her der Ruf der Begeisterung für die Freiheit erscholl. Das Wort „Freiheit“ ist eines unter den Wörtern in der Menschheitsgeschichte, die immer wieder die Emotion, das Gefühl bewegen, den Ruf zur Begeisterung beinhalten. Darum ist zu fragen: Was ist heute der Kurswert des Wortes Freiheit, was ist damit gemeint, teilweise im Unterschied zu Begriffselementen der Vergangenheit, auch der jüngsten Vergangenheit?

Dieses Anliegen, wie heute die Freiheit gesehen wird, könnte man von zwei Seiten her positiv bezeichnen:

## 1. Freiheit vom sozialen Zwang

Die Leidenschaft der Freiheit richtet sich heute einerseits gegen die Herrschaft einer Klasse über eine andere Klasse. In diesem Sinn ist die Freiheit Parole, Gegenparole zur Manipulation, zur Ausbeutung. Es ist klar, daß die marxistische Philosophie wesentlich zu dieser Sicht beigetragen hat. In dieser Sicht wird man dem Wort „Emanzipation", dem Wort „Überwindung der Entfremdung" den heutigen präzisen Sinn geben: Es soll Herrschaft eines Menschen über einen anderen Menschen oder einer Klasse über eine andere Klasse abgebaut werden, und indem Herrschaft abgebaut wird, wird wenigstens von einer Seite her die Entfremdung des Menschen überwunden, so daß er wieder zu sich selber findet, er selber ist und nicht ein anderer. Das ist der eine Aspekt des heutigen Freiheitspathos.

Der andere ist der Hilferuf der Freiheit gegen das Diktat von Strukturen, also von unpersönlichen strukturellen Wirklichkeiten, anonymen Gesetzen, hinter die niemand kommt, für die niemand verantwortlich ist und die trotzdem ganze Völker oder ganze Gesellschaften unter ihrem Bann haben. Auch die moralischen Konventionen werden so verstanden als freiheitsmindernde Strukturen einer Gesellschaft – kurz, alles das, was der einzelne in seinem Bewußtsein empfindet als ein Bestimmtwerden von außen. Und das empfindet einer als dem entgegengesetzt, was er – wiederum auf seiner Bewußtseinsebene – als von sich selber ausgehend betrachtet, mag es dann psychologisch-metaphysisch wie auch immer definiert oder beurteilt werden.

Das scheint mir der eigentliche Fokus der heutigen Freiheitsleidenschaft, der heutigen Freiheitsforderung zu sein: Gegen die Herrschaft des Menschen über den Menschen und gegen die Herrschaft der anonymen Strukturen, Gesetze und Konventionen! In der klassischen Terminologie müßte man somit sagen: Es geht dem heutigen Menschen nicht so sehr um *Willensfreiheit,* um metaphysisch begründete oder wenigstens psychologisch begründete Willensfreiheit, sondern es geht ihm „nur um die *Handlungsfreiheit*", um die klassische libertas politica, daß ein Mensch dem anderen Menschen gegenüber einen Spielraum des Handelns hat. Es geht mit dem populären Ausdruck darum, „tun zu können, was man will", unabhängig davon, ob man frei wolle oder nicht frei wolle, d. h. ohne sich über den metaphysisch-psychologischen Grund der Möglichkeit der Freiheit bewußt zu werden.

Das scheint nun banal zu sein, irgendwie enttäuschend, daß es bloß noch darum gehen solle, tun zu können, was man will, während ein philosophisches Herz doch viel höher schlägt bei den tiefen Wesensfragen: Ist der Mensch seiner Wesenskonstitution nach überhaupt der Freiheit fähig oder nicht, und was bleibt davon übrig im psychologischen Kontext seines konkreten Handelns? Ich glaube aber, daß hinter diesem scheinbar banalen heutigen Ruf nach Handlungsfreiheit eben doch mehr steckt, daß wir doch wieder in die Tiefe kommen, wenn wir versuchen, sein Anliegen herauszuhören.

Dieses „Mehr", das wir da heraushören sollten, kann darauf beruhen, daß der heutige Mensch ein verstärktes, ein größeres Bewußtsein hat von der Würde der Selbstbestimmung, der Selbstverantwortung, davon, daß er gegenüber dem, was Mitmensch und gesellschaftliche Strukturen vorschreiben können, eine letzte personale Selbständigkeit hat. Nebenbei können wir jetzt hinzufügen: Natürlich ist das nur wirklich und seriös, wenn dahinter auch eine metaphysische Freiheitsmöglichkeit liegt, nur steht das heute nicht im Vordergrund. Im Vordergrund steht das Anliegen: Der Mensch hat eine besondere menschliche Würde dann, wenn er diesen Freiheitsraum vor seinem Mitmenschen wahrnehmen kann, wenn der Mitmensch diesen Freiheitsraum respektiert. Dabei kann es sich gerade auch um einen Raum der Freiheit gegenüber moralischen Konventionen – davon soll noch die Rede sein –, um eine ganz neue Sicht auch der menschlichen Ethik handeln. Es kann sich darum handeln, daß, weil der Mensch diesen Freiheitsraum für sich fordert, er ihn auch dort fordert, wo er vor einer gesellschaftlichen moralischen Konvention steht, daß er, indem er das tut, im Grunde eine neue Konzeption dessen, was überhaupt menschliche Ethik ist, nicht nur voraussetzt, sondern auch gründet. Damit stehen wir jedoch wieder mitten im spannenden, interessanten Feld der anthropologischen Grundüberlegungen.

## 2. Freiheit als Permissivität gegenüber dem Triebleben

Anderseits meldet sich hinter der heutigen Forderung nach Handlungsfreiheit jenes anthropologische Konzept, welches allen Ernstes in der subjektiven Wunscherfüllung des menschlichen Subjekts das Ideal sieht, jene Grundhaltung, bei der wirklich als anthropologische Forderung – nicht einfach als De-facto-Handeln eines nicht reflektierenden Menschen – der Mensch gesehen wird als das Wesen, das seinen subjektiven Bewußtseins- und Triebzuständen nachkommen soll, bei der die menschliche Würde darin gesehen wird, daß ihm keine Schranken für die Triebentfaltung auferlegt werden. Triebaufschub wird dann nur toleriert oder akzeptiert aus sozialer Notwendigkeit, zu noch besserer Organisation einer allgemeinen Trieberfüllung. Es wird nicht Triebaufschub im Dienste eines anderen anthropologischen Wertes akzeptiert, sondern nur wiederum um der Trieberfüllung willen. Auch damit stehen wir wieder mitten in den anthropologischen Fragen: Was kann Freiheit für den Menschen sein?

Der Gegenstand unserer Überlegungen ist also mit folgenden Stichwörtern zu umschreiben: Es geht uns einerseits um Freiheit als Selbstbestimmungsraum des Menschen hinsichtlich von außen kommender Bestimmung soziologisch-moralischer Art. Es geht anderseits um die Freiheit als Permissivität gegenüber den Trieben.

Wenn das die beiden Freiheitsbereiche sind, an denen dem Menschen heute gelegen ist, dann muß man vielleicht mit einiger Verblüffung fragen: Welche Freiheit ist dann gemeint als ethische Berufung des Menschen? Von welcher Freiheit kann man sagen, dazu sei der Mensch berufen deswegen und insofern, als er ein ethisches Wesen ist? Die Antwort ist fürs erste naheliegend:

Die erste Sicht der Freiheit ist gewiß eine ethische Berufung des Menschen, daß nämlich der Mensch dazu berufen ist, einen personalen Selbstbestimmungsraum zu haben, der respektiert wird von seinen Mitmenschen und von den gesellschaftlichen Gesetzen, Strukturen und Konventionen.

Was die zweite Sicht betrifft, hat man wohl eher Hemmungen zu sagen: Das ist eine ethische Berufung des Menschen, seinen Triebwünschen beliebig nachgeben zu können. Die zweite Art von Freiheit ist für den Menschen aber ethische Berufung als Funktion der ersten. Der Mensch ist in seine Freiheit hinein entlassen auch dort, wo ihm seine Triebe aufgegeben sind; der Mensch hat, nicht weil er vielleicht ein ungeordnetes Triebleben führt, sondern weil er Person ist, gegenüber seinen Mitmenschen oder gegenüber der Gesellschaft auch einen Freiheitsraum, der sein Triebleben betrifft, der wie jeder andere Freiheitsraum das Risiko des Negativen einschließt. In diesem Sinne zögere ich nicht zu sagen, daß auch diese Freiheit in Funktion der ersten ein ethischer Anspruch oder eine ethische Berufung des Menschen ist. Dann muß man allerdings, damit das stimmt, die dritte, klassische Bedeutung von Freiheit hinzufügen, nämlich jene innere Freiheit des Menschen als das Selbstvermögen der Geistperson gegenüber den Triebwünschen.

So ist zu sagen: Wesentlich sehen wir als ethische Berufung die Handlungsfreiheit des Menschen gegenüber Bestimmung von außen, und darin eingeschlossen ist auch die Handlungsfreiheit des Menschen in seinem Gefühls- und Triebbereich, zusammen mit seiner Berufung zur inneren Freiheit, daß er als Person seinem determinierten Personanteil frei, souverän, in wachsender Souveränität gegenübersteht, mit ihm verbunden ist, ihn zunehmend in sich integriert hat.

Die lange Einleitung war notwendig, damit wir wissen, von welcher Freiheit die Rede ist, wenn wir das große Wort aussprechen, Freiheit sei eine ethische Berufung des Menschen. Das ist nun die Hauptfrage, die wir uns im folgenden stellen wollen: Inwiefern ist solche Freiheit gerade eine *ethische* Berufung? Denn das bedeutet ja, daß der Mensch um der ethischen Würde seines Wesens willen zu dieser Freiheit berufen ist.

## *Ethischer Wert der Freiheit*

In einer Vorbemerkung ist zunächst die Polarität im Menschen zwischen dem Vorpersonalen und dem Personalen zu klären. Es gibt nun einmal im Ganzen unseres Menschseins diese beiden Ebenen, wobei sie nicht stockwerkartig voneinander unterschieden werden können; sie sind eher integrativ voneinander zu unterscheiden. Vorpersonales Handeln ist für den Menschen eine Vorstufe der Fülle. Personalität ist dann die Fülle des Menschen. Sie integriert aber in sich das, was man unterscheidend zunächst einmal „vorpersonal“ nennen könnte. Es gibt kein Personales, in dem Vorpersonales nicht aufgehoben, mitgenommen ist; es gibt viel eher ein Vorpersonales im Menschen, in dem das Personale gleichsam nicht mitkommt oder nicht mitbeteiligt ist. Das Vorpersonale im Menschen kann das individuell-psychophysisch Determinierte sein, das, was Freud das „Es“ genannt hat. Es gibt aber im Menschen auch einen vorpersonal determinierten Anteil, der sozial-deterministisch ist, wo der Grund für das Deterministische, nicht frei personal Gewollte, nicht in der individuellen Physis liegt, sondern in der sozialen Physis, wenn man so sagen darf, d. h. im Gefüge der sozialen Wirklichkeit, im Einfluß, den sie auf den Menschen ausübt. Das könnte man als Parallelbildung zum „Es“ das „Man“ nennen (vgl. den Begriff „Man“ bei M. Heidegger). Der Mensch sagt: Es ist mir so oder so. Er meint seine individuelle Determiniertheit. Der Mensch kann sagen: Man tut das so oder so, oder: Das tut man doch nicht. Und er meint die soziale Determiniertheit. Wenn nun das eine oder das andere, das Man oder das Es, die personale Selbstentscheidung des Menschen einschränkt, hemmt im Sinne einer Minderung, dann verstößt das gegen die ethische Würde des Menschen, dann widerspricht das der ethischen Berufung des Menschen, denn der Mensch soll eine sich selber verwirklichende Person sein. Die Freiheit in diesem Sinn, gegen dieses vorpersonale Determiniertsein, ist also ethische Berufung des Menschen. Wir müssen diese beiden Stufen eine nach der anderen betrachten. Zunächst sei vom Sozial-Deterministischen die Rede.

### 1. Freiheit vom soziologischen „Man“

Der Mensch kann auf ganz verschiedene Weise sozial determiniert sein. Zunächst kann das geschehen im Sinne eines vorpersonal befolgten Verhaltensmusters. Man sieht den Menschen die Straße überqueren, man hört ihn schreien oder Hurra oder Heil rufen usw., aber was er tut, ist nicht personal angeeignet. Er tut es, aber es ist nicht er in seiner wahren personalen Freiheit, der so handelt.

Das Sozial-Deterministische kann sich auch so auswirken, daß der Mensch sich tatsächlich gezwungen fühlt. Er hat einen personalen Willen, er ist nicht abwesend, aber er wird zum Gegenteil gezwungen, er erlebt eine soziale Ordnungsnorm als Zwang.

Und schließlich kann eine soziale Norm für den Menschen bestimmend sein, aber so, daß er diese Norm, obwohl sie von außen kommt und obwohl sie von der Gesellschaft aufgestellt und auch zudiktiert ist, trotzdem selber persönlich bejaht, daß er sie annimmt. Jetzt ist nicht die personale Stellungnahme abwesend wie dort, wo er vorpersonal konformistisch handelt. Jetzt ist nicht die persönliche Stellungnahme gegen die soziale Norm gerichtet, jetzt ist die persönliche Stellungnahme im Sinne der sozialen Norm ausgerichtet: Er hat *sich* entschieden, in diesem Sinn zu handeln. Diese Variante ist natürlich nicht mehr entpersonalisierend, nicht mehr gegen die ethische Würde des Menschen gerichtet.

Wir müssen aber nun zu jeder einzelnen dieser Möglichkeiten die Frage stellen: Was ist darin ethische Berufung?

a) Am deutlichsten zeigt sie sich dort, wo der Mensch die sozialen, die kollektiven Normen übernimmt durch einen Konformismus auf vorpersonaler Stufe, wo er sich einfach mitnehmen, wo er sich manipulieren läßt, wo er das tut, was der allgemeinen Norm entspricht – aber er hat nicht als Mensch dabei gehandelt. Es stellt sich dabei gar keine Entscheidung, und zwar deswegen nicht, weil vielleicht Trägheit, vielleicht Verantwortungsscheu, vielleicht Angst vor dem Durchtragen der entsprechenden Konsequenzen gar nicht zulassen, daß man eine personale Entscheidung fällt, sondern weil man schon auf die Norm eingespurt hat, bevor man als Person überhaupt sich entscheidet. Diese Art, auf soziale Determinanten zu reagieren, öffnet natürlich der Manipulation das Tor, da ist der Mensch um seine Menschenwürde gebracht, und er wird noch viel schlimmer um seine Würde gebracht durch das, wohin er dann manipuliert wird. Daß die Weise von Freiheit, die dem entgegengesetzt ist, nun ganz intensiv, ganz dringend eine ethische Berufung ist, das ergibt sich von selbst. Der Mensch ist überhaupt erst auf der Ebene ethischen Wertens und ethischer Entscheidung, somit ethischer Würde, wenn er sich nicht so manipulieren läßt von vorgegebenen sozialen Normen, sondern wenn er in jedem Fall einer ist, der eine persönliche Entscheidung trifft.

b) Wir erheben sodann die ethische Forderung nach Freiheit in bezug auf die Gesetze, denen der Mensch unterworfen ist, so daß er dabei nicht unter Zwang stehen soll. Der Grundsatz: Der Mensch soll in einer Gemeinschaft leben oder eine Gemeinschaft bilden, deren Gesetzen er zustimmt, so daß er ihnen personal, frei und nicht gezwungen und nicht vorpersonal unterworfen ist, dieser Satz spricht die ethische Berufung aus. Er enthält – das sieht man gleich – auch eine Art politische Forderung. Was könnte das heißen im politischen Raum: Man soll keinen Gesetzen unterworfen sein, denen man nicht frei zugestimmt hat?

Zuerst einmal muß von vornherein ein Spielraum der Relativität dieser Bestimmung vorausgesetzt werden, da man nicht schlechthin jedem Gesetz, dem man unterworfen ist, aus vollem Herzen zustimmen kann. Es gibt sodann die Frage, die in der Demokratie mit dem Mehrheitsprinzip gelöst ist, dessen Zweideutigkeit uns aber bekannt ist: Ich mag mit dem Gesetz nicht einverstanden sein, aber ich bin damit einverstanden, daß wir Gesetze haben, welche den meisten Rechtsgenossen genehm sind. Wir brauchen gemeinsame Gesetze, dann werden die wenigsten benachteiligt, wenn man das Mehrheitsprinzip für die Gutheißung der Gesetze annimmt. Wenn man die Relativierung mitsieht, ist eine solche demokratische Formel letztlich die einzig würdige Form für einen Menschen, unter Gesetzen zu leben.

Dabei ist es nicht der Inhalt der Gesetze, der primär als ethische Berufung, als ethisches Erfordernis aufgestellt wird. Es ist nicht so, daß der Mensch die ethische Berufung hat, in freier Zustimmung unter Gesetzen leben zu dürfen, *weil* diese Gesetze einen ethisch guten Inhalt haben; sondern es wäre selbst dann noch ein ethisches Erfordernis, daß der Mensch unter Gesetzen lebt, denen er zustimmt, wenn diese Gesetze einen ethisch anfechtbaren Inhalt hätten. Es geht hier ja um diese Grundhaltung des Menschen, daß er seine Selbstbestimmung verwirkliche, ohne die die Frage eines ethisch guten Inhalts letztlich gegenstandslos würde.

So können wir zunächst abschließend formulieren: Die Freiheit gegenüber dem „Man“, gegenüber der sozialen Determination, ist eine ethische Berufung des Menschen. Um an ethisch-personalem Wert zu wachsen, muß der Mensch wachsen an Freiheit gegenüber dem Druck kollektiver Norm.

c) Jetzt müssen wir aber die Zentralfrage stellen: Gilt das auch für jene kollektiven Normen, die wir Moralnormen nennen? Ja. Um an ethisch-personalem Wert zu wachsen, muß der Mensch wachsen auch an Freiheit gegenüber dem Druck kollektiver Moralnorm. Der Satz ist offenkundig paradox. Zu seiner Erklärung sind einige Ausführungen nötig über einen möglichen statuierbaren Unterschied zwischen dem Begriff Ethik und dem Begriff Moral. Im Sinne der scholastischen Philosophie und Theologie müßten diese beiden Begriffe eigentlich Synonyme sein, und sie sind auch als Synonyme entstanden. Später hat man die Unterscheidung getroffen: Ethik nennt man die praktische Philosophie, und Moral nennt man den theologischen Zugang zu denselben Problemen; aber das war mehr eine äußere Regelung. Die Synonymität zwischen den Wörtern Ethik und Moral hat sich de facto heute nicht durchhalten lassen. Man meint heute etwas anderes, wenn man Ethik oder wenn man Moral sagt.

Ich glaube, es handelt sich um folgendes: *Ethik ist die eigentliche, die seinsmäßige oder objektive innere Übereinstimmung des Menschen und seines Handelns mit seiner tiefsten Bestimmung.* In der Ethik geht es wirklich darum, daß der Mensch in seinem innersten Wesen und Tun in Übereinstimmung mit Gott steht – ich sage: mit seiner tiefsten Bestimmung, um hier inneranthropologisch zu sprechen. Wo es um das geht, spricht man von Ethik. Moral wird heute mehr und mehr zu einem soziologischen Begriff, d. h. zu einem Begriff gesellschaftlicher Funktionen, und dann kann man sagen: *Unter Moral wollen wir verstehen* – das ist jetzt eine Abmachung in bezug auf die Terminologie – *öffentlich standardisierte Verhaltensnormen ethischer Zielsetzung.* Es geht um Verhaltensnormen, die öffentlich standardisiert sind, bei denen gewissermaßen satzhaft Übereinstimmung herrscht: Das tut man, das tut man nicht. Diese Verhaltensnormen haben aber eine ethische Zielsetzung, nicht nur eine technische, nicht nur eine juristische oder eine politische. Das ist sicher dabei beim Begriff Moral. Aber daraus ergibt sich schon, daß Ethik und Moral nicht unbedingt und vollständig zusammenzufallen brauchen. Oft sind Moralnormen mit ethischen Normen einfachhin identisch, so daß wirklich das, was moralisch standardisiert ist, auch tatsächlich den ethischen Erfordernissen entspricht. Oft sind sie miteinander verwechselbar, so daß kaum ein Unterschied wahrnehmbar ist. Gelegentlich aber sind Moral und Ethik nicht in Deckung, deckt sich der moralische Standard, der in einer Gesellschaft gegeben ist, nicht mit dem ethischen Imperativ, der hic et nunc einen Menschen anfordert, einen Menschen in Pflicht nimmt. Man könnte vielleicht sagen: Die Moral ist die Haut der Ethik, gleichsam das, was von außen her rundherum den Bereich der ethischen Angefordertheit des Menschen umschließt, aber doch nicht schlechthin die Ethik, nicht das Ganze der Ethik, sondern etwas sichtbar rundherum Liegendes. Weil also Moralnorm, moralischer Standard in der Gesellschaft und Ethik nicht immer und in jedem Fall zur Deckung kommen, deswegen ist es notwendig, daß der Mensch mit seinem personalen Gewissen, das die Ethik in den letzten Feinheiten ihrer Konfiguration wiedergibt, auch gegenüber dem Moralstandard eine letzte Freiheit habe. Das muß aber eine ethische Freiheit sein. Um der *Ethik* willen ist der Mensch dem Moralstandard gegenüber gegebenenfalls frei. Es ist nicht eine Freiheit von ethischer Verpflichtung, sondern eine Freiheit gegenüber in der Gesellschaft formulierten und als Verhaltensmuster sanktionierten Handlungsweisen, die die Ethik meinen, aber nicht immer mit der personal-konkreten ethischen Forderung identisch sind.

Wenn auf diese Weise ein Mensch gegenüber gesellschaftlich-moralischem Standard frei ist, frei sein soll, in dieser Freiheit nicht eingeschränkt werden soll, dann allerdings erhebt sich folgende Frage, die in jeder Gesellschaft von Bedeutung ist: Ist es besser, der Mensch tue das Rechte, auch wenn er dazu gezwungen oder manipuliert wird, oder ist es besser, der Mensch handle frei, selbst wenn er nicht das Rechte tut? Eine ganz heikle und vitale Frage unseres Problemkreises! Aus Ethik sind wir zur Freiheit berufen. Man könnte erwarten, daß der Moralist sich für das erste entscheidet: Es ist besser, der Mensch tue das Rechte, auch wenn er dazu gezwungen werden muß. Aber die Antwort ist zumindest komplizierter.

Man muß bejahen, daß es für das äußere Wohl und Wehe des Menschen oder auch der betroffenen Menschen besser ist, wenn eine üble Tat nicht geschieht, als wenn sie geschieht, es sei denn, ihre Verhinderung würde ein noch schlimmeres Übel sein. Der Mitmensch und auch die Gesellschaft haben ein gewisses Recht darauf, daß eine üble Tat nicht geschehe, und aufgrund dieses Rechtes können sie dann die Handlungsfreiheit eines Menschen legitimerweise einschränken. Das ist uns geläufig, weil das äußere Geschehen an sich eine Wertigkeit hat für Gesellschaft und Mitmensch, und in diesem Sinn ist es berechtigt, daß man ein übles äußeres Geschehen verhindert. Aber – und das muß auch gesehen werden – für den handelnden Menschen selber kann es oft besser sein, er wird in seine Freiheit gestellt, auch auf die Gefahr hin, unrecht zu handeln. Der ethische Gesamthorizont des Menschen kann nicht auf die personale Handlungsfreiheit des Menschen verzichten. Ethik als Konzept fängt dort an, wo der Mensch aus eigener Entscheidung handelt und darum aus eigener Entscheidung sich zum Guten hinwendet und so selber gut wird. Darum kann die Ethik nicht auf Freiheitsraum des Menschen verzichten. Und darum kann es gleichsam in einer Verrechnung dazu kommen, daß man sagen muß: Der Ethik, der ethischen Wirklichkeit dieses Menschen wird der bessere Dienst getan, wenn er zur freien Entscheidung fähig ist und in freier Entscheidung gelassen wird, selbst wenn man weiß, daß er die freie Entscheidung zu einer objektiv anfechtbaren ethischen Wahl benutzt.

Eine Anwendung dieses Grundsatzes steht in der Erklärung des Zweiten Vatikanischen Konzils über die Religionsfreiheit (Art. 2): Der Mensch muß das Recht auf Religionsfreiheit auch dann haben, wenn er diese Freiheit falsch gebraucht. Denn der Anspruch der Person ist einfach viel primärer als die Abwägung: Ist das eine objektiv richtige oder eine objektiv falsche Wahl? Der Mensch kann nur in der Freiheit ethisch wertvoll werden, und darum braucht er auf Gedeih und Verderb diese Freiheit. Die Fehlbarkeit wird der Mensch so oder so nie ablegen. Wir müssen uns auch hier hüten vor der Illusion, es sei in jedem Fall einem Menschen geholfen, wenn man ihn äußerlich daran hindert, etwas ethisch Anfechtbares zu tun. Er bleibt ja derselbe, wenn man ihn nur äußerlich daran hindert, so daß vielleicht seine Bilanz genau gleich aussieht, ob er es getan hat oder nicht. Nur eben die äußere Bilanz anderer betroffener Menschen oder der Gesellschaft mag anders aussehen.

Das ist jedenfalls die Schöpfungswirklichkeit. Mit einer etwas naiven Verwendung des Gottesbegriffes müßte man hier sagen:

So handelt Gott in der Schöpfung, er läßt uns ja die Freiheit, auch wenn wir sie zum ethisch anfechtbaren Wahlakt benutzen. Die Alternative – nämlich mit *allen* Mitteln zu verhindern, daß das Böse, das ethisch Anfechtbare geschehe – scheint etwas Großes zu sein. Aber da Gott selber in der Schöpfung nicht so handelt, wirkt sich das in der Wirklichkeit immer nur aus als eine abscheuliche, unmenschliche totalitäre Vergewaltigung. Es ist das die Tragik der Haltung, die ich ethischen Faschismus nennen möchte, der mit dem katholischen theologischen Integralismus natürlich viel zu tun hat und der sich gelegentlich in politische Tarnkappen gestürzt hat: Wenn man mit Gewalt für den lieben Gott die Waffen ergreifen will, durch Gewalt, durch Diktat, durch Zwang das Böse verhindern will, dann richtet man Ruinen von Menschheit und Menschlichkeit an, dann wird das Böse viel größer. Wir müssen daraus erkennen, daß das nicht der Weg ist. Der Mensch muß in seine Selbstbestimmung hineingestellt werden. Diese Selbstbestimmung ist eine ethische Berufung auch im Risiko, daß er sich dabei ethisch falsch entscheidet.

## 2. Freiheit vom psychologischen „Es“

Bisher haben wir vom Sozial-Deterministischen gesprochen, davon, daß das Hauptanliegen des heutigen Menschen ist, Freiheitsraum zu haben, der ihm nicht von Mitmenschen oder anonymen Strukturen eingeengt wird. Wir können aber davon nicht sprechen, ohne daß wir auch das Individuell-Deterministische sehen, besonders da ja auch auf dieser Ebene ein Freiheitsruf ertönt, der Freiheitsruf nach dem Gewährenlassen aller in bezug auf die Triebwunschverwirklichung. Ein Zweifel besteht darüber nicht – die Tiefenpsychologie hat uns das gelehrt –, daß es im Menschen aus seiner individuellen Konstitution heraus diesen vorpersonalen Bereich individueller Determination des Freiheitsraumes im psychischen Sinn gibt, wo der Mensch handelt, ohne ganz er selbst zu sein. Man kannte schon in der Scholastik bei Thomas den Unterschied zwischen actus hominis und actus humanus; actus hominis: der Mensch tut es, aber es ist nicht seine vollmenschliche Entscheidungstat; actus humanus: es ist seine vollmenschliche Entscheidungstat. Die Tiefenpsychologie hat das solcherart vage abgegrenzte Feld erforscht und näherhin bestimmt. Wenn menschliches Handeln nicht voll personal ist, dann ist es nicht völlig frei, dann ist es nicht völlig verantwortet und also nicht auf der Höhe der menschlichen Personalität. Und deswegen bedeutet auch hier Wachstum der Freiheit eine ethische Berufung: Der Mensch muß freier werden gegenüber dem deterministischen Anteil seiner eigenen Person. Er muß souverän und autonom werden – eine Forderung, die auch in der christlichen Asketik sehr alt ist. Heute versuchen wir, diese Zweiheit stärker einander anzunähern. Wir lehnen es ab, den Menschen gleichsam in zwei Wesen aufzuspalten, das Tier und den Engel, so daß der Engel über das Tier zu herrschen hätte. Ganz im Gegenteil, wir betonen sehr stark, daß das ein und derselbe Mensch ist, daß das ein und dieselbe Person ist. Es ist auch nicht etwa so, daß wir nur in unserem Intellekt und Willen Person wären. Wir sind Person auch im psychophysisch determinierten Bereich, und erst alle diese Bereiche zusammengenommen sind der personale Mensch. Aber wir kommen nicht darum herum, diese beiden unterscheidbaren Bereiche – das wirklich geistig-subjektiv-personal Freie und das Deterministische – mindestens in den Auswirkungen und in den Einwirkungen auseinanderzuhalten. Man kann eben auf uns deterministisch einwirken, und unsere Physis selbst wirkt deterministisch in uns in bezug auf bestimmte Bereiche und an bestimmten Einfallstoren. Darum müssen wir die Bereiche unterscheiden, uns aber klar sein, daß es eine Unterscheidung innerhalb der einen menschlichen Person ist.

Hier fängt nun der Streit zwischen dem Asketen und dem Hedonisten an, ein Streit, der vielleicht banal ist. Er ist dann banal, wenn er etwa nach folgenden Begriffen geführt wird: Der Asket lehnt den menschlichen Gemüts- und Leibbereich als minderwertig ab, tendiert darauf, ihn gleichsam hinter sich zu lassen, und der Hedonist lehnt den menschlichen Geist- und Personalbereich ab und will sich völlig beschränken auf den triebbestimmten Bereich. So wäre der Streit banal, die beiden Positionen würden jeder Evidenz der menschlichen Erfahrung, des menschlichen Strebens und Wünschens widersprechen, und zwar der eine wie der andere. Bestenfalls wäre dieser banale Streit ein Mißverständnis, indem jeder den anderen in seinem Sinne mißversteht, indem der Asket den Hedonisten mißversteht, als wolle er nichts Geistiges am Menschen, sondern nur Trieb, Reaktion und Abfuhr von Triebenergie, wie es Freud nannte, und indem der Hedonist den Asketen mißversteht, als wolle er leugnen, daß der Mensch einen Bereich von Empfindung, Gemüt, Trieb und Leib habe, als wolle er überhaupt nur Verstand und Willen in ihm übriglassen. Gewiß, es gibt hier die mögliche Diskussion über die Akzente; es gibt die Frage von Einseitigkeit; es gibt das Überhören, das Übersehen der anderen Komponente, über die man jetzt gerade nicht spricht oder an der einem nicht gleich viel gelegen ist wie an der einen; es gibt die Frage der Fülle menschlicher Wirklichkeit: Wie sieht diese aus, welchen Stellenwert hat darin die Leiblichkeit, die Empfindungsebene, die Denk- und Willensebene? Was muß wem unter welchen Voraussetzungen allenfalls vorübergehend geopfert werden, welche dauernde Opferung rechtfertigt sich oder rechtfertigt sich nicht? Alle diese Fragen können diskutiert werden, wenn nur die Grundlage gemeinsam ist, daß beide großen Bereiche, der personal-freie und der vorpersonal-deterministische, zum einen Menschen gehören.

Aber als Freiheitsproblem lautet die Forderung: Der Mensch muß auch dort in personaler Verantwortung handeln, wo er seine Gemüts- und Triebwirklichkeit lebt. Vielleicht könnte so dieser Asketismus-Hedonismus-Streit ganz einfach überschritten werden, indem man sagt: Gemütswirklichkeit und Triebwirklichkeit ja, aber auch sie muß in personaler Verantwortung gelebt werden. Dadurch ergeben sich für sie gewisse Normen, die auch gewisse Einschränkungen sind, weil die personale Verantwortung, weil das Integrieren, das Indienstnehmen dieser Bereiche in die menschliche Gesamtperson dann eben auch eine Konfiguration, eine Gestalt ergibt, vom Menschen frei personal determiniert. Im Bereich von Gemüt und Trieb determiniert *reagieren,* das bleibt allerdings hinter menschlicher Berufung zurück, das können wir nicht als humane Forderung proklamieren. Wir haben in unserer christlichen Tradition und Praxis noch eine gewaltige Aufräumungsarbeit zu leisten. Aber indem wir das tun und wenn wir das tun, muß uns klar sein, daß das Ende nicht ein quantitativ völlig entschränkter Triebgenuß, ein entschränktes Triebausleben sein kann, sondern daß das Ende ein Mensch sein muß, der menschlichpersonal auf allen Ebenen seiner reichen Personnatur lebt, wirklich leiblich lebt, wirklich triebhaft lebt, gemütshaft lebt, aber all dies in der zentralen, personalen Steuerung seines ethischen Gewissens.

Freiheit ist also ethische Berufung. Sie macht den Menschen menschlicher. Um menschlicher zu sein, muß der Mensch frei sein. Mißbrauch der Freiheit ist eine dunkle Wirklichkeit, hebt aber die Würde dieser Freiheit nicht auf. Wenn wir diese Freiheitsforderung also im Namen der Ethik erheben, dann können wir uns dabei nicht auf die politische Wahlfreiheit beschränken, das heißt darauf, daß mich kein anderer hindert, das zu wählen, was ich in Selbstbestimmung mir vorgenommen habe, sondern in diesem weiteren Sinn ist politische Wahlfreiheit überhaupt nur möglich, wenn sie mit innerpersonaler Freiheit zusammengeht, wenn unser Handeln auch wirklich personales Handeln ist, aus der Personmitte heraus gewählt. Das ist dann unsere ethische Berufung, daß uns der Freiheitsraum zuerkannt wird, daß wir, die Handelnden, aber in diesem Freiheitsraum auch der Freiheit fähige Handelnde sind, indem wir in uns selber schon die personale Freiheit haben, indem das Individuell-Deterministische in uns hineinintegriert ist in die Person, die als ganze Person mit ihrem Trieb- und Gemütsbereich doch wieder personal frei sich entscheidet.

### *Aktuelle Anwendungsbereiche*

Von dieser Einsicht her, daß das die ethische Berufung des Menschen zur Freiheit ist, wollen wir drei Hauptanwendungsgebiete beleuchten, und zwar den Bereich der Freiheit im Religiösen (Religion, Kirche), den Bereich der gesellschaftlichen Freiheit und die Freiheit als Ziel und Risiko der Erziehung.

### 1. Freiheit im religiösen Bereich

Freiheit ist eine ethische Berufung auch im Bereich des Religiösen. Das ist die erste These. Es gibt eine Berufung zur religiösen Freiheit, zur Freiheit in dem Bereich, den wir mit „Religion“ umschreiben. Auch das ist paradox, denn es hat ja den Anschein, als ob der religiöse Bereich als der Bereich

Gottes, als der Bereich der göttlichen Gebote ganz evident vom Anspruch der Freiheit ausgenommen sei. Freiheit als Anspruch gegenüber den Mitmenschen – das ist leicht verständlich. Jeder Mensch ist Subjekt und darin eben unantastbar. Aber Freiheit im Bereich Gottes, gegenüber Gott – hat eine solche Rede überhaupt einen Sinn?

In der Antwort muß zunächst zugestanden werden, daß es eine mögliche Weise der religio ist, sie als Gesetzesbindung zu realisieren, indem die Bindung an Gott, die restlose Bezogenheit des Menschen auf Gott sich für den Menschen darin äußert, daß er sie als gesetzliche Bindung, als Gesetzestreue, als Gesetzesgehorsam verwirklicht. Wenn ich das sage, dann deshalb, um der jüdischen Religiosität Gerechtigkeit widerfahren zu lassen, die sich als diese Treue zur Weisung Gottes versteht. Es muß allerdings gleich hinzugefügt werden, daß sich diese Religiosität als selbstgewollte, personal zustimmende Unterwerfung unter ein Gesetz versteht. Die Höhe, die Fülle israelitischer Gesetzestreue ist der Psalm 119, in dem gesagt wird: Deine Satzungen sind meine Wonne.

Aber mit dieser Deutung und Auskunft ist die Frage noch nicht zu Ende beantwortet. Es muß ein zweiter Schritt gewagt werden: Der auf Freiheit ausgerichtete Mensch muß auch die Gottesbeziehung als eine Weise der Freiheit und nicht nur als eine Weise der Bindung erfahren. Weshalb? Zunächst muß hier auf das ganz allgemein Ontologische hingewiesen werden: Wenn der Mensch ein personales Wesen ist, das sich in Freiheit verwirklicht und das nur durch Freiheit seine ganze Menschlichkeit verwirklicht, dann ist damit schon gesagt, daß er auch vor dem Angesicht Gottes frei ist. Das läßt sich gar nicht voneinander trennen. Wir sind ja nicht vor Gott etwas anderes, als wir einfachhin sind, sondern die Aussage „vor Gott“ beschreibt das, was wir schlechthin, im Tiefsten, im Unwiderruflichsten sind, und dann sind wir also auch vor Gott frei. Das trifft sich nun durchaus mit dem Sprechen der Offenbarung über unsere Beziehung zu Gott, mit dem Sprechen der Theologie. Die Offenbarung kennt den Begriff des Bundes. Wir haben uns an diesem Begriff vielleicht schon aus theologisch-philosophischen Gründen ein wenig gestoßen und uns beeilt zu sagen: Dieser Bund ist selbstverständlich ein souveräner, gleichsam ein einseitiger Bund von Gott her, wie ja auch Gott im Alten Bund sagt: Ich schließe mit dem Haus Israel einen Bund. Wir haben uns beeilt zu sagen, das sei eine anthropomorphe Sprechweise: Gott sei der Bundespartner, statt daß das Volk Israel sich mit anderen politischen Mächten verbünde. Die Frage ist eine Frage des Sprechens von Gott überhaupt, aber wir lernen heute, daß mit der einfachen Unterscheidung: „Das ist metaphysisch gesagt, das ist anthropomorph gesagt" das eigentliche Anliegen noch gar nicht getroffen ist. Durch solches Sagen wird indirekt eben doch die Wirklichkeit zwischen Gott und Mensch zur Sprache gebracht. Es wird gesagt, was sich da tut zwischen Gott und Mensch. Und das bedeutet der Begriff „Bund": Der Mensch steht Gott in der Freiheit seiner von Gott geschenkten Menschennatur gegenüber, Gott nennt ihn Bundespartner. „Partner" ist von diesem Wortgebilde der Teil, der heute in die Theologie, in die Philosophie, in die Anthropologie eingegangen ist. Wir sagen heute mit Emphase: Der Mensch ist Partner Gottes. Partner Gottes heißt dann: persönlich dem Geheimnis Gottes gegenüberstehen, und personal gegenüberstehen geht nicht ohne Freiheit. Personal gegenüberstehen heißt eben nicht: Wir sind nur ein Stück Holz, das von ihm bewegt wird. Wir sind auch nicht Kadaver vor Gott und lassen uns nicht von Gott wie ein Kadaver hierher oder dorthin legen. Sit venia auctori dieses Wortes. Es konnte einmal etwas Richtiges meinen, in eine richtige Richtung weisen, aber es ist uns heute nicht mehr verwendbar, wenn wir im Ganzen unseres Denkens von Gott sprechen wollen. Dann sind wir lebendige Menschen, die auf Gott zutreten und auf die Gott zutritt und die mit ihm gehen. Damit wird nicht die Inanspruchnahme des Menschen durch Gott unverbindlicher, beliebiger, geringer, billiger; aber die Weise, wie das Verhältnis zu Gott verwirklicht wird, muß die Weise der Freiheit sein. Allerdings hat das Konsequenzen für unser praktisches, konkretes Tun und Verhalten im religiösen Bereich. Auf drei solche Konsequenzen will ich stichwortartig hinweisen.

a) Religiöse Regeln unseres Verhaltens im Bereich des Verhältnisses zu Gott dürfen nicht freiheitsmindernd sein, sonst verfehlen sie ihren Sinn. Von einem Gebetsvorsatz bis zum

Sonntagsgebot, bis zur heiligen Regel der Orden darf eine Regel im religiösen Bereich nicht freiheitsmindernd sein in dem Sinn, wie wir nun die Freiheit des Menschen definiert haben, sonst verfehlt sie ihren religiösen Sinn. Wann wäre sie freiheitsmindernd? Ich möchte ein ganz praktisches Kriterium vorschlagen, das vielleicht helfen kann zu verstehen, um was es geht. Wenn ein Mensch in naiver Vernünftigkeit dazu käme zu sagen: Wenn ich jetzt der liebe Gott wäre, dann würde ich mir gestatten, es so und so zu machen; aber ich darf nicht, denn ich bin ja durch eine Vorschrift gebunden – wenn uns die Versuchung dieses Gedankens kommt, dann ist das der Fall einer freiheitsmindernden Regel. Denn es ist klar, daß diese Überlegung völlig sinnlos ist. Ja es würde fast an Blasphemie grenzen zu sagen: Der liebe Gott will es anders, als meine gut verantwortete Vernunft es erkennen läßt im Rahmen der Möglichkeiten, die mir gegeben sind. Im Gegenteil, diese meine gut verwaltete Vernunft ist für mich der Indikator dafür, was vor Gott das Richtige ist. Und dann wäre das peinliche Einhalten einer solchen Regel ganz einfach freiheitsmindernd, personalitätsmindernd und also nicht im Sinne der Gottesbeziehung.

b) Der zweite Satz heißt: Auch keine kirchliche Struktur darf zum Gottesersatz werden, also die Freiheit des Gottesbezuges aufheben. Laut Kanon 2332 zieht man sich zwar die Exkommunikation zu und macht sich der Häresie verdächtig, wenn man vom Papst ans Konzil appelliert. Aber vom Papst an Gott appellieren ist nirgends verboten, sondern das ist völlig rechtgläubig. Die kirchliche Autorität, die kirchliche Struktur ist nicht von der Art, daß sie einfach der Ersatz für Gott wäre. Mt 16,19 („Was du auf Erden binden wirst, das wird auch im Himmel gebunden sein“) setzt weder die Kirche noch Petrus an die Stelle Gottes. Damit ist die letzte Souveränität Gottes nicht aufgehoben, damit ist nicht gesagt, es gebe irgend etwas Menschliches und Irdisches, auch nichts Kirchliches, das nun einfach Gott wäre. Jene Stelle spricht die wichtige Wahrheit aus, daß Gott durch Menschen und durch Menschenwort da ist, daß es das gibt, daß in einem Menschenwort, in einer menschlichen Verfügung und also in einer Verfügung der Ekklesia und der personae ecclesiae tatsächlich Gott dasein kann, so wie er in allen anderen geschaffenen Wirklichkeiten in vielfältiger Weise da ist. Aber es geht ja bei unserer Überlegung gerade nicht um das, sondern um jenen letzten und irreduktiblen Unterschied zwischen Gott und Mensch.

Und dieser letzte und irreduktible Unterschied ist immer gerade auch da, wo die Strukturen der Kirche verwirklicht werden, wo die auctoritas in der Kirche spricht oder handelt. Man kann ja den Satz „Was du auf Erden binden wirst, das wird auch im Himmel gebunden sein" auf zwei verschiedene Arten hören und seelisch aufnehmen. Man könnte ihn aufnehmen in dem Sinn: Jetzt kann ich sagen, was ich will, und dann ist der Himmel gebunden. Oder man kann ihn so aufnehmen: Was ich sage, wird im Himmel gebunden sein! Wie muß ich mich in acht nehmen, was ich sage! – Das ist eine völlig andere Konzeption der furchtbaren Ermächtigung, die in dem Wort liegt. Wenn sie so verwaltet wird, daß die Menschen, die diese Ermächtigung auf sich nehmen müssen, sich sagen: Wie werde ich vorsichtig sein, so zu sprechen, daß das, was ich auf Erden binde, im Himmel gebunden ist, dann ist dieser letzte Unterschied zwischen Gott und Mensch gewahrt, und dann ist kirchliche Struktur keine Freiheitsbedrohung durch die Menschen in der Kirche.

c) Zum dritten besagt religiöse Freiheit auch Freiheit in der für uns Christen religiös begründeten Ethik. Wir haben Freiheit postuliert gegenüber gesellschaftlich-moralischen Normen, da sich diese nicht schlechthin mit der Ethik decken. Jetzt müssen wir einen Schritt weitergehen. Unsere religiös begründete Ethik ist irgendwie die dauerhafteste und fundamentalste Gottesbeziehung, und auch in dieser religiös begründeten Ethik ist der Mensch frei. Was meint dieser Satz? Gottes Einforderung des Menschen im ethischen Bereich ist absolut. Dazu ist ja der Mensch frei, daß er sich von Gott und von Gott allein absolut einfordern läßt. Aber keine in menschlicher Sprache mögliche Formulierung des ethischen Sollens, keine Gebotsanforderung kann sich schlechthin mit der Einforderung Gottes decken, da bereits durch das Medium des menschlichen Geistes und der menschlichen Sprache immer eine Differenz entsteht. Es kann zwar sein, daß sich im Konkreten einmal die wirkliche Einforderung Gottes mit der Formulierung eines Gebotes deckt. Aber das ist nicht von vornherein garantiert, sondern es kann auch das andere eintreten – jetzt im Ethischen, nicht im Moralisch-Gesellschaftlichen –, daß sich die Einforderung durch Gott nicht einfachhin mit den formulierbaren ethischen Gebotsinhalten deckt. Und dann muß man sagen: Damit der Mensch sich von Gott und nur von Gott, von Gott aber wirklich absolut, einfordern lassen kann, dazu braucht er auch im religiös-ethischen Bereich personal verantwortete Freiheit. Das muß eine innerpsychische Freiheit von Dressaten, von Angstmechanismen sein, damit er als Person wagt, die ethische Entscheidung auf sich zu nehmen. Das besagt aber auch eine sozial-moralische Freiheit, die Freiheit, daß sein Handeln respektiert wird. Das sind die Fälle, wo wir einen Gewissensentscheid respektieren müssen, auch wenn wir ihn nicht teilen, auch wenn wir ihn nicht einmal verstehen. Daß unter dem Namen solcher Freiheit oft statt Einforderung von Gott reine Flucht vor Gott segelt, das hebt die Berechtigung der Forderung nicht auf. Aber wir müssen mit dem rechnen, wir müssen den geschiedenen und wiederverheirateten Katholiken unter Umständen respektieren und in seinem Entscheid es offenlassen, ob er hier ethisch in seiner Situation auf Gott geantwortet hat. Wir müssen es offenlassen, wir können es nicht a priori und für alle Fälle wissen, daß es umgekehrt war. Wenn der Mensch frei ist, dann ist er auch vor Gott frei, und diese Freiheit mindert nicht seine Gottesbeziehung, ist keine Abwendung, ist nicht luziferische Auflehnung gegen Gott. Das ist vielmehr die Art und Weise, wie der Mensch Partner Gottes sein soll.

### 2. Freiheit im gesellschaftlichen Bereich

Das zweite Problem ist die ethische Berufung zur Freiheit im gesellschaftlichen Bereich. Darüber ist das meiste schon gesagt. Wir haben festgestellt, daß die äußere Handlungsfreiheit, die wir proklamieren, eine äußere Handlungsfreiheit gegenüber gesellschaftlich sanktionierten Verhaltensmustern ist, so daß der Mensch das Freiheitsanliegen hat: Ich will nach meiner eigenen Entscheidung handeln können, ohne daß ich dabei durch gesellschaftliche Normen gegen meinen Willen eingeschränkt werde. Wir müssen aber auf zwei Aspekte doch noch hinweisen:

a) Der erste ist der, daß der Mensch, der Christ, als von

Gott berufene Person allen menschlichen Mächten und Gewalten gegenüber eine letzte unerhörte Freiheit hat und haben soll, indem er keiner menschlichen Macht und Gewalt absolute Geltung zuerkennt, sondern indem er jede von ihnen an der absoluten Instanz Gottes mißt. Der berühmte Satz des Petrus in der Apostelgeschichte: „Urteilt selbst, ob man Gott mehr gehorchen muß oder Menschen" wurde an gläubige Juden gerichtet, für die diese Frage eine rhetorische Frage war. Sie mußten antworten: Natürlich muß man Gott mehr gehorchen. Wir haben aber gerade im Bereich von staatlich-gesellschaftlicher Macht, im Bereich des Wortes „Obrigkeit" unsere christliche Forderung verdünnt und nicht gewagt, laut zu sagen, daß der christliche Glaube jede menschliche Obrigkeit radikal relativiert. Ich will es einmal provokativ sagen: Der Christ ist der stete potentielle Rebell. Der Christ ist der ewig unzuverlässige Staatsbürger in jedem Staat, der sich totalitär nennt. Der Christ entmythologisiert auch die heiligsten Mythen von Volk und Nation. „Right or wrong – my country" – Recht oder Unrecht, mein Vaterland – ist ein Satz, der für einen Christen ein Unsinn ist. Gott ist der letzte Maßstab für den Christen, und damit werden alle anderen Maßstäbe klein. Nicht, als ob der Christ einfach ein wüster Rebell wäre aus Ungezügeltheit, aus Ungezogenheit; er ist ein viel besserer, ein viel gefährlicherer Rebell. Ich persönlich freue mich zutiefst, daß heute in der Welt meistens die Christen die Rebellen sind und daß der Klerus neuerdings wieder, etwa in Lateinamerika, in den Ruf kommt, prinzipiell verdächtig zu sein für Diktatoren. Wenn es sich richtig verhält – ich kann den einzelnen Fall nicht beurteilen –, dann kommt es von dieser Orientierung: Gott ist das letzte Absolutum und nicht eine menschliche, staatliche, gesellschaftliche Macht, ob sie nun Staatsapparat, Parteiapparat, ob Gesetz, ob Staatsinteresse, Staatsräson oder ob sie einfach gesellschaftlicher Trend oder wie immer lauten möge. Der Christ ist der Zerstörer der Götzen, errichtet von den Hegelianern bis zu den Maoisten, er ist der, der hindurchschaut und weiß, daß nichts Menschliches absolut sein kann.

b) Der andere Aspekt in der Freiheitsforderung des Christen in bezug auf die Gesellschaft muß so formuliert werden – unser Titel in neuer Betonung –: Freiheit als *ethische* Berufung. Damit ist folgendes gemeint: Die Gesellschaft steht heute vor einem Dilemma auf Tod und Leben. Der Mensch fordert immer mehr Handlungsfreiheit, verbindet diese aber immer weniger mit Rationalität und Verantwortung, sondern vielmehr mit Egoismus, mit Lustprinzip und Profitprinzip. Und so ergibt sich die Tatsache, daß wir heute vor einer Reihe eigentlich wahnwitziger Phänomene stehen, daß das menschliche Verhalten die Existenz der Menschheit bedroht, daß man sich aber zugleich leidenschaftlich wehrt gegen jede Einschränkung der menschlichen Handlungsfreiheit in dem entsprechenden Bereich. Sei es die Verkehrsdisziplin, sei es die Umweltverschmutzung durch Produktion, durch Energieraubbau oder was immer – man weiß, daß wir in den Tod rennen. Und sobald eine Ordnung, eine Einschränkung kommt, appelliert man leidenschaftlich oder wehleidig an unsere Freiheit. Aber irgendeinmal wird der Punkt erreicht sein, wo nur noch diktatorische Zucht den Untergang verhindern kann – *wenn* der Mensch nicht die Alternative wählt, und die Alternative heißt seine ethische Berufung, daß er aus ethischer, innerer Entscheidung das tut, was das Weiterleben ermöglicht, was den Untergang verhindert. Wenn der Mensch aus ethischer Berufung das tut, kann er die Freiheit behalten; dann können wir weiter auf unseren Straßen autofahren, dann können wir produzieren, wenn wir aus ethischer Verantwortung heraus das tun, was nicht zum Untergang führt. Es bleibt also für uns in nächster Zukunft und zum Teil schon heute die Alternative: Entweder werden wir durch diktatorische Zucht daran gehindert, uns selber zu ruinieren, oder wir entscheiden uns zu einer ethischen Verantwortung, und das ist die Bedingung der Möglichkeit für das Weiterbestehen der Freiheit. Ich meine nicht, daß wir es erreichen, daß die Menschheit zu einer perfekten ethischen Haltung kommt, die dann wirklich nur durch eigene Freiheit die gewünschten Resultate erreicht. Es wird etwas von der Diktatur, etwas von der erzwungenen Ordnung dasein müssen, aber es ist eben unsere christliche Aufgabe, in diesem zeitlichen Gemenge, in dieser Dialektik zwischen Zwang und Freiheit dadurch für die Freiheit zu wirken, daß wir für die *ethische* Freiheit wirken und damit die Ansätze für dieses Ziel verwirklichen. Wenn die Menschheit nicht die ethische Haltung wählt, dann glaube ich zwar nicht, daß sie untergehen wird, aber sie wird weiterexistieren unter einer totalen, wissenschaftlich-technisch perfekten Diktatur. Es gibt ja Wissenschaftler, die sich bereits berauschen an diesem Gedanken, den sie für ein Paradies halten, daß das gesamte Verhalten des Menschen bis ins letzte verplant, technisch-biologisch programmiert und arrangiert ist und auf diese Weise abläuft. Sollte es dazu kommen, dann – glaube ich – wäre die Spezies homo sapiens zu ihrem Ende gekommen. Was immer dann für Wesen aus unseren Genen die Erde bevölkern werden – der homo sapiens, der Mensch, der in personaler Verantwortung frei seine Existenz verwirklicht, wäre dann nicht mehr da.

### 3. Freiheit als Ziel und Risiko in der Erziehung

Bei der Erziehung verrät sich eine Kultur. Was bedeutet das für unsere traditionell christliche Kultur in bezug auf Modelle, die sie anzubieten hat oder hätte für eine Erziehung zur Freiheit? Verrät sich da unsere traditionell christliche Kultur nicht vielleicht sogar in tragischer Weise?

Wer hat in der Vergangenheit schon Modelle für Erziehung zur Freiheit angeboten? Ich weiß, daß ich im folgenden immer nur unter der Hypothese „wenn und insofern" sprechen kann, denn jeder einzelne Fall, wo es anders geschieht, kann als Gegeninstanz ins Feld geführt werden und ist auch gültig. Aber eben, dieses „Wenn und Insofern" ist auch vorhanden, und über die quantitative Verbreitung wollen wir nicht streiten. Aber ich will doch einige Symptome angeben. In dem, was sich christliche oder kirchliche Erziehung nennt, vom Noviziat, vom Priesterseminar bis zu den katholischen Schulen oder katholischen Erziehungsinstitutionen irgendwelcher Art – wurde man da in Wahlsituationen hineingestellt als Erziehungsmittel, wo man wählen durfte und alle Konsequenzen seiner Wahl tragen mußte? War es nicht so, daß uns das Gute befohlen war und das Böse verboten, wobei das Wort „verboten" hier nicht nur den ethischen Sinn hatte, sondern auch noch einen recht handfesten disziplinarisch ordnungsmäßigen Sinn? Die kirchliche Erziehung hat – und das war einmal eine richtige Einsicht – sich planmäßig ausgerichtet auf die sogenannte Schaffung guter Gewohnheiten, selbst auf das Risiko, daß es sich dabei um vorpersonale, also unfreie Dressate gehandelt hätte. Eine engbrüstige, abstrakte ethische Grundtheorie machte es dem Erzieher zur höchsten Pflicht, mit allen Mitteln zu verhindern, daß seine Zöglinge etwas Böses taten. Ich sage „eine abstrakte ethische Grundtheorie“, die der Meinung ist, man müsse mit allen Mitteln, auch mit Mitteln der Gewalt, der Unfreiheit, das äußere Geschehen einer bösen Tat verhindern. Nach dieser Theorie durfte man nichts dem Risiko der Freiheit überlassen, bis zu dem Punkt, wo man dachte, es seien nun genügend gute Gewohnheiten geschaffen, so daß kein Fehltritt mehr zu befürchten sei. Aber das war nicht Erziehung dazu, als Mensch mit seiner Freiheit umzugehen, seine Freiheit zu bestehen. Ein kleiner Teil gelangte bei diesem System doch zu einer ethischen Persönlichkeit. Viele scherten einfach aus, manche und nicht nur die kirchlich Unbedeutendsten konnten ihre eigene ethische Persönlichkeit nur noch durch Identifikation mit starren Verhaltensdressaten und Denk- oder Auffassungsdressaten finden. Sie fühlten sich ethisch nur standfest, wenn es nach solchen starren Verhaltensdressaten, Denk- oder Auffassungsdressaten ging. Ihre Panikreaktionen angesichts der heutigen Entwicklung persönlicher Freiheit auch in der Kirche sind darum begreiflich, denn das hat man noch nie gesehen, so hat man es nicht gelernt. Es ist aber höchste Zeit, daß wir in der Kirche, weil wir Kirche und Christen sind, eine Erziehung zur Freiheit entwickeln. Es ist entscheidend, daß auch die katholische Pädagogik mit Entschlossenheit das Risiko der Freiheit in ihren Prozeß integriert. Es braucht eine Erziehung, die Risiken eingeht. Denn das schlimmste und gefährlichste Risiko, das man eingehen kann, das jahrhundertelang eingegangen wurde und dessen schlechte Früchte man dauernd sehen konnte und sehen kann, ist das Risiko, es auf kein Risiko ankommen zu lassen. Nur unter Risiko kann der Mensch zur Freiheit erzogen werden, aber nur ein Mensch, der zur Freiheit erzogen wurde, verwirklicht seine ethische Berufung.

*Heinrich Schneider*

# DIE POLITISCHE FREIHEIT

## Freiheitszuwachs und Freiheitsentzug im 19. und 20. Jahrhundert

### *Zum Begriff der politischen Freiheit*

Der Formulierung „Die politische Freiheit" wurde ein Untertitel beigefügt, der ins Historische weist. Aber es wäre kaum zweckmäßig, sogleich geschichtliche Situations- und Verlaufsanalysen zu unternehmen, um Freiheitszuwachs und Freiheitsentzug im 19. und 20. Jahrhundert zu bestimmen, ohne daß vorerst geklärt wird, was da gemessen und beurteilt werden soll. „Politische Freiheit" ist ein Ausdruck, der von vielen in recht gegensätzlicher Weise verwendet wird.

Das ist nicht unbedingt verwunderlich. Politische Begriffe sind in der Regel Kampfparolen. [1] Zwar muß nicht alles Denken über Politik bloße Ideologie sein. Gleichwohl gewinnen diese Begriffe ihre Prägnanz zumeist im politischen Diskurs selbst; sie sind daher fast stets affektbesetzt und mit sehr bestimmten Artikulationen politischen Selbstverständnisses und politischen Willens assoziiert. Problematisch wird das, wenn sie in verschiedene, ja antagonistische Selbstverständnisse, in kontrastierende politische Weltbilder eingegangen sind. Eben das gilt ohne Zweifel für den Freiheitsbegriff.

Es ist noch nicht sehr lange her, da sprach man vom westlichen Weltlager stets als von der „Freien Welt". Heute ist diese Bezeichnung seltener geworden, und mit der selbstgewissen Unbefangenheit der fünfziger Jahre wird sie nur noch von wenigen verwendet. Immerhin war klar, was gemeint sein sollte, nämlich die Bejahung bestimmter Ordnungsprinzipien des gesellschaftlichen und staatlichen Lebens: im sozialökonomischen Bereich die Rechtmäßigkeit des Privateigentums (auch an Produktionsmitteln), die Überzeugung von der grundsätzlichen Zweckmäßigkeit der Marktwirtschaft sowie von der moralischen Dignität und der pragmatischen Überlegenheit der privaten Initiative beim Zustandekommen produktiver gesellschaftlicher Leistungen, und dies alles bei Anerkennung des Bedürfnisses nach Partnerschaft und sozialem Ausgleich; im politisch-institutionellen Bereich die Verbindlichkeit der Rechtsordnung (insbesondere der verfassungsstaatlichen Grundsätze) auch gegenüber den politisch Maßgebenden, die Freiheit der politischen Betätigung und Interessenverfolgung für einzelne und Gruppen im Zeichen des Pluralismus sowie die Abhängigkeit politischer Amtsträger vom Vertrauen der Wähler oder einer frei gewählten Volksvertretung; endlich im Bereich der ideellen Ordnung die Freiheit des Glaubens und Bekenntnisses, der Gesellschafts- und Weltanschauung im Rahmen eines Konsenses über die Menschenwürde als Grund der Toleranz gegenüber jeweils anderen Überzeugungen.

Nicht alle diese Prinzipien waren in allen Regionen der sich so bezeichnenden „Freien Welt“ effektiv verwirklicht – aber wo es Einengungen und Negationen gab, hatte man gleichsam ein schlechtes Gewissen und fand sich mit solchen Zuständen allenfalls unter Vorbehalt ab.

Inzwischen hat sich manches verändert: „Law and Order“, einst Ausdruck für die Strukturprinzipien freier Gesellschaft, ist (zumindest für manche in unseren Ländern) zu einem Inbegriff von Verächtlichem geworden; in weiten Teilen der Welt gibt es Befreiungsbewegungen, die Verhältnisse herbeiführen wollen, welche den Grundsätzen der westlichen Welt nicht selten entgegengesetzt sind; die „Freie Welt“ selber bezeugt ihre Freiheitlichkeit nicht zuletzt darin, daß sie sich von manchen ihrer Bürger als das „imperialistische Weltlager“ bezeichnen läßt und sich so dem Vorwurf stellen muß, sie sei ein Konglomerat oder Kartell von Mächten, die objektiv eigene und fremde Gesellschaften unterdrücken, ihnen also Freiheit gerade vorenthalten; zumal die kapitalistische Wirtschaft gilt als „Lohnsklaverei“ und die politische Ordnung der westlichen Staaten als ein Mechanismus der Repression und Manipulation.

Widerstreit über Sinn und Bestand politischer Freiheit gibt es aber nicht nur zwischen Propheten und Exegeten realer politischer Mächte, sondern auch auf der Ebene der Theorie. Die Geschichte des politischen Denkens bietet recht unterschiedliche Freiheitsverständnisse dar, von Demokrit bis Platon, von Hobbes bis Rousseau, von Wilhelm von Humboldt bis John Stuart Mill, von Alexis de Tocqueville bis Karl Marx und von Raymond Aron bis Herbert Marcuse. Überdies stellt sich die Frage, wie sich Freiheitsdeutungen von Theoretikern der Politik zum Freiheitsverständnis christlicher Theologen oder auch idealistischer Philosophen verhalten. Wenn Paulus von der Freiheit der Kinder Gottes spricht, aber den Unterschied zwischen Herren und Sklaven als unerheblich betrachtet – was bedeutet dies für die Bestimmung und Würdigung politischer Freiheit? Wenn anderseits die Aussage, für den geistlich Befreiten – nämlich den Erlösten – sei politische Freiheit eher uninteressant, als Ressentimenttheorie gilt und womöglich überhaupt die „innere" oder die „geistliche" Freiheit als Sublimierungsprodukt politischer oder gesellschaftlicher Unfreiheitserfahrung – was heißt das für das Freiheitsverständnis überhaupt? Man darf sich diese Sache nicht zu leicht machen; Philosophen und Theologen meinen oft, Gesellschaftstheorie und Politik seien einfach Anwendungsbereiche ihrer (der philosophischen und theologischen) Einsichten; aber nicht selten kann man auch umgekehrt, und nicht ohne Gewinn, Philosopheme und Theologeme unter dem Gesichtspunkt betrachten, daß in ihnen gesellschaftliche und politische Erfahrungen verarbeitet wurden – und das braucht keineswegs zu heißen, sie würden dadurch soziologisch oder ideologiekritisch reduziert oder zersetzt. Immerhin wäre es wohl nicht uninteressant, über die These von Hannah Arendt (die ja ein Buch über den heiligen Augustinus geschrieben hat) zu diskutieren, jegliche Konzeption innerer, geistiger Freiheit sei sekundär und die primäre Erfahrungsgrundlage aller Erörterungen über Freiheit sei gesellschaftlich-politisch. [2]

Noch ein weiteres Vorausproblem muß benannt werden: die Frage nach den Kriterien des Politischen bei der Diskussion über die politische Freiheit. Bekanntlich werden dazu zwei Thesen einander gegenübergestellt. Der einen zufolge ist das Politische eine eigentümliche, deutlich abgrenzbare Sphäre innerhalb der Wirklichkeit menschlichen Zusammenlebens, namentlich der Bereich verfaßter Herrschaftsordnung, allgemeinverbindlicher Konfliktregelung oder auch intentionaler Organisation des Gemeinwohls. Der anderen These gemäß ist gerade diese Abgrenzung heute schwerlich möglich: Früher als „unpolitisch" geltende Bereiche gesellschaftlichen Lebens erscheinen heute als politisch bedingt oder als politisierbar, und ihre Betrachtung als unpolitisch sei trügerisch im Sinne von irrtümlich oder gar im Sinne bewußter, interessenbedingter und betrügerischer Verschleierung. Die beiden Positionen sind gegenwärtig vor allem von der Demokratisierungsdebatte her geläufig, anhand der Kontroverse darüber, ob Demokratie nur ein Gestaltungsprinzip für die staatliche Ordnung sei, also für eine abgrenzbare politische Sphäre, oder eine Strukturnorm für alle Bereiche der Gesellschaft. Man könnte auch sagen: Es geht um die Frage, ob jene Gestaltungsform gemeinschaftlicher Freiheit, die wir Demokratie nennen, geeignet ist, Freiheit in allen Bezügen des Zusammenlebens zur Entfaltung kommen zu lassen, im Sinne einer Maximierung der Gesamtfreiheit – oder ob es verschiedene Gestaltungen des Miteinanders gibt, je den verschiedenen Funktionsbereichen angemessen, deren Gleichschaltung Freiheit vermindern würde. [3] Wer die Frage so stellt, sieht freilich bereits, daß es sich dabei um ein Problem der Politik als Gesellschaftsgestaltung handelt und daß es also eine ungerechtfertigte Abblendung wäre, wollte man nur z. B. die Staatsordnung betrachten, ohne die Bedeutung gesellschaftlicher Strukturen und Verhältnisse für die Freiheit des Zusammenlebens wahrhaben zu wollen.

Der Problemzusammenhang ist also reichlich komplex, und es mag daher nicht überflüssig sein, noch einiges aus dem überkommenen politischen Freiheitsverständnis in Erinnerung zu bringen, bevor das Schicksal der politischen Freiheit im vorigen und in diesem Jahrhundert betrachtet wird. Dabei wird die klassische Theorie der Politik (in der Antike) in den Blick kommen, aber auch ein heute oft übersehener altabendländischer Traditionsbestand sowie schließlich eine charakteristische Perspektive neuzeitlichen Freiheitsverständnisses.

Die Parole „Freiheit" kommt auf, wenn Unfreiheit bewußt erlitten wird. Sie repräsentiert zunächst nicht etwa eine philosophische Position, die beispielsweise der „Naturnotwendigkeit" entgegengestellt wird; es geht nicht um das Gegeneinander von Determinismus und Indeterminismus analysierbarer Abläufe. Wogegen Freiheit proklamiert wird, das ist in der Epoche, die wir eigentlich zu betrachten haben, in erster Linie die Repression durch den Obrigkeitsstaat oder durch geistliche Autoritäten; dagegen jedenfalls protestiert und kämpft der Liberalismus, die bürgerliche Freiheitsbewegung. Aber die Sache nur so wahrzunehmen hieße sich an eine bestimmte historische Konstellation zu binden und andere Dimensionen möglicherweise zu übersehen. Die Begriffsgeschichte lehrt, daß Freiheit ursprünglich als Gegenteil von Sklaverei erfahren und begriffen wurde. [4] Solange es Sklaverei gab, war der Sinngehalt des Ausdrucks „Freiheit" jedem handgreiflich anschaulich – und vielleicht ist die Freiheitsdiskussion heute deswegen schwieriger, weil dieser unbezweifelbare Anschauungsgehalt fehlt. Anscheinend handelt es sich heute um andere, komplexere Relationen von Freiheit und Unfreiheit als in jenen Tagen, da es noch Sklaven und ihre Eigentümer gab. Man fragt, ob es in unserer Zeit ein Äquivalent hierfür gibt, ob die Gegenwart nicht subtilere Strukturen und Methoden der Unfreihaltung und Verknechtung von Menschen, von ganzen Gruppen, von ganzen Völkern kennt und ob diese nicht schlimmer sind als die Unfreiheit ehemals. Die Epochen, denen solches Räsonnement fernlag, sind unserem Gefühl nach längst vergangen. Aber gar so entlegen sind sie nicht. Das 19. Jahrhundert sah in vielen Ländern die Bauernbefreiung – in Rußland z. B. fand die Abschaffung der bäuerlichen Leibeigenschaft 1861 statt. Erst in den ersten Jahrzehnten des vorigen Jahrhunderts endete die Periode, in der europäische Menschenhandelsunternehmungen um die zehn Millionen Neger nach Amerika verkauft hatten, und um ihre Befreiung wurde in den sechziger Jahren der nordamerikanische Bürgerkrieg geführt. Noch vor einem Vierteljahrhundert, längst nach dem Ende des Zweiten Weltkrieges, hielt es die Vollversammlung der Vereinten Nationen für angebracht, Sklaverei und

Sklavenhandel in aller Form zu verbieten (allerdings sollte dieses Urteil wohl mehr die verdeckte als etwa noch bestehende offene Leibeigenschaft treffen).

Was das Gegenüber von Sklaverei und Freiheit bedeutete, muß man sich heute möglicherweise erst einmal bewußt machen. Daß der Sklavenhalter seine Leibeigenen töten durfte, wie in Rom, war ein vielleicht extremes, aber nicht sonderlich ungewöhnliches Statusmerkmal. Jedenfalls unterstand der Sklave der Zwangsgewalt seines Herrn; er war nicht befugt, über seine Lebensführung selbst zu entscheiden, er hatte keine Chance oder zumindest keinen Anspruch auf *„autopraxía"*. Die griechischen Theoretiker umschrieben den Gegensatz von Freiheit und Sklaverei durch die Ausdrücke *„árchein"* und *„árchesthai"; „árchein"* übersetzt man meist mit „herrschen", aber das Wort meint auch und zuerst: Initiative setzen, einen Anfang machen, aus eigenem heraus handeln; das Gegenstück dazu bedeutet also: dem ausgesetzt sein, gleichsam gelebt werden. Und eben das heißt Freiheit und Unfreiheit; politische Existenz aber ist Existenz in Freiheit.

Daraus ergibt sich, daß das Verhältnis von Freiheit und Herrschaft nicht in allen Zusammenhängen dasselbe war; denn auch in der Politik spielt Herrschaft eine Rolle – aber, von Grenzfällen abgesehen, eben nicht jene, die das Verhältnis von Sklavenhalter und Sklaven charakterisiert. So analysiert es Aristoteles: Es gibt einerseits despotische Überordnung, die des Hausherrn *(„despótes")* über seine Sklaven; da gilt der Wille des Herrn, und die Handlungszusammenhänge werden in seinem ausschließlichen Interesse, um seines Nutzens willen entworfen und durchgeführt. Anderseits gibt es politische Über- und Unterordnung, nämlich kraft politischen Amtes, aber gegenüber Freien und Gleichen. [5] Denn in der verfaßten Polis gibt es sehr wohl *„arché"* und *„árchontes"*, die sie innehaben: institutionell zur Führung Berufene. Aber hier werden die Handlungszusammenhänge im Interesse aller entworfen und durchgeführt (es gilt die Norm des Gemeinwohls), und zwar in gemeinsamer Urteils- und Willensbildung, wie denn schon bei Homer jeder freigeborene Bürger, nicht nur der Adelige, das Wort nehmen, ja den Inhabern der Herrschaft widersprechen darf. [6] So ist die Polis jene Ordnungsform, in der die Bürger die Bestimmungsgewalt über das Gemeinwesen um der Freiheit und der sinnvollen Lebensführung willen so ausüben, daß „Regierung" nicht mehr einseitige Verfügung zum Nutzen einer bestimmten Person, Gruppe oder Klasse ist; hier trägt und gestaltet der Mensch gemeinsam mit seinesgleichen das gemeinsame Leben kraft vernünftiger Entschließung aufgrund des Miteinanderredens – politische Entscheidung beruht auf *„peitho"*, auf einem Argumentationsprozeß, und nicht auf *„bía"*, auf Zwangsgewalt; und diese politische Existenz ist Freiheit, so daß das Leben in anderen Herrschaftssystemen als eine Art von Sklaverei erscheinen konnte – als ein Leben, das der Berufung des Menschen nicht entspricht; der Mensch kommt ja erst in der Polis zu sich selbst, weil er das Wesen ist, das sich über das gemeinsame Leben mit seinesgleichen verständigen kann (Aristoteles' Wort vom Menschen als dem kraft seiner Natur zur Polis bestimmten Wesen heißt ja nicht, der Mensch wäre in dem Sinn ein animal sociale, daß er auf Sozialisation oder auf arbeitsteilige Gesellung angewiesen wäre). Auch wenn es in der Polis unterschiedliche Grade der Mitbestimmung und der Verantwortung gibt, ist sie doch die Ordnung des Zusammenlebens von Freien und Gleichen und eben deswegen die menschenwürdige Ordnung – sie tendiert ihrer Natur nach zur Gleichheit [7] und ist desto weniger das, was sie sein kann und sein soll, je weniger ihre Ordnung Gleichheit und Freiheit ausprägt. [8] Die Tyrannis, bestimmt durch die Monopolisierung des *„árchein"*, ist gleichsam der Übergang von politischer zu despotischer Ordnung.

Zweierlei ist hieran für uns besonders merkwürdig: Erstens, daß hier gerade nicht die uns so geläufige Antithese entwickelt wird, derzufolge Freiheit nur auf Kosten von Gleichheit, Gleichheit auf Kosten von Freiheit Bestand haben könnte, und zweitens, daß politische Freiheit nicht als Abwesenheit von Herrschaft (im Sinne von Fremdbestimmung) verstanden wird, sondern im Zusammenhang von Herrschen und Beherrschtwerden besteht. Um nochmals Aristoteles zu referieren: Die radikal auf Freiheit bezogene Polisordnung ist die Demokratie; deren Wesensmerkmal sei nach der Lehre ihrer Anhänger die Identität von Regierenden und Regierten. [9] Aber Aristoteles empfindet diese Lehre als unkorrekt; wer genauer beobachtet, weiß, daß es den Unterschied zwischen Regierenden und Regierten gibt – auch in der Demokratie –, aber keine einseitigen Herrschaftsverhältnisse: Der Bürger herrscht einerseits, anderseits ist er der Herrschaft von anderen unterstellt, etwa im zeitlichen Wechsel oder in funktioneller Differenzierung. So kann keine Rede von der neuzeitlichen Vorstellung sein, daß Freiheit und Herrschaft miteinander unvereinbar wären, daß um der Freiheit willen Überordnung und hoheitliche Institution abzubauen seien. Zwar ist man nur frei, wenn man das eigene Leben selbst zu führen vermag (statt gelebt zu werden) und wenn man zusammen mit den anderen am politischen Leben teilhat; die Forderung nach Freiheit meint Emanzipation von einem Status, der das nicht gestattet. Aber Emanzipation bedeutet die Lösung aus despotischer Herrschaft und nicht die Auflösung politischer Ordnungen, deren Bestand umgekehrt so etwas wie Emanzipation – den Eintritt in die Sphäre gestalteter Verantwortung – erst ermöglicht. Das klingt vielleicht zu „individualistisch", nämlich beziehbar nur auf Einzelschicksale von Menschen, die in einem Gemeinwesen den Status der Freiheit erlangen. Aber diese Sicht ist doch auch aufs Ganze bezogen wichtig: Zum einen macht es einen wesentlichen Unterschied gesamtgesellschaftlicher Ordnungen aus, ob sie Bürgerfreiheit im besagten Sinn überhaupt kennen, ob sie sie nur wenigen oder vielen oder allen zusprechen. Zum andern gibt es freilich auch die Idee kollektiver Freiheit; aber auch sie hatte in der Weltgeschichte, so wie die individuelle, ihre handgreifliche Anschauungsgrundlage im Unterschied von Sklaven und Nichtsklaven: Sklaverei beruhte ja nicht zuletzt auch auf Vorgängen kollektiver Unterwerfung, auf Übermächtigung von Besiegten in Eroberungs- und Raubzügen.

Daß Freiheit und Herrschaft in einem dialektischen Verhältnis zueinander stehen, nicht nur in jenem der einfachen wechselseitigen Ausschließung, ist auch dem Mittelalter geläufig. Freiheit ist einerseits Freiheit von Herrschaft, Unabhängigkeit von übermächtigen Instanzen – beruhend auf Tradition (wie bei den „Altfreien" und ihrem angestammten Status) oder auf erfolgreichem Emanzipationskampf, etwa bäuerlicher Eidgenossenschaften, wie in der Schweiz, in Tirol, in Friesland, oder städtischen Einungen, die sich gegen den Stadtherrn durchsetzen. [10] Anderseits aber stellt sich Freiheit als ein Inbegriff von Lebens- und Handlungschancen dar, die gerade auf bejahter Abhängigkeit beruhen; nach und neben anderen Sachkennern hat darauf insbesondere Otto Brunner hingewiesen, indem er den wechselseitigen Zusammenhang von „Schutz und Schirm“ (die der Herr schuldet und gewährt) und „Rat und Hilfe“ (die seine Gefolgsleute ihm zu leisten haben) als bestimmende Merkmale von Herrschaft betont. [11] Die Welt – noch ohne die Sicherungen der modernen Zivilisation einschließlich des Staates – bietet mehr Gefahr als Lebenschance, und wer sich nicht einem „Haus“ zugehörig weiß (d. h. sich einer Hausherrschaft unterstellt), hat es schwer, mit den Bedrängnissen der Umwelt fertig zu werden; das Haus freilich bedarf in aller Regel höheren Schutzes. So heißt Freiheit haben in diesem Sinne: einer mächtigen Schutz- und Ordnungsmacht angehören; sie ist desto größer, je höher der Dienstherr steht; Königsdienst bedeutet Freiheit von Bedrängungen des Adels, und so leuchtet es den Zeitgenossen ein, daß es Freiheit von den Mächten dieser Welt bedeutet, wenn man sich Gott als Herrn wählt.

Daß auf diese Weise Herrschaft und Freiheit miteinander verknüpft sein können, war noch dem 17. Jahrhundert geläufig: Für Thomas Hobbes ist das Grundphänomen von Herrschaft nicht etwa Ausbeutung, sondern „the mutual relationship between protection and obedience“, die Verschränkung von Schutz und Gehorsam. Allerdings wird dieser Zusammenhang nun, im zu sich kommenden bürgerlichen Zeitalter, in einem anderen Kontext gesehen. Mittlerweile ist ein anderes Verständnis der gesellschaftlichen Existenz des Menschen wirkkräftig geworden, im Zeichen der Freigabe bürgerlicher Subjektivität: Der Mensch erscheint nun als das grenzenlose und daher zur Freiheit bestimmte Wesen; seine Freiheit ist die Chance, Interessen nach Gutdünken zu definieren und durchzusetzen. Frei sein heißt Macht haben oder Machthaber maßgeblich beeinflussen können, und die gesellschaftliche Wirklichkeit selber wird als ein Feld des Wettbewerbs um Macht empfunden, als „Ensemble offener und versperrter Chancen“ [12], und zwar Chancen der Interessendurchsetzung und Bedürfnisbefriedigung, da die Gesellschaft als Pluralität von Akteuren gilt, die jeweils Vorteile maximieren und Nachteile minimieren wollen, so daß die Zustände der Welt durch bestimmte Verteilungen von „Werten“ bestimmt sind. Um „Werte“ und ihre Verteilung muß es unter solchen Umständen Konflikte geben; die

Rechtsordnung regelt ihre Austragung und damit den Verkehr zwischen den Interessenträgern, indem sie die Freiheit eines jeden so weit einschränkt, wie es zur Sicherung der Chance, die eigenen Interessen zu verfolgen, für alle nötig ist. Ein Freiheitsverständnis, das auf Selbstbestimmung im Bestimmtsein von der Wahrheit hinausläuft, spielt dann für die Gesellschaft und ihre Theorie keine Rolle, und die Mitmenschen fungieren in dieser Perspektive als Chancenfaktoren, als Inhaber von nutzbaren Ressourcen oder als Hindernisse auf dem eigenen Weg, nicht eigentlich als personale Interaktionspartner.

Mag diese Beschreibung der Freiheit als Abwesenheit von Hindernissen und Widerständen gegenüber dem Streben nach Durchsetzung jeweiliger Interessen auch eine Vergröberung und Verzerrung bürgerlichen Gesellschafts- und Freiheitsverständnisses sein, da sie gewiß nicht allen Intentionen und Errungenschaften neuzeitlichen Freiheitsstrebens gerecht wird, so vermag sie doch bereits anzudeuten, daß und inwiefern sich manches, was im 19. Jahrhundert zu voller Auswirkung gelangt, im 20. Jahrhundert als der Modifikation bedürftig erweisen wird.

Jedenfalls aber stellen sich die Phänomenologie und die Problematik politischer Freiheit als eine komplexe Sache dar; diese umfaßt zumindest sowohl die Dimension der eigenen Lebensführung in Unabhängigkeit von despotischen Mächten, seien sie staatlich oder gesellschaftlich, wie auch die der Mitwirkung am gemeinsamen Besten, was also nicht Unabhängigkeit, sondern Teilhabe am Vorgang der gesellschaftlichen Lebensgestaltung heißt und die Chance der kritischen Stellungnahme einschließt. Schließlich darf eine weitere Dimension nicht verdrängt werden: die Freiheit als Entlastung von elementaren Nötigungen der Existenz. Das Wort „schließlich" besagt nicht, es handle sich dabei um ein superadditum; für die klassische Theorie der Politik ist es eher umgekehrt: Politische Freiheit bedarf der Entlastung vom Druck elementarer Nötigungen als unbedingter Voraussetzung. Modern gesprochen: Wer von den Mühen der Reproduktion des Lebens voll beansprucht ist, bleibt im Reich der Notwendigkeit befangen, hat zum Reich der Freiheit gar keinen Zugang. Der brutal klingende Satz von Brecht, zuerst komme das Fressen und dann die Moral, hat sein Pendant in der Bemerkung des heiligen Thomas von der

„corporalium bonorum sufficientia, quorum usus est necessarius ad actum virtutis": Ein ausreichendes Maß materieller Güter ist zu einem Leben der Tugend unabdingbar. [13] Die Muße nämlich – im Sinne der freien Zeit und im Sinne der existentiellen Entlastung von Primärbedürfnissen, von Triebantrieben – ist schon für Aristoteles der Grund (die *„arché"*) von allem, was zu sinnvollem freien Handeln führt (für die Bildung der ethischen und dianoetischen Fähigkeiten). [14]

## *Dimensionen der Freiheit heute*

Die verschiedenen Dimensionen, in denen politische Freiheit möglich und wirklich sein kann, bilden einen Zusammenhang, der in sich in mehreren Richtungen spannungsträchtig ist. Nur einige Beispiele hierfür mögen namhaft gemacht werden: Zum einen erweitert sich mit der Bereicherung der menschlichen Möglichkeiten, planmäßig auf Natur und Gesellschaft einzuwirken, der Bereich des Wählbaren, der Gestaltungsspielraum in bezug auf die Lebensführung; Lebensverhältnisse erweisen sich als variabel; vieles, was als naturgegeben-unveränderlich galt, stellt sich als umformbar heraus, und so eröffnen sich Chancen, es so oder anders zu machen, Freiräume für die praktische Stellungnahme einer Gesellschaft zu sich selbst. Aber Mehrung derartiger Freiheit kann auch ein Mehr an Manipulation bedeuten, eine Zunahme der Verfügbarkeit des Menschen für den Menschen. Und je mehr die technische Welt an Gestaltungsmitteln und Gestaltungschancen anbietet, desto mehr bindet sie die Person an Funktionszusammenhänge, deren Eigengewicht als Übermacht empfunden wird: das Phänomen, das unter dem Titel der Entfremdung erörtert zu werden pflegt. Zum andern wäre an die Dialektik von Gesellschaft und Staat zu erinnern: Freiheit wird in der Politik im Sinne einer Eingrenzung der Staatsmacht erstrebt, als Befreiung von obrigkeitlicher Bevormundung; gegenläufig dazu aber kann auch die Sicherung von Freiheitsräumen und -chancen durch den Staat nötig werden – durch einen Staat, der gesellschaftliche Übermächtigungen abbaut oder unter Kontrolle hält. Zum dritten wäre an die Verschränkung von Selbstbestimmung und Fremdbestimmung zu denken: Eine Ordnung der Freiheit besteht nicht von selbst, sie ist ein Produkt politischer Kultur; daß Grundrechte gelten, beruht auf politischen Entscheidungen, aber die modernen Grundrechtskataloge sind in den meisten Fällen das Ergebnis von Kompromissen; was dem einen an liberalen Grundrechten zu viel, an sozialen zu wenig ist, sieht der andere womöglich schon umgekehrt. So mag der Konsens darüber in manchen Fällen Nolens-volens-Charakter haben, und es wird überstimmte Minderheiten geben, auch bei der Entscheidung darüber, wie die Ordnung der Freiheit beschaffen sein soll; mindestens dadurch sind in aller Regel Momente der Fremdbestimmung im Spiel. Umgekehrt ist jeder, der sein Leben autonom, in Autopraxie, führen möchte, Mitglied einer Gesellschaft, seine Entscheidungen wirken sich auf andere aus, und so verfügt er, indem er sich selbst bestimmt, direkt oder indirekt, bewußt oder unbewußt auch über andere.

Also: Jene „politische Freiheit“, deren Erweiterung oder Einengung im 19. oder im 20. Jahrhundert betrachtet und bewertet werden soll, läßt sich nicht als eindimensionale Größe fassen, etwa als meßbare Unabhängigkeit des Menschen von staatlicher Bevormundung (wobei etwa Umfang und Wirkungsgrad liberaler Freiheitsrechte zu messen wären) oder als meßbare Tiefe und Breite staatsbürgerlicher oder gesellschaftlicher Partizipation an politischen Entscheidungen (wobei die Skala etwa die Grade der Gleichmäßigkeit angeben sollte, in der der Einfluß auf die politische Willensbildung verteilt wäre) oder auch im Sinne der Vielzahl und Spannweite jener Alternativen, die überhaupt hinsichtlich individueller oder kollektiver Lebensgestaltung zu möglicher und tatsächlicher Auswahl stehen. Politische Freiheit hat vielmehr verschiedene Seiten; ihre Konkretisierung und Realisierung stellt – je nach der gesellschaftlichen Situation – verschiedene Aufgaben. Es gibt verschiedene Formen und Erfahrungen gesellschaftlich-politischer Unfreiheit; ihnen gegenüber drängen sich jeweils unterschiedliche Erfordernisse und Sinngehalte von Freiheit auf. Im Zweiten Weltkrieg proklamierte der damalige Präsident der USA, Franklin D. Roosevelt, die berühmt gewordenen „Vier Freiheiten“: die des Ausdrucks in Wort und Schrift, die der Gottesverehrung nach eigener Überzeugung, die Freiheit von Not und die Freiheit von Furcht. In einer Gesellschaft des Elends, des Hungers, der

Krankheiten wird Freiheit vornehmlicher als Freiheit von Not verstanden werden als etwa in einer Gesellschaft gläubiger Menschen, die von Vertretern einer glaubensfeindlichen Ideologie beherrscht wird; dort wird man Freiheit eher als Freiheit des Bekenntnisses erstreben. Überdies kann ein und dieselbe Gegenwart unterschiedlich erfahren werden; und da Freiheit auch Ausweitung des Motivationshorizontes heißt, ist es ein Ausdruck von Freiheit (und nicht eine bedauernswerte Mißlichkeit), wenn hic et nunc den einen diese, den anderen jene Dimension der Freiheit dringlicher erscheint – wenn also eine Gruppe oder Richtung Maßnahmen zur Sicherung individueller Selbstverantwortlichkeit und persönlicher Initiative den Vorrang geben will, während eine andere vor allem den Ausgleich sozialökonomischer Freiheitschancen mit Vorrang betreibt. Und schließlich ist es die Frage, ob überhaupt ein definitiver Katalog von Dimensionen gesellschaftlich-politischer Freiheit (enthalte er vier oder mehr Positionen) aufgestellt werden kann; es könnte sein, daß es Dimensionen von Unfreiheit gibt, die wir noch nicht kennen.

Aus diesem Grund ist es nicht möglich, eine konkrete und eindeutig operationalisierbare Definition gesellschaftlich-politischer Freiheit vorzulegen. Der Mensch ist ein geschichtliches Wesen, d. h. die Bedingungen und Bestimmungen gesellschaftlich-politischer Konkretisierung und Realisierung menschlicher Freiheit wandeln sich. Freilich gibt es eine Reihe von erfahrungsgemäß naheliegenden Dimensionen der Freiheitsgewinnung und Freiheitswahrung, an die wir uns im folgenden halten wollen – aber eben eine Mehrzahl. Daraus folgt: Freiheitszuwachs und Freiheitsentzug im 19. und 20. Jahrhundert erfragen heißt nicht, bestimmen wollen, ob „die" politische Freiheit, im Sinne einer linearen Meßgröße, sozusagen in der ersten Hälfte des vorigen oder im zweiten Drittel dieses Jahrhunderts zu- oder abgenommen haben könnte, sei es in einem Lande, sei es im menschheitlichen Querschnitt. Zur selben Zeit kann es in einer Dimension einen Wachstumsprozeß, in einer anderen einen Einbruch oder einen Austrocknungsvorgang geben, und eine Gesamtbilanz dieser mehrdimensionalen Veränderungen muß schwierig sein, sie wird sich – auch unter Christen, und auch unter Demokraten – nicht eindeutig bestimmen lassen.

Das Problem der politischen Freiheit stellt sich seit dem 19. Jahrhundert offenbar anders als in den Jahrhunderten vorher. Eine Reihe epochaler Ereignisse veränderte die Gegebenheiten: die Französische Revolution, mit der das vorangehende Zeitalter sein Ende fand; die Wandlung der konkreten Lebensweise im Zeichen von Industrialisierung und Verstädterung und in Verbindung mit dem Bevölkerungswachstum, das die Rede von der Massengesellschaft aufkommen ließ; die Auseinandersetzungen um Liberalismus, Nationalismus und Demokratie; das Aufkommen der Sozialen Frage und der Arbeiterbewegung und in der Folge die Entwicklung der modernen Gesellschaftspolitik. Zu diesen unseren Zivilisationskreis betreffenden Vorgängen müßte man aber noch mehr hinzunehmen: den Zusammenbruch des klassischen Staatensystems, die Spaltung der politischen Welt in die großen ideologischen und machtpolitischen Lager, das Erwachen der farbigen Völker und die Entstehung der menschheitlichen Aufgaben unserer Zeit, deren Inbegriff der auf Gerechtigkeit gegründete Weltfriede genannt werden könnte.

Am übersichtlichsten sind vielleicht die sozialökonomischen Vorgänge. Im 19. Jahrhundert setzt sich in unseren Ländern die industrielle Produktionsweise durch. Technischer Fortschritt, planmäßige Arbeitsteilung, Streben nach rationellster Kombination von Produktionsfaktoren und gewinnorientierte Marktwirtschaft bringen eine Ausweitung der materiellen Gütererzeugung zustande, die früher unvorstellbar gewesen wäre. Die Folge ist ein Anstieg der Chancen der „Freiheit von Not“ und ein Anstieg der Überlebenschancen schlechthin. Von den dreißiger Jahren des 19. Jahrhunderts an datiert die Vermehrung der Bevölkerung, für lange Zeit konzentriert auf die Welt des weißen Mannes, später auch in anderen Kulturräumen. Um 1820 dürfte es etwa eine Milliarde Menschen gegeben haben; heute sind es mehr als dreieinhalb Milliarden; am Ende dieses Jahrhunderts werden es sechs oder sieben Milliarden sein. [15] Maßgeblich ist vor allem das Sinken der Sterbeziffern: In der vorindustriellen Zeit lag die durchschnittliche Lebenserwartung des Neugeborenen bei 20 bis 35 Jahren, in der entwickelten Industriezivilisation liegt sie bei über 70 Jahren. [16] Die zahlreicheren Menschen finden zunehmend bessere materielle Verhältnisse vor. Bis zum 19. Jahrhundert waren Seuchen und Hungersnöte nichts Ungewöhnliches. Lebensmittel verloren erst seit 150 bis 200 Jahren jene Kostbarkeit, kraft deren sich Sättigung keineswegs von selbst versteht, sondern für viele der Inbegriff der Wohltat ist: Bezogen auf das Preisniveau von 1950, das gleich 100 gesetzt wird, hat man für die deutschen Märkte die Preisentwicklung für Korn errechnet – mit dem erstaunlichen Resultat, daß der Preis vom 16. bis zum 18. Jahrhundert nur wenig um 1000 schwankte; erst im 19. Jahrhundert kam es zu jener Verbilligung, derzufolge dann unsere eigenen Großeltern sich daran erinnern konnten, wie billig Brot und Semmeln in der „guten alten Zeit" waren. [17] Vordem waren Nahrungsmittel so wertvoll, daß die große Masse der kleinen Leute über die Befriedigung des Hungers hinaus kaum materielle Ansprüche stellen konnte – die Frau aus dem einfachen Volk trug bis ins 19. Jahrhundert hinein zehn Jahre lang dasselbe dunkle Alltagskleid; sie mußte sich hüten, es zu waschen – es wäre zerfallen. Demgegenüber hat die Entwicklung der letzten 200 Jahre eine gewaltige Steigerung des Sozialprodukts mit sich gebracht; die Chancen des Zugangs auch zu gehobenen Konsumgütern und die Chancen für Muße und Bildung haben sich, was die materielle Basis betrifft, entsprechend gesteigert. In den letzten Jahrzehnten war es üblich, mit einem Wirtschaftswachstum von etwa drei Prozent pro Jahr zu rechnen, also mit der Verdoppelung des Sozialprodukts alle 24 Jahre und mit seiner Vervierfachung innerhalb eines Arbeitslebens (wenn man dieses vom 16. bis zum 65. Lebensjahr ansetzt). Theoretisch kann man wählen, wozu dieser Zuwachs dienen soll: zur Mehrbefriedigung privater oder kollektiver und öffentlicher Bedürfnisse (zu Einkommenssteigerungen oder Infrastrukturmaßnahmen, zu Investitionen für öffentliche Einrichtungen und Umweltschutz oder auch zugunsten einer weltweiten Sozialpolitik) oder auch zur fortschreitenden Entlastung von Arbeitsmühe. Im Jahre 1965 hat eine amerikanische Studienkommission das folgendermaßen umschrieben: Wenn der Produktivitätszuwachs der nächsten zwei Jahrzehnte ausschließlich zur Einkommenssteigerung verwendet wird, könne das eine Steigerung des Durchschnittseinkommens um 82 Prozent bedeuten, also von 3180 auf 5800 Dollar; würde man ihn ausschließlich in Freizeitgewinn umsetzen, so könnte man bis 1985 entweder die

Wochenarbeitszeit auf 22 Stunden reduzieren oder – bei gleicher Wochenarbeitszeit – nur noch 27 Wochen des Jahres arbeiten, aber 25 Urlaubswochen genießen; oder es wäre (bei gleicher Jahresarbeitszeit) möglich, das Ruhestandsalter auf 38 Jahre herabzusetzen. [18] Es bedarf keiner langen Ausführungen, um darzutun, daß keine dieser Alternativen wahrscheinlich ist; aber immerhin belief sich die Zahl der Arbeitsstunden pro Woche in der Frühzeit der Industrialisierung auf bis zu 80 und mehr Stunden; noch vor 50 Jahren lag die Jahresarbeitszeit des deutschen Lohnempfängers bei etwa 3900 Stunden; heute beträgt sie weniger als 2500 Stunden. Dazu muß man aber bedenken, daß die Zahl der Lebensjahre, in denen man überhaupt nicht arbeitet, ebenfalls erheblich gestiegen ist, infolge der Abschaffung der Kinderarbeit, der Verlängerung der Schulzeit, des zunehmenden Besuchs weiterführender Schulen und der Verlängerung des Ruhestandslebens aufgrund der steigenden Lebenserwartung. Mit der letzten Bemerkung ist schon angedeutet, daß sich auch die Bildungsaufwendungen vervielfacht haben. In zwölf Jahren glaubt man in Frankreich mehr Hochschullehrer zu haben, als man 1930 Mittelschullehrer und 1830 Volksschullehrer hatte. [19] Im Jahre 1870 wurden in den USA pro Kopf der Bevölkerung 1,65 Dollar für das Schulwesen ausgegeben, etwa 9 Dollar pro Schüler; 1945 waren es 18,90 Dollar je Einwohner und 113 Dollar je Schüler. [20]

Inwiefern das alles für die Politik belangvoll ist, wurde schon angedeutet. Erinnern wir uns nochmals an die aristotelische These, daß der Mensch sich erst in politischer Existenz verwirkliche, in einer Ordnung der Freiheit und der Gleichheit. Bedeutet das nicht ein Votum für die Demokratie? Wir wissen, daß Aristoteles diese zu den schlechten Ordnungsformen zählte und daß er das Bürgerrecht nur jenen zuerkannt haben wollte, die Vermögen hatten oder andere für sich arbeiten lassen konnten. Nur wer sich von der Sorge um das schiere Überleben frei machen kann, vermag sich um andere Dinge zu sorgen, um das Gemeinwohl, um die Kultur, um die Tugend; Freiheit aber ist das Leben in dieser höheren Sorge. Daß es die Möglichkeit dazu nur für eine Minderheit dessen, was Menschenantlitz trägt, geben konnte, stand der klassischen Theorie außer Zweifel. In Athen mußte die Entlastung von den Zwängen der Notwendigkeit despotisch ermöglicht werden – eben dadurch, daß der Bürger als „*despótes*" von der Arbeit anderer leben konnte, oder aber imperialistisch dadurch, daß den Vermögenslosen Diäten aus der Kriegsbeute oder aus den Zwangsbeiträgen der Satellitenstaaten zur attischen Militärallianz gezahlt wurden (ohne daß jedoch die Chance bestand, ihnen durch Bildung den sinnvollen Gebrauch dieser Freiheit zu ermöglichen). Die ökonomischen Verhältnisse gestatteten ein Leben der Freiheit nur für einen Teil der Einwohner. Solange erhebliche Unterschiede in den Chancen der Lebensfristung bestehen, wird man im übrigen von den Unbemittelten nichts anderes erwarten können, als daß sie ihr Klasseninteresse zum Inhalt politischen Engagements machen. In einer Gesellschaft der Klassengegensätze ist politische Freiheit als Ordnung des bejahten Miteinanders nicht praktizierbar; das ist nicht eine Einsicht von Marxisten, sondern von Platon und Aristoteles. [21] Sie läßt deutlich werden, was die geschilderten Entwicklungen besagen: Erst seit dem 19. oder 20. Jahrhundert ist die sozialökonomische Basis für eine politische Ordnung der Freiheit gegeben – für die Voraussetzungen dafür im Bereich von Muße und Bildung, für die Entlastung der Politik vom Klassenkampf.

Trotzdem wäre es voreilig, daraus zu entnehmen, daß nun die Epoche unangefochtener politischer Freiheit begonnen hätte. Die Chance der Befreiung von materieller Not wurde auf eine Weise errungen, die andere Freiheitsdimensionen prekär werden ließ. Die neue Produktionsweise basiert auf der Zerlegung und Neukombination von Leistungselementen im Rahmen sachrationaler wirksamer Organisationen der Zusammenarbeit. An die Stelle der Ausgeliefertheit an die Natur tritt eine Abhängigkeit von Organisationen, denen der Mensch sich als Funktionsträger einordnen muß. Das läßt manche überkommenen Vorstellungen von Freiheit als Autarkie sinnlos werden. Wenn die Lebensführung von einer Vielzahl von Leistungs- und Versorgungssystemen abhängig wird – von der Müllabfuhr bis zum Bankensystem, vom Lichtnetz bis zur Konjunktursteuerung –, dann kann die Vorstellung vom Stand ökonomischer Selbständigkeit als Basis politischer Freiheit – wie sie von der klassischen Theorie bis hin zu beispielsweise Thomas Jefferson geläufig war – nicht mehr so aufrechterhalten werden wie bisher. Um nur ein Beispiel zu nennen: Wie steht es mit der langgehegten Meinung, der „freie Bauer" auf „eigener Scholle" bilde das Rückgrat der freien Gesellschaft, wenn heutzutage nach den Berechnungen von Hermann Priebe die Summe der öffentlichen Aufwendungen für die Landwirtschaft genügen würde, allen landwirtschaftlich Tätigen das von ihnen geforderte Einkommen in Form von Staatsrenten zu überweisen? [22] Die Entwicklung der Agrarpolitik innerhalb der EWG zeigt, wie leicht man bei alledem in eine Situation gerät, die den eigenen Handlungsspielraum so weit einengt, daß man sich als Gefangener eines selbsterzeugten Systems fühlt.

Daß die Eingliederung des Menschen der Industriegesellschaft in leistungsorientierte Großorganisationen, in „sekundäre Systeme" (Hans Freyer) als Unfreiheit empfunden wird – ganz besonders, sofern diese Systeme um ihrer Funktionstüchtigkeit willen auch das Denken und Fühlen zu vereinnahmen suchen –, ist ein Gemeinplatz seit langem. Die kulturkritische These einer Entwicklung nicht der mündigen, sondern der hörigen Gesellschaft ist oft genug diskutiert worden. [23] Wenn sie richtig ist, lohnt es sich nicht, weiter über spezifisch politische Freiheit nachzudenken, weil die „hörigen", die „außengesteuerten", die „manipulierten" Menschen solche politische Freiheit gar nicht sinnvoll gebrauchen könnten. Tatsächlich nennt etwa Herbert Marcuse die Existenzform in der heutigen Industriegesellschaft eine solche der Sklaverei, in der auch noch die Rede von Freiheit keine andere Funktion habe, als Unfreiheit zu erhalten [24], die darin besteht, daß der Mensch Produktionsapparaten untertan ist, die irrational sind. Demgegenüber ist Unterscheidung vonnöten: Es gibt in der Tat unvernünftige Koppelungen von Funktionen und Leistungen in der heutigen Gesellschaft, und die entsprechende Einsicht ist alt genug; vor über 60 Jahren schrieb beispielsweise Walther Rathenau: „Ein Drittel, vielleicht die Hälfte der Weltarbeit geht auf, um der Menschheit Reizungs- und Betäubungsmittel, Schmuck, Spiel, Tand, Waffen, Vergnügungen und Zerstreuungen zu schaffen, deren sie zur Erhaltung, zur Beglückung des leiblichen Lebens nicht bedarf, die vielmehr dazu dienen, den Menschen dem Menschen und der Natur zu entfremden." [25] Aber wenn angesichts dessen die Überwindung der Entfremdung des Menschen, die Emanzipation von der Funktionalisierung gefordert wird, und zwar als das eigentliche Werk der Befreiung, so spielen dabei nicht selten romantische Vorstellungen eine Rolle, die anthropologisch von tiefer Fragwürdigkeit sind – etwa der Gedanke, daß Emanzipation die Aufhebung der Differenz von Person und Funktion bedeute, daß wahre Freiheit zur Identität von Subjektivität und Objektivität führe. Nicht erst die industrielle Daseinsweise hat dem Menschen eine geregelte, nämlich fremd- und sachbestimmte Lebensführung zugemutet; Arbeit war ebenso wie Interaktion nie eine Weise der geistigen Selbstbespiegelung und Selbstbefriedigung; die Exzentrizität des menschlichen Daseins, die Spannung zwischen Selbst und Umwelt, zwischen Ich und Du und Wir und Ihr ist nicht die Verhinderung, sondern eine konstitutive Grundlage endlicher Freiheit. [26]

Das mag ein schwacher Trost sein, wenn man die Folgen des exzessiven Freiheitsstrebens der Menschheit – im Sinne von Herrschaft über die Natur und über die eigenen Daseinsbedingungen – bedenkt, deren Problematik seit zwei Jahren, seit Forrester und Meadows, allgemein diskutiert werden. [27] Die Bedenklichkeit wird um so größer, wenn nunmehr jene Errungenschaften, um derentwegen die nun so verhängnisvoll erscheinenden Prozesse in Gang gehalten wurden, selber fraglich werden: Mittlerweile setzt sich die Einsicht durch, daß von der Aussicht auf weitere Konsumsteigerungen keine Rede mehr sein kann, und umgekehrt hat auch die Tendenz zur Entlastung von Arbeitsmühe ihren Höhepunkt schon überschritten. [28] Die so fortschrittlich erscheinenden Entwicklungen haben eine Dynamik hervorgebracht, die immer mehr von der vorhandenen gesellschaftlichen Phantasie und politischen Entschlußkraft zu ihrer Steuerung und Kontrolle auf sich zieht und verbraucht, so daß dadurch der Radius kreativer und produktiver politischer Freiheit erheblich eingeschränkt wird.

Das 19. und 20. Jahrhundert stand im Zeichen einer grundlegenden Politisierung des Lebens: Der Erweis zunehmender Machbarkeit und Veränderbarkeit der Verhältnisse bedeutete eine Erweiterung des Bereiches möglicher Entscheidungen – weniger für den einzelnen, eher für ganze Gesellschaften. Vordem veränderten sich Lebensordnungen nur langsam; die bestimmenden Prinzipien waren „Autorität“ und „Tradition“. An ihre Stelle sind „Organisation“ und „Produktivität“ getreten; das Überkommene wird

„hinterfragt", auseinandergenommen und anders aufgebaut, und dabei wird klar, daß es verschiedene Grundrisse und Leitbilder gibt, die man dafür zugrunde legen kann und zwischen denen eine Entscheidung möglich und nötig ist. Der Verantwortungsbereich weitet sich aus und vertieft sich. Die bekannte Marxsche Feuerbachthese, die Philosophen hätten die Welt nur verschieden interpretiert, es komme darauf an, sie zu verändern, ist in diesem Sinne variiert worden: Bislang habe man die Welt nur verschieden interpretieren können – jetzt erst sei es möglich geworden, sie grundlegend zu verändern. [29] Das gilt für vielerlei Dinge, vom menschlichen Erbgut bis zu den Familienformen, von der Staatsordnung bis zur Manipulation der Weltbilder. Marx meinte allerdings, mit seiner These das Ende der Philosophie (als „bloßer" Interpretation der Welt) anzukündigen, während es tatsächlich sehr viel wichtiger geworden ist, wie man die Welt interpretiert, weil das gewichtigere Folgen hat als früher – gilt es doch, sich darüber klarzuwerden, wohin man sie verändern will, wollen kann und wollen soll!

Das alles bedeutet an sich einen Zuwachs an Freiheit – weniger für das Individuum, das sich seine gesellschaftlichen Verhältnisse kaum wählen kann, sondern Entscheidungsfreiheiten insoweit hat, wie die Ordnung des Gemeinwesens sie ihm einräumt; aber desto mehr für die Gesamtheit, die ein Gemeinwesen trägt, oder für jene, die in seinem Namen entscheiden. Die Menschen stehen in radikalerer Weise vor der Frage, was sie im Rahmen ihrer gesellschaftlichen Existenz mit sich anfangen sollen; das mögliche Handlungsfeld und vielleicht auch der Motivhorizont der praktischen Stellungnahme einer Gesellschaft zu sich selbst haben sich ausgeweitet. Selbstverständlich versteht sich auch die Erhaltung überkommener Ordnungen nicht mehr von selbst, sondern beruht auf – möglichst vernünftiger – Entscheidung, nicht nur die Veränderung der Dinge in dieser oder in jener Richtung. Eben das steckt hinter dem scheinbaren Mode- und Schlagwort von der Gesellschaftspolitik! Politik treiben heißt nicht mehr nur Ordnung halten – eine Ordnung, die immer schon galt und gültig bleiben würde –, heißt nicht mehr nur die gesellschaftliche Realität hüten und umsorgen, allenfalls kleine Kurskorrekturen vornehmen, sondern bedeutet: sie insgesamt in produktive Verantwortung nehmen. Und in diesem Sinne wäre Politik als Führung des Gemeinlebens eigentlich ein Werk der Freiheit. Regieren könnte und sollte heißen: Ziele setzen, Wege weisen, Zukunft gestalten.

Aber eben nun, da diese Möglichkeit in den Blick kommt, legt sich die Eigendynamik der „sekundären Systeme“ quer, so daß Politik viel weniger Führung als vielmehr Krisenmanagement zu sein scheint. Pierre Viansson-Ponté hat daran die Frage geknüpft, ob Politik als freies Handeln nicht überhaupt absterben werde: „Die Regierung hat ihren Platz am geometrischen Ort der nationalen Kontroversen, der einander entgegengesetzten Pressionen, der Gefährdungen und der Zwangslagen. Sie trifft keine rationale Auswahl und besitzt keine wirkliche Voraussicht, sondern muß sich damit begnügen, standzuhalten und, so gut es geht, zu reagieren ...“ [30] Und ein Mitglied der deutschen Bundesregierung bemerkt dazu: Man könne sich gut vorstellen, was gemeint sei, wenn man bedenke, was in den letzten Jahren an Zeit und Energie der Regierung allein für das Reagieren auf internationale Währungskrisen in Anspruch genommen worden sei. [31]

Damit ist eine Dimension des politischen Freiheitsproblems namhaft gemacht, die herkömmliche Gesichtspunkte überlagert, aber nicht entwertet. Nach wie vor bleibt zu bedenken, welche Institutionen und Prozeßmuster der politischen Ordnung und des politischen Lebens der Freiheit am ehesten gemäß sind. Das 19. und das 20. Jahrhundert haben in unserem Kulturkreis die Herausbildung und Durchsetzung eines Leitbildes freiheitlicher Demokratie gebracht, das zwar immer wieder angefochten wurde, sowohl von rechts wie von links, das aber bis heute in der westlichen Welt gültig ist und für das es keine grundsätzliche Alternative gibt. Die Prinzipien und Merkmale sind allgemein geläufig [32]: Die Selbstregierung des Volkes nach dem Willen der jeweiligen Mehrheit vollzieht sich in den Grenzen unveräußerlicher Menschenrechte durch Wahlen und Abstimmungen, deren Regeln der Freiheit und der Gleichheit entsprechen; Willkürherrschaft soll ausgeschlossen, eine bestmögliche Chance aller Bürger zu aktiver Mitgestaltung des öffentlichen Lebens soll gesichert werden durch die Verantwortlichkeit der Regierung, die Gesetzmäßigkeit der Verwaltung, die Unabhängigkeit der Gerichte und durch die Sicherung der Betätigungsfreiheit gesellschaftlicher Gruppen und der Startchancengleichheit politischer Parteien.

Allein die Nennung dieser Grundsätze läßt uns freilich sofort an eine Vielzahl von Problemen denken, die den Bestand und den Wandel der politischen Freiheit berühren: Welchen Stellenwert haben in unserem Gemeinwesen die Grundrechte tatsächlich? Wie verhalten sich liberale und soziale Menschen- und Bürgerrechte zueinander? Manches, was hier zur Sprache zu bringen wäre, ist längst Gemeingut: Was nützt die Eigentumsgarantie dem Besitzlosen, und wo liegen die Grenzen des Eigentumsrechtes gegenüber dringlichen und gewichtigen Gemeinwohlerfordernissen? Andere Probleme sind erst neuerlich aktuell geworden: Wie ist zwischen der Freiheit politischer Überzeugung und Aktivität einerseits und dem Schutz der freiheitlichen Demokratie vor ihren Feinden anderseits abzuwägen? Was kann man angesichts der zeitgenössischen Technik zum Schutz der Privatsphäre tun, also im Hinblick auf moderne akustische und visuelle Überwachungsgeräte (Minispione) oder auf öffentliche Datenbanken, deren Mißbrauch zu verhindern neue Überlegungen verlangt? Andere Fragen wiederum betreffen die Systeme und Regeln politischer Willensbildung: Welche institutionellen Verfahrensweisen bieten unter den Bedingungen der modernen Gesellschaft den verschiedenen Dimensionen politischer Freiheit die beste Realisierungschance – Koalitions- oder Alternativregierungen, repräsentative oder „partizipatorische" Demokratie? [33] Wie steht es mit der politischen Bildung der Bürger – nicht einfach mit Kenntnissen über Staatsaufbau und Parteiprogramme, sondern mit der Fähigkeit, das politische Geschehen kritisch mitzuverfolgen, zu anstehenden Entscheidungen begründet Stellung zu nehmen und die eigenen Anliegen angemessen zu artikulieren und zur Geltung zu bringen? Wird die Verantwortlichkeit der Regierung nicht durch das Übergewicht der Exekutive im Kräftesystem der Staatsorgane in Frage gestellt – aufgrund des Informationsvorsprunges, den man der Bürokratie und ihrem Sachverstand verdankt, aufgrund des Prestiges der Regierung im öffentlichen Bewußtsein und aufgrund manch anderer Umstände mehr? Ist die Verwaltung nicht in einer Herrschaftsposition, dergegenüber der Bürger sich ohnmächtig fühlen muß? Sind die Parteien nicht so sehr in den Staat hineingewachsen, daß sie kaum mehr als Organe bürgerlicher Freiheit, sondern eher als Agenturen der obrigkeitlichen Macht erscheinen? Wie steht es um die Entscheidungsfreiheit der Mandatsträger, die nicht nur den Anforderungen der Fraktionsdisziplin, sondern auch dem Druck der Parteivorstände ausgesetzt sind? Welche Chancen haben abweichende Haltungen und Stellungnahmen in den Gruppen und Verbänden?

Alle diese Fragen stellen (und es sind beileibe nicht alle, die man stellen könnte) heißt einbekennen, daß man ihnen in diesem Rahmen nicht im einzelnen nachgehen kann. Untersuchungen, wie es um die angedeuteten Sachverhalte jeweils bestellt ist, wären für jedes Land gesondert nötig – und auch für die verschiedenen Sachgebiete der Politik. Es ist eine neuere Erkenntnis der Politikwissenschaft, daß politische Systeme je nach dem Sachgebiet der anstehenden Entscheidungen sehr unterschiedlich funktionieren. [34] Immerhin gibt es Gründe für die These, daß Schwarz-Weiß-Vorstellungen wenig für sich haben. Um nur einige Indizien zu nennen: Ist der Glaube an die unantastbare Übermacht der Verwaltung nicht durch das Phänomen erfolgreicher Bürgerinitiativen ins Wanken gebracht worden? Hindert nicht die Spannung zwischen Abgeordneten, Fraktionen, Parteiführungen und Wählern gerade den Ausbau einer Übermachtstellung eines Beteiligten in diesem Kräftefeld? Es scheint überhaupt, daß sich in westlichen Ländern Ansätze zu neuen „checks and balances", Hemmungsmechanismen und Gleichgewichtsvorrichtungen, herausbilden, nicht nur in der Form der herkömmlichen Gewaltenteilung zwischen den zentralen Staatsorganen, sondern auch in anderen Bereichen des Machtgefüges. Die Kehrseite ist freilich die Gefahr des Verantwortlichkeitsschwundes durch Querverstrebungen, Aufteilung von Einflußchancen, das Phänomen der Machtdispersion: Viele sind an der Bestimmung dessen, was geschieht, irgendwie beteiligt, keinem kann die Autorschaft eindeutig zugeschrieben werden. Nun hat man der Aufteilung von Macht und Einfluß seit altersher eine freiheitsfördernde Wirkung zugeschrieben; schon im Mittelalter errangen sich die Städte und Stände ihre Freiheiten gleichsam im toten Winkel der Großmächte (des imperium und des sacerdotium). Aber Aufteilung und Zuordnung von Befugnissen ist etwas anderes als die Gefahr konturloser Dispersion, und auch Gewaltenteilung muß so gestaltet sein, daß verantwortliches Handeln möglich ist.

### *Probleme einer Bestandsaufnahme*

Die Betrachtung bliebe provinziell, würde sie sich auf Länder mit demokratisch-rechtsstaatlicher Verfassung beschränken oder gar nur auf die Nennung von Postulaten freiheitlicher Ordnung. Wie steht es tatsächlich mit der politischen Freiheit in der Welt von heute?

Zu ihr gehört gewiß jene Freiheit, die sich als Möglichkeit zu politischer Initiative und als Chance der Auswahl zwischen politischen Konzeptionen darstellt. Inwieweit die politische Ordnung diese Freiheit bietet, könnte man am Bestand und am Wirken politischer Parteien ablesen. Von den im Jahre 1960 bestehenden 88 Staatswesen mit mehr als einer Million Einwohnern waren es zehn, in denen es keinerlei Parteipolitik gab oder gegeben hatte; in vier Staaten waren politische Parteien völlig unterdrückt, in elf Staaten konnten Parteien unter mehr oder weniger starken Behinderungen tätig sein, in 63 der 88 Staaten hingegen gehörten der Bestand und die Tätigkeit von Parteien zum politischen Leben. Nur einige hundert Millionen Menschen kamen in keiner Weise mit Parteipolitik in Berührung. [35] Aber die Zahlen trügen, wenn man „Parteipolitik" so versteht, wie das in westlichen Demokratien üblich ist. Freien Wettbewerb zwischen mehreren Parteien gab es lediglich in 29 (der 88) Staaten mit etwa einer Milliarde Einwohnern; darüber hinaus war eine beeinträchtigte Auseinandersetzung zwischen politischen Parteien immerhin noch in weiteren 18 Staaten (mit rund 200 Millionen Einwohnern) zu verzeichnen. Weit mehr als eine Milliarde Menschen lebte in Staaten, in deren politischen Systemen zwar Parteien eine politische Rolle spielten, aber eben nicht als Träger des Wettbewerbs von Programmen und Führungsgruppen, sondern als Organisationen zur Heranbildung einer in sich geschlossenen Elite, zur Aktivierung und Politisierung der Bevölkerung in den Händen der herrschenden politischen Kraft; darunter zählen sowohl die Staaten mit einem Einparteisystem wie auch jene, in denen es zwar formell mehrere Parteien, aber keine Möglichkeit der freien Opposition und offenen Auseinandersetzung gab (wie etwa in Osteuropa).

Indessen ist die Existenz von Parteien, ja sogar die Möglichkeit der Parteienkonkurrenz, kein zulänglicher Indikator für politische Freiheit; es könnte sich ja auch um die Aktivitäten kleiner, geschlossener Herrschaftscliquen handeln, die dem Volk die Gelegenheit zu politischer Betätigung vorenthalten. Das legt die Überlegung nahe, ob nicht die Wahrnehmung politischer Aktivitätschancen als weiteres Kriterium herangezogen werden sollte. Karl Deutsch hat bemerkt, daß in der vorindustriellen Zeit in aller Regel etwa ein Promille der Bevölkerung aktiven Anteil an politischen Entscheidungen genommen hätte – die jeweiligen Sultane, Emire, Fürsten und Könige samt ihren Beratern [36]; heute habe sich der Anteil der politisch Partizipierenden, wenn man die aktive Mitwirkung in freiwilligen Vereinigungen mit einschlägigen Programmen mitberücksichtige, auf ca. 3 bis 13 Prozent vermehrt. Dabei dürfte die Tendenz zur Inanspruchnahme politischer Betätigungschancen langfristig weiter zunehmen – schon aufgrund der Mehrung von bestimmten Voraussetzungen hierzu: Der Bildungsstand hebt sich (jahrtausendelang war das Lesen- und Schreibenkönnen das Privileg kleiner Minderheiten, im Jahre 1955 aber wurde die 50-Prozent-Schwelle der Alphabetisierung überschritten); die Massenmedien schließen auch die Bewohner entlegener Siedlungen an den Kommunikationszusammenhang an. (Welche Politisierungsrolle spielt der batteriebetriebene Transistorempfänger in vielen Ländern der Dritten Welt!) Diese Voraussetzungen für die Politisierung der Massen ändern allem Anschein nach die Bedingungen politischer Freiheit und Unfreiheit. Am deutlichsten wird dies vielleicht am Wandel der Umstände für die Aufrechterhaltung von Fremdherrschaft: Im Jahre 1830 konnten 30.000 Franzosen Algerien erobern und beherrschen; 120 oder 130 Jahre später waren 600.000 Franzosen dazu nicht mehr imstande. [37] Man könnte vermuten, daß dies ein Symptom für eine allgemeine Zunahme der Schwierigkeiten der Gewaltherrschaft ist. Haben es unfreiheitliche Regime heute schwerer? Gibt es reale Auswirkungen eines „Fortschritts im Bewußtsein der Freiheit“ auf die politischen Verhältnisse im ganzen? Es liegt nahe, als ein Argument dafür die zunehmende Inanspruchnahme indirekter, sublimerer und subtilerer Methoden der Beherrschung durch zeitgenössische Diktaturen anzuführen: Terror spielt in ausgesprochenen Umbruchssituationen, im Verlauf von Revolutionen und Bürgerkriegen eine Rolle, aber im übrigen verläßt man sich mehr auf Indoktrination und Manipulation, auf Verhaltenssteuerung durch gezielte Vorteilsgewährung und auf ähnliche Techniken. Das Erscheinungsbild von Systemen, die die klassische Theorie despotisch genannt hätte, wandelt sich. Auch die Träger „totalitärer" Herrschaft sehen sich veranlaßt, in den Entscheidungsvorgang Rückkoppelungsmechanismen einzubauen; die Artikulation von Wünschen und Bedürfnissen des Volkes erscheint nicht mehr als ein Störfaktor im Herrschaftsprozeß, sondern hat (auch) positive Funktionen, indem sie der Regierung positive Steuerungschancen in die Hand gibt, die Auflösung von Frustrationen gestattet und so den Wirkungsgrad des Ganzen verbessert. Nicht ohne Grund wird seit langem über die „Liberalisierung totalitärer Systeme" gesprochen. Allerdings ist die Beurteilung der Phänomene, die hierzu Anlaß geben, häufig nicht leicht. Ist die Minderung offenkundiger Repression, ist insbesondere der Abbau von handgreiflicher Gewalt ein verläßliches Zeichen für die Mehrung der Freiheit? Könnte es nicht auch sein, daß sozusagen die Unfreiheit schon von selbst funktioniert und keine gewaltsame Nachhilfe mehr nötig hat? Das ist der Einwand vieler Kritiker gegen das jeweils kritisierte System: Die Leute sind eben schon erfolgreich gleichgeschaltet, sie haben sich das falsche Bewußtsein vermitteln lassen – sie erkennen ihre Unfreiheit nicht mehr, und eben darum bäumen sie sich nicht dagegen auf. Bemühungen um zuverlässige Kriterien für die Unterscheidung „echter" und „künstlicher" Unfreiheit, authentischen und manipulierten Einverständnisses mit der politischen Ordnung, sind seit geraumer Zeit im Gang, aber die Sozialwissenschaft hat es mit dieser Problemstellung nicht so leicht, wie man zunächst meinen möchte. [38]

Ähnliche Schwierigkeiten der Interpretation und der Unterscheidung bestehen auch in bezug auf andere Indikatoren. Die erwähnten Zahlen über das politische Engagement – bieten sie ein Maß der politischen Freiheit oder wenigstens für eine ihrer Dimensionen? Die klassische Theorie der Politik würde eine positive Antwort nahelegen: Je mehr Bürger an der Polis und ihrem Leben teilnehmen, desto mehr Freiheit gibt es – so wie umgekehrt die Beschränkung der politischen Gestaltungsbefugnisse auf einen Einzigen ihn zum Tyrannen macht und Unfreiheit bedeutet. Aber gilt nicht seit dem Aufkommen liberaler Ideen ebenfalls der Satz, daß Freiheit auch Freiheit von der Politik meint, nämlich Freiheit für andere Dimensionen des geistigen Lebens? Und kann man nicht auch heute noch eine politische Dauermobilisierung der Allgemeinheit eher als ein Zeichen für politische Krisen ansehen – im Sinne der Thesen von Richard F. Behrendt über den politischen Aktivismus, mit dem berühmten Satz, der normale Mensch aller normalen Zeiten sei der unpolitische Mensch? [39] In einer Gesellschaft, in der liberale Haltung lebendig ist, würde sich so mancher gerade unfrei fühlen, würde man ihn unter Politisierungsdruck setzen, ständiges politisches Engagement verlangen. Wenn Karl Deutsch den Anteil der politisch Tätigen in industrialisierten Gesellschaften mit Prozentsätzen zwischen 3 und 13 Prozent beziffert, so ist es bemerkenswert, daß die letztgenannte Zahl auf England bezogen ist, während drei bis vier Prozent auf die USA zuträfen und für die UdSSR ein Wert von etwa sechs Prozent gelte. Heißt dies, daß es in Sowjetrußland doppelt so große Chancen politischer Handlungsfreiheit gibt wie in den Vereinigten Staaten, und in Großbritannien vierfach größere? Politische Aktivität, Betätigung in Organisationen und bei Meetings ist hier und dort nicht dasselbe und daher nicht einfach eine Maßgröße politischer Handlungsfreiheit – sonst wäre womöglich der Nürnberger Reichsparteitag als Freiheitszeugnis erster Ordnung zu werten. Soll man also „systemkonforme" Aktivitäten ausblenden und einfachhin die oppositionellen, nonkonformistischen Aktivitäten als Maß politischer Freiheit nehmen – gleichsam gemäß dem Satz, daß Freiheit immer die Freiheit der Andersdenkenden ist? Auch damit würde man sich die Sache zu leicht machen. Einerseits leistet sich vielleicht ein tyrannisches Regime seine Hofnarren, um sich den Anschein der Freiheit zu geben; anderseits käme man, wollte man in oppositionellen Aktivitäten ein Maß politischer Freiheit sehen, zu dem Schluß, daß die Bundesrepublik um das Jahr 1967 plötzlich ein viel freieres Land geworden sei, denn eben damals nahmen der „Nonkonformismus" und das Aufbegehren an den Universitäten und anderswo rapid zu.

Das alles besagt: So manches, worum es hier geht, läßt sich nicht angemessen in Zahlen fassen (abgesehen davon, daß nicht alle aussagekräftigen Zahlen zur Verfügung stehen). Es genügt auch nicht, den Bestand bestimmter Institutionen festzustellen, da politische Freiheit auch nicht durch deren Etablierung am Leben gehalten wird. Wer würde bezweifeln, daß allgemeine Wahlen zu einer Volksvertretung eine Institution politischer Freiheit sind? So läge es nahe, anhand der Ausdehnung des Wahlrechts im 19. und 20. Jahrhundert – von der großen englischen Parlamentsreform von 1832 bis zur Durchsetzung des Frauenstimmrechts in der Schweiz in jüngster Zeit – eine eindrucksvolle Abfolge von Freiheitsmehrungen zu verzeichnen. Aber was bedeutet das allgemeine Wahlrecht ohne wirkliche Auswahl zwischen Führungsmannschaften? Und doch kann auch Parteienwettbewerb ein falsches Bild abgeben, wenn er sich über die Köpfe und die realen Interessen der Bürger hinweg vollzieht. Wer wollte bestreiten, daß Gewaltenteilung eine freiheitssichernde Funktion hat, wie seit Montesquieu immer wieder betont zu werden pflegt? Und doch kann die klassische Gewaltenteilung zwischen Legislative und Exekutive ihre Aufgabe nicht erfüllen, wenn beide Institutionen sich in der Hand derselben politischen Kraft befinden – weswegen z. B. im parlamentarischen Regierungssystem mit seiner engen Bindung zwischen Parlamentsmehrheit und Regierung andere Dimensionen der Gewaltenteilung als jene zwischen „Gesetzgebung" und „Vollziehung" an Bedeutung gewinnen, etwa die dynamische zwischen denen, die heute regieren, aber vielleicht morgen kontrollieren einerseits, und jenen, die heute kontrollieren, aber vielleicht morgen regieren anderseits; oder die föderale zwischen Bundes- und Landesebene; oder die liberale zwischen Staat und Gesellschaft (trotz mannigfacher Verschränkung zwischen beiden); oder auch die pluralistische zwischen verschiedenen gesellschaftlichen Kräften. Ein bekannter deutscher Politikwissenschaftler hat einmal die Frage nach der Existenz und dem Umfang einer herrschenden Klasse – halb scherzhaft – mit dem Hinweis behandelt, zu ihr gehöre, wer innerhalb einer Woche imstande sei, beim Bundeskanzler, beim Oppositionsführer, beim Präsidenten des Bundesverbandes der Industrie, beim Vorsitzenden des Deutschen Gewerkschaftsbundes und beim Vorsitzenden der

Bischofskonferenz einen Termin zu bekommen. Vielleicht kann man diskutieren, ob mittlerweile statt des Letztgenannten jemand anderer in die Liste aufzunehmen wäre (vielleicht ein Zeitungsverleger oder Fernsehmoderator); aber es sind ihrer immerhin fünf, die da genannt werden, und diese Pluralität ist nicht unerheblich, wenn es um Machtaufteilung und Freiheit geht.

Trotzdem muß nochmals gesagt werden: Machtaufteilungen bürgen ebenso wie Formen und Mechanismen für sich genommen noch nicht für die Realität politischer Freiheit. Institutionen kann man als Produkte von Machtauseinandersetzungen verstehen, aber sie sind auch geronnene Einstellungen, Objektivierungen von Intentionen und Bewußtseinsgehalten, die ihrerseits politische Freiheit konstituieren oder zugrunde gehen lassen.

Wie steht es also mit jenen Gesinnungen und Gesittungen, von denen die politische Freiheit abhängt?

Es muß deutlich gesagt werden, daß freiheitliche Haltung verantwortliche Kritik einschließt. Daß so viel von „kritischem Bewußtsein" gesprochen wird, ist keine bloße Mode und nicht etwa eine überwindbare Begleiterscheinung der neuzeitlichen Entwicklung, sondern ein konstitutives Prinzip: Die moderne Wirtschaft beruht auf dem Streben, die bisherigen Produktionsweisen zu überbieten, in der Einsparung von Kosten ebenso wie in der Vergrößerung der Leistung; die moderne Wissenschaft betrachtet als ihre Hauptaufgabe nicht die Vermittlung klassischer Denkmuster, sondern die Forschung, d. h. aber den Versuch, den erreichten Stand des Wissens zu überholen, sich nicht damit zufriedenzugeben; somit gehört auch zur modernen Politik das kritische Bewußtsein, daß alle Zielsetzungen standortbedingt, historisch verwurzelt und damit vorläufig sind, daß jede Gemeinwohlkonzeption von heute schon morgen Widerspruch und Korrektur erfahren kann. Die neuzeitliche Gesellschaftsbewegung ist geprägt von einer Grundintention, die Max Weber vor langem als Rationalisierung des Daseins bezeichnet hat und die – um unsere Schlagworte zu wiederholen – auf Ersetzung der Tradition und der Autorität durch die Organisation und die Produktivität als Leitprinzipien hinausläuft. Vor allem wer eine innere Beziehung zu vormodernen Überlieferungen bewahrt hat, aber auch wer in der verwirrenden und manchmal geradezu reißend erscheinenden Dynamik der Gegenwart nach Orientierungsmarken sucht, wird die Frage nicht verdrängen können: Geht dies weiter bis zur Aufhebung jeder halbwegs stabilisierenden Struktur, oder gibt es umgekehrt in dieser Bewegung als verstetigende Kraft lediglich noch Interessen- und Machtblöcke, die es sozusagen nur zu sehr verdienen, in Zweifel gezogen und entmächtigt zu werden? Bedeutet, um es sehr kompakt auszudrücken, die Ablösung des Vorranges der Ordnung durch den Vorrang der Freiheit nicht die Gefahr eines geistigen Selbstverlustes des Menschen, einer Selbstaufhebung der Freiheit, wie sie von Eugen Biser als Warnbild angedeutet wurde? Meint das nicht alles einen „Verlust der Mitte", der mit dem Verlust der Grenze korrespondiert und zugleich auch ein Verlust des Grundes ist? Darüber kann freilich kaum viel auf der Ebene empirischer Sozialwissenschaft ausgemacht werden. Man wird sich eher an Geschichtstheorie oder Kulturphilosophie verwiesen fühlen: Was ist es denn überhaupt, worauf die – vielleicht etwas gröblich – charakterisierte neuzeitliche Entwicklung gründet? Vielleicht ist es möglich, anhand einer Antwort hierauf auch die Tragfähigkeit dieser Dynamik für menschenwürdige gesellschaftliche Existenz zu bestimmen.

Jene Provokationen der Freiheit, von denen Eugen Biser gesprochen hat, artikulieren sich nicht auf einer Ebene, die mit der von uns betrachteten nichts zu tun hätte; die politische Freiheit, um die es in unserem Zivilisationskreis geht, hat ihre *„arché"*, ihren Quellgrund, in einer metapolitischen. [40] Die von Max Weber diagnostizierte Rationalisierung des Daseins hängt, wie er selbst immer wieder betont hat, mit jener „Entzauberung der Welt" zusammen, die ihrer Entgötterung durch den Monotheismus entspricht; die Weisung, sich die Erde untertan zu machen, und die Absage an naturhafte „Mächte und Gewalten" gehören in diesen Kontext. [41] Entscheidend aber sind die Konsequenzen, die aus der neutestamentlichen Aussage gezogen werden können, daß die Christen ihr *„políteuma"* im Himmel haben: Wenn die eigentliche existentielle Verantwortung nicht mehr auf eine irdische Polis bezogen ist, sondern auf das Reich Gottes (wenn sie nämlich in den Bürgerpflichten und Bürgerrechten der Civitas Dei besteht), rückt irdische Politik an einen anderen Platz. Zugleich wird sie damit aber auch neuen Normen unterstellt, wie es Lord Acton prägnant formuliert hat: „In der Erfüllung der Pflichten gegen Gott ungehindert zu sein, ist der höchste Anspruch des Menschen. Dies ist der geheime Wesenskern der Menschenrechte." [42] Die Differenzierung von geistlicher und weltlich-politischer Existenz rechtfertigt die Einschränkung politischer Hoheitsmacht, und die Konstituierung der metapolitischen Existenzdimension läßt die politische ihre vormalige sakrale Heiligung verlieren. Das aber macht sie erst zum möglichen Gegenstand eigenverantwortlich vorbedachter Um- und Neugestaltung durch den freien Menschen; der Bereich gesellschaftlicher Ordnung wird zu einem Entfaltungsfeld vernünftiger Freiheit. „Civil government" – im Gegensatz zu den sacra regna und imperia – wird nun als Werk des Menschen möglich. Aber die Freigabe der politischen Strukturen in die menschliche Verantwortung bedeutet keine Überantwortung an beliebige Willkür; denn diese Verantwortung ist im Gedenken an Jesu Verkündigung vom Reich Gottes als einem Reich der Freiheit und Brüderlichkeit vorzunehmen. Die Menschen haben allerdings diese Verkündigung – wie sie in der Perspektive des Glaubens erscheint – oft mißverstanden. Zum ersten sind im Geschichtsweg der Christenheit immer wieder einzelne und Gruppen aus der eschatologischen Orientierung ausgebrochen (zur „Erzwingung des Reichs", wie Ernst Bloch [43] unter Bezug auf Thomas Münzer sagte); zum zweiten konnte umgekehrt auch die christliche Botschaft als Basis einer Politischen Theologie genommen werden, die sich wie die Politische Theologie der vorchristlichen Sakralreiche als Rechtfertigungslehre geschlossener Systeme darstellt (obwohl die Fragwürdigkeit solcher Ideologisierungen mindestens seit Augustinus geläufig sein sollte); zum dritten konnte die existentielle Ausrichtung auf das Reich Gottes zu einer Entpolitisierung des Bewußtseins führen, der die gesellschaftlich-politische Freiheit gleichgültig wurde. Aber auch wo die Spannung von Anbruch und Enderfüllung des Gottesreiches nicht kurzgeschlossen, sondern im Glauben und in Hoffnung angenommen wurde, erhielt dieser hoffende Glaube Motivpotential zur Mehrung der Freiheit, Motivpotential für ein Handeln, das freilich in seiner Orientierung dem status viatoris entspricht. [44] Diese Orientierung bedeutet jene Verbindung von Engagement und Enthaltung, die sich in den freiheitlichen Ordnungsentwürfen gewissermaßen auskristallisiert hat: Die Institutionen der politischen Freiheit sind ja geradezu darauf angelegt, das politische Leben als einen offenen Prozeß ablaufen zu lassen im Zeichen der Korrigierbarkeit von Gemeinwohlvorstellungen im geschichtlichen Erfahrungsfortgang und der Korrigierbarkeit von Entscheidungen in dialogischer Verantwortung, etwa im Gegenüber von Führung und Opposition, von Initiative und Kontrolle. [45] Was das heißt, ließe sich erst durch einen durchgeführten Vergleich mit anderen Grundeinstellungen des politischen Bewußtseins recht deutlich machen, etwa mit der doktrinären Intoleranz politischer Gnostiker und mit der geistigen Stumpfheit reiner Interessenmakler.

Dies alles fand zu einer institutionell-politischen Umsetzung erst im Zuge der Verarbeitung einer weiteren Erfahrung, nämlich jener der unaufhebbaren Pluralität von Gewissensüberzeugungen. Die neuere Forschung hat belegt, daß der historische Kern der modernen Menschenrechtserklärungen das Ringen um die Glaubens- und Kultusfreiheit war. [46] Und dieses Ringen verband sich mit der Auseinandersetzung darüber, ob und wie überhaupt eine weltanschaulich gespaltene Gesellschaft als Gemeinwesen (d. h. in einer einigermaßen freiheitlichen Ordnung, nicht als Despotie) existieren kann. Noch bis ins 18. Jahrhundert galt Glaubens- und Geistesfreiheit als unvereinbar mit der Staatsräson; das Problem des Pluralismus meinte man durch Ausweisung und Umsiedlung lösen zu sollen. Erst später – voll und ganz erst im 19. und 20. Jahrhundert – setzten sich andere Lösungen durch: eine unfreiheitliche, die man gar nicht als wirkliche Lösung ansehen möchte, derzufolge der Widerstreit dadurch aufgehoben wird, daß mit allen Mitteln die Gleichschaltung an eine bestehende Religion oder an eigens entworfene politische Ideologien oder Mythologien bewirkt werden soll; und eine freiheitliche, die das Nebeneinander, ja Gegeneinander von Überzeugungen hinnimmt, ja unter Umständen sogar als produktiv, als Bereicherung des Gemeinwesens betrachtet. Dazu kommt es, indem zunächst eine private Sphäre der Gewissensüberzeugung, der privaten Hausandacht freigegeben wird, worauf dann zwischen den privilegierten und den nur tolerierten (aufs Private beschränkten) Auffassungen und Überzeugungen um Gleichstellung gerungen wird – mit dem Ergebnis, daß die politische Ordnung zum „offenen System“ des freiheitlichen Staates wird. Doch dieses System würde mißverstanden, wollte man es als Objektivierung eines platten und gleichgültigen Relativismus deuten. So wie Toleranz nicht Gleichgültigkeit, sondern Achtung vor der Menschenwürde und dem Gewissen des anderen zum Grund hat, bedeutet auch die Offenheit des freiheitlichen politischen Systems eine Einladung zum Engagement im Dienst der jeweiligen redlichen Überzeugung, in der Bejahung der Pluralität von Aufgaben und Sinnperspektiven des politischen Handelns.

Daraus folgt dann allerdings, daß eine solche Ordnung ihrerseits entsprechender Gesinnungen und Gesittungen bedarf. Der Mensch, der sich in einer solchen Gesellschaft bewähren soll, müßte fähig sein, soziale Aufgaben sowohl anzunehmen wie auch kritisch zu reflektieren, und das auch angesichts eines mehrdeutigen Situationszusammenhanges, der unterschiedliche Interpretationen und Handlungsperspektiven nahelegt. Eine Gesellschaft, die fähig wäre, freiheitliche Ordnung produktiv zu erfüllen und weiterzubilden, müßte für mannigfache Daseinsbereiche Alternativen der Lebensführung gestatten und anbieten, also ihre Mitglieder nicht vor die Alternative der Gleichschaltung oder des Außenseitertums stellen; sie müßte sich zu Normen entschließen, aber auch zu deren Revision fähig sein, wenn diese Normen den zugrundeliegenden und sinngebenden Prinzipien nicht mehr gerecht werden; sie dürfte nicht einfach nur „liberal“ sein (d. h. jedem die Chance geben, nach seiner Fasson zu leben, wobei alle von der Gesamtheit in Ruhe gelassen werden), sondern sie müßte (wenn der Ausdruck der Weltkirchenkonferenz von 1948 wieder aufgenommen werden darf) eine „verantwortliche Gesellschaft“ darstellen. [47] Eine „responsive Gesellschaft“ ist eine solche, die fähig ist, auf neue Anliegen, Herausforderungen und Nöte rasch und bündig zu antworten, produktiv zu reagieren – eine Gesellschaft des Dialogs, falls es erlaubt ist, die Kategorie des Dialogischen in ähnlichem Sinn zu erweitern, wie Eugen Biser das mit dem Begriff des Verstehens unternommen hat, so daß nicht nur die verbale Sphäre oder eine intellektuelle

Aktivität gemeint ist, sondern die Gesamtheit der Dimensionen mitmenschlichen Umgangs und gesellschaftlicher Praxis; das schließt dann selbstverständlich ein, daß es dieser Gesellschaft auch um die Emanzipation der Emanzipationsbedürftigen zu tun ist und um die Überwindung alles dessen, was die Erfüllung dieser Aufgabe behindert.

Mit solchen Erwägungen ist freilich ein Leitbild angesprochen, das nicht nur fürs eigene Land gilt, sondern auch für die Gesellschaft der Völker und Staaten. Auch auf übernationaler Ebene stellt sich das Problem der freiheitlichen Ordnung – und es ist identisch mit dem Problem des wirklichen Friedens, wenn Friede mehr bedeuten soll als nur das Unterbleiben militärischer Gewaltaktionen.

Freiheit im Weltmaßstab – das läßt zunächst an die Freiheit der Völker denken, vor allem an ihre „Autopraxie", an die selbständige Handlungsfähigkeit. Formal scheint da ein gewaltiger Zuwachs an Freiheit verzeichnet werden zu können, wenn man bedenkt, wie viele Gemeinwesen seit Beginn des 19. Jahrhunderts ihre Unabhängigkeit gewonnen haben. Bis ins 18. Jahrhundert gab es – aus abendländischer Sicht – nur europäische Mächte als selbständige Teilnehmer der internationalen Politik; Ende des 18. und Anfang des 19. Jahrhunderts kamen die Staaten Amerikas hinzu, dann folgten die Türkei und Japan; später erhielten insbesondere britische Kolonien (zum Teil als „Dominions") eigene Regierungen und das Recht zur Teilnahme am zwischenstaatlichen Verkehr (1867 Kanada, 1901 Australien, 1907 Neuseeland, 1910 Südafrika); bei der Gründung des Völkerbundes 1919 traten 26 Staaten und sechs Dominions in Erscheinung, 13 weitere Staaten waren zum Beitritt eingeladen; an der Gründungskonferenz der Vereinten Nationen 1945 in San Francisco nahmen 52 Staaten teil, und heute hat die Organisation bereits 135 Mitglieder. Aber wenn man nicht bei formalen Kriterien stehenbleibt, gewinnt man ein anderes Bild: Viele der neuen und manche der älteren Staaten sind nicht Herren ihres Schicksals, befinden sich in mehr oder minder weitgehender, meist eher indirekter politischer oder ökonomischer Abhängigkeit; von einer „Gesellschaft von Freien und Gleichen" kann im Blick auf die Staaten keine Rede sein, und nur zu oft lassen auch die inneren Voraussetzungen für „Autopraxie“, für Selbstbestimmung der Völker auch im internationalen Handlungsfeld, sehr zu wünschen übrig.

Anderseits besteht auch auf übernationaler Ebene das Problem einer zulänglichen Institutionalisierung der Freiheit des Zusammenlebens – aber das wäre ein Thema für sich.

So bleiben noch zwei Fragen, deren Dringlichkeit immer wieder betont worden ist:

1. Wird die Freiheit nicht durch Gewaltakte und Gewaltsysteme gerade in unserer Zeit besonders bedrängend in Frage gestellt und unterdrückt? Und ist dann nicht um der Freiheit willen eine befreiende Gewalt geboten?

Dazu sollte man zunächst bedenken, ob denn wirklich die Gegenwart ein so besonders gewaltsames Zeitalter ist. Die Sache ist nicht so einfach. Sind die siebziger Jahre wirklich gewaltträchtiger als die dreißiger und vierziger Jahre dieses Jahrhunderts (mit Stalin und Hitler, mit dem Zweiten Weltkrieg und Auschwitz, mit dem Krieg zwischen Indern und Pakistanis)? Wir vergessen nur zu leicht, daß z. B. auch die „klassische Antike“ die Ausrottung von Völkerschaften gekannt hat: Der Jüngere Scipio hat Karthago liquidiert und Caesar die Eburonen; freilich gibt es Unterschiede, vor allem auch den, daß man solche Vorgänge damals wahrscheinlich mit weniger Entrüstung wahrgenommen hat als heute; vielleicht unterscheiden sich die Zeitalter nicht zuletzt dadurch, daß wir heute empfindlicher gegenüber der Gewalt geworden sind, daß wir Krieg und Grausamkeit nicht mehr so wie frühere Generationen als Selbstverständlichkeiten hinnehmen – und das wäre schon ein Schritt zur Veränderung der Wirklichkeit. Was aber die Frage nach der „befreienden Gewalt“ betrifft, so gibt es die Antwort der klassischen Theorie der Politik (die ja auch und im Kern ihrer selbst politische Ethik ist): Es kommt darauf an, in welchem Maß in der bestehenden, als fragwürdig empfundenen Ordnung Gewalt investiert und wirksam ist – so daß evolutionäre, friedliche, „dialogische“ Methoden aussichtslos erscheinen; es gilt abzuwägen, ob die Unmenschlichkeit des Systems mehr Leiden erzeugt als die Befreiungsaktion. Solche Güter-, Chancen- und Kostenabwägungen sind freilich eine Sache der Klugheit, und die Klugheit ist nach der Lehre der Klassiker eine Tugend und nicht eine gleichsam mechanisch handhabbare Methode.

2. Beruht nicht die größte Gefährdung der menschlichen Freiheit heute darauf, daß Zustände der totalen Aushöhlung oder Gleichschaltung in Aussicht stehen – im Sinne einer eindimensionalen Wirklichkeit, einer verwalteten Welt, einer totalitären Despotie, die sich aufgrund einer Erschlaffung der ethischen Spannkraft, infolge zunehmender Tendenzen selbstsüchtiger Triebverfallenheit oder mit Hilfe immer perfekter werdender Manipulationsinstrumentarien durchsetzen könnte?

Auch darauf muß mit einiger Bedächtigkeit geantwortet werden. Menschliches Dasein befindet sich stets vor der Chance, zu gelingen, und in der Gefahr, seinen Sinn zu verfehlen; die menschliche Existenzsituation enthält, so gesehen, immer ein apokalyptisches Moment. [48] Aber wir sollten uns vor idealtypischen Vereinfachungen hüten. Die perfekt gleichgeschaltete Gesellschaft, der realisierte Totalitarismus ist eine Anti-Idee, ein gegenutopischer Entwurf und damit ein konstruierter Grenzfall menschlicher Existenz. Das gilt z. B. für Karl Jaspers' Bild vom östlichen Totalitarismus ebenso wie (erst recht) für Herbert Marcuses Bild von der eindimensionalen Existenz in der total manipulierten spätkapitalistischen Gesellschaft. [49] Solange der Mensch noch Mensch ist, kann man eben nicht sagen, daß z. B. Sprache auf ein System konditionierender Signale reduziert, daß er – mit anderen Worten – aus einem Kulturwesen zu einem Dressurwesen gemacht worden wäre. Auch die Fixierung auf solche Gegenutopien – die dann die Rolle von Zwangsvorstellungen spielen können [50] – bedeutet eine Art von Unfreiheit, vielleicht eine besonders schlimme.

Auch wenn es noch weiterer Ausführungen bedürfte, um das halbwegs zulänglich zu begründen, darf man vielleicht doch sagen, daß es umgekehrt auch Zeichen für eine zunehmende Fähigkeit der politischen Systeme gibt, neue Erfahrungen zu verarbeiten und den Handlungshorizont zu erweitern. [51] Der Christ darf sich daran erinnern, daß die Menschen als Kinder Gottes zu einer Freiheit berufen sind, die zwar erst in einem neuen Himmel und in einer neuen Erde voll realisiert sein wird, die uns aber doch schon als ein „Angeld" (Paulus) aufgegeben und mitgegeben ist.

Das Zweite Vatikanum hat erklärt, es gelte die Hoffnung darauf auch in den Strukturen des Weltlebens zum Ausdruck zu bringen [52] – und das heißt sicher auch: in der Gestaltung der politischen Freiheit.

Mit alledem ist nun zwar keine Diagnose (schon gar keine historische) mehr geboten worden. Vielleicht wird man meinen, das Thema sei endgültig verfehlt. Aber politischer Freiheitszuwachs und Freiheitsentzug im 19. und 20. Jahrhundert – gibt es da die Möglichkeit einer klaren Gewinn- und Verlustrechnung? Wäre der Versuch einer solchen nicht eine anthropologische und geschichtsphilosophische Torheit (von der theologischen Qualifikation ganz zu schweigen)? Selbst wenn man von einer Bilanz der Vergangenheit absieht – auch die Frage, ob im Blick auf die Gegenwart und die Zukunft der politischen Freiheit Optimismus oder Pessimismus am Platze wären, ist wohl eher verfehlt. Optimismus wäre die Aussage: Es wird schon gut werden. Pessimismus wäre die Meinung: Es wird doch schlecht gehen. Beides wären Antworten auf die Frage: Was wird passieren? – Mit dieser Frage hat der Mensch aber die eigene Freiheit schon verabschiedet. Wenn er seine Freiheit ernst nimmt, darf er sich nicht der Frage überlassen: Was wird passieren? Sondern er muß fragen: Was kann ich tun?

## ANMERKUNGEN

[1] Vgl. W. *Hennis,* Politik als praktische Wissenschaft, München 1968, 48.

[2] *H. Arendt,* Freiheit und Politik, in: *A. Hunold* (Hrsg.), Erziehung zur Freiheit, Erlenbach–Zürich–Stuttgart 1959, 31. – Vgl. *H. Arendt,* Der Liebesbegriff bei Augustin, Berlin 1929.

[3] Man könnte einwenden, daß es den Verfechtern gesellschaftlicher Demokratisierung nicht um Freiheit gehe, sondern um anderes, etwa in erster Linie um Gleichheit. Aber sie würden die Rechtmäßigkeit der Entgegensetzung von Freiheit und Gleichheit bestreiten.

[4] Vgl. W. *Berges,* Selbstbestimmung in der Geschichte, in: Freiheit als Problem der Wissenschaft, Berlin 1962, 147ff, hier 149f.

[5] *Aristoteles,* Politik, 1255 b.

[6] Vgl. etwa Ilias IX, 9, 33.

[7] *Aristoteles,* Politik, 1295 b.

[8] Inwieweit eine konkrete Polis freilich diesem politischen Telos nahekommt, hängt sowohl von den materiellen Gegebenheiten wie auch von den ethischen und dianoetischen Qualitäten ihrer Bürger ab.

[9] *Aristoteles,* Politik, 1277 b; 1284 a.

[10] Vgl. etwa *H. Grundmann,* Freiheit als religiöses, politisches und persönliches Postulat im Mittelalter, in: Beiträge zur europäischen Geschichte, Bd. 1, München 1958, 23ff (auch: Historische Zeitschrift 183).

[11] *O. Brunner,* Land und Herrschaft, Wien $^{5}$1965; *A. Waas,* Die alte deutsche Freiheit (1939), Neuausgabe Darmstadt 1967.

[12] *H. Plessner,* Die Emanzipation der Macht, in: *H. Loebel* (Hrsg.), Von der Macht, Hannover 1972, 7ff, hier 20. Vgl. auch *B. Willms,* Revolution und Protest, Stuttgart 1969; *J. Habermas,* Theorie und Praxis, Neuwied 1963.

[13] *Thomas von Aquin,* De rege ad regem Cypri I, 15.

[14] *Aristoteles,* Politik, 1337 b.

[15] Um 4000 vor Christus haben nach Expertenschätzungen etwa zehn Millionen Menschen gelebt, zur Zeit Christi zehnmal soviel.

[16] Dem Neandertaler wird eine durchschnittliche Lebenserwartung von zehn Jahren zugeschrieben, dem Bewohner des antiken Rom eine solche von 22 Jahren, dem Franzosen des Jahrgangs 1730 erst eine von 25 Jahren, während die Lebenserwartung in Westeuropa um 1900 bereits auf 48 Jahre angestiegen war.

[17] *G. Philippi,* Die Entwicklung der Produktivität in Deutschland, Erlangen 1961, nach *J. Fourastié,* Die 40.000 Stunden, Düsseldorf–Wien 1966, 66f. Dort auch (64f) entsprechende Angaben über die Entwicklung in Frankreich. Zugrunde gelegt wird der „Realpreis", also die Relation zum durchschnittlichen Gesamtstundenlohn. Erst unter Berücksichtigung dieser Sachverhalte wird verständlich, was für unsere Vorfahren die Einladung zu einem Mahl oder die Teilung eines Stückes Brot bedeutet hat.

[18] *K. O. Pöhl,* Wirtschaftliche und soziale Aspekte des technischen Fortschritts in den USA, Göttingen 1967, 156.

[19] Nach *J. Fourastié,* a. a. O., 155.

[20] *N. Anderson,* in: Synthetische Anthropologie, Bonn 1950, 128.

[21] Was *Platon* anlangt, so wäre etwa an seine meisterliche Phänomenologie der Klassengesellschaft, nämlich die Beschreibung der Oligarchie in der „Politeia", zu denken (Politeia VIII, 6f). Bei *Aristoteles*

vgl. die Bedeutung der „philia“ für die Existenz der Polis: Ohne freie Entscheidung zum Miteinander gibt es keine wahre Polis (Politik, 1280 b; vgl. auch Nikomachische Ethik, 1161aff).

[22] *H. Priebe,* in: *H. von der Groeben – E.-J. Mestmäcker* (Hrsg.), Ziele und Methoden der europäischen Integration, Frankfurt 1972, 161.

[23] Vgl. den Sammelband über das 6. Salzburger Humanismusgespräch: O. *Schatz* (Hrsg.), Auf dem Weg zur hörigen Gesellschaft?, Graz 1973.

[24] Vgl. etwa *H. Marcuse,* Der eindimensionale Mensch, Neuwied–Berlin 1967.

[25] W. *Rathenau,* Zur Kritik der Zeit, Berlin 1911.

[26] Vgl. *K. Löwith,* Das Individuum in der Rolle des Mitmenschen, München 1928 (Neuausgabe Darmstadt 1962); *H. Plessner,* Conditio humana, Pfullingen 1964.

[27] *J. W. Forrester,* Der teuflische Regelkreis, Düsseldorf 1972; *D. L. Meadows,* Die Grenzen des Wachstums, Stuttgart 1972.

[28] Nach einer EMNID-Untersuchung über „Freizeitbedingungen und Freizeitentwicklungen 1972/73“ war die durchschnittliche Arbeitszeit eines repräsentativen Bevölkerungsquerschnittes 1971 auf das Minimum von 2409,6 Stunden abgesunken, für 1972 sei aber bereits wieder ein Anstieg zu verzeichnen; dabei schlügen insbesondere Überstunden und längere Arbeitswege zu Buche: zit. nach *G. Heyer,* Die Freizeitgesellschaft bleibt noch lange Utopie, in: Die Quelle 24 (1973) 297f.

[29] *Ch. Graf Krockow,* Staat, Gesellschaft, Freiheitswahrung, in: Aus Politik und Zeitgeschichte 7 (1972) 7.

[30] *P. Viansson-Ponté,* in: Le Monde vom 2. April 1971.

[31] *E. Eppler,* Alternativen für eine humane Gesellschaft, in: Bulletin des Presse- und Informationsamtes der Bundesregierung (1973) 892.

[32] Der folgende Katalog ist eine Modifikation der Ausführungen des Bundesverfassungsgerichtes der BRD zum Begriff der „freiheitlichen demokratischen Grundordnung“ im Urteil vom 23. Oktober 1952 (SRP-Urteil), Leitsatz 2.

[33] Zu diesem Problemkreis vgl. *H. Schneider,* Leitbilder der Demokratie, Wien 1973.

[34] *R. A. Dahl,* Who Governs, New Haven 1961; *N. W. Polsky,* Community Power and Political Theory, New Haven 1963.

[35] Nach *E. Faul,* Verfemung, Bildung und Anerkennung des Parteiwesens in der Geschichte des politischen Denkens, in: Politische Vierteljahresschrift (1964) 60f.

[36] *K. W. Deutsch,* Die Zukunft des internationalen Zusammenlebens, in: Die Zukunft der Politik (Schriftenreihe der Politischen Akademie der Vereinigung für politische Bildung), Wien 1973, 20ff, hier 21. Allerdings ist diese Angabe, wenn sie zum Ausmaß politischer Partizipation in neuerer Zeit in Beziehung gesetzt werden soll, einigermaßen fragwürdig, weil „Politik" und die Partizipation daran damals eben doch etwas erheblich anderes waren als im Zeitalter der „Fundamentaldemokratisierung".

[37] *K. W. Deutsch,* Die Zukunft der Weltpolitik, in: Atomzeitalter (1968) 349ff.

[38] Bemerkenswert dazu *A. Etzioni,* The Active Society, New York 1968.

[39] *R. F. Behrendt,* Politischer Aktivismus, Leipzig 1932 (zum Teil abgedruckt in: *R. F. Behrendt,* Zwischen Anarchie und neuen Ordnungen, Freiburg 1967, 115ff).

[40] Im folgenden werden Überlegungen wiederaufgenommen, die der Verfasser bereits in entsprechenden Abschnitten seines Aufsatzes „Eschatologie und Politik" in: Wort und Wahrheit 28 (1973) 213ff (bes. 225ff) vorgelegt hat.

[41] Vgl. *M. Weber,* Wissenschaft als Beruf (1919), in: Gesammelte Aufsätze zur Wissenschaftslehre, Tübingen $^{2}$1951, 566ff; *Ders.,* Gesammelte Aufsätze zur Religionssoziologie, 3 Bde., Tübingen $^{4-5}$1963/1966.

[42] *U. Noack,* Politik als Sicherung der Freiheit. Nach den Schriften von John Dalberg-Acton, Frankfurt 1947, 185.

[43] *E. Bloch,* Thomas Münzer als Theologe der Revolution, Neuausgabe Berlin 1960, 183.

[44] Vgl. dazu etwa *G. Hierzenberger,* Weltbewertung bei Paulus, Düsseldorf 1967.

[45] Vgl. hierzu auch *R. Bäumlin,* Staat, Recht und Geschichte, Zürich 1961.

[46] Vgl. dazu *R. Schnur* (Hrsg.), Zur Geschichte der Erklärung der Menschenrechte, Darmstadt 1964.

[47] Vgl. *F. Lüpsen* (Hrsg.), Amsterdamer Dokumente. Berichte und Reden auf der Weltkirchenkonferenz in Amsterdam 1948, Bethel 1949. Bemerkenswert sind die folgenden zu Unrecht nahezu vergessenen Sätze: „Eine verantwortliche Gesellschaft ist eine solche, in der Freiheit die Freiheit von Menschen ist, die sich für Gerechtigkeit und öffentliche Ordnung verantwortlich wissen, und in der jene, die politische Autorität und wirtschaftliche Macht besitzen, Gott und den Menschen, deren Wohlfahrt davon abhängt, für ihre Ausübung verantwortlich

sind. Der Mensch darf niemals zum bloßen Mittel für politische oder wirtschaftliche Zwecke werden. Der Mensch ist nicht für den Staat geschaffen, sondern der Staat für den Menschen. Der Mensch ist nicht für die Produktion geschaffen, sondern die Produktion für den Menschen. Für eine Gesellschaft, die unter modernen Lebensbedingungen verantwortlich bleiben soll, ist es erforderlich, daß die Menschen die Freiheit haben, ihre Regierungen zu kontrollieren, zu kritisieren und zu wechseln, daß die Macht durch Gesetz und Tradition verantwortlich gemacht und soweit wie möglich auf die ganze Gemeinschaft verteilt wird" (ebd., 50).

[48] Daß Apokalyptik nicht nur „Zukunft", sondern auch jeweilige Gegenwart meint, ist ein Gemeinplatz; vgl. etwa O. *Karrer,* Die Geheime Offenbarung, Einsiedeln–Köln [3]1948, 20f.

[49] K. *Jaspers,* Die Atombombe und die Zukunft des Menschen, München 1958, bes. 156ff; *H. Marcuse,* Der eindimensionale Mensch, Neuwied–Berlin 1967.

[50] Zur Bedeutung derartiger Phänomene im Rahmen einer Pathologie des politischen Bewußtseins vgl. z. B. *K. W. Deutsch,* Politische Kybernetik, Freiburg 1969.

[51] Vgl. vorerst die Andeutungen bei *H. Schneider,* Evolution und Integration als Perspektiven der Gegenwartspolitik, in: Evolutive Anthropologie (Acta Teilhardiana/Supplemente II), München 1971, 141ff.

[52] Dogmatische Konstitution über die Kirche („Lumen gentium"), Art. 35.

*Konrad Lorenz*

# ZIVILISATIONSPATHOLOGIE UND KULTURFREIHEIT

## *Das geistige Leben des Menschen*

Ein altes Sprichwort sagt: Schuster, bleib bei deinem Leisten! Manche werten es sogar als ein Zeichen beginnender Senilität, wenn alte Naturwissenschaftler zu philosophieren beginnen, gar wenn sie sich mit schwierigen wertphilosophischen Problemen beschäftigen. Doch gibt es Fälle, in denen Außenseiter Dinge sehen, die den Fachleuten verborgen bleiben, und zwar gerade deshalb, weil sie von einem neuen, nicht herkömmlichen Gesichtspunkt an die alten Probleme herantreten. So sei es dem Biologen und Verhaltensforscher gestattet, sich mit Fragen menschlicher Kultur zu befassen.

Das erste Thema, das wir uns stellen, lautet: „Das geistige Leben des Menschen". Was heißt überhaupt „Leben"? Wir wissen heute – aufgrund von sehr alten Erkenntnissen Charles Darwins und sehr neuen Entdeckungen der Biochemie, die überzeugende Bestätigungen seiner Theorien brachten – recht genau, was Leben ist. Wir verstehen, wie das Leben jene wunderbare Leistung vollbringt, sich in scheinbarem Verstoß gegen den zweiten Hauptsatz der Wärmelehre vom Einfacheren zum Komplexeren, vom Niedrigeren zum Höheren hin zu entwickeln. Was die lebenden Organismen in die Lage versetzt, aus dem Strom der dissipierenden Weltenergie genügende Mengen an sich zu reißen, um nicht nur leben, sondern auch wachsen und sich fortpflanzen zu können, das sind ihre *Strukturen,* und diese sind in einem Vorgang entstanden, den man als *Anpassung* zu bezeichnen pflegt.

Anpassung *an* irgendeine Gegebenheit der Außenwelt bedeutet, daß der Organismus *Information* über sie besitzt. Das Wort „Information" heißt ja ursprünglich „Einformung", etwa im Sinne eines Abdrucks, der ein Bild dessen ergibt, was ihn hervorrief. Die Flossen eines Fisches, und mehr noch ihre Bewegungen, sind in dieser Weise ein Bild der hydrodynamischen Eigenschaften des Mediums, in dem sie sich bewegen wie Wellen.

In äonenlangem Werden hat das Leben einen gewaltigen Schatz von Information, man kann auch sagen von Wissen, über die umgebende Welt erworben und auch gespeichert. Der „Wissens-Speicher" aber besteht *immer* in einer *Struktur*. Die Biochemiker und die Genetiker wissen heute schon sehr genau, wie der gesamte Bauplan eines Lebewesens in den Kettenmolekülen seiner Gene niedergelegt ist, im Code der Sequenzen, in denen die vier Nukleotide aneinandergereiht liegen. Es besteht eine bedeutsame Wesensverwandtschaft zwischen dieser Methode, Wissen zu fixieren, und derjenigen aller menschlichen Schrift: In beiden Fällen ist es die *Reihenfolge* einer beschränkten Zahl immer wiederkehrender Zeichen, in der die Information enthalten ist.

Immer aber ist eine feste *Struktur* nötig, um Wissen festzuhalten, sei es nun die der Kettenmoleküle, die des Nervensystems oder die der menschlichen Schrift. Die Eigenschaften der Struktur, der *Bewahrung* schon erworbenen Wissens, stehen nun in besonderer Weise allem neuen *Erwerben* von weiterem Wissen im Wege. Struktur ist fertige Angepaßt*heit*, und jede weitere Anpassung erfordert eine *Rückbildung* von bereits ausgebildeten Strukturen. Die Leistung aller festen Struktur ist es, zu stützen und die Form zu bewahren. Diese Leistung aber muß immer um den *Verlust von Freiheitsgraden* erkauft werden. Als Illustration dieser Tatsache habe ich an anderer Stelle gesagt: Der Wurm kann sich an jeder beliebigen Stelle seines Körpers krümmen, wir können unsere Glieder nur dort bewegen, wo Gelenke vorgesehen sind. Wir aber können aufrecht stehen, der Wurm jedoch nicht.

Der stammesgeschichtliche Wissenserwerb, die Anpassung, hat immer zur Voraussetzung, daß bei dem Vorgang der Vererbung, bei dem ein Kettenmolekül ein anderes, ein entsprechendes hervorbringt, „kleine Fehler" unterlaufen, so daß der neue Abdruck nicht ganz genau den Code des Originals wiedergibt. Eine solche erbliche Abänderung nennt man eine *Mutation.* Sie führt dazu, daß der neue Organismus, der nach dem abgeänderten Bauplan erzeugt wird, in irgendwelchen Einzelheiten von Körperbau oder Verhalten etwas anderes ist als sein Erzeuger.

In den meisten Fällen gereicht ihm dies zum Nachteil. Die Abänderung erfolgt ja blindlings und rein zufällig, und ein Lebewesen ist ein so komplex gebautes, wohlausgewogenes System, daß seine Funktionen durch solche ziellosen Veränderungen fast immer gestört oder doch verschlechtert werden. Die Genetiker schätzen, daß unter $10^8$, d. h. einer Milliarde von Mutationen durchschnittlich nur eine einzige ist, die eine Verbesserung der Lebensaussichten des betreffenden Organismus und seiner Nachkommen mit sich bringt.

Worauf beruht nun eine solche Verbesserung? Alles Lebendige lebt von dem großen Strom der dissipierenden Weltenergie, es „frißt negative Entropie", wie ein medizinischer Freund von mir so anschaulich gesagt hat. Wenn Organismen in ihrem „Hauptberuf" des Energieerwerbs gute Geschäfte machen, so *wachsen* sie und *pflanzen* sich fort, und da viele große Lebewesen mehr zu fressen vermögen als wenige kleine, so *wächst* der Gewinn weiterer Energie in einem geometrischen Verhältnis zu dem Betrag der schon gewonnenen. Mit anderen Worten: Der Energiegewinn jedes lebenden Systems „trägt Zinseszinsen", genau wie der Ertrag eines „florierenden" menschlichen Geschäftsunternehmens, das ja auch nur ein spezieller Fall eines lebenden Systems ist.

Nun beruht der gesamte Energieerwerb aller lebenden Systeme auf der Funktion ihrer besonderen Strukturen. Diese sind von Lebewesen zu Lebewesen ungemein verschieden und erlauben es den einzelnen Arten, die unwahrscheinlichsten Energiequellen auszubeuten und in den denkbar verschiedensten Lebensräumen ihr Fortkommen zu finden. Die großartige Mannigfaltigkeit der Organismenwelt resultiert ja aus der Suche nach immer neuen, möglichst noch unausgebeuteten Energiequellen.

Wenn nun die milliardste Mutation den Haupttreffer macht und es dem Organismus ermöglicht, seine bisherige Energiequelle ein klein wenig besser auszunutzen oder gar eine neue zu erschließen, so trägt dieser Glücksfall ganz ungeheuer hohe Zinsen, und zwar in doppelter Hinsicht: Es vermehrt sich nämlich nicht nur der

Zuwachs des „Kapitals“ von Energie, sondern auch die Zahl der Nachkommen und mit ihr die Chance, neue Treffer im Würfelspiel der Mutationen zu erzielen. Es besteht also ein doppelter Kreis der positiven Rückwirkung zwischen Kapitalgewinn und Wissensgewinn.

Diese doppelte Rückwirkung erklärt die sonst unverständliche Tatsache, daß die wenigen Milliarden Jahre, die von den Radiumphysikern unserem Erdball zugebilligt werden, für das schöpferische Werden auf unserem Planeten ausgereicht haben. Wenn man sich klarmacht, daß Mutationen blindlings und zufällig erfolgen und daß nur jede milliardste von ihnen einen winzigen Fortschritt bedeutet, während alle anderen sofort ausgemerzt werden, so scheint der Weg vom Ur-Lebewesen zum Menschen hoffnungslos lang. Erst wenn man verstanden hat, welche gewaltigen, durch doppelte Rückkoppelung verstärkten Wirkungen eine einzige günstige Erbänderung nach sich zieht, kann man verstehen, daß die Evolution so schnell vor sich gehen kann, wie sie es tatsächlich tut. Es war der junge theoretische Biologe Otto Rössler, der diese Dinge als erster klar ausgesprochen oder doch wenigstens mir selbst klargemacht hat.

Erfahrungsgemäß stößt man bei sehr vielen durchaus vernünftigen Menschen auf tief affektbesetzte Widerstände, wenn man von Evolution spricht und die Entstehung des Menschen in das große organische Werden auf unserer Erde einbezieht. Dieser Widerstand entspringt dem irrigen Glauben, daß eine natürliche Erklärung eine Entwertung bedeute und daß die Aussage, der Mensch stamme von Affen ab, der Behauptung gleichkäme, er sei „eigentlich nur“ ein Affe. Es war der Philosoph Nicolai Hartmann, der diesen Irrtum in klarster und schönster Weise widerlegt hat.

Die Welt, in der wir leben, besteht aus *Schichten* des wirklich Seienden, die in einem eigenartigen Verhältnis zueinander stehen. Die jeweils höhere Schicht ist durch die unter ihr liegende bedingt, könnte ohne sie gar nicht dasein, sie verstößt nirgends gegen die in der tieferen Schicht geltenden Gesetzlichkeiten, ja sie *besteht* in gewissem Sinne aus ihr. *Außerdem* aber besitzt sie ihre *eigenen* und komplexeren Gesetzlichkeiten, die sich immer aus ihrer besonderen *Struktur* ergeben. Dieses Verhältnis möchte ich nun an den drei Schichten der realen Welt verständlich machen, die insofern die größten und merkwürdigsten sind, als die Unterschiede, die sie trennen, der Naturforschung die größten Rätsel aufgeben. Diese drei Schichten sind das Nichtlebendige, das Lebendige und das Geistige.

Der Unterschied, der „Hiatus“, wie Hartmann sagt, der das Anorganische vom Lebendigen trennt, schien – und scheint auch heute noch vielen – nicht auf natürlichem Wege erklärbar zu sein. Dank der großartigen neuen Erkenntnisse der Biochemie wissen wir heute schon ziemlich genau, was Leben ist und wodurch es sich vom Anorganischen unterscheidet, nämlich durch die ungeheuer komplexe Struktur, die alle schon erwähnten Leistungen vollbringt. Durch unsere Erkenntnis dieser Strukturen und Funktionen wird – und darauf kommt es hier an – der Unterschied zwischen dem Lebendigen und dem Nichtlebendigen um nichts kleiner, der klaffende Spalt, der „Hiatus“, der beide trennt, wird keineswegs aus der Welt geschafft, auch wenn es unserer Vernunft gelungen ist, ihn zu überbrücken. Wenn also der „Reduktionist“ behauptet, alle Lebensvorgänge seien „eigentlich nur“ chemische und physikalische Vorgänge, so redet er Unsinn! Gewiß, alle Lebensvorgänge *sind* chemisch-physikalische Vorgänge, aber außerdem und gerade bezüglich dessen, was sie „eigentlich“ sind, was für sie eigenartig und konstitutiv ist, sind sie etwas ganz anderes und weit Komplexeres als all das, was man sich gemeinhin unter chemisch-physikalischem Geschehen vorstellt.

Ich möchte hier nicht von dem großen und für unser Denkvermögen nicht überbrückbaren „Hiatus“ zwischen dem nervenphysiologischen Geschehen in unserem Körper und den subjektiven Vorgängen in unserer Seele sprechen; das Leib-Seele-Problem ist für unseren Verstand unlösbar, eine undurchdringliche Scheidewand trennt beide Arten von Phänomenen. Sie besteht aber beachtlicherweise nur für unseren Verstand, nicht für unser Gefühl. Wenn ich sage: „Mein Freund Hans tritt ins Zimmer“, so meine ich damit ganz gewiß nicht nur die physiologisch erforschbare Körperlichkeit meines Freundes und ebensowenig die Ganzheit seines seelischen Erlebens, ich meine vielmehr ganz gewiß die untrennbare *Einheit beider*. So sicher unser Gefühl von der Einheitlichkeit unseres körperlich und gleichzeitig seelisch erlebenden Mitmenschen auch ist, es wird unserer Forschung –

auch beim Erreichen utopischer Vollkommenheit – nie gelingen, den Zusammenhang zwischen Physiologischem und Seelischem zu erklären.

Anders ist dies bei der Kluft zwischen dem Anorganischen und dem Lebendigen, und anders ist es auch bei jenem „Hiatus", der das Tier vom Menschen trennt. Wir wissen heute mit großer Sicherheit, daß die Kluft vom Nichtlebendigen zum Lebendigen durch Zwischenformen überbrückt worden ist, die historisch nur sehr kurzen Bestand hatten, weil sie rasch von Lebendigerem, Lebenstüchtigerem überholt wurden. Es ist zwar noch niemandem gelungen, künstliches Leben zu erzeugen, es ist aber heute durchaus keine Utopie mehr, durch Naturforschung ein wirkliches Verstehen des Verhältnisses zwischen Anorganischem und Organischem zu erreichen. Gleiches gilt für die zweite große Kluft, die zwischen den höchsten Tieren und dem Menschen gähnt.

So wenig das Lebensgeschehen „eigentlich nur" chemisch-physikalisches Geschehen ist, so wenig ist der Mensch „eigentlich nur" ein Affe. Aber so wenig die allgegenwärtigen Gesetze der Physik und der Chemie im Bereich des Lebendigen je durchbrochen werden, so wenig erfahren die großen und allgemeinen Gesetze der Biologie im menschlichen Leben je eine Ausnahme, auch nicht in den höchsten Sphären geistigen Lebens. Der gewaltige und stolze Bau menschlicher Kultur ruht in gleicher Weise auf der Schicht des Lebendigen, wie diese auf der Grundlage des Anorganischen aufruht.

Die gefühlsmäßigen Widerstände, die von dieser Tatsache bei vielen wachgerufen werden, stammen großenteils aus dem schon erwähnten Irrtum, aus einem Mangel an Verständnis für das Wesen des organischen Werdens. Schon die Worte, mit denen wir dieses bezeichnen, leisten dem Mißverständnis Vorschub. Worte wie Evolution, Entwicklung usw. legen die Vorstellung nahe, daß sich etwas Vorgebildetes entfaltet, wie die Pflanze aus dem Samenkorn oder die Blüte aus der Knospe. Dies wird der Tatsache nicht gerecht, daß mit jedem Schritt des großen Werdens Neues, nie Dagewesenes entsteht. Unsere natürlich gewachsenen Sprachen besitzen kein Wort für diesen Vorgang, der ja vor der Entdeckung des Evolutionsgeschehens völlig unbekannt war. Die einzige Art der Entwicklung, die man kannte, war eben die des Individuums aus seinem Keim, und so entstand denn auch kein Wort für den Vorgang des Neuentstehens, das konstitutiv für das Werden des großen Lebensstammbaums ist.

Ein Schritt des organischen Werdens besteht in sehr vielen Fällen – vielleicht sogar immer – darin, daß sich zwei bis dahin getrennt funktionierende Systeme zu einem neuen, übergeordneten zusammenschließen. Ludwig von Bertalanffy war einer der ersten, der dieses Prinzip klar erkannt hat. William Thorpe hat in seinem Buch „Science, man and morals" gezeigt, wie das Prinzip des Schöpferischen stets darauf beruht, daß eine Vielheit von Verschiedenem zur Einheit vereint wird. Teilhard de Chardin fand die schönste und einfachste Formulierung, indem er sagte: „Créer c'est unir."

Der Schöpfungsakt, der im Zusammenschluß zweier Systeme liegt, ist durchaus nichts Übernatürliches. Bernhard Hassenstein hat dies durch ein physikalisches Beispiel illustriert: In einem Stromkreis, der von einer Batterie gespeist wird, ist ein Kondensator so eingebaut, daß die Spannung an seinen beiden Seiten gemessen werden kann. Unmittelbar nach Einschalten des Stromes mißt man geringste Spannungen, da der ganze Strom zunächst von der Aufladung des Kondensators geschluckt wird; in dem Maße jedoch, in dem er sich auflädt, steigt sie allmählich auf die volle Batteriespannung an. In einem zweiten Stromkreis ist – bei sonst gleicher Anordnung – anstatt des Kondensators eine Induktionsspule eingeschlossen. Mißt man nun die Spannung an ihren beiden Enden, so findet man unmittelbar nach Einschalten eine Spannung, die der Batteriespannung nahekommt, weil die Spule infolge ihrer Selbstinduktion zunächst nur wenig Strom durchläßt. Nach Aufhören der Induktionswirkung sinkt die Spannung stark ab. Stellt man nun aus diesen beiden einfacheren Systemen ein neues her, in welchem Kondensator und Induktionsspule hintereinandergeschaltet sind, so findet man in ihm eine Systemeigenschaft, die keinem der beiden untergeordneten Systeme, solange sie unabhängig voneinander funktionierten, auch nur in Spuren zu eigen gewesen war: die Fähigkeit zur *Schwingung*.

Was können wir aus diesem physikalischen Gleichnis lernen? Zunächst, daß die Funktionseigenschaften des neuentstandenen Systems sich nicht nur graduell, sondern *wesensmäßig* von denen der vorher unabhängig existierenden Untersysteme unterscheiden. Der Münsteraner Moraltheoretiker Herbert Doms pflegte darauf hinzuweisen, daß mit dieser Form der schöpferischen Neuentstehung von Eigenschaften lebender Systeme meist ein *Wertzuwachs* verbunden ist. Zweitens aber lehrt uns das Gleichnis, daß es völlig müßig ist, in den unabhängig funktionierenden Untersystemen oder bei niedrigen Organismen nach jenen Systemeigenschaften und Leistungen zu suchen, die erst auf einer höheren Integrationsebene in Existenz treten.

Dieser Tatsache müssen wir uns gründlich bewußt sein, wenn wir uns ein wahres Bild vom *Menschen* machen wollen. Der „Hiatus", der ihn von den höchsten anderen Lebewesen trennt, ist prinzipiell ähnlicher Natur wie jener, der zwischen dem Lebendigen und dem Anorganischen klafft. Die hierüber gesagten Sätze sind mutatis mutandis auf die Stellung des Menschen übertragbar. Die schlichte Aussage, daß der Mensch ein Tier sei, ist völlig richtig, jene andere aber, daß er „eigentlich nur" ein Tier sei, ist eine zynische und wertblinde Blasphemie.

Welche Eigenschaften des lebenden Systems „Mensch" sind es, die ihn so hoch über seine nächsten Stammesverwandten erheben? Können wir ihre Existenz und ihre Einzigartigkeit aus dem eben besprochenen Prinzip der Entstehung einer höheren Einheit aus verschiedenen schon vorhandenen und unabhängig voneinander funktionsfähigen Systemen erklären? Eben dies habe ich in meinem letzten Buch versucht, und hier will ich versuchen, das dort Gesagte in Kürze wiederzugeben. Die neue Leistung, deren Entstehung mit der des Menschen gleichzusetzen ist, ist das begriffliche Denken, das untrennbar mit der syntaktischen Sprache verbunden ist und alle Wunder der menschlichen Geistigkeit und Kultur mit sich gebracht hat.

Es ist ganz zweifellos aus der Integration einer Reihe von primitiveren Erkenntnisleistungen entstanden, zu denen schon die höchsten Tiere befähigt sind, die aber bei keinem von ihnen zur funktionellen Ganzheit vereint sind. Die wichtigsten von ihnen seien hier besprochen.

Schon vor Jahren hat Wolfgang Köhler an Menschenaffen die Fähigkeit der *räumlichen Einsicht* nachgewiesen. Wenn man eine Banane von der Decke des Zimmers herabhängen läßt, die der

Affe durch Springen nicht erreichen kann, und ihm in einem anderen Winkel des Raumes eine große, aber leicht bewegliche Kiste hinstellt, so geschieht folgendes, das ich nach einem sehr eindrucksvollen Film schildern will: Der Affe, in diesem Fall ein junger Orang, sieht zunächst zur Banane empor, stellt fest, daß sie zu hoch hängt, und wendet sich uninteressiert ab. Dabei fällt sein Blick auf die Kiste. Er weiß sehr wohl, daß ihm ein Problem gestellt ist, denn er war schon mehrere Male zu ähnlichen Versuchen in jenem Zimmer. Er ahnt wohl auch, daß irgendein Zusammenhang zwischen den beiden gebotenen Objekten besteht, und läßt seine Augen in der Raumdiagonale zwischen der Kiste links unten und der Banane rechts oben hin- und herwandern. Und dann folgt die Lösung, deren Auffindung man miterlebt, wenn man der Blickrichtung des Affen folgt. Er schaut nämlich von der Banane auf einmal nicht diagonal zur Kiste, sondern auf den Platz genau *unter* der Banane, von da zur Kiste, von da noch einmal auf den Ort unter der Banane und von da empor zu ihr, stößt einen Schrei aus und begibt sich, vor Freude einen Purzelbaum schlagend, zur Kiste und hat sie auch schon unter die Banane geschoben, erklettert und die Frucht geholt. Bei älteren und ruhigeren Affen sieht man oft gar nichts von dem eben beschriebenen vielsagenden Hin- und Herblicken, sie sitzen ruhig und in sich gekehrt da und *denken.* Als Denken im eigentlichen Sinn des Wortes muß man das bezeichnen, was sich in dem Tier in diesem Falle abspielt: ein versuchsweises Handeln *im vorgestellten Raum.* Die Fähigkeit zur „zentralen Repräsentation des Raumes“ im Gehirn des Menschenaffen ist eine jener noch nicht spezifisch menschlichen, unabhängig voneinander funktionsfähigen Leistungen, aus denen das begriffliche Denken des Menschen integriert ist.

Eine zweite solche Leistung ist jene merkwürdige *Objektivierung,* die von unserer *Wahrnehmung,* besonders von unserer Gestaltwahrnehmung, vollbracht wird. Als Beispiel möge die sogenannte Farbkonstanz gesehener Gegenstände dienen: Wir sehen ein Stück Papier in gleicher Weise „weiß“, ob es nun von bläulichem Morgenlicht, rot getöntem Abendlicht oder von dem gelben Schein einer elektrischen Lampe beschienen wird, obwohl es in jedem dieser Fälle ganz andere Wellenlängen reflektiert. Das wird von einem recht komplizierten physiologischen Apparat geleistet, der aus der im gesamten Gesichtsfeld vorherrschenden Farbe die der Beleuchtung „errechnet“ und aus dieser und der vom Gegenstand im Augenblick zurückgeworfenen Wellenlängen die *dem Objekt* eigenen Reflexionseigenschaften ermittelt, die unabhängig von den augenblicklich obwaltenden Lichtverhältnissen als konstante, dem Objekt anhaftende Eigenschaften wahrgenommen werden. Ähnliches gilt von der Konstanz der wahrgenommenen Form: Wenn ich meine Brille vor meinen Augen in allen möglichen Raumrichtungen herumdrehe, sehe ich sie dauernd in der ihr eigenen räumlichen Form, trotz der ungeheuren Veränderungen des Bildes, das von ihr auf meiner Netzhaut entworfen wird. Man vergegenwärtige sich die ungeheure Komplexität der stereometrischen Verrechnung, die sich bei diesem Vorgang unbewußt und der Selbstbeobachtung unzugänglich in unserem Hirn abspielt. Analoge Leistungen unseres Wahrnehmungsapparates machen es uns möglich, von den Unterschieden zu abstrahieren, die zwischen den Individuen einer Gattung bestehen. Schon das Kleinkind, und ebenso fast jedes höhere Tier, ist imstande, im Mops, Dackel, Bernhardiner und Pudel eine gemeinsame Qualität des „Hundeartigen“ wahrzunehmen.

Eine weitere Leistung, die ebenfalls bei vielen höheren Wirbeltieren zu finden ist, gehört zu den Einzelfunktionen, die beim Menschen zum begrifflichen Denken integriert werden, nämlich das sogenannte *Neugierverhalten*. Es besteht im wesentlichen darin, daß der Organismus in jeder ihm neuen Situation und vor allem gegenüber jedem ihm neuen Objekt so ziemlich das ganze „Repertoire“ seiner Verhaltensweisen durchprobiert und dabei lernt, welche von ihnen im vorliegenden Fall einen Erfolg bringt. Wie beim Spiel, das nicht scharf vom explorativen Verhalten zu trennen ist, sind dabei die einzelnen Verhaltensmuster nicht von jenem Trieb aktiviert, der sie normalerweise hervorruft. Der junge Hund, der an den Pantoffeln seines Herrn die Bewegungsweise des Totschüttelns von Beute ausprobiert, will nicht etwa fressen; wenn er hungrig wird, hört er sofort zu spielen auf und bettelt seinen Herrn an. Es ist kennzeichnend für das Spielen wie für das explorative Verhalten, daß es sich nur im „entspannten Feld“ entwickeln kann.

Die neugierige Auseinandersetzung mit der umgebenden Wirklichkeit verbindet sich mit dem räumlichen Vorstellungsvermögen und der abstrahierenden Leistung der Wahrnehmung zu einer Leistung höherer Ordnung, zum begrifflichen Denken. Maßgeblich für seine Entstehung war sicherlich der Umstand, daß schließlich das neugierige Forschen des Individuums *sich selbst* in den Kreis seiner Wißbegier einbezogen hat. Das braucht durchaus noch nicht echte Reflexion gewesen zu sein, wie sie der Mensch heute übt, aber schon die Einsicht, daß die eigene greifende Hand ebenso ein Ding der realen Welt ist wie der Gegenstand, den sie ergreift, muß den Akt des Greifens auf eine höhere Ebene gehoben und dem Begreifen nähergebracht haben. Das Erfassen der Ding-Konstanz des eigenen Körpers macht ihn vergleichbar mit allen anderen Umweltdingen – und damit zu deren *Maß*. Die Selbstexploration der eigenen greifenden Hand integriert die Leistungen der räumlichen Einsicht und der Wahrnehmungskonstanz zu einer Einheit, die beinahe schon begriffliches Denken ist.

Zu dieser Funktionsganzheit müssen aber noch andere Leistungen hinzukommen, deren jede für sich genommen ebensowenig spezifisch menschlich ist wie Raumeinsicht, Konstanzwahrnehmung und Exploration: große Lernleistungen, die Fähigkeit, Bewegungen bis ins Kleinste und Feinste willkürlich zu steuern, und manches andere, das hier nicht einmal erwähnt werden kann. Ein weiterer Vorgang aber muß als eine der wesentlichsten Leistungen besprochen werden, die in ihrer integrierten Gesamtheit zur Entstehung des begrifflichen Denkens beitragen, und das ist die *Tradition.* Auch sie kommt schon bei höheren sozialen Tieren vor, und ich darf mit einigem Stolz erwähnen, daß ich der erste war, der ihr Vorhandensein nachgewiesen hat, und zwar bei Dohlen. Eine erfahrene Dohle vermag einer unerfahrenen jungen durch ihren Warnruf mitzuteilen, daß ein bestimmtes Tier oder eine bestimmte Situation gefährlich ist. Weitgehend analoge Leistungen finden sich bei Ratten. Bei manchen Affen können sogar Verfahrensweisen durch Tradition weitergegeben und vererbt werden, wie z. B. die Methode, verschmutzte Süßkartoffeln durch Waschen in Seewasser zu reinigen und zugleich zu würzen. Alle diese auf ein Objekt bezogenen Kenntnisse können aber nur weitergegeben werden, wenn dieses, gewissermaßen zum Anschauungsunterricht, verfügbar ist. Wenn die Mitglieder einer Dohlenkolonie eine bestimmte Art von Raubtier auch nur eine Generation lang nicht zu sehen bekommen, geht das Wissen um seine Gefährlichkeit verloren. Erst die Entstehung des *sprachlichen Symbols* macht die Tradition unabhängig von der dauernden Anwesenheit ihres Objektes, und darin ist der Grund zu suchen, weshalb traditionelles Wissen sich beim Menschen *anhäufen* kann und bei Tieren nicht.

Über die Beziehungen zwischen syntaktischer und frei symbolisierender Sprache auf der einen Seite und dem begrifflichen Denken auf der anderen herrschen verschiedene Meinungen. Doch hat Noam Chomsky überzeugend nachgewiesen, daß das Programm für das logische, begriffliche Denken „angeboren", d. h. stammesgeschichtlich entstanden und erblich festgelegt ist, außerdem noch, daß es *identisch* mit einer in allen menschlichen Sprachen herrschenden grammatikalischen Gesetzmäßigkeit ist. Chomsky ist der Ansicht, daß diese universale Logik gar nicht im Dienste der Kommunikation, sondern in dem des logischen Denkens entstanden sei. Die Frage, was früher dagewesen ist, das begriffliche Denken oder die syntaktische Sprache, ist heute nicht mit Sicherheit zu entscheiden. Mir selbst liegt die Vorstellung nahe, daß die Sprache zumindest eine wesentliche Hilfeleistung bei der Evolution des begrifflichen Denkens vollbracht hat.

Die Vereinigung der erwähnten, auch bei Tieren vorhandenen Einzelleistungen zu einer neuen Ganzheit, der als nie dagewesene Systemeigenschaft die spezifisch menschliche Fähigkeit zum begrifflichen Denken zu eigen war, hat sich erdgeschichtlich sehr rasch vollzogen. Zur schöpferischen Neubildung des übergeordneten Systems bedarf es ja nur des Zusammenschlusses mehrerer schon bestehender Systeme, und das kann – im Maßstab des Evolutionsgeschehens betrachtet – sehr schnell vor sich gehen.

Und so entstand gegen Ende des Tertiärs der Mensch. Es entstand eine anhäufbare Tradition, mit ihr die Möglichkeit kultureller Entwicklung und all das, was wir als das *geistige* Leben des Menschen bezeichnen. Wenn man Leben ganz allgemein vom Standpunkt unseres heutigen Wissens her definieren wollte, würde man ganz sicher die schon besprochenen Leistungen des Erwerbs und der Speicherung von Information, von Wissen, als konstitutive

Eigenschaft in die Definition einbeziehen; man würde auch die Vorgänge in den Kettenmolekülen als konstitutive Merkmale in diese Definition einbeziehen. Diese Definition hat von präkambrischen Urzeiten auf *alles* Leben gepaßt, bis am Ende des Tertiärs plötzlich – in geologischem Sinne darf man wirklich „plötzlich“ sagen – eine nie dagewesene neue Form der Speicherung von Wissen auf den Plan tritt: das begriffliche Denken, dessen Entstehung der Menschwerdung gleichzusetzen ist. Wir Menschen tun etwas, was alle anderen Lebewesen vor uns mittels der Vorgänge in ihrem Genom vollbracht haben, mit unserem Hirn, und zwar nicht mit *einem* Gehirn, sondern mit vielen kollektiv zusammenarbeitenden Gehirnen. Wenn die kognitiven Leistungen des Genoms essentiell sind für das Lebendigsein *aller* Lebewesen, so ist das Zusammenwirken begrifflichen Denkens bei allen, die an einer menschlichen Sozietät teilhaben, essentiell für das geistige Leben des Menschen. Es ist keine Übertreibung zu behaupten, daß dieses geistige Leben eine besondere und höhere Art von Leben ist, die vor der Entstehung des Menschen nicht existiert hat, und es ist die Vielheit der zu einer überindividuellen Ganzheit vereinten Einzelmenschen, die das Wesen des menschlichen Geistes – im Singular – ausmacht.

Wir sind so gewohnt, unter Vererbung den biologischen, im Genom sich abspielenden Vorgang zu verstehen, daß wir allzuleicht den juridischen Sinn vergessen, den dieses Wort schon vor dem Entstehen genetischer Wissenschaft hatte. Mit dem begrifflichen Denken und der Hand in Hand mit ihm entstandenen Wortsprache tritt eine neue Art des *Weitergebens* von Eigenschaften und Fähigkeiten in die Welt, die der Vererbung in ihrer Leistung sehr ähnlich ist. Wenn ein Mensch Pfeil und Bogen erfindet, so „vererbt“ sich die Fähigkeit, diese Waffe herzustellen und zu gebrauchen, in ähnlicher Weise wie eine durch Mutation und Selektion entstandene, im genetischen Sinne erbliche Eigenschaft. Die Wahrscheinlichkeit, daß die erworbene Fähigkeit wieder *vergessen* wird, ist nicht größer als die, daß ein körperliches Organ von vergleichbarem Arterhaltungswert rudimentär wird. Mit einem Wort: Mit dem begrifflichen Denken entsteht die Fähigkeit zur *Vererbung erworbener Eigenschaften.*

Durch begriffliches Denken und Wortsprache wird neues Wissen aber nicht nur von Generation zu Generation übertragen, der Informationserwerb hat nicht wie in der Stammesgeschichte eine „Totzeit“ von mindestens einer Generation. Eine neue, gewinnbringende Mutation erweist ihren Arterhaltungswert ja nur durch den Fortpflanzungserfolg, und es dauert viele Generationen, bis sie sich über die ganze Art, über deren „Gene pool“, ausgebreitet hat. Im neuen, geistigen Leben dagegen verbreitet sich eine neue Erkenntnis, eine Erfindung um viele Zehnerpotenzen schneller von einem Zeitgenossen zum anderen. Damit steigert sich die Bedeutung, die der Einzelmensch für die Gemeinschaft hat oder doch haben kann, in gleichem Maße. Eine Erfindung, ein großer Gedanke, von *einem* Menschen geschaffen, kann sich in Windeseile über die Kontinente verbreiten, ein großes Ideal kann viele Millionen begeistern.

Die Gedankenverbreitung unter gleichzeitig lebenden Menschen erzeugt eine neue Art der Bruderschaft. Sie ist imstande, ein gemeinsames Wissen, Können und Wollen zu schaffen, das Menschen einander stärker nahebringen kann als genetische Ähnlichkeit zwischen Blutsverwandten. Friedrich Schillers Ausruf „Seid umschlungen, Millionen!“ ist keine leere Phrase.

Das alles hat wie ein Hymnus auf den menschlichen Geist geklungen und sollte auch so klingen, weil ich dem Eindruck vorbeugen wollte, daß ich die Eigenart des Menschen, die Macht seines Geistes und den Wert seiner Kulturen, unterschätze. Diese Vorbeugungsmaßnahme hielt ich für nötig, weil dieser Eindruck entstehen könnte, wenn ich im folgenden zu zeigen versuche, daß die Schöpfung des menschlichen Geistes, die menschliche Kultur, ein natürlich gewordenes lebendes System ist und welchen Störungen und Krankheiten dieses System ausgesetzt ist. Jede der hohen Leistungen des Geistes kann durch kleinste quantitative Veränderungen, durch ein geringes Überwuchern oder eine ebenso geringe Unterfunktion zu schweren Systemstörungen führen. Die großartige Gedankenverbreitung, die Millionen zum Streben nach gemeinsamen hohen Zielen vereint, kann bei einem geringen Überwuchern, wie es durch die moderne Technik so leicht verursacht wird, dazu führen, daß die umschlungenen Millionen wie Millionen von Hammeln blind und blöd irgendeinem geschickt propagierten falschen Ideal nachrennen.

## *Die Kultur als natürlich gewordenes lebendes System*

Wie ich zu zeigen versucht habe, ist auch der Mensch ein Lebewesen, das wie alle anderen in dem großen schöpferischen Werden der Organismenwelt entstanden ist, ohne daß dabei je ein Verstoß gegen die allumfassenden und allgegenwärtigen Naturgesetze geschehen ist. Es braucht kein Wunder angenommen zu werden, um die wunderbaren Leistungen des menschlichen Geistes verständlich zu machen. Die Seinskategorie des Menschlichen – wie Nicolai Hartmann sagen würde – ruht unmittelbar auf animalischen Leistungen auf, die nicht spezifisch menschlich sind, wie Raumwahrnehmung, Konstanzphänomene, Lernvorgänge usw., von denen ich schon gesprochen habe. Mit dem begrifflichen Denken entstehen die syntaktische Sprache und mit ihr alle jene Kommunikationsmöglichkeiten, die ein Anwachsen der Tradition zur Folge haben und damit jene Gemeinsamkeit des Wissens, Könnens und Wollens, die viele Menschen in jener System-Ganzheit vereinigt, die wir eine *Kultur* nennen. Jede Kultur ist ein auf natürlichem Wege entstandenes *lebendes System,* ihr Leben und ihre Gesundheit haben die Funktion aller jener schon besprochenen physiologischen und psychischen Leistungen zur Voraussetzung, deren Vereinigung zu einem Ganzen die Menschwerdung bedeutet.

Die Einsicht in die Natur dieser Leistungen und in ihr Zusammenwirken ist deshalb vonnöten, weil die Kultur, wie jedes lebende System, von Störungen, von Krankheiten befallen werden kann – wie krank unsere eigene heutige Kultur ist, sieht jeder. Die Voraussetzung jeder erfolgreichen Therapie ist die Einsicht in die normale Physiologie des gestörten Vorgangs und in die Art seiner Störung. Ich werde in den folgenden Ausführungen, die von der Kultur als einem lebenden System handeln, besonderes Gewicht auf jene Vorgänge legen, deren Störungen wir verstehen wollen.

Zu diesem Vorgehen veranlaßt mich noch ein anderer Umstand: Wir *wissen* über Funktionen, die Störungen unterliegen, oft mehr als über jene, die das nicht oder nur selten tun. Auf den ersten Blick mag es scheinen, als ob es ein unüberwindliches Hindernis für die Analyse eines überaus komplizierten Systems sei, wenn dieses von unvoraussagbaren und noch weiter komplizierenden Störungen befallen ist. In Wirklichkeit aber ist die Störung in vielen Fällen der Schlüssel zum Verständnis der gesunden Funktion. Die Geschichte der Medizin kennt viele Fälle, in denen dies der Fall war, z. B. bei der Erforschung der Leistungen von Drüsen mit innerer Sekretion. Bekanntlich wird durch eine Überfunktion der Schilddrüse die Basedowsche Krankheit hervorgerufen; durch ihre Unterfunktion aber entsteht eine Form der Idiotie, das sogenannte Myxödem. Der Schweizer Chirurg Kocher vermutete einen Zusammenhang zwischen Überfunktion der Schilddrüse (Hyperthyreose) und der Basedowschen Krankheit und versuchte diese durch Herausschneiden der Schilddrüse zu behandeln. Die ersten Patienten starben alsbald an Krämpfen, weil er die Nebenschilddrüsen mitgenommen hatte, die den Kalkstoffwechsel regulieren, und Kalkmangel erzeugt Krampfbereitschaft. Bei den nächsten Operationen ließ er die Nebenschilddrüsen unverletzt und entfernte nur die ganze Schilddrüse. Die so behandelten Patienten lebten lange genug, um Symptome zu entwickeln, die deutlich als solche des Myxödems zu erkennen waren.

Diese kurze Betrachtung eines Stückchens medizinischer Wissenschaftsgeschichte führt uns zu einer Erkenntnis, die verallgemeinert werden kann: Die Gesamtfunktion eines lebenden Systems wird oft durch ein kleines Zuviel oder Zuwenig in der Funktion eines seiner Teile oder „Untersysteme“ gestört. Der Gleichgewichtszustand in einem komplexen lebenden System wird oft durch die Spannung zwischen zwei gegeneinander wirkenden Untersystemen gesichert, gleich einem Mast, der durch gegeneinander gespannte Seile in seiner aufrechten Stellung erhalten wird. In analoger Weise wirken die Drüsen mit innerer Sekretion, deren wirksame Ausscheidungen, die Hormone, häufig entgegengesetzte Wirkungen haben. Das Wort Hormon kommt vom griechischen „hormao – ich treibe“, und was von den hormonbedingten Antrieben gilt, gilt in analoger Weise auch von vielen anderen. Gerade im Antriebsleben des Menschen gibt es sehr viele gegeneinandergespannte Motivationen, deren arterhaltende Leistung im Aufrechterhalten eines Gleichgewichtszustandes liegt.

Ich will von zwei solchen gegnerischen Leistungen sprechen,

die in jedem lebenden System vollbracht werden müssen, wenn es auf die Dauer lebensfähig bleiben soll. Bei allen Lebewesen mit Ausnahme des Menschen werden sie von Vorgängen im Genom, in der „Erbmasse", vollbracht. In der menschlichen Kultur, dem komplexesten lebenden System, das wir kennen, dienen völlig andersartige, physiologische und psychische Mechanismen strikt analogen Leistungen.

Wie schon gesagt, ist die Information, die allem Angepaßtsein zugrunde liegt, in den Sequenzen der Nukleotide codiert, wohlverwahrt in den Genen. Allzu wohlverwahrt *darf* diese Information gar nicht sein, denn es sind ja, wie wir ebenfalls schon wissen, kleine „Irrtümer" bei ihrer Weitergabe, sogenannte Mutationen, nötig, um den Erwerb weiterer, neuer Informationen zu ermöglichen. Auch habe ich schon zu Beginn gesagt, daß alles Wissen in Struktur festgelegt ist und daß die stützende und bewahrende Leistung jeder Struktur um den Verlust von Freiheitsgraden erkauft werden muß.

Wenn wir eine – in Wirklichkeit nie vorhandene – absolut unveränderliche Umwelt annehmen, so hätte ein Organismus, nachdem er sich einmal an sie angepaßt hat, keinen weiteren Informationserwerb und somit keine weiteren Mutationen nötig. Je veränderlicher der Lebensraum ist, desto größer muß begreiflicherweise die Veränderlichkeit des in ihm lebenden Organismus sein. Tatsächlich ist, wie die Genetiker bereits wissen, die „Mutationsrate" bei Lebewesen aus sehr konstantem Milieu, z. B. aus dem Meere, um sehr viel niedriger als bei Wesen aus veränderlicheren Lebensräumen; am höchsten scheint sie bei Haustieren zu sein.

Ein überindividuelles, die Lebensdauer der einzelnen Individuen überdauerndes System, sei es nun eine Spezies nichtmenschlicher Organismen oder eine menschliche Kultur, hat nur dann Aussicht auf dauernden Bestand, wenn sein inneres Gleichgewicht zwischen Unveränderlichkeit und Veränderlichkeit im richtigen Verhältnis zur Konstanz oder Inkonstanz der Umwelt steht. Diese unbestreitbare Tatsache legt die Frage nahe, ob in einer menschlichen Kultur nicht auch, wie im Genom einer Spezies, Faktoren vorhanden seien, die ein gesundes Gleichgewicht zwischen Invarianz und Varianz, d. h. zwischen Unveränderlichkeit und Veränderlichkeit, dadurch aufrechterhalten, daß sie einander entgegenwirken, und zwar in analoger Weise, wie die schon erwähnten genetischen Vorgänge der invarianten Vererbung und der Mutation dies tun. Tatsächlich gibt es auch in der menschlichen Kultur Mechanismen, die in analoger Weise gegeneinander wirken.

Ich wende mich zuerst den Invarianz bedingenden „konservativen" Faktoren zu. Jede Gewohnheit wird bekanntlich leicht zur „lieben" Gewohnheit, von der man nur ungern abgeht, und hierin liegt eine der Wurzeln allen Brauchtums. Bei längerem Beibehalten einer Gewohnheit kann diese zu einem Zwang, zu einer Kompulsion werden, und zwar dadurch, daß ihr Durchbrechen *Angst* erzeugt. Dies läßt sich besonders gut an den Weggewohnheiten von Tieren und Menschen zeigen. Margaret Altmann beschreibt, wie ihre Reittiere, ein altes Pferd und ein noch älteres Maultier, nicht nur eisern am gewohnten Weg festhielten, sondern auch daran, an bestimmten Orten haltzumachen. Wenn sie mit diesen Tieren ein paarmal an einem Ort gelagert hatte, gingen die Tiere um keinen Preis an dem Platz vorüber. Wollte man sie mit Gewalt dazu zwingen, wurden sie scheu, schnaubten, stiegen und waren sichtlich von größter Angst befallen. Was tat Dr. Altmann aufgrund ihrer profunden Tierkenntnis? Sie packte „symbolisch" ein paar Gepäckstücke ab, setzte sich für kurze Zeit nieder und packte wieder auf. Da waren die Tiere beruhigt und gingen widerspruchslos weiter. Auf diese Weise entstehen *Riten!*

Die tiefe Angst, die jedes gewohnheitsabhängige Wesen bei Durchbrechung seiner Gepflogenheit erfaßt, ist nicht sinnlos. Ein Wesen, das der Einsicht in ursächliche Zusammenhänge entbehrt, tut gut daran, an einem Verfahren festzuhalten, das es als ungefährlich und zum Ziele führend kennengelernt hat. Auch im menschlichen Kulturleben hat die „Existentialangst", das Gefühl des Sich-versündigt-Habens, eine unentbehrliche Rolle: ohne sie gäbe es keine glaubhafte Mitteilung, keine vertrauenswürdigen Verträge und keine Treue.

Der Brauch, den der Mensch durch soziale Tradition übernimmt, haftet viel fester als jede persönlich erworbene Gewohnheit, und seine Durchbrechung wird von viel intensiveren Gefühlen der Angst und der Schuld bestraft. Er wird aber auch sehr viel intensiver geliebt, und diese Liebe zur Tradition hängt eng mit den Gefühlen zusammen, die der Traditionsnehmer dem Traditionsgeber entgegenbrachte: seine Liebe zu diesem muß mit „Respekt“ gepaart sein. Das Rangordnungsverhältnis zwischen Traditionsgeber und -nehmer ist eine unabdingbare Voraussetzung dafür, daß ein Mensch willig und fähig ist, von einem anderen Tradition zu übernehmen. Eng hiermit verbunden ist der Vorgang der sogenannten Identitätsfindung. Die Identifizierung mit einer „Vaterfigur“ macht es dem Menschen möglich, den Geboten eines ethischen „Über-Ich“ zu gehorchen und verleiht ihm jene innere Sicherheit, ohne die er nicht glücklich leben kann.

Diese und andere Faktoren, auf die ich hier nicht näher eingehen kann, tragen dazu bei, die Strukturen einer Kultur unverändert zu bewahren. Ihnen stehen alle jene revolutionären Kräfte gegenüber, die aller festen Struktur feindlich sind, die den Menschen dazu drängen, alle Tradition über Bord zu werfen.

Den Invarianz bewahrenden Mechanismen der menschlichen Kultur steht vor allem eine essentiell menschliche Eigenschaft gegenüber, die *Neugier*. Exploratives Verhalten oder Neugierverhalten gibt es, wie wir schon wissen, auch bei höheren Tieren, doch ist es bei ihnen meist auf das jugendliche Alter beschränkt. Nur der Mensch behält neben anderen, körperlichen Merkmalen der Jugendlichkeit auch die jugendliche Neugier bis in sein höheres Alter. Unsere permanente Wißbegier ist ein persistierendes Jugendmerkmal, unser Forschen ist dem explorativen Spiel des Kindes wesensverwandt. Der Mensch ist nur dort ganz Mensch, wo er spielt, sagt Friedrich Schiller. Im echten Manne ist ein Kind versteckt, bemerkt Friedrich Nietzsche.

Dieses Kind im Manne ist aller feierlichen Würde und aller Doktrin abhold, es ist, kurz gesagt, ein echter Lausbub, voller Skepsis, voll unbändigen Dranges nach Freiheit und voll Wißbegier. In der Brust des normalen Erwachsenen leben zwei Seelen, eine, die der althergebrachten Tradition treu ist und alle alten Bräuche liebt, und neben ihr die Seele des respektlosen Revolutionärs. Mit zunehmendem Alter pflegt die konservative Seele die Oberhand zu bekommen, aber wehe, wenn sie zu uneingeschränkter Herrschaft gelangt: In diesem Falle wird der Mensch zum verkalkten Doktrinär.

Im Leben des Menschen ist eine Entwicklungsphase vorgesehen, während der Skepsis und Wißbegier einen Gipfelpunkt erreichen: Während der Pubertät zieht der junge Mensch, der Jüngling mehr als das Mädchen, die gesamte elterliche Tradition in Frage. Alles Bekannte und Vertraute, das ihm bisher lieb und wert war, erscheint ihm langweilig, alles Unbekannte, das bisher fremd und drohend erschien, wird für ihn interessant und anziehend. Der junge Mensch sieht sich nach neuen Werten um, nach neuen Idealen, für die es sich zu kämpfen lohnt.

Unter „normalen Umständen“, in einer sogenannten „heilen Welt“, bewirken die Skepsis und Neuerungssehnsucht des Pubertierenden die für die Anpassungsfähigkeit einer Kultur unerläßliche Plastizität. Sie sorgen für eine „Fremdbefruchtung“ der elterlichen Kultur, sie verhindern eine Erstarrung in festen Doktrinen. Unter solchen normalen Umständen kommt es auch nicht – oder doch nur vorübergehend – zum Bruch zwischen Eltern und Kindern. Die Annahme Sigmund Freuds, daß der Sohn den Vater haßt und töten will, halte ich für eine irrtümliche Generalisierung eines speziellen Falles, der zwar vorkommt, aber keineswegs die Regel darstellt. Der Sohn hat seinen Vater ganz gern, auch wenn er sich mit ihm nicht mehr verträgt und ihm eine Zeitlang aus dem Wege geht. Alexander Mitscherlich hat darauf hingewiesen, daß die meisten Männer mit zunehmendem Alter gegen ihren Vater toleranter werden; die meisten Männer meines Alters werden mir zugeben, daß sie gegenwärtig eine höhere Meinung von ihrem Vater haben, als sie mit 17 Jahren hatten.

Die Lösung des jungen Menschen aus der Familie, sein Streben nach Neuerungen und seine Skepsis an allem Althergebrachten sind zweifellos gesund und sind Funktionen, die in unserer Stammesgeschichte im Dienste einer unentbehrlichen art- und kulturerhaltenden Leistung entstanden sind. All dies geht am deutlichsten aus den Folgen hervor, die ihr Ausbleiben nach sich zieht. Der Knabe, der nicht wie „Hänschen klein“ in die weite Welt hinein zieht, der nicht in einer jugendlichen Abenteuerlust seine Lehr- und Wanderjahre durchmacht, wird niemals ein ganzer Mann werden. Die Pubertät ist zwar eine kritische Phase in der Entwicklung des jungen Menschen, aber sie ist für ihn selbst ebenso unentbehrlich wie für das Werden der Kultur, deren

Träger er ist. Der Abbau traditioneller Ideale bewirkt im jungen Menschen notwendigerweise eine gewisse innere Haltlosigkeit, ohne ihn aber würde der junge Mensch nie zu einem eigenständigen, ihm als Persönlichkeit eigenen inneren Halt gelangen. Ich habe schon gesagt, daß Struktur abgebaut werden muß, um eine neue und bessere Struktur zu gewinnen. Die kritische Zeit, die jeder Pubertierende durchmachen muß, kann biologisch dem Zustand eines frisch gehäuteten Krebses verglichen werden, der den alten Panzer abwerfen muß, um einen neuen und größeren zu bekommen.

Auch der Drang, für eine gute Sache zu kämpfen, die von der älteren Generation nicht als anzustrebendes Ideal anerkannt ist, stellt ein normales und gesundes Bedürfnis dar. Die Besten unter der rebellierenden Jugend sind sich ihrer Verantwortung für die Zukunft der Menschheit durchaus bewußt und nehmen es mit ihrer Kritik der gegenwärtigen Gesellschaftsordnung sehr ernst. Das In-Frage-Ziehen der überlieferten Werte war niemals nötiger als gerade heute, wo ein Großteil der menschlichen Gesellschaft vergessen hat, daß es Werte gibt, die sich nicht in Dollars quantifizieren lassen.

Die Verhaltensweisen des Menschen, die kulturelle Invarianz bewahren, und jene anderen, die feste Tradition zerbrechen, bilden *zusammen* ein System antagonistischer Mechanismen, dessen Aufgabe es ist, ein Gleichgewicht aufrechtzuerhalten. Mit der Feststellung dieser Tatsache macht man sich bei den konservativen alten Herren ebenso unbeliebt wie bei der rebellierenden Jugend. Die Erkenntnis, daß sie nur mit ihren Meinungsgegnern gemeinsam eine sinnvolle Leistung für die menschliche Kultur vollbringen, ist den einen so unwillkommen wie den anderen. Weil ich, wie ich später noch näher ausführen will, die Fehlleistungen zu analysieren versuche, die aus einer Überfunktion der einen wie der anderen Faktoren entstehen, gelte ich bei den Reaktionären als Revolutionär und bei Jugendlichen, besonders bei stark linksorientierten, als Reaktionär. Dieser Widerspruch der Meinungen macht mich hoffen, daß meine eigene die richtige Mitte hält.

Der Meinungskampf zwischen den Verteidigern der Tradition und denen, die mit ihr brechen wollen, erzeugt unvermeidlicherweise bei beiden Parteien Werturteile, die in die Irre gehen. Die

Erkenntnis, daß beide Arten von Funktionen, Struktur aufbauende wie Struktur abbauende, gleichermaßen nötig sind, um das Leben des Systems zu sichern, zeigt die Hinfälligkeit dieser Wertungen. So wie es unsinnig wäre zu sagen, die Schilddrüse sei schlecht, nur weil ihre Überfunktion die Basedowsche Krankheit erzeugt, wäre es auch abwegig, Liebe zur Tradition und Ehrfurcht vor Lehrern und Eltern für „schlecht" zu halten, oder – auf der anderen Seite – jede Revolution als solche zu verdammen. Ein gutes Gleichnis für die Funktion der hier in Rede stehenden, einander entgegenwirkenden Vorgänge ist das Wachstum des Knochens. Während er an Größe zunimmt, bleibt auch nicht der kleinste seiner Teile unverändert bestehen, dauernd sind Osteoblasten und Osteoklasten, d. h. Knochen anbauende und Knochen abbauende Zellen, am Werke, die gemeinsam bewirken, daß das Gebilde, ohne seine Form zu verändern, allmählich größer wird.

Wie schon gesagt, beziehen wir einen großen Teil unseres Wissens über die hier in Rede stehenden, einander entgegenwirkenden und doch untrennbar zusammengehörigen Vorgänge aus den *Störungen,* die eine Kultur durch das Überhandnehmen der einen wie der anderen erleidet. Auch in diesen Störungen zeigt die menschliche Kultur vielsagende Analogien zu anderen überindividuellen lebenden Systemen, wie zu Tier- und Pflanzenarten. Wie bei diesen führt ein Überhandnehmen der Invarianz bewahrenden Leistungen zum Stehenbleiben aller weiteren Entwicklung, zur Entstehung „lebender Fossilien", die gar nicht mehr in die heutige Umwelt passen und nur an Örtlichkeiten weiter existenzfähig sind, an denen sie dem Wettbewerb mit „moderneren" Lebewesen entzogen sind. Das Schnabeltier und die Beuteltiere in Australien, die Brückenechse und der Kiwi in Neuseeland sowie manche Meerestiere, Seelilien, Armfüßer usw. sind solche Überhälter aus vergangener Zeit. Es scheint, daß solche Lebensformen aus der Sackgasse, in die sie sich festgerannt haben, grundsätzlich nicht mehr herausfinden können.

Auf der anderen Seite führt das Überhandnehmen der Veränderlichkeit zu monströsen Formen, die häufig nicht mehr lebensfähig sind. Unter den Bedingungen des Kampfes ums Dasein, denen ein wildlebendes Tier ausgesetzt ist, sorgt eine scharfe Selektion dafür, daß schon die Neigung zu einer allzu großen

Mutabilität „weggezüchtet“ wird. Läßt die scharfe Konkurrenz mit anderen Wesen auch nur ein wenig nach, wie dies z. B. bei der Domestikation durch den Menschen der Fall ist, dann wächst die Veränderlichkeit einer Tier- oder Pflanzenart sofort erheblich; man denke an Hunde- und Geflügelrassen oder an die „Sorten“ unserer Nutzpflanzen.

Ich brauche wohl kaum zu sagen, wo man im kulturellen Leben der Menschheit die Analoga zu lebenden Fossilien finden kann. Ein typisches Beispiel dafür sind Nationalisten. Wer heute noch nicht verstanden hat, daß die System-Ganzheit, die es zu verteidigen gilt, hier bei uns in Europa eine Kultur und nicht eine Nation ist, darf als Fossil gelten.

Wie ich schon gesagt habe, neigen die Invarianz bewahrenden Vorgänge dazu, jede Tradition in einen steifen Panzer einzumauern, und das tun sie auch mit jeder Wahrheit, sofern diese nur lange genug tradiert wird. Thomas Huxley hat gesagt, jede Wahrheit beginne ihren Lebenslauf als Ketzerei und beende ihn als Orthodoxie. Es ist eine zu tiefem Nachdenken anregende Tatsache, daß jede Erkenntnis, mag sie zur Zeit, da sie gewonnen wird, noch so wahr sein, den Charakter der Wahrheit verliert, wenn sie zur Doktrin erhoben und als absolut betrachtet wird! Dies ist der Wahrheitsgehalt der Lehre Hegels, die besagt, daß die Antithese der These gegenüber immer recht hat.

Der in Rede stehende Vorgang des „Verkalkens“ einer Wahrheit wird leider dadurch gefördert, daß die Technik, vor allem die sogenannten Massenmedien, jede neue Erkenntnis so rasch verbreitet. Es ist der Nachteil der an sich so erfreulichen schnellen Information großer Menschenmassen, daß jede Doktrin mit der Zahl ihrer Anhänger an Macht gewinnt, nicht weniger, als sie es sonst durch langes Überliefertwerden tut. Zwei miteinander unverträgliche Doktrinen können auf diese Weise in historisch gesehen sehr kurzer Zeit gewaltige Zahlen an Anhängern gewinnen, was zur Entstehung von „Super-Mächten“ führt, die einander feindlich gegenüberstehen. Je mehr Anhänger sie erwerben, je weniger unbeteiligte Menschen auf der Erde übrigbleiben, desto größer wird die Gefahr vernichtender Kriege.

## *Krankheiten der Kultur*

Ich habe vor einiger Zeit ein kleines Buch geschrieben, das den Titel trägt „Die acht Todsünden der Menschheit". Freunde haben an diesem Titel Kritik geübt. Sie sagten, die von mir beschriebenen Störungen und Fehlhandlungen seien Krankheiten und nicht moralische Vergehen. Dies ist nur teilweise richtig. Gewiß, es kann als eine Geisteskrankheit, als Massenwahn betrachtet werden, wenn die Menschen, berauscht von ihren technischen Erfolgen, in der naivsten Weise technische Methoden auch der lebenden Natur gegenüber anwenden und dadurch die eigenen Lebensgrundlagen vernichten. Wenn sie aber in diesem Verhalten fortfahren, nachdem ihnen völlig klargeworden sein muß, daß sie durch ihr Tun den eigenen Enkeln nicht nur das Brot, sondern auch den Sauerstoff vernichten, so ist dies nicht nur eine Sünde, sondern ein Verbrechen.

Ich will heute von Krankheiten der Kultur sprechen, also von Störungen, bei denen die Fragen der verantwortlichen Ethik noch nicht ins Spiel kommen. Die Kultur ist ein Produkt des menschlichen Geistes und wie dieser eine essentiell *überindividuelle* System-Ganzheit. Erkrankungen der Kultur sind ganz buchstäblich Erkrankungen des menschlichen Geistes, sie können die Gesamtheit einer Kultur erfassen, und sie sind daher, vom Individuum aus gesehen, stets *epidemische* Krankheiten.

Eine Störung, die sich bis zur Neurose steigern kann, ist das „Unbehagen in der Kultur", wie Sigmund Freud es genannt hat. Uns allen ist es in seiner intensivierten Form unter der schönen deutschen Bezeichnung „stress" wohlbekannt. Die Krankheit hat ihren tiefsten Grund in einer allen menschlichen Kulturen innewohnenden Diskrepanz: Sie besteht darin, daß das Entwicklungstempo der genetischen Evolution des Menschen um mehrere Zehnerpotenzen langsamer ist als jenes der kulturellen Entwicklung. Wie im ersten Teil meiner Ausführungen auseinandergesetzt wurde, ist es die Vererbung erworbener Eigenschaften, die der kulturellen Entwicklung ein ständig zunehmendes Tempo aufzwingt. Die Anforderungen, die das kulturelle Leben an den Menschen stellt, übersteigen schließlich das Maß dessen, was er aufgrund seiner genetischen Anlagen zu leisten vermag. Der Zwiespalt zwischen menschlicher Natur und menschlicher Kultur wächst mit der Höhe der Kulturentwicklung, und wahrscheinlich reicht diese Diskrepanz allein hin, um zu erklären, weshalb Hochkulturen regelmäßig in einem bestimmten, hohen Entwicklungsstadium zugrunde gehen, wie Oswald Spengler richtig gesehen hat. Er versuchte diesen Prozeß unter Heranziehung metaphysischer Faktoren, wie einer „Logik der Zeit“ und einem „natürlichen Altern“ der Kultur, zu erklären. Auf diese Weise aber läßt sich nicht erklären, wieso Kulturen, die *nicht* das Stadium der Hochkultur erreichen, wie etwa die Kultur der Pueblo-Indianer Neu-Mexikos, augenscheinlich unbegrenzt lange leben können.

Es gibt noch andere Krankheiten der Kultur, deren Gefährlichkeit mit der Kulturhöhe zunimmt. Zu ihnen gehören die Gleichgewichtsstörungen in der Wechselwirkung zwischen den Tradition festigenden und Tradition abbauenden Vorgängen. Die ständig zunehmende Geschwindigkeit der kulturellen Entwicklung bringt eine entsprechende Zunahme dessen mit sich, was von einer Generation zur anderen veraltet und abgestoßen werden muß. Gleichzeitig sorgen Verkehrsmittel und Massenmedien dafür, daß die kulturellen Unterschiede zwischen den Ländern dieser Welt immer geringer werden. Die kulturelle Distanz zwischen den Generationen nimmt zu, während die zwischen den Völkern aller Erdteile rasch abnimmt. Dieser Vorgang hat heute jenen kritischen Punkt erreicht, an dem die Jugendlichen aller zivilisierten Länder *einander* ähnlicher sind als die jedes einzelnen Landes ihren Eltern. Dies hat die außerordentlich gefährliche Folge, daß die beiden Generationen so aufeinander reagieren, *als wären sie zwei verschiedene Kulturen.* Es kommt zu einer Feindseligkeit zwischen Alten und Jungen, die zu einer Form des Hasses eskalieren kann, die zu den dümmsten und gefährlichsten Formen des Hasses gehört, nämlich zum nationalen Haß. Darüber habe ich eine Arbeit geschrieben und in Stockholm einen Vortrag gehalten. Wie so viele Krankheiten unserer Kultur trägt auch diese die Kennzeichen der Massenneurose, und dies gibt Anlaß zu gemäßigtem Optimismus: Die meisten Neurosen lassen sich dadurch günstig beeinflussen, daß man dem Patienten die Ursachen seines Leidens zum Bewußtsein bringt.

Die radikale Ablehnung der elterlichen Kultur kann – auch

wenn sie völlig berechtigt sein sollte – die böse Folge haben, daß der jeder richtungweisenden Information entbehrende Jugendliche zum Opfer von wahrhaft nichtswürdigen Verführern wird. Ich spreche dabei noch nicht einmal von dem Demagogen, dem der traditionsberaubte Jugendliche ein allzu williges Ohr leiht und dessen wohlausgeschliffene doktrinäre Formeln er allzu leichtgläubig nachbetet. Der Drang, einer Gemeinschaft anzugehören, ist so stark, daß junge Menschen, die keine finden, der sie sich anschließen können, sich ein Ersatzobjekt schaffen. Es werden dann Gemeinschaften frei konstituiert, die gewisse instinktmäßig programmierte Anforderungen erfüllen. Sie müssen der elterlichen Kultur fremd, womöglich ihr feindlich sein, und es muß sich für sie kämpfen lassen. Es sind schon Paare von Ersatz-Sozietäten dieser Art entstanden, die ausschließlich dem Zwecke dienten, *einander* zu bekämpfen, wie z. B. die „Rocks" und „Mods" in England. Solche künstlichen Gemeinschaften können höchst gefährlich werden, nicht zuletzt für die Jugendlichen selbst. Der Jugendpsychologe Aristide Esser, der speziell Jugendkriminalität und Rauschgiftsucht in den Oststaaten von Amerika untersucht hat, kommt zu dem erschreckenden Ergebnis, daß das Hauptmotiv, das Jugendliche aus besten Familien der Rauschgiftsucht in die Arme treibt, nicht – wie meist angenommen – aus Langeweile und Sensationsgier stammt, sondern aus dem übermächtigen Bedürfnis, einer geschlossenen Gruppe anzugehören, die gemeinsame Interessen hat. Es ist ein erschütternder Beweis der Macht des Triebes nach Gruppenzugehörigkeit, daß sich diese unglücklichen jungen Leute lieber der Gemeinschaft der Allerunglücklichsten anschließen, als daß sie alleinstehen.

Der kritische Prozeß, durch den sich der herangewachsene junge Mensch skeptisch von allem Überlieferten frei macht, alte Werte wägt, neue findet und neue Ideale zu den seinen macht, ist eine der *wichtigsten* treibenden Kräfte – wenn nicht die wichtigste – im schöpferischen Werden der menschlichen Kultur.

Die Festigkeit, mit der ein Mann an der Sache festhält, die er zu der seinen gemacht hat, die Treue, mit der er eingegangenen Verpflichtungen nachkommt, die Unverbrüchlichkeit seines Eides sind unentbehrlich, denn sie bilden das Rückgrat jeder menschlichen Gemeinschaft.

Tragische äußere Umstände lassen heute aus dem Zusammentreffen zweier hoher menschlicher Tugenden, des Freiheitsdranges und der Mannestreue, eine tödliche Falle für Kultur und Menschlichkeit entstehen, die *Indoktrinierung.* Wenn die jungen Menschen, wie sie es heute zu Millionen und Abermillionen tun, die Gesamtheit der elterlichen Traditionen über Bord werfen und nach Halt und Identität suchen, sind sie, wie schon besprochen, dazu bereit, anstelle einer wahren und wertvollen menschlichen Gemeinschaft die merkwürdigsten Ersatzobjekte anzunehmen. In dieser kritischen Phase bekommen sie nun vom Demagogen ein vorgefertigtes und wohlausgearbeitetes System von Doktrinen vorgelegt, die täuschend wirklichen Idealen gleichen, weil sie einstmals wirkliche Ideale gewesen sind. Sie waren Wahrheit, solange sie ketzerisch gegen die damals herrschenden Doktrinen revoltierten, sie verloren ihren Charakter der Wahrheit, indem sie zum starr strukturierten Schema wurden, durch jenen von Thomas Huxley so klar erkannten Vorgang, durch den der lebendige menschliche Geist zum toten Trugbild seiner selbst wird, zum handlichen und gut verkäuflichen „Gefriergeist“. Solche gefrorenen Wahrheiten pflegt man mit Worten zu bezeichnen, die auf -ismus enden.

Die Bindung an neue Ideale, die der junge Mensch zur Pubertätszeit eingeht, hat große Ähnlichkeit zu jenen Vorgängen der Fixierung eines Triebes an ein bestimmtes Objekt, die wir als die *Prägung* bezeichnen und die an Tieren genau untersucht ist. Wie diese findet die Idealbindung des jungen Menschen in einer bestimmten „sensitiven Periode“ seines Lebens statt, und wie diese ist sie nicht oder nicht ganz rückgängig zu machen. Je treuer er seinem Gefolgschaftseid ist, desto weniger ist er fähig, sich für neue Ideale zu begeistern, wenn ein hartes Schicksal ihn überzeugt, daß die alten unwürdige Scheinideale gewesen waren.

In aller Herren Ländern wachsen Millionen von jungen Menschen heran, die, oft aus allzu begreiflichen Gründen, den Glauben an die traditionellen Werte der älteren Generation verloren haben; sie sind in höchstem Maße anfällig für Indoktrinierung aller Art. Sie fühlen sich *frei,* weil sie der elterlichen Tradition entronnen sind, und sie bemerken unbegreiflicherweise nicht, daß sie nicht nur dieser, sondern aller Freiheit des Denkens und Handelns entsagen, wenn sie sich einer der vorgefertigten Doktrinen ergeben; im Gegenteil, die wirklich restlose Hingabe an eine Doktrin scheint das intensivste subjektive Gefühl der persönlichen Freiheit zu verleihen. Den physiognomischen Ausdruck dieses Gefühls haben Maler und Bildhauer dem Gesicht Friedrich Schillers verliehen, wie er sein Manifest „In Tyrannos“ verliest. Wir kennen diesen Ausdruck nur allzugut von den jungen Indoktrinierten aller Doktrinen.

Auf die Millionen hingabebereiter Jugendlicher warten die Doktrinäre aller Richtungen, selbst von ihrer Sache begeistert, da sie selbst in ihrer sensitiven Lebensphase denselben Prägungsprozeß durchgemacht haben. Die Schwächung der Bindung an die elterliche Tradition und die Verstärkung der Werbewirkung, die alle Doktrinen durch die große Masse ihrer Anhänger sowie durch die technischen Möglichkeiten der Massenmedien erfahren, lassen den Vorgang der Indoktrinierung lawinenhaft anschwellen, so daß er droht, die Menschheit ihres wichtigsten Gutes, ihrer Gedankenfreiheit, zu berauben.

Da die Zahl der auf unserem Planeten nebeneinander existenzfähigen Doktrinen mit der Zahl ihrer Anhänger abnimmt, so daß schließlich die ganze Menschheit nur auf wenige von ihnen verteilt ist, droht die Gefahr des eskalierenden Hasses zwischen den Gläubigen der verschiedenen Bekenntnisse und damit des schrecklichsten aller Kriege, des Religionskrieges!

Eine andere Kulturkrankheit, die zwar in Wechselwirkung mit den soeben besprochenen Störungen steht und ihnen Vorschub leistet, aber doch als unabhängiger Symptomkomplex besprochen werden muß, ist die Schwächung des zwischenmenschlichen Kontaktes. In extremen Fällen der Unfähigkeit zur Bindung an Mitmenschen sprechen die Psychiater von „Autismus“, was wörtlich übersetzt „Selbst-Sucht“ heißt. Beängstigenderweise ist der zwischenmenschliche Kontakt, das Mit-Gefühl, die Menschenliebe, dort auf ein Minimum abgesunken, wo die Menschen am dichtesten beeinander wohnen, in den ganz großen Städten. Man kann in einer belebten Straße rauben, morden und vergewaltigen – niemand fühlt sich verpflichtet, dem Opfer beizustehen – „Not to get involved“ ist die Maxime. Hand in Hand mit dem Umsichgreifen allgemeiner Kontaktschwäche geht ein Zunehmen der

Kriminalität. In den großen Städten Amerikas hat beides Formen angenommen, die an die wüstesten Zeiten des Faustrechtes im europäischen Mittelalter erinnern. Im Central Park in New York spazierengehen heißt heute, auch am hellen Tage, einen Raubüberfall provozieren.

Die epidemische Gefühlsarmut, die allen diesen Symptomen zugrunde liegt, ist eine der wenigen Kulturkrankheiten, deren Hauptursache bekannt und wenigstens im Prinzip bekämpfbar ist. Sie liegt im Mangel eines ausreichend engen Kontaktes zwischen Mutter und Kind während der ersten Lebensmonate. Nicht, daß dieser Kontakt in den folgenden Jahren weniger wichtig würde – aber sein Fehlen während der ersten Lebenszeit ist nicht wiedergutzumachen, sondern hinterläßt unheilbare Schäden, wie René Spitz an Heimkindern unwiderleglich bewiesen hat.

Unserer westlichen Kultur erwächst eine wirkliche Bedrohung aus dem *Zeitmangel* der jungen Mutter. Außer den wenigen ganz reichen ist keine unter ihnen, die ihrem Kind soviel Zeit zu widmen vermag, wie es eigentlich braucht, und die ganz reichen sind sich oft zu gut dazu! Eine Bäuerin mit sechs Kindern hat auch nicht allzuviel Zeit für das einzelne, sie wird auch gelegentlich ein Kind einer Magd anvertrauen, aber sie bleibt der Mittelpunkt der Familie, das emotionelle Zentrum des kindlichen Lebens, und das kleinste Kind fühlt sich als Mittelpunkt des mütterlichen Interesses. Heute ist bei sehr, sehr vielen Leuten der wirtschaftliche oder sonstige *Erfolg* das Zentrum des Interesses, und das vertragen die Kinder nicht. Im Extremfall gehen sie an ihrem Autismus zugrunde, in „milderen“ Fällen werden sie „nur“ kontaktunfähig und kriminell, in einer leichten und unauffälligen Form aber leidet ein sehr großer Teil der heutigen Menschen an einem Mangel der Fähigkeit zum zwischenmenschlichen Kontakt, also an einem Mangel an Menschenliebe.

Der Zeitmangel, der eine der wichtigsten Ursachen für diese gefährlichen Wirkungen ist, ist seinerseits die Folge einer weiteren Kulturkrankheit, die ich hier als letzte besprechen will. Wir leben in einer Zeit, da die Menschheit soeben eine übergroße Macht über die anorganische Natur gewonnen hat. Sie verdankt diese Macht einer Naturwissenschaft, die sich auf analytische Mathematik gründet, der Physik. Aus ihrer Anwendung erwuchs eine

Technik, die zum wichtigsten Werkzeug der Menschheit geworden ist. Wie es Mittel zum Zweck leider sehr häufig tun, hat sich die Technik in unserer westlichen Kultur zum Selbstzweck emporgeschwungen und dabei den Menschen eine eigenartige Denkungsart aufgeprägt, die ich das „technomorphe" Denken zu nennen pflege. Es ist dadurch gekennzeichnet, daß Methoden des Denkens und des Handelns, die sich im Umgang mit nichtlebendiger Materie bewährt haben, auch auf die Welt der Lebewesen, einschließlich des lebenden Systems der menschlichen Kultur, angewendet werden. Die Mehrzahl der Menschen hat in ihrer täglichen Beschäftigung nur mit nichtlebenden, meist nur mit menschengemachten Dingen zu tun und es verlernt, mit lebendigen Wesen umzugehen. Nichts, womit sie sich in ihrer Tagesarbeit beschäftigen, ist auch nur im geringsten ehrfurchtgebietend, und so verschwindet allmählich ihre Fähigkeit, Ehrfurcht zu empfinden, durch eine sogenannte „Inaktivitäts-Atrophie". Auch erfordert der praktische Umgang mit der nichtlebendigen Natur niemals *ethische* Erwägungen. Die Frage, ob eine Methode praktischer Nutzung moralisch zulässig oder unzulässig sei, kann sich gar nicht erheben, wenn der Gegenstand der Nutzung kein lebendes System ist. Zu den Maximen des technomorphen Denkens gehört es daher, daß jede Methode der Ausnützung erlaubt sei. So treibt der technomorph denkende Mensch immer Raubbau; wenn er ein lebendes System ausbeutet, vernichtet er es in kurzer Zeit. Technomorphe Denk- und Handlungsweisen sind, lebenden Systemen gegenüber angewandt, nicht nur ethisch schlecht, sondern auch wirtschaftlich dumm, zumindest im höchsten Grad kurzsichtig. Dies hat sich heutzutage einigermaßen herumgesprochen, dennoch aber lassen die unzweifelhaft notwendigen Maßnahmen zum Schutz der lebendigen Welt, in und von der wir leben, erstaunlicherweise auf sich warten.

Die Schuld daran trägt, soweit ich sehen kann, eine Perversion des menschlichen *Wertempfindens,* die im Gefolge des technomorphen Denkens auftritt. Die Wichtigkeit, die der Mathematik als Grundlage der Physik und damit der Technik zukommt, verführt den technomorph denkenden Menschen zu der Annahme, daß alles und jedes Wirkliche *quantifizierbar* sein müsse oder, umgekehrt, daß etwas, was nicht in der Terminologie quantifizierbarer Naturwissenschaft ausgedrückt werden kann, keine reale Existenz besitze. Damit werden alle Gefühle und Affekte des Menschen, Schmerz und Freude, Liebe und Haß, für unwirklich erklärt; es gibt ernste und allgemein anerkannte Denker, die menschliche Würde und Freiheit für Illusionen halten.

Diese höchst gefährliche Anschauung gründet sich auf einen geradezu sträflichen erkenntnistheoretischen Irrtum betreffs der „Objektivität" unseres Wissens über die uns umgebende Welt. Alles, was wir über sie wissen, ist uns auf dem Wege unserer subjektiven Erfahrung zur Kenntnis gelangt. Es ist daher ein Mangel an Folgerichtigkeit, das zu bezweifeln oder zu ignorieren, was sich in unserem subjektiven Erleben abspielt, dem aber, was dasselbe Erleben uns über die Außenwelt mitteilt, den Charakter der „Objektivität" zuzuerkennen. Das Sicherste, was wir überhaupt wissen, ist das, was wir bei „Introspektion", d. h. bei Selbstbeobachtung, bei uns vorfinden. Dieses „Vorgefundene", wie Wolfgang Metzger es genannt hat, können wir weit weniger bezweifeln als alles, was es uns über die umgebende Wirklichkeit mitteilt. Dieses „indirekte Wissen" ist nie ganz so sicher wie „das Vorgefundene". Mit anderen Worten: Das subjektive Erleben ist die Grundlage *alles* unseres Wissens, und dies ist genau das, was die Etymologie des lateinischen Wortes „subiectum" ausdrückt: das Darunterliegende. Es ist ein naiver erkenntnistheoretischer Irrtum, zu glauben, daß man Objektivität durch Ignorieren oder gar Wegleugnen des subjektiven Erlebens gewinnen könne.

Ich habe bisher von *Krankheiten* gesprochen, von denen die menschliche Kultur befallen werden kann und die in der Vergangenheit sehr wahrscheinlich zum Untergang von Hochkulturen geführt haben. Ich habe nun noch von einem anderen Erscheinungskreis zu sprechen, der mindestens ebenso unheimlich ist wie alle Kulturkrankheiten zusammengenommen. Wir alle empfinden das große Werden der Organismenwelt als die Verwirklichung dessen, was Goethe die „ewig rege, die heilsam schaffende Gewalt" genannt hat. Teilhard de Chardin hat dieser Empfindung den schönsten Ausdruck verliehen. Im ersten Teil meiner Darlegungen habe ich erklärt, weshalb die Wörter „Entwicklung" und „Evolution" das Entstehen von absolut Neuem, nie Dagewesenem etymologisch verschleiern. Noch schwieriger als eine treffende Bezeichnung für den Schöpfungsvorgang ist eine solche für sein *Rückläufigwerden* zu finden, von dem ich jetzt zu sprechen habe. Das deutsche Zeitwort „verkommen" drückt den Vorgang vielleicht am besten aus, man kann auch von absinkender oder absteigender Evolution oder von einer Desintegration des bereits Erschaffenen reden.

Die Evolution der lebenden Wesen führt durchaus nicht immer und überall zu Höherem. Von jedem Punkte aus, den sie erreicht hat, *streut* die Evolution nach allen Richtungen. Sie kann die allgemeine Richtung aufwärts beibehalten, und eine solche weitere Höherentwicklung nimmt immer von verhältnismäßig wenig spezialisierten Lebensformen ihren Ausgang. Die Evolution kann, vom Gesichtspunkt der Höherentwicklung betrachtet, „horizontal" weitergehen und sich in Spezialanpassungen „festrennen". Sie kann aber auch in absteigender Linie vom Höheren zum Niedrigeren, vom Komplexeren zum Einfacheren führen. Für jede Art von höheren Tieren, die vom großen organischen Werden geschaffen wurde, entstanden eine ganze Anzahl von Parasiten, deren Entwicklungsrichtung wir eindeutig als abwärtsführend empfinden.

Absteigende Evolution geht meist, wahrscheinlich sogar immer, Hand in Hand mit extremer Spezialanpassung. Wenn eine Tierart einem *einseitigen* Selektionsdruck ausgesetzt ist, d. h. wenn durch Anpassung in einer besonderen Richtung sehr große materiell-energetische Gewinne erzielt werden können, kann die betreffende Art, ohne ihren Bestand zu gefährden, andere Anforderungen vernachlässigen. Die Kleiderlaus z. B. „kann es sich leisten", alle Fluchtreaktionen abzubauen, weil die überreiche Versorgung mit Wärme und Nahrung durch ihren Wirt es ihr möglich macht, so gewaltige Zahlen von Nachkommen zu erzeugen, daß es die Gesamtpopulation nicht im geringsten gefährdet, wenn der arme Wirt noch so viele Läuse in mühevoller Kleinarbeit knickt. Es gibt Tiere, bei denen das Schmarotzertum zu einem noch viel tieferen Abstieg geführt hat als bei der Laus, die immerhin noch Augen und Beine und den gegliederten Körperbau des Insekts erkennen läßt. Bei dem Krebs Sacculina carcini, der an Strandkrabben schmarotzt, schlüpft zwar aus dem Ei die typische, als Nauplius bezeichnete Krebslarve, aber sowie sich diese an ihrem Wirt festgesetzt hat, verliert sie ihr Auge, ihre Beine und jede

Körpergliederung und wird zu einem sackähnlichen Gebilde, von dem aus Gewebsschläuche in den Körper des Wirtstieres einwachsen und diesen nach allen Seiten durchdringen, ganz wie es Pilzschläuche mit ihrem Nährboden tun. Der Krebs sinkt in Körperbau und Lebensweise auf das Niveau eines Pilzes herab.

Ein derartiges Absteigen läßt unserem Wertempfinden das betreffende Lebewesen als außerordentlich abscheuerregend erscheinen. Alle Schmarotzer erregen im unvoreingenommenen Menschen Gefühle des Ekels. Nicht einmal der Spezialforscher bringt ihnen jene Liebe entgegen, die Biologen sonst für ihr Objekt zu hegen pflegen. Parasitologen sind stets auch Parasitenbekämpfer.

Am tiefsten erschauern der vergleichende Verhaltensforscher und der Kulturhistoriker vor dem Vorgang des Absinkens der Evolution, weil sie seine Symptome nur allzu deutlich an der heutigen Kulturmenschheit, am menschlichen Geiste selbst, erkennen müssen. Diese meine letzten Ausführungen galten zum größten Teil den *Krankheiten* unserer westlichen Kultur; das, wovon ich jetzt rede, ist um sehr viel schlimmer als jede Krankheit. Krankheit im medizinischen Sinne führt zur Schwächung der Lebenskraft des betroffenen Organismus. Krankheiten können auch erblich sein und eine Folge von Generationen befallen und schließlich zum Aussterben der erkrankten Stammeslinie führen. Geht dies langsam und schleichend vor sich, so spricht man von *Degeneration.*

Das wahrhaft Schauerliche liegt darin, daß eine von rückläufiger, absinkender Evolution befallene Tierart eben gerade *nicht* „degeneriert" ist, sondern sich größter, oft geradezu virulenter Gesundheit erfreut. Schmarotzer sind oft im höchsten Grade „lebenstüchtig". Es sind aber nicht nur Parasiten, an denen man absinkende Evolution beobachten kann, man kann sie auch sehr deutlich an unseren *Haustieren* verfolgen. Haustiere befinden sich, was die natürliche Selektion anlangt, in einer ähnlichen Lage wie Parasiten. Wie diese können sie einer Reihe von Organen und Fähigkeiten entbehren, weil der Wirt die betreffenden Leistungen für sie vollbringt. Der unfreiwillige Wirt des Schmarotzers tut dies zu seinen Ungunsten, der menschliche Wirt des Haustieres in seinem eigenen Interesse, die Wirkung aber, die der Fortfall der im Freileben wirksamen Selektion ausübt, ist bei Schmarotzer und Haustier deutlich analog. Das Absinken der Leistungen von Sinnesorganen und Zentralnervensystem, das Schwinden höher differenzierter Verhaltensweisen, die Verminderung der Bewegungsfähigkeit u. a. gehen zwar bei keinem unserer Haustiere so weit wie bei der Sacculina, aber in derselben Richtung.

Auch das Haustier ist nicht in dem Sinne „degeneriert", daß seine Lebensfähigkeit abgenommen hat. Das Haustier ist sogar oft im Vergleich zu der Wildform, von der es abstammt, von einer geradezu ordinären Vitalität, wie jeder Tiergärtner weiß, der beide nebeneinander gehalten und gezüchtet hat. Besonders widerstandsfähig sind Haustiere natürlich gegen jene schädigenden Faktoren, die bei Gefangenhaltung auftreten. Junge Wölfe werden sehr viel leichter rachitisch als Haushunde, von übergroßen Rassen abgesehen; junge Wildenten bedürfen sehr viel mehr tierischen Eiweißes im Futter als Hausenten; fast alle Haustiere sind sexuell weit aktiver als ihre wilden Vorfahren usw.

Dem Auge des unvoreingenommenen Naturfreundes – nicht dem des berufsmäßigen Tierzüchters – erscheinen die allermeisten Haustiere *häßlich*. Die schlappe Muskulatur, das nachgiebige Bindegewebe und die allgemeine motorische Schwäche geben dem Haustier eine unharmonische Körperhaltung, dazu kommt die Verkürzung der Beine und der Schädelbasis und die Neigung zum Fettansatz. Dieser ist ein dem Züchter willkommenes Phänomen; eine „gute Sau" wird bekanntlich bei jedem Futter fett, weil sie wahllos alles in sich hineinfrißt; ein „gutes" Zuchttier ist eines, dessen Geschlechtstrieb in analoger Weise an Intensität gewonnen und an Selektivität verloren hat.

Diese durchaus objektive Beschreibung von typischen Domestikationsmerkmalen scheint eine absichtliche Herabsetzung der Haustiere zu sein, obwohl sie keine solche ist. Der normale Mensch hat Wertempfindungen ästhetischer und ethischer Natur, die auf die beschriebenen Eigenschaften von Tieren *und von Menschen* deutlich negativ ansprechen. Ein Hängebauch und krumme Beine erscheinen uns häßlich, ein maßloser Freß- und Begattungstrieb wirken auf uns als unedel. Sir Julian Huxley spricht von „Vulgarisation".

Die Tatsache, daß die Vulgarisierung durchaus keine Schwächung der Lebens- und Konkurrenzfähigkeit bedeutet, geht aufs klarste daraus hervor, daß mäßige Vulgarisation die von ihr betroffene Tierform unter bestimmten Lebensbedingungen der Wildform überlegen machen kann. Unter den Bedingungen des Wildlebens, unter denen Raubfeinde, Nahrungsmangel und harte klimatische Einflüsse Selektion treiben, ist nur die Wildform der Stockente lebensfähig, selbst Andeutungen von Domestikationsmerkmalen würden sich vernichtend auswirken. Es braucht aber nur der Mensch einiges wenige an diesen Lebensbedingungen zu ändern, die Habichte und Füchse zu dezimieren, ein wenig Futter zu streuen, und schon ist eine leicht vulgarisierte Entenrasse, die aus Holland und Belgien nach Mitteleuropa vorgedrungen ist, der wilden Stockente überlegen. Sie ist etwas schwerer, die dicken, kräftigen Erpel schlagen die wilden Männchen im Kampfe und begatten die meisten Weibchen. Der Fluchttrieb der vulgarisierten Rasse ist etwas vermindert, sie wagen sich näher an futterspendende Menschen und suchen ihre Nistplätze im Schutze menschlicher Nähe. All dies sind Vorteile, die sie der Wildform überlegen machen, die überall, wo vulgarisierte Enten auftreten, verschwindet. Auf den Salzkammergutseen gibt es kaum mehr wilde Stockenten. Nur Naturfreunde mit scharfen Augen bemerken dies und bedauern, daß die Verhäßlichung unserer Welt in schleichender Weise sogar wilde Tiere ergreift.

Das evolutive Verkommen von Schmarotzern und Haustieren ist ganz sicher nur durch die Veränderungen des Selektionsdrucks verursacht, der auf sie einwirkt. Dies lehren uns jene Haustiere, die nicht von der Vulgarisierung befallen wurden, die andere zu Zerrbildern ihrer wilden Ahnen werden ließ. Diese Ausnahmen sind der Hund und das Pferd. Als ein „guter" Hund gilt nicht einer, der maßlos frißt und kopuliert, sondern einer, der ein kluger, treuer, tapferer, folgsamer und feinfühliger Freund seines Herrn ist. Da der Hund seit der jüngeren Steinzeit einer Zuchtwahl in dieser Richtung unterliegt, ist es nicht verwunderlich, daß er seine wilden Ahnen in allen diesen Eigenschaften bei weitem übertrifft. Auch das Pferd ist durch die Haustierwerdung nicht „vulgarisiert" worden, da es auf schnelles Laufen und nicht auf schnellen Fettansatz gezüchtet wurde.

Dem Menschen aber droht die Gefahr der Vulgarisierung. Körperliche Domestikationserscheinungen sind zu deutlich, als daß ich sie beschreiben müßte, und auch in seinem Triebleben zeigt der Zivilisationsmensch leider die typische, domestikationsbedingte Vermehrung des Freß- und des Begattungsverhaltens und, zumindest in bezug auf letzteres, die typische Abnahme der Selektivität. In jeder Badeanstalt kann man als älterer Mensch ein erschreckendes Zunehmen der Zahl allzu fetter Kinder und junger Männer feststellen; bei den Mädchen scheint glücklicherweise die Eitelkeit den Eßtrieb zu zügeln. Die „Sexwelle" ist ebenfalls ein bedrohliches Symptom des Verkommens. In der für Haustiere so typischen Weise verschwinden die feineren Verhaltensmuster der Paarbildung, während der Kopulationstrieb überwuchert. Feinere erotische Verhaltensweisen, wie z. B. der Vorgang des Sich-Verliebens und der Werbung, gelten überhaupt nicht als sexuell, der berühmte „Kinsey Report" sagt so gut wie überhaupt nichts über sie aus.

Wieweit das rasch um sich greifende Absinken menschlicher Evolution genetisch und wieweit es kulturell bedingt ist, läßt sich schwer entscheiden und ist auch, was die zu treffenden Gegenmaßnahmen betrifft, ziemlich gleichgültig. Jedenfalls ist das Verkommen menschlicher Kultur weit gefährlicher als alle domestikationsbedingten genetischen Verfallserscheinungen, schon deshalb, weil es um sehr viel schneller um sich greift.

Die Ursachen der rückläufigen Evolution der heutigen Kultur sind im wesentlichen dieselben wie die des stammesgeschichtlichen Absinkens anderer lebender Systeme. Wie bei diesen liegt die Hauptursache in der Einseitigkeit des Selektionsdrucks. Bis zu einer historisch verhältnismäßig jungen Vergangenheit spielte sich ein Wettbewerb zwischen verschiedenen Kulturen in recht ähnlicher Weise ab wie der zwischen verschiedenen Tier- oder Pflanzenarten. Die Evolution jeder einzelnen unter ihnen mußte sehr verschiedenartigen Anforderungen Rechnung tragen, und es ist die *Vielseitigkeit des Selektionsdrucks,* die das evolutive Geschehen nicht nach einer Seite, sondern nach *oben* treibt. Phylogenetiker nennen dies die *kreative* Selektion. Der Selektionsdruck, dem alle heute existenten Kulturen erliegen, ist deshalb einseitig geworden, weil alle Völker der Erde mit gleichen Mitteln in Wettbewerb treten. Sie alle verfügen über die gleiche, auf gleichen naturwissenschaftlichen Ergebnissen aufgebaute Technik, sie kämpfen mit denselben Waffen, sie belügen einander mittels derselben Massenmedien und beschwindeln einander auf derselben Weltbörse.

Der übermächtige Selektionsdruck, der in die Richtung auf maximale Ausbildung technischer, militärischer und kommerzieller Fähigkeiten drängt, bewirkt in der gesamten menschlichen Kultur Erscheinungen, die streng analog denen sind, die wir an einer in absinkender Evolution befindlichen Tierart beobachten. Alle feineren Differenzierungen schwinden, alles wird mit erschreckend zunehmender Geschwindigkeit immer häßlicher. „Differenzierung" heißt auf deutsch Verschiedenwerden. Goethe hat bekanntlich Entwicklung als Differenzierung und Subordination, d. h. als Verschiedenwerden der Teile mit zunehmender Integration in ein System-Ganzes, definiert. Gleichmacherei und Auflösung bestehender Ordnungsprinzipien, vor allem der moralischen Gesetzlichkeiten, sind die bedrohlichen Kennzeichen unserer heutigen Kultur. Sie sind mit dem Vorgang der absinkenden Evolution gleichzusetzen, der hier in Rede steht.

Das Rückläufigwerden der Evolution *kann* zur Vernichtung des von ihm ergriffenen lebenden Systems führen, muß es aber nicht notwendigerweise. Der Gedanke an eine völlige Vernichtung der Menschheit – die angesichts der bedrohlichen Kulturkrankheiten im Bereich der Möglichkeit liegt – ist kaum schrecklicher als die Vorstellung von einer Menschheit, die zwar ihre Lebensfähigkeit erhalten, aber in absinkender Evolution ihre spezifisch menschlichen Eigenschaften, ihre Humanität, verloren hat. Aldous Huxley, der große Dichter und Denker, hat in seinem utopischen Zukunftsroman „The brave new world" ein schauerliches Bild von einem kulturellen System entworfen, in dem alle Probleme, einschließlich derer der Übervölkerung, der Umweltzerstörung, der Ernährung usw., restlos gelöst sind, in dem alles menschliche Leiden aus der Welt geschafft und völlige Sicherheit für das endlose Weiterbestehen des Systems gewährleistet ist; dies alles aber um den Preis menschlicher Freiheit. Alle Menschen werden durch ein schon im Säuglingsalter einsetzendes, wohldurchdachtes „Conditioning" dazu gebracht, blindlings das zu wollen, was die ebenso wohldurchdachten Doktrinen des Systems vorschreiben. Wißbegieriges Forschen und selbständiges Denken sind Staatsverbrechen, die gründlich konditionierte Masse betrachtet jeden, in dem sich der Drang zu diesen Formen menschlichen Freiheitsstrebens regt, als verabscheuungswerte Monstrosität. Aldous Huxley hat die Handlung dieses Buches in das Jahr 3000 verlegt. Wenige Jahre vor seinem Tode hat er in einem zweiten Buch „The brave new world revisited", diesmal nicht in Romanform, die traurige Feststellung gemacht, daß die ins vierte Jahrtausend verlegte Utopie keine mehr ist, sondern schon zu unserer Zeit Wirklichkeit zu werden beginnt.

Auch wenn die Menschheit nicht an den Krankheiten ihrer Kultur zugrunde gehen sollte, wenn sie der drohenden Vernichtung durch ihre eigene Technologie entgeht, droht ihr immer noch die Gefahr des Verkommens, des Absinkens der Evolution. Diese Gefahr ist mit der Entstehung des menschlichen Geistes untrennbar verbunden. Es war unvermeidlich, daß der menschliche Geist aller ihm feindlichen Einflüsse der umgebenden Welt Herr wurde. Damit hat er aber auch jene Macht ausgeschaltet, die ihn erschaffen hatte, die kreative Selektion. Die technologischen Früchte vom Baum der wissenschaftlichen Erkenntnis haben eine Welt geschaffen, in der *äußere* feindliche Einflüsse nahezu fehlen, und eben dadurch haben sie das schöpferische Werden des Antriebs beraubt, der bis dahin wirksam gewesen war. Der Genuß der Früchte vom Baum der Erkenntnis hat aber, wie die Biblische Geschichte erzählt, die Austreibung des Menschen aus einem Paradies der Verantwortungslosigkeit zur Folge gehabt. Die Erkenntnis des Guten und des Bösen ist für das vormenschliche Lebewesen entbehrlich, denn es darf alles, was es kann. Nur der Mensch kann mehr, als er darf. Er hat sich der grausam bewahrenden Selektion entzogen, die ihn davon abhalten könnte, mehr zu zerstören, als er schafft. Er scheint dem Entropiesatz ausgeliefert zu sein, dessen ethische Wirkung Wilhelm Busch in den herrlichen Versen wiedergibt: „Aufsteigend mußt du dich bemühen, doch ohne Mühe sinkest du. Der liebe Gott muß immer ziehen, dem Teufel fällt's von selber zu."

„Eritis sicut Deus, scientes bonum et malum" – „Ihr werdet sein wie Gott, das Gute und das Böse wissend" – hat der Satan gesagt und es dabei nicht gut mit den Menschen gemeint. Dennoch ist die Erkenntnis des Guten und des Bösen nicht nur ein Fluch, wenn auch die Verantwortlichkeit, die sie dem Menschen aufbürdet, eine schwer zu tragende Last ist. In dieser Last birgt sich das Wesen menschlicher Freiheit. Der menschliche Geist hat sich von den äußeren Mächten befreit, die zwangsläufig, aus Zufall und Notwendigkeit, die Welt des Lebendigen erschufen und die für uns Biologen ein wesentlicher Teil der „ewig regen, der heilsam schaffenden Gewalt“ sind, von der Goethe spricht. Mit dieser Befreiung aber hat der Mensch die Verantwortlichkeit für sein weiteres Werden übernommen. Es steht ihm gleicherweise frei, zu verkommen oder zu ungeahnten Höhen emporzusteigen.

*Otto B. Roegele*

# FREIHEIT UND BINDUNG IN DER GESELLSCHAFTLICHEN KOMMUNIKATION

## Prolegomena zu einer Ethik der Kommunikationsberufe

Die Art und Weise, wie eine Gesellschaft ihr Kommunikationswesen organisiert und nutzt, hängt sowohl von ihrem Entwicklungsstand wie auch und vor allem vom politischen Herrschaftssystem ab. Es gibt zwar Diktaturen mit liberalisiertem Wirtschaftssystem (Portugal, Spanien), nicht jedoch mit freiheitlichem Kommunikationssystem. Die europäische Geschichte belegt durch viele Beispiele, wie interdependent politische Verfassung und Kommunikationsverfassung sind.

Dem freiheitlich-demokratischen Rechtsstaat, den sich die Industriegesellschaften der „westlichen Welt" geschaffen haben, entspricht eine Kommunikationsordnung, die Rücksicht nimmt auf die weltanschauliche Verschiedenheit der Menschen und Gruppen, die in dieser Gesellschaft wirken und durch ihre Zielvorstellungen, Optionen und Energien die Dynamik des sozialen Geschehens bestimmen. Im gleichen Maße, in dem der Staat nicht mehr nach undiskutierten, ihm innewohnenden Gesetzen Herrschaft ausübt, sondern verstanden wird und sich versteht als Adressat und Ausführungsorgan der Gesellschaft, wächst auch die Bedeutung der Meinungs- und Willensbildung, die sich im Prozeß der gesellschaftlichen Kommunikation vollzieht. Erst durch diesen Prozeß, in dem die – oft widersprüchlichen – Interessen, Forderungen und Wünsche der gesellschaftlichen Gruppen bekanntgemacht, diskutiert, miteinander verglichen und womöglich auf einen gemeinsamen Nenner gebracht werden, findet der so verstandene Staat seine „Staatszwecke".

Ein solches System der Meinungs- und Willensbildung kann

aber nur zufriedenstellend arbeiten, wenn der „Markt“ der Informationen und Meinungen, die ausgetauscht und miteinander verglichen werden sollen, völlig offen ist. Zur „offenen Gesellschaft“, die ihre Konflikte durch diskursiven Austrag der Meinungsverschiedenheiten löst, gehört der von Behinderungen freie, von keinem „Frageverbot“ eingeschränkte Gedankenaustausch.

### *Der Kommunikationsmarkt*

Die Diskussion der Frage, ob die ideellen Güter, die im Prozeß der gesellschaftlichen Kommunikation ausgetauscht werden, Waren seien oder nicht, ist viel älter, als die Hektik der heutigen politisch-ideologisch aufgeladenen Streitigkeiten vermuten läßt. Der Volkswirt Albert Schäffle hat schon vor etwa hundert Jahren, wie in Otto Groths unverändert lesenswerter „Geschichte der deutschen Zeitungswissenschaft“ geschildert wird, den Transportcharakter der Presse gesehen und herausgearbeitet, hat von den „Symbolgütern“ gesprochen, die von dieser „Leitungs- und Transportanstalt des Geistigen“ bewegt würden, freilich auch schon – Karl W. Deutsch vorausahnend – von dem „socialen Nervenapparat“, den sie zugleich darstelle. Gewiß, es gibt Anbieter dieser ideellen Güter, und es gibt Nachfrager für diese Güter – die beiden Hauptpositionen des Marktes sind somit besetzt. Aber so wenig realisierbar die Forderung von Karl Marx ist, die Presse müsse in erster Linie aufhören, ein Gewerbe zu sein, so richtig ist es auch, daß diese ideellen Güter zwar wie Waren angeboten, abgenommen und auch bezahlt werden, aber eben nur „wie Waren“, nicht „als Waren“, weil sie nicht einfach Waren sind.

Das Wort Markt kann daher auch nur in einem modifizierten Sinn verwandt werden, wo es um den Kommunikationsmarkt geht. Den Begriff ganz zu vermeiden empfiehlt sich trotzdem nicht; schon deshalb nicht, weil für den Tauschvorgang und seine Bedingungen und Gesetze das Marktmodell tatsächlich die beste Vorlage abgibt. Das gilt für den heutigen Zustand einer entwickelten Industriegesellschaft noch in einem weiteren, für unser Thema besonders wichtigen Sinne:

Aus mehreren, voneinander unabhängigen Untersuchungen wissen wir, daß 81 Prozent der erwachsenen Bevölkerung der Bundesrepublik Deutschland sich über ein politisches Ereignis von überlokaler Bedeutung aus zwei und mehr Informationsquellen unterrichten. Wir wissen ferner, daß das Bedürfnis, die erste – überwiegend einem elektronischen Medium entnommene – Information über ein politisches Ereignis durch eine zweite und durch weitere Informationen zu sichern und zu ergänzen, proportional zu dem Interesse, das dieses Ereignis weckt, zunimmt.

Der Komplementaritäts-Charakter dieses Vorgangs ist offenkundig: Die Nachricht im Fernsehen, das sich an Auge und Ohr zugleich wendet, macht vielleicht den stärkeren Eindruck. Sie ist aber zugleich flüchtig, haftet nicht in ihren Einzelheiten, hinterläßt keine präzisen Erinnerungen, dafür den Wunsch, sich genauer, ausführlicher, gründlicher zu unterrichten. Diesem Wunsch kommt die Tageszeitung entgegen, wenn sie der abendlichen Fernsehnachricht am anderen Morgen einen längeren Bericht, eine kritische Analyse, einen Meinungskommentar nachsendet.

Noch wissen wir zuwenig Genaues darüber, nach welchen Kriterien die Rezipienten auswählen, wenn sie solche Zweit- und Folgeinformationen aufsuchen und aufnehmen, und wie sie deren Inhalt mit dem früher Rezipierten verbinden. Immerhin wissen wir so viel, daß der von Funknachrichten vorinformierte und zuweilen problematisierte Leser jetzt nicht einfach die Bestätigung und ausführlichere Wiederholung dessen sucht, was er schon weiß oder noch in Erinnerung hat, sondern vor allem die Einordnung des bereits gewußten Ereignisses in größere Zusammenhänge. Er sucht Erklärung und Orientierung.

Hertha Sturm hat in ihrem vor allem von pädagogischen Absichten inspirierten Buch „Masse, Bildung, Kommunikation“ [1] von einem Kommunikationsgeflecht gesprochen, um die Art und Vielzahl der Beziehungen zwischen dem Rezipienten und den verschiedenen ihm zur Verfügung stehenden, sich ihm anbietenden Medien zu charakterisieren. Wie der Begriff Kommunikationsmarkt den des Warenmarktes heraufruft, so der Begriff Kommunikationsgeflecht die Vorstellung des in der Psychologie gebrauchten Terminus Motivationsgeflecht. An beiden ist viel Richtiges, beide haben aber auch ihre Gefahren.

Aus dem geschilderten Sachverhalt, so grob er auch nur skizziert werden konnte, dürfte jedenfalls deutlich geworden sein, daß es keinen rechten Sinn hat, wenn man weiterhin fortfährt, jeweils nur ein einzelnes Medium und seine Beziehungen zu seinem Publikum ins Auge zu fassen. Das gilt für den Wissenschaftler wie für den Politiker, für den Publizisten wie für den schlichten Endverbraucher aller Medienangebote. Um konkrete Beispiele zu nennen:

In einem entwickelten Industriestaat, der über alle technischen Kommunikationsmittel verfügt und in dem 95 Prozent der Bewohner ständig Massenmedien nutzen, und zwar die große Mehrheit mehrere Medien simultan, ist es einfach anachronistisch, gesetzliche Regelungen nur für ein einzelnes Medium zu treffen, als gäbe es die anderen noch nicht. Das klingt banal, aber die Wirklichkeit der Gesetzgebung läßt es als Neuigkeit erscheinen.

Gleiches gilt für wissenschaftliche Forschungen, die in isolierter und isolierender Weise je ein Medium und seine Publikumsbeziehungen untersuchen. Auch sie gibt es noch immer, und auch sie verfehlen die kommunikative Realität, die sich nun einmal strukturell, nicht nur graduell verändert hat, seitdem es nicht mehr nur die Presse allein gibt, sondern auch Hörfunk und Fernsehen. Natürlich muß man aus forschungsökonomischen Gründen die Begrenzung auf Teilgegenstände zubilligen – das ist nicht das Problem. Es geht darum, daß diese Teilgegenstände in ihrem das Medium transzendierenden Kontext zu sehen sind, auch wenn es sich nicht anders bewerkstelligen läßt, als daß sie allein untersucht werden.

Der Kommunikationsmarkt unterscheidet sich somit vom Warenmarkt durch die Beschaffenheit der auf ihm ausgetauschten Güter, funktioniert aber hinreichend genau nach dem Modell des Warenmarktes, um die Bezeichnung zu rechtfertigen. Von dieser Tatsache aus auf die „kapitalistische Struktur" zu schließen wäre freilich absurd. Märkte hat es in vorkapitalistischen Wirtschaftsverhältnissen gegeben, Märkte gibt es in sozialistischen Ländern – wenn auch häufig als „graue" und „schwarze" Märkte. Was den Markt auszeichnet, ist das von Zuteilungs- und Abnahmezwängen freie Geschehen zwischen dem Anbieter und dem Nachfrager, der durch eigenen Entschluß zum Abnehmer werden kann, aber es nicht werden muß. Das Gegenbild dazu ist das zentral geleitete Wirtschaftssystem, in dem nicht nachgefragt, sondern beantragt, nicht gehandelt, sondern abgenommen wird. Insofern impliziert der Begriff Markt einen Begriff konkreter Freiheit, da die Entscheidung über Abnahme oder Nichtabnahme, ja schon über die Zuwendung zu diesem oder jenem Anbieter frei sein muß, wenn der Markt funktionieren soll.

### *Die Verpflichtung des Kommunikators*

In den modernen freiheitlich-demokratischen Staaten ist weder das Recht, Informationen zu veröffentlichen, noch das Recht, Meinungen zu publizieren, ernstlich gefährdet. Verfassungen schützen die Freiheit der öffentlichen Kommunikation, und die Gesellschaft hat Alarmanlagen installiert, die regelmäßig und mit Erfolg benutzt zu werden pflegen, wenn diese Freiheit in Gefahr gerät.

Dafür sind andere Probleme aufgetaucht, die sich vor allem aus der Fülle der von konkurrierenden Massenmedien gelieferten Inhalte ergeben, aus dem Überangebot am Kommunikationsmarkt und aus dem hohen, durch Werbung erzeugten Partialdruck des Unwichtigen. Standen früher die Falschmeldung und die Nachrichtenunterdrückung im Vordergrund, so ist es heute die Verdrängung des Wichtigen durch das Unwichtige, des Wissenswerten durch das Nichtwissenswerte, das aber leichter eingängig sein kann und dann die begrenzte Aufnahmekapazität der Rezipienten besetzt.

Eugen Kogon hat in diesem Zusammenhang die Forderung erhoben, daß die Massenmedien dem Staatsbürger nicht eine ungeordnete Masse von Nachrichten und Meinungen, sondern auch „Orientierungswissen“ bieten sollten. Nur dadurch könne erreicht werden, daß der Staatsbürger die Alltagsinformationen in ihren Zusammenhängen erkennt, in ihrer Bedeutung richtig einschätzt und sie bei Bedarf aus der eigenen Erinnerung abruft. Wenn auch die Aufgabe, ein solches Bezugssystem aufzubauen, dem einzelnen nicht abgenommen werden kann, so ist der Journalist doch in der Lage, wertvolle Hilfestellung zu geben, indem er zu den vielen Einzelfakten die großen Linien, zum verwirrenden „Film der Ereignisse“ auch den „Code des Verstehens“ hinzufügt.

Diese Verpflichtung gegenüber dem Rezipienten, der im Kommunikationsprozeß mehr und etwas anderes ist als der Abnehmer einer Ware, mehr als nur der Käufer der Zeitung bzw. der Zahler von Rundfunkgebühren, nämlich der Partner des Kommunikators, derjenige, der Kommunikation durch sein (keineswegs bloß passives) Rezipieren erst möglich macht – diese Verpflichtung schafft eine *erste Bindung,* der die Freiheit des Kommunikators unterworfen ist. Diese Verpflichtung ergibt sich aus der Rolle von Kommunikator und Rezipient im Kommunikationsprozeß selbst; es bedarf keiner aus übergeordneten Normen abgeleiteten Moral, um sie zu begründen. Sie gilt für christliche wie für nichtchristliche Journalisten. Der Kommunikator kann der Berufsrolle, die ihm zukommt, die er selbst gewählt hat, nur gerecht werden, wenn er diese Rollenerwartung erfüllt.

Das heißt in der Praxis, daß der Journalist seiner Aufgabe nicht voll gerecht wird, wenn er seinen Partner mit einer Fülle ungeordneter Informationen überschüttet, selbst wenn jede dieser Informationen, für sich allein genommen, zutreffend und wichtig ist. Es bedeutet auch, daß er sich nicht in erster Linie vornehmen darf, in seiner journalistischen Arbeit einfach sich selbst zu verwirklichen ohne Rücksicht auf sein Gegenüber, etwa so blendend zu schreiben, wie es ihm Spaß macht, ohne an die Fassungskraft und die Bedürfnisse seiner Leser, Zuhörer, Zuschauer zu denken.

Eine *zweite Bindung* ergibt sich aus der Situation der demokratisch verfaßten Gesellschaft, in der sich der Kommunikationsprozeß heute vollzieht, und aus den spezifischen Vermittlungsleistungen, die von den Medien im Dienste dieser Gesellschaft erbracht werden müssen:

Der Journalist, der in einer regionalen Tageszeitung seine Position benützt, um vornehmlich die Hohe Schule seiner Schreibkunst vorzuführen, versperrt damit nicht nur sich selbst den Verständniszugang zu einem großen Teil seiner Leser, sondern mißachtet auch sein Publikum. Er nimmt seine Leser nicht so an, wie sie nun einmal sind. Er nimmt sie nicht ernst als Partner und wird damit den legitimen Ansprüchen nicht gerecht, die diese Leser an ihn als an den, der über das Medium verfügt, stellen dürfen.

Die Bindung an die Bedürfnisse des Rezipienten gilt auch in

dem Sinne, daß der Kommunikator (wie ich meine: im Gewissen) verpflichtet ist, sich jeweils sehr präzise Gedanken zu machen, vor welchem Publikum, durch welches Medium und in welcher Darstellungsform welches Thema zu behandeln ist. Es ist nicht nur ein Kunstfehler, sondern darüber hinaus ein Vergehen gegen die Pflicht zum sachgemäßen Gebrauch der Position und der Mittel, über die jemand verfügt, wenn etwa subtile Fragen der Politik, der Wissenschaft, der Religion in einer Abendsendung des Fernsehens behandelt werden, während ein Millionenpublikum bei Flaschenbier und Kartoffelchips vor dem Bildschirm sitzt und die begründete Erwartung hegt, nach der Arbeit des Tages und den Weltgreueln nun gut unterhalten zu werden.

Das heißt keineswegs, daß solche Fragen vom Fernsehen nicht in adäquater Weise zu behandeln wären. Dies kann sehr wohl geschehen, aber nicht in einem Beitrag, der gerade ein erstes Anreißen der Probleme erlaubt, der nicht viel mehr als die Reizworte der Auseinandersetzung freisetzt und eher Mißverständnisse als Klärungen hinterlassen muß. Auch in solchen Fällen manifestiert sich eine verächtliche Behandlung des Rezipienten: Man mutet ihm zu, von einer hochkomplexen Sache gerade ein mehr oder weniger beliebig ausgesuchtes Stück zu erfahren; er wird nicht informiert, sondern desinformiert.

### *Der Vorwurf der Manipulation*

In den letzten Jahren ist gegen die „Macher“ in allen Massenmedien von verschiedenen Seiten immer wieder der Vorwurf der Manipulation erhoben worden. Epidemischer Ideologieverdacht hat sich ausgebreitet, selbst die auf parteipolitische Neutralität getrimmten Nachrichten der Tagesschau sind ihm nicht entgangen. (In der Tat ist es z. B. von Belang, ob man die Leute von Frelimo als Rebellen oder als Freiheitskämpfer bezeichnet.)

Über die Gründe dieser Explosion von Angst, manipuliert zu werden, müßte eigentlich ausführlich gesprochen werden; sie gehören zu den Symptomen der Krankheit unserer Epoche. Hier kann nur über die Berechtigung des Manipulationsvorwurfs gehandelt werden, bezogen auf die Welt der Massenmedien.

Im strengen Sinne des Wortes – Einflußnahme von Menschen auf Menschen – findet Manipulation immer und überall statt, manipuliert jeder jeden ohne Unterlaß. Die Manipulation eines Menschen beginnt schon mit der Partnerwahl seiner Eltern, sie setzt sich fort in der Schwangerschaft der Mutter und – da der Mensch ein Lebewesen mit sehr langer Brutpflege ist – in vielen Jahren der Aufzucht und frühkindlichen Erziehung. Auf dem Spielplatz greift die organisierte Gesellschaft nach dem Kind, in der Schule – und neuerdings im Vorschulstadium – beginnt der Staat sein Ausbildungswerk. All dies: Aufzucht, Bildung, Sozialisation, ist nicht möglich ohne ständige Manipulation. Solange man in Übereinstimmung mit den Zielen dieser Bemühungen steht, findet man das ganz richtig und nennt es Erziehung. Befindet man sich im Widerspruch zu den Zielen, dann bekämpft man die Maßnahmen, die dorthin führen sollen, und nennt sie Manipulation.

Im Bereich der Massenmedien ist es zunächst der Kommunikator, der manipuliert und manipulieren muß, da er aus der immensen und immer noch wachsenden Fülle des Stoffes jene Teile auswählen und aufbereiten muß, die er seinem Publikum vermitteln will. Selbst die Weltblätter können nur ein Sechstel bis ein Zehntel dessen, was Nachrichtenagenturen und eigene Korrespondenten anliefern, „zum Druck befördern“. Für die Auswahl gelten gewisse Handwerksregeln, vor allem das Kriterium der Aktualität. Die Auswahl steht unter Zeitdruck und damit unter Entscheidungsdruck. (Daher ist sie auch nur in sehr engen Grenzen „demokratisierbar“, d. h. von Kollektiven zu leisten.)

Mit der Auswahl sind die Manipulationsmöglichkeiten und -notwendigkeiten noch nicht zu Ende. Auch Stil und Tonart der Darstellung, Akzentuierung und Wortwahl, Anordnung im Blatt, Umfeld und Überschrift gehören dazu. Die graphische Präsentation, die Illustration mit Bild und Film werden immer wichtiger. All dies ist Manipulation – es kann so, aber auch anders gemacht werden, und die Wirkung auf den Rezipienten hängt mehr oder weniger stark davon ab, wie es gemacht worden ist.

Wo guter, d. h. verantwortungsbewußter, engagierter und gekonnter Journalismus erwartet wird, kann man die Entscheidungsfreiheit und damit das Ermessen der Journalisten nicht allzusehr einengen. Es wird außerdem immer vorkommen, daß selbst zwei weltanschaulich und politisch Gleichgesinnte über die Fragen der Auswahl, Formulierung und Präsentation eines Ereignisses von einiger Bedeutung sehr unterschiedlicher Ansicht sind und diese ihre Ansicht auch begründen können. Der Kommunikator darf nicht so tun, als sei sein und nur sein Werk mit einem Maßstab der absoluten Objektivität geeicht. Wenn er seine journalistische Sorgfaltspflicht erfüllt hat, wenn er nach den Regeln seines Handwerks gearbeitet hat und von seinem Ermessen einen von ihm verantworteten Gebrauch gemacht hat, um so zutreffend wie möglich, so vollständig wie möglich und so rezipientengerecht-verständlich wie möglich zu informieren, kann ihm kein Vorwurf gemacht werden. Er hat zwar manipuliert, weil er manipulieren mußte; aber darin ist nichts Unmoralisches und nichts Sozialschädliches zu erblicken. Die Manipulations-Demagogie, die dies nicht gelten lassen will, arbeitet mit Wahrheits- und Objektivitätspostulaten, die in der diesseitigen Welt nicht zu erfüllen sind und um deren auch nur annähernde Erfüllung sich gerade die Manipulations-Demagogen oft am wenigsten bemüht zeigen.

Freilich, auch der Rezipient hat hier eine Aufgabe: Er muß wissen und sich vor Augen halten, daß Manipulation geschieht und geschehen muß. Er darf nicht erwarten, daß das Massenmedium, das er benutzt, imstande wäre, ihm ein nach objektiven Maßstäben verkleinertes Abbild der Weltwirklichkeit ins Haus zu liefern. Er muß die Medien, denen er sich anvertraut, seinerseits auswählen – und manipuliert sie damit. Er muß die Möglichkeiten nutzen, die ihm ein breitgefächertes Medienangebot bietet. Er muß aus der Konsumentenrolle heraustreten, die Gewohnheitsträgheit des reinen Abnehmers aufgeben und sich als bewußter Nachfrager am Markt der Medien betätigen.

## *Sozialer Wandel und soziale Kontinuität*

Die Gesellschaften der heutigen westlichen Industriestaaten sind dadurch charakterisiert, daß die Menschen, aus denen sie bestehen, in ihren Auffassungen und Entscheidungen von sehr verschiedenen religiösen, weltanschaulichen, erfahrungsbestimmten

Prämissen ausgehen. Es muß hier also nicht nur mit einem dynamischen Pluralismus der Parteien, Verbände, Interessen und Meinungen, sondern auch mit einem Pluralismus der sittlichen Normen gerechnet werden, von denen die Staatsbürger sich leiten lassen. Im äußersten Falle fundamentaler Gegensätze bleibt nur eine letzte Gemeinsamkeit, auf die dann die Regeln des Zusammenlebens gegründet werden müssen: die Achtung vor der *Gewissensfreiheit* des jeweils Andersdenkenden.

Eine *dritte Bindung* des beruflichen Handelns in den Massenmedien ergibt sich aus dieser Gespaltenheit. Auch und gerade der Kommunikator hat den anderen zu respektieren, der einem anders informierten Gewissen gehorchen will, und er kann dies nur tun, indem er seine eigene Arbeit unter die Norm der Gewissensfreiheit stellt.

Da aber eine Gesellschaft auf die Dauer nicht bestehen und sich weiterentwickeln kann, wenn es nicht wenigstens über einige Grundfragen des Zusammenlebens die nötige Gemeinsamkeit gibt, gehört es zu den Pflichten aller, die über Einfluß verfügen, daß sie – unbeschadet der bestehenden und auszutragenden Konflikte – an der Festigung und Bewußtmachung des Konsenses mitwirken und jenen Kräften entgegentreten, die den Sockel der Gemeinsamkeit abtragen oder zerstören wollen.

Um die *vierte Bindung* kommunikativen Handelns deutlich zu machen, seien die Begriffe sozialer Wandel – soziale Kontinuität einander gegenübergestellt. In der heutigen Diskussion wird hauptsächlich von den Zielen, Bedingungen und Vorgängen gesellschaftlichen Wandels gesprochen; auch die Forschung befaßt sich überwiegend damit. Nun ist gewiß nicht zu bestreiten, daß weder ganze Gesellschaften noch ein einzelner, weder Staaten noch Institutionen der Gesellschaft sich lebenstüchtig und wirksam erhalten können, wenn sie sich nicht anpassen, auf Umweltreize nicht sinnvoll reagieren, kurz: sich nicht wandeln. Aber dieser Wandel ist kein Selbstzweck, sondern dient zur Selbsterhaltung, Erneuerung, Verbesserung, weiteren Entwicklung usw.

Auch die Fragen der Medienpolitik werden auf weiten Strecken ausschließlich unter dem Gesichtspunkt erörtert: Was macht die Massenmedien tauglicher, den Wandel der Gesellschaft zu fördern? Da die Arbeit der Medien unter dem Gesetz der Aktualität steht, bevorzugt sie schon von sich aus das Neue, Ungewohnte, Unerhörte. Indem die Medien das Neue dokumentieren, beschleunigen sie seine Verbreitung. Daher verläuft sozialer Wandel in der Regel um so rascher, je stärker die Massenmedien in einem Lande verbreitet sind und je intensiver sie genutzt werden.

Nun ist es aber erwiesen, daß Gesundheit und Leistungsfähigkeit einer Gesellschaft, ihre rechtliche und politische Ordnung, ihr kulturelles Niveau und ihr Wohlstand nur erhalten werden können, wenn das Gefüge dieser Gesellschaft seine Kontinuität wahrt und genug Stabilität besitzt, um die Spannungen und Strapazen auszuhalten, die der notwendige Wandel mit sich bringt. Hier tritt die vierte Bindung, der kommunikatives Handeln im Dienste der Gesellschaft unterliegt, in den Blick.

Gerade die schweren Krisen, von denen viele „Entwicklungsländer" heimgesucht werden, beweisen die Notwendigkeit, über Anpassung und Wandel nicht zu vergessen, daß „nationale Identität", Tradition und Kontinuität lebenswichtig sind. Beschleunigter sozialer Wandel bedeutet für Völker das, was Dauerstreß für den einzelnen bedeutet. Er kann nur ertragen werden, wo Kraftreserven vorhanden sind und stets neu aufgefüllt werden. Je mehr Lebensgebiete von den Kräften der Veränderung erfaßt und umgepflügt werden, um so aktiver müssen die Massenmedien dazu beitragen, daß die Werte, auf deren Achtung die Gesellschaft sich geeinigt hat, respektiert und bewußt gemacht werden.

Dazu gehört auch die Inanspruchnahme der kritischen Funktion, freilich in dem Sinne, daß die Maßstäbe der Kritik an diesen Normen gewonnen sind und die Kritik den Ist-Zustand der Gesellschaft mit dem Soll-Zustand vergleicht, um zu erreichen, daß der normengerechte Soll-Zustand immer mehr verwirklicht wird. Nur ein für Kritik offenes System ist regenerationsfähig. Allerdings darf eine Gesellschaft auch nicht durch unsachliche, von externen (oder keinen) Normen bestimmte Dauerkritik in seiner Reaktionsbereitschaft überfordert und gelähmt werden. Hierin findet auch die Kritikfunktion der Massenmedien ihr Maß, dessen Verletzung den Mißerfolg der Kritik nach sich zieht.

Wer die Massenmedien zum Umsturz der bestehenden freiheitlichen Ordnung benutzen will, muß in erster Linie das Grundvertrauen der Bevölkerung erschüttern, allgemeines Unbehagen verbreiten, die Bilder der Wirklichkeit überlagern durch emotional eingefärbte Zerrbilder. Die „Gegenwartsdenunziation" (Joachim H. Knoll) ist das wichtigste Mittel revolutionärer Politik durch Massenmedien.

### *Verantwortlicher Gebrauch der Massenmedien*

Im freiheitlich-demokratischen Staat, der sich jeglicher Kontrolle der Massenmedien begeben hat, müssen diese sich selbst und einander kontrollieren. Offensichtlich ist dies eine Funktion, die nur mühsam erlernt und noch unvollkommen ausgeübt wird.

In der medienpolitischen Diskussion, die in mehreren europäischen Ländern seit einigen Jahren neu aufgelebt ist, zeigt sich eine merkwürdige Einseitigkeit: So viel von Freiheiten die Rede ist, die für diese und jene Gruppen durch Gesetze, Tarifverträge, Betriebsvereinbarungen, Statuten usw. gesichert werden sollen, so wenig wird von den Verantwortungen gesprochen, ohne die solche Freiheiten zu Privilegien werden müssen.

Das gilt auch für die Rezipienten. Der „Jedermann" des Grundgesetzes, dem das Recht auf freien Zugang zu allen relevanten Informationen verbürgt wird, hat die Gewissenspflicht, von diesen Informationsmöglichkeiten verantwortlichen Gebrauch zu machen. Er wird ihr nicht gerecht, wenn er das Angebot der Massenmedien, die ihm „Weltstoff" vermitteln, als unterhaltsame Ablenkung von der Realität mißversteht. Daher ist die Einübung in den rechten Gebrauch der Massenmedien eine fundamentale Aufgabe, die von den Institutionen der Erziehung und Bildung entschieden wichtiger genommen werden muß, als dies bisher geschehen ist.

In noch höherem Grade tragen die Verleger, Intendanten, Redakteure usw., denen die Gesellschaft die Verfügung über die Instrumente der Massenkommunikation anvertraut, eine spezielle Verantwortung für diese. Die Diskussion über berufsspezifische Pflichten (Deontologie) ist in den letzten Jahren zu kurz gekommen. Ansatzpunkte für eine solche Diskussion können die (nationalen und internationalen) Codices für Journalisten liefern, die in Kraft sind oder über deren Abfassung beraten wird. Sowohl in der Schweiz wie in der Bundesrepublik Deutschland werden zur Zeit solche Texte erörtert. Es wäre gut, wenn die Öffentlichkeit, die ja in besonderem Maße betroffen ist, stärker davon Kenntnis nähme.

### *Die spezifisch christliche Verantwortung im Bereich gesellschaftlicher Kommunikation*

An diesem Punkte angelangt, müssen wir uns aber auch der nächsttieferen Frage wenigstens noch stellen: Gibt es über den Begründungsstrang für Freiheit und Bindung in der Kommunikation, den wir bisher verfolgt haben, hinaus noch eine für den Christen aus seiner Glaubenshaltung verbindliche Verpflichtung, eine personale, spezifisch christliche Verantwortung im Bereich der gesellschaftlichen Kommunikation? Und – wenn diese Frage zu bejahen ist – wie sieht die spezifisch christliche Verantwortung konkret aus – für die verschiedenen Partner des Kommunikationsprozesses, für Kommunikatoren wie Rezipienten?

Bei diesem neuen Anlauf können wir dort ansetzen, wo wir bei der Betrachtung der pluralistischen Gesellschaft auf die Gewissensfreiheit als den im extremen Falle letzten Pfeiler des staatsbürgerlichen Konsenses gestoßen sind. Dort ging es um die Achtung der Gewissensfreiheit als Kern jenes demokratischen Grundpaktes, der das Zusammenleben der pluralistischen Gesellschaft ermöglicht durch die Begrenzung auf das Zumutbare. Die individual-ethische Innenseite sieht so aus: „Gewissensfreiheit meint das Recht, welches aus der sittlichen Pflicht folgt, seinem persönlichen Gewissensentscheid zu gehorchen, auch wenn dieser unverschuldet unüberwindlich irrig ist. Natürlich verlangt das, daß der betreffende Mensch seine angeborene Gewissensanlage in Orientierung an der verbindlichen Gewissenswahrheit ausbildet. Wenn das nicht geschieht, liegt kein unverschuldeter Gewissensirrtum vor, falls eine Gewissensausbildung an der sittlichen Wahrheit subjektiv möglich war.“ [2]

Hier sind also nicht die aus der Rechts- und Sozialordnung stammenden Bindungen oder Schranken der Pressefreiheit gemeint, wie sie in den allgemeinen Gesetzen, im Strafgesetzbuch und in der communis opinio über erlaubt und unerlaubt ihren Ausdruck finden, sondern die primär sittlichen Bindungen, die aus normativen Definitionen des Menschen stammen, aus dem Bild des Menschen, wie es uns aus der Offenbarung beider Testamente entgegentritt und wie es die Christenheit in zwei Jahrtausenden glanzvoller und schrecklicher Geschichte ausgestaltet hat.

In Begriffen der Sozialwissenschaft gesprochen, geht es hier nicht nur um „anthropologische Konstanten", die sich aus einer Analyse der Menschheitsgeschichte erheben lassen, sondern zusätzlich um das Ergebnis des Sozialisationsprozesses, der unter dem Einfluß des Christentums mehr oder weniger erfolgreich stattgefunden hat, sowie um die in jeder Epoche neu, von jedem für sich zu vollziehende Reflexion auf die Normen, die diesen Sozialisationsprozeß gesteuert haben oder hätten steuern sollen.

Nun bin ich nicht vermessen genug, um hier mehr als Fragen zu stellen, die von der Theologie beantwortet werden müssen. Die Zuständigkeit des Zeitungswissenschaftlers hört dort auf, wo er über die in der Gesellschaft praktizierten, im Kommunikationsprozeß wirksam werdenden und aus dessen Phänomenen zu erhebenden ethischen Vorstellungen berichtet und diese auf ihre Wirkungen hin untersucht hat. Angesichts der heutigen Situation in der theologischen Wissenschaft ist übertriebener Optimismus, was die baldige und bündige Beantwortung ethischer Fragen aus dem Bereich der Kommunikation anlangt, wohl kaum am Platze. Aber vielleicht ist der Augenblick doch nicht mehr ganz fern, da sich ein Kontingent zeitaufgeschlossener und zeitgeistsensibler Theologen von der kirchenzerstörenden Dauerkritik abwendet und wieder auf die Fragen hört, die die Menschen in der Welt wirklich bewegen.

Zu diesen Fragen wird wohl auch jene zählen, inwieweit der Kommunikator, der Journalist, in seinem beruflichen Tun gehalten ist, die unbeabsichtigten und oft unerwünschten Nebenfolgen seines Handelns in das Kalkül seiner Verantwortung einzubeziehen. Die Diskussion über die Folgen von Gewaltdarstellungen in den Massenmedien, vor allem in den audiovisuellen Medien, hat bereits auf breiter Front begonnen. Stünde die Pornographie nicht noch immer unerklärlicherweise in dem Verdacht, emanzipatorische Kräfte freizusetzen – ein Irrtum, den die Klügeren unter den Emanzipatoren von Herbert Marcuse bis zu Erich Kuby längst aufgegeben haben –, so würde gewiß auch von der seelischen Umweltverschmutzung durch inhumane Sexualdarstellungen gesprochen werden. Von Informationsökologie, d. h. von den Erscheinungen der Überschwemmung mit Informationen, die nicht mehr genutzt werden können und nur die Rezeptionsorgane verstopfen, haben Fachleute hinter der vorgehaltenen Hand ihrer esoterischen Terminologie bereits zu diskutieren begonnen. Wenn die richtige Definition für Schmutz lautet „Materie am falschen Ort“, so ist abzusehen, daß die Massenmedien alsbald über all dies herfallen werden. Es wäre äußerst nützlich, wenn die Fachleute der Kirchen dann mit einigen brauchbaren Antworten, über die sie bereits nachgedacht haben, bereitstünden. Die heutige Welt macht zwar wenig Gebrauch von der Kirche als Mittlerin des Heils, sie akzeptiert aber immer noch in erstaunlichem Maße ihre Geistlichen als Fachleute für Seelisches, als Sachwalter des Humanum in dieser Welt, als Funktionäre eines Menschenschutzvereines sozusagen, dessen die Menschen um so dringender bedürfen, je weniger Zeit sie für sich selbst und ihresgleichen haben oder sich nehmen.

Bemühungen um die Artikulation eines spezifisch christlichen Beitrags zu einer öffentlichen Debatte über Kommunikationsethik müßten in gemeinsamer Arbeit von Berufspraktikern und Wissenschaftlern, von Theologen und Kommunikationsfachleuten unternommen werden. Das Dekret über die sozialen Kommunikationsmittel „Inter mirifica“ des Zweiten Vatikanischen Konzils und die Pastoral-Instruktion „Communio et Progressio“ bieten wertvolle Grundlagen dafür. Gerade „Communio et Progressio“ faßt die Massenmedien nicht als Werkzeuge feindlicher Mächte auf, begreift sie auch nicht einfach nur als Instrumente kirchlicher Verkündigung, sondern erkennt und versteht sie in ihrem Eigenwert und in ihrer Eigengesetzlichkeit.

Man kann sagen, daß der kommunikationswissenschaftliche und gesellschaftsbezogene Ansatz, von dem hier ausgegangen wurde, in „Communio et Progressio“ seine theologische und pastorale Fortführung findet, so daß, wer sein kommunikatives

Handeln, zumal seine journalistische Berufsarbeit, im Sinne der geschilderten Sozialverantwortlichkeit in Freiheit und Bindung versteht, sich auch als Christ in diesem seinem Tun legitimiert und – soweit möglich – gerechtfertigt wissen darf. Es gibt keinen gedanklichen Bruch zwischen den professionellen Anforderungen der Berufsausübung und den kirchlichen Weisungen für Katholiken, die als gewissenhafte Journalisten tätig sind oder als verantwortungsbewußte Staatsbürger die Massenmedien nutzen.

Übrigens spiegeln sich in den beiden Begriffen „Communio" und „Progressio" auch die Inhalte der oben geschilderten Hauptbegriffe: Ohne das haltende Gewebe überlieferter Ordnung kann Gemeinschaft nicht bestehen; ohne Fortschritt kann keine Gemeinschaft sich in ihrem Eigenleben und gegenüber der Umwelt behaupten.

Die Theologen werden sich insbesondere damit zu beschäftigen haben, was es bedeutet, daß die Instruktion „Communio et Progressio" der ganzen Erörterung über die Sinnerfüllung kommunikativen Handelns eine neue, christologische Dimension hinzufügt, indem sie von Christus als dem „perfectus communicator" spricht und dieses Charakteristikum der perfectio vor allem damit beschreibt, daß Christus, indem er sich den Menschen mitteilte, nicht nur in der Weise sprach, wie Menschen sich verständigen können, sondern „aus ihrer Situation heraus" („e medio populo suo"), was er nur konnte, weil er ihre Natur angenommen hatte, weil er einer der Ihren geworden war. Die von uns aus der Eigenart des Kommunikationsprozesses abgeleitete Forderung nach rezipientengerechtem Kommunikator-Verhalten, nach Verständlichkeit und Situationsgerechtigkeit der Information könnte von daher eine spezifisch christliche Dignität hinzugewinnen.

Wer die Instruktion studiert, sieht sich der bemerkenswerten Tatsache gegenüber, daß in einem kirchenamtlichen Dokument nicht nur von der Verantwortung der Journalisten, von ihrer Indienststellung für die gute Sache, von der Abwehr der Gefahren aus schlechter Presse, aus feindseligem Journalismus die Rede ist, sondern sehr ausführlich von der Jedermannspflicht zur Wahrnehmung kommunikativer Aktivität und Verantwortung:

„Alle Bürger sind aufgerufen, zur Bildung der öffentlichen Meinung beizutragen, auch dadurch, daß sie ihre eigene Meinung durch qualifizierte Sprecher vertreten lassen. Wer durch seine Stellung, Begabung oder aus anderen Gründen großen Einfluß in der Öffentlichkeit besitzt, spielt eine wichtige Rolle bei der Bildung öffentlicher Meinung, so oft er seine Ansicht äußert. Diese Verantwortung wiegt um so schwerer, je mehr sein Beispiel andere mitzuziehen vermag." [3]

Daraus resultiert die Forderung nach Medienpädagogik:

„Die Aufgaben, welche die Kommunikationsmittel in der Gesellschaft haben, erfüllen sich nicht von selbst. Deshalb müssen Kommunikatoren und Rezipienten auf diesem Gebiet gut vorbereitet und ausgebildet sein, damit sie die Möglichkeiten der Medien voll ausschöpfen können. Jeder muß sich seiner besonderen Rolle bewußt sein und sich darauf als einzelner und als Glied der Gesellschaft vorbereiten. Dem Staat, der Kirche und den Erziehern fallen dabei Verpflichtungen besonderer Art zu, damit die Medien zum Wohl der Gesellschaft tatsächlich leisten, was sie versprechen.

Medienpädagogik ist eine vordringliche Aufgabe. Sie muß die Funktionsprinzipien der Instrumente der sozialen Kommunikation gründlich vermitteln. Was in dieser Instruktion an Grundsätzlichem angesprochen wird, sollte heute Gemeingut aller Menschen sein. Die Kommunikationsmittel leisten erst dann ihren vollen Beitrag zur Entfaltung des Menschen, wenn er deren Wesen und den Umgang mit ihnen begriffen hat. Wer ihre Bedeutung nur oberflächlich kennt, schmälert leicht den Verfügungsraum seiner Freiheit.

Gegenstand dieser Bildungsarbeit muß sein die Darstellung der besonderen Eigenart der einzelnen Medien, ihrer Organisationsform und Struktur in dem betreffenden Gebiet und schließlich die Darlegung der Grundsätze für den sachgerechten Umgang mit ihnen. All das muß immer im Blick auf den Menschen und die Gesellschaft behandelt werden." [4]

## *Imperative für eine freiheitsfördernde Kommunikationspolitik*

Was können wir tun, um in der Massenkommunikation konkrete Freiheitsräume zu schaffen, zu erhalten und zu vergrößern? Empfehlungen im Sinne einer freiheitsfördernden Kommunikationspolitik und für die aktive Mitwirkung der Christen an dieser Politik haben zwei Zielrichtungen: zum Kommunikator hin und zum Rezipienten hin.

*In Richtung auf den Kommunikator:*

1. Macht die Journalisten krisensicherer, damit sie standfester werden und sich Druck- und Zugversuchen eher widersetzen können! Dazu gehört z. B. die Verbesserung der Altersversorgung, die Förderung beruflicher Mobilität, namentlich zwischen den Medien, und die Sicherung bzw. Wiederherstellung eines partnerschaftlichen Verhältnisses zwischen Verlegern und Journalisten, das durch die Polarisationsvorgänge der letzten Zeit leider gelitten hat.

2. Macht die Journalisten innerlich und äußerlich unabhängiger, aber nicht durch Privilegierungen, sondern durch Verbesserung ihrer Berufsgrundlagen, durch bessere Ausbildung, durch berufsbezogene Weiterbildung, durch Stärkung der Berufsorganisationen und Aktivierung der „Selbstkontrollorgane", wie etwa des Deutschen Presserates!

3. Macht die Journalisten verantwortungsbewußter durch Aufklärung über die Bedürfnisse, die sie in der heutigen Gesellschaft zu befriedigen haben, durch Erinnerung an die Sozialbindung ihres Tuns, durch Mithilfe anderer Fakultäten, zumal der Theologen, bei der Ausformung eines Berufsbildes und eines deontologischen Codex, der dann auch Grundlage der Ausbildung wie der Auswahl werden könnte!

*In Richtung auf die Rezipienten:*

1. Macht die Rezipienten partnerbewußt! Holt sie aus der defätistischen Fehlmeinung, daß der einzelne zum bewußtlosen Konsum verurteilt sei, heraus! Macht ihnen ihre Macht klar, die sie auf dem Markt der Massenmedien durch ihren Kaufentscheid ausüben können!

2. Macht die Rezipienten auswahlfreudig und auswahlfähig! Gebt ihnen die Kriterien in die Hand, damit sie sich ein eigenes Urteil bilden können! Gebt mehr Vorinformation über die Rundfunk- und Fernsehprogramme – und gebt diese nicht nur in Form

unverbindlicher Inhaltsangaben, sondern mit klarem Für und Wider! Hier haben kirchliche Stellen und Publikationen eine große, vielleicht in der heutigen Lage die wichtigste kommunikationspolitische Aufgabe.

3. Macht die Rezipienten immun gegen Einflüsse der Massenmedien, die sozialschädlich, gegen die Menschenwürde gerichtet und antireligiös sind! Es wird in den nächsten Jahren immer häufiger vorkommen, daß solche Einflüsse ausgeübt werden. Die kirchlichen Amtsstellen, die kirchlichen Beauftragten in den Aufsichtsgremien der Rundfunkanstalten werden immer seltener verhindern können (oder auch wollen), daß solche Sendungen ausgestrahlt werden. Hier hilft nur die Immunisierung des Rezipienten. Wieweit diese gelingen kann, wie wirksam sie sein kann, zeigen die Nonkonformisten in den kommunistisch regierten Ländern. Obwohl dort das gesamte Mediensystem im Dienste antireligiöser Propaganda steht, ist deren Wirkung keineswegs so total wie ihre Absicht.

## ANMERKUNGEN

[1] *H. Sturm,* Masse, Bildung, Kommunikation, Stuttgart 1968.

[2] *G. Ermecke,* Über Pressefreiheit und Presseverantwortung, Paderborn 1965, 39.

[3] Instructio „Communio et Progressio“, n. 28.

[4] Ebd., n. 63–64.

unverbindlicher [illegible] Jesu [illegible] mal
Wort [illegible] Stellen [illegible]
groß [illegible]
Lebensweise [illegible]

[illegible] Alltags-
medien, [illegible]
und [illegible]
gen [illegible] die
kirchlichen [illegible]
Sekten [illegible]
finden [illegible]
gestalt [illegible]
ten. [illegible] kann,
[illegible] Kommunikation [illegible]
dem [illegible] Medien [illegible] aus
reli [illegible]
total war ihre [illegible]

[1] H. [illegible]
[2] G. [illegible] und [illegible]
derborn 1985 [illegible]
[3] Instrumen[illegible]
[4] Ebd., [illegible]

*Heinrich Schipperges*

# DER ARZT UND DIE FREIHEIT DES MENSCHEN

## Zum Selbstverständnis einer Medizin zwischen Heiltechnik und Heilkultur

### *Die Freiheitsräume der alten Heilkultur*

Daß Könige auch einmal philosophieren könnten oder gar Philosophen Könige würden, das hat nicht einmal Immanuel Kant erwartet oder auch nur für wünschenswert gehalten: „weil der Besitz der Gewalt das freie Urteil der Vernunft unvermeidlich verdirbt". „Daß aber" – so schließt Kant im Traktat „Zum ewigen Frieden" – „Könige oder königliche Völker die Klasse der Philosophen nicht schwinden oder verstummen, sondern öffentlich sprechen lassen, ist beiden zur Beleuchtung ihres Geschäfts unentbehrlich!" Unentbehrlich scheint dies auch bei aller Beleuchtung des Geschäftes mit der Krankheit und der Gesundheit und bei den zwischen beiden Bereichen immerhin möglichen Spielräumen von Freiheit.

Unter dem vielleicht etwas zu anspruchsvollen Titel „Der Arzt und die Freiheit des Menschen" wollen wir daher versuchen, das Selbstverständnis einer Medizin zu befragen zwischen Gesundheit und Krankheit, zwischen Heiltechnik und Heilkultur, inmitten eines so aufregend sich vollziehenden Panoramawechsels von gestern auf morgen. Wir haben hierbei gar keine andere Möglichkeit, als uns der historischen Methode zu bedienen als eines systematischen Umgangs mit dem Vorurteil und insofern einer durchaus unzeitgemäßen Betrachtung. Unzeitgemäß, das war bei Nietzsche jene polemische Landschaft, über die „ein Wind der großen Freiheit" (II,1116) bläst. Unzeitgemäß, das will nach Heidegger (1970) heißen: „für die wenigen Denkenden unter den zahllosen Rechnern bedeutend, weisend in das sagend, fragend, bildende Verharren vor dem Unzugangbaren."

Bei solchem fragenden und tastenden Angang wollen wir keineswegs aus der Vergangenheit nur das für die Gegenwart Nötige zusammenrechnen, um etwa dort in der Geschichte zuverlässige Anhalte zu finden, noch sollten wir für diese Gegenwart Vergangenes gemäß machen, um Historisches zu verrechnen auf seinen Gegenwartswert. Wir müssen uns vielmehr, wie dies Heidegger in seinen Materialien zu Schellings „Freiheitsabhandlung" bemerkt hat, jenes geschichtliche Denken zum Gegenstand machen, das die Not zweier Jahrtausende betrachtet oder behandelt. „Uns geht es nicht um die historische gegenwartsnahe Erklärung eines Vergangenen, sondern um die geschichtliche Auseinandersetzung mit Gewesenem und daher Wesendem."

Und damit wären wir schon ganz nahe beim Thema! Denn mit der Freiheit des Menschen in der Welt von heute und morgen sollte sich nicht zuletzt auch die Medizin befassen, jene Heilkunde, die mit ihrem Eingriff bessern, wenn nicht heilen will, daher eo ipso auf die Freiheit des Menschen zielt und sein Freisein beansprucht. In der Tat war alle ältere Heilkultur in erster Linie eine Spekulation auf die Gesundheit; sie hatte des Menschen Freiraum zu thematisieren, wenn ihr Tun überhaupt sinnvoll sein sollte. Der ärztliche Eingriff – dieser so elementare Akt einer Not-Wende, wie Paracelsus das nannte –, dieses Eingreifen will bessern, heil machen, was nur möglich scheint, wenn solches Handeln ein Sujet findet, das sich gestalten, korrigieren oder stilisieren läßt. Der eingreifende Arzt appelliert geradezu an die Freiheit des Menschen, an die Möglichkeit, ein gesundes Leben zu gestalten oder ein krankes genesen zu lassen. Mit einem Wort: Ärztliches Handeln basiert auf einem Heilplan, der Freiheit zur Voraussetzung hat.

In der Theorie der Medizin stand denn auch seit jeher zentral der Begriff einer Gesundheit, genauer: eine spekulative Fundierung des Gesundseins, wie sie ihren ersten Niederschlag fand im Corpus Hippocraticum, dessen klassische Schematik des therapeutischen Denkens, Wissens und Handelns maßgebend wurde für das byzantinische und arabische wie auch das ganze lateinische Mittelalter. Nach diesem kanonischen Modell war das Haus der Heilkunde formaliter gegliedert in eine Theorie und eine Praxis. Der Theorica zugehörig waren Physiologie, Pathologie und Hygiene, während die Practica einzugreifen hatte mit den Mitteln der Diätetik, einer Materia Medica und der Chirurgie. Eine solche äquilibrierte Gleichwertigkeit, diese innere Ausgewogenheit einer Heilkunst zwischen Theorica und Practica, sie wurde vor allem in den Jahrhunderten der arabischen Medizin methodisch unterbaut. Es ist in der Tat eine Theorie, die den ärztlichen Entscheidungsweg begleitet, über die Indikationsprozedur in das Praktische eingeht und gerade im Handeln effektiv wird. Der Begriff wird nur noch verlängert in jenen Eingriff, der als „intellectus practicus" alsdann „ordinat ad opus", der die Behandlung ordiniert.

Während nun die Practica der Realisierung von Zwecken dient, nach Maßgabe der spezifischen Notdurft und der darauf basierenden Notwendigkeiten, ist Theorica nach Aristoteles um ihrer selbst willen da; sie dient zu nichts, sie allein ist frei! Medizin war – so bei Isidor von Sevilla – nicht nur Teil, sondern die Summe der „artes liberales". Nur so konnte Paracelsus behaupten, daß im Practicus bereits der Theoricus wirke, im Wissen und nicht im Wähnen. Wer sich allein auf den Boden der Fakten stellt, der ist nach Paracelsus kein Arzt, sondern „ein Verwalter des Glücks". Mit der Theorie erst wird der Arzt seine Praxis bewältigen, „daß sie uns nachfolge wie ein gezäumtes Roß und wie ein wütender Hund, wie ein am Bande geführtes dienstbares Wesen".

Bei Paracelsus lesen wir aber auch, daß unter allen Kreaturen der Mensch der am härtesten Gebundene ist. „Was er haben muß und will, das muß er sich machen und kann mit Wünschen und Begehren nichts erlangen" (XIV,137). So elementar ist der Mensch eingeborgen in Natur wie in Geschichte, wahrhaftig ein „homo patiens" und einer, „der muß es gedulden", wahrlich ein „subjectum". Und dennoch, so wird Paracelsus weiter folgern: „Die Gedanken sind frei, und dieselben übertreffen das natürliche Licht. Die Gedanken machen einen neuen Himmel, ein Firmament, dazu auch eine neue Kraft, aus welcher neue Künste fließen ... Also gewaltig ist der Mensch geschaffen, daß er mehr ist denn Himmel und Erden; er hat den Glauben, und der Glaube übertrifft das natürliche Licht und aller Kreaturen Kraft und Macht“ (XII, 183).

Hier, am Ausgang des Mittelalters und im Überstieg zur sogenannten „Entdeckung der Welt und des Menschen“, ist noch ganz das Theorica-Practica-Modell maßgebend, dieser faszinierende Gestaltkreis mit seiner universellen hermeneutischen Spirale, ein methodisches Leitbild, das in der Neuzeit mehr und mehr verlorengehen sollte. Die moderne Medizin hat dieses Ideal vom Gleichgewicht aufgegeben und einen mehr pragmatischen Weg eingeschlagen. Selbst bei Leibniz, der von der Medizin noch fordert, daß sie „theoriam cum praxi“ zu vereinigen habe, zeigt sich bereits deutlich diese säkulare Akzentverschiebung. Erfahrung und Nutzung allein bringen die Heilkunst weiter, wobei Beobachtung und Experiment zum Garanten des Fortschrittes wurden. Die „curiositas“ ist paradigmatisch umgekippt auf „utilitas“!

Die Etappen dieser Medizin im Übergang von den „curiosa“ auf die „utilia“ sind allgemein bekannt. Das Wissen macht uns zu Herren und Eigentümern der Natur, wie Descartes es forderte, was Rudolf Virchow verlängert auf „maître et possesseur de la société“! Mit der Aufklärung wird der staatliche Dirigismus immer konsequenter entwickelt. Medizin wird zum Instrument der Emanzipation des Menschen aus selbstverschuldeter Unmündigkeit. Mit der Bildung wächst die Freiheit, hatte Novalis noch konstatiert. Aber: Es gibt „Grade der Freiheit“ (III, 406, Nr. 717).

An dieser Stelle sollten wir in das schwebende Verfahren der Geschichte eingreifen, indem wir uns der Frage von Kant (1792) stellen: ob das Menschengeschlecht „im kontinuierlichen Rückgang zum Argeren“ begriffen sei oder aber „im beständigen Fortschreiten zum Besseren“. Und wir sollten bei diesen Ideologien und Utopien nicht nur die oft zitierte Ablösung des Zeitalters der Philosophie durch das Zeitalter der Wissenschaft bedenken, nicht nur den allgemein beachteten Überschlag der theologischen Eschatologie auf die positivistische Ordnung der Endzeit etwa nach Comte; wir sollten endlich auch einmal die abenteuerlichen Versuche der Naturforscher und Ärzte zur Kenntnis nehmen, innerhalb der freien und aufgeklärten Gesellschaft zu einer, wie Virchow das nannte, Einheitswissenschaft zu kommen, zu jener Einheitswissenschaft, die uns allein „die Konstituierung der Gesellschaft auf physiologischer Grundlage" garantiert. Zu diesem aufregenden Panorama sind die Quellen kaum erarbeitet worden; sie liegen in Hülle und Fülle in den Archiven jener Gesellschaft Deutscher Naturforscher und Ärzte vor, die im Jahre 1822 zu Leipzig begründet wurde und die im vergangenen Herbst ihre 150. Jubelsitzung in München feiern konnte. Auch zu dieser uns so hautnahen, aber weitgehend vergessenen, durchwegs verdrängten Geschichte muß ich etwas weiter ausholen.

In seiner Altersschrift über den Streit der Fakultäten (1798) hatte Immanuel Kant eine Hierarchie der menschlichen Grundmotive vorgestellt, wobei neben dem ewigen Wohl und dem Gemeinwohl dem Leibeswohl ein absoluter Rang zugesprochen wird. Das Moralische liegt bereits in der Natur, kommt im natürlichen System zu seiner Manifestation und dokumentiert eben die „Evolution der naturrechtlichen Verfassung". Diese Richtung ist angelegt von Natur aus, sie ist notwendig zur freien Entfaltung gekommen und somit irreversibel. „Denn ein solches Phänomen in der Menschengeschichte vergißt sich nicht mehr."

Kronzeuge für das Leibeswohl ist der mit Kant befreundete Arzt Johann Benjamin Erhard, der 1800 seine Theorie der Gesetze aufstellte, die sich auf das körperliche Wohlsein der Bürger beziehen, um diese medizinischen Gesetze dann der Benutzung für die Gesetzgebung zugänglich zu machen. Konfrontiert wird hier die „salus privata" mit einer „salus publica", wobei darauf aufmerksam gemacht werden darf, daß im „privatus" der zugleich Befreite wie Beraubte verborgen liegt!

Für Erhard gelten neben der Philosophie nur noch zwei große Wissensgebiete: eine öffentliche Wohlfahrtskunde, die „salus publica", die alle Bereiche der Rechtslehre, der Finanzen, der Politik und Wirtschaft umgreift, und daneben eine „salus privata" mit Naturwissenschaft und Heilkunde. Abgeschafft werden kann jetzt mit gutem Gewissen die Theologische Fakultät, aufgelöst werden muß selbstverständlich die Juristische Fakultät; übrig bleibt – abgesehen von einem permanenten philosophischen Propädeutikum – allein die Medizinische Fakultät.

Das alles sind mehr rhetorisch vorgetragene Grundthesen, die kaum auf die naturphilosophisch orientierte Medizin der Romantik Einfluß nehmen konnten. Aber diese Thesen werden um das

Jahr 1850 bereits vom jungen Virchow in seinem Archiv sehr präzise artikuliert, wenn er die „Erhebung der Medizin zur Naturwissenschaft im höchsten Sinne des Wortes, als Wissenschaft vom Menschen, als Anthropologie im weitesten Sinne" fordert. Am Ausgang dieses Jahrhunderts hat sich unter diesem Postulat bereits das Zeitalter der Naturwissenschaft formiert. Was in der Freiheitsabhandlung von Schelling (1809) bloß angedeutet war, ist Wirklichkeit geworden: „Die Zeit des bloß historischen Glaubens ist vorbei, wenn die Möglichkeit unmittelbarer Erkenntnis gegeben ist. Wir haben eine ältere Offenbarung als jede geschriebene, die Natur."

Von der revolutionären Dynamik des aufkommenden Einheitsgedankens in den Wissenschaften her wird man nun auch jene Anthropologie im weitesten Sinne verstehen, die in allen Motiven und Schichten und Strebungen sowohl von der Entwicklungslehre der Zeit als auch von der Sozialbewegung potenziert worden ist. Virchow sieht seine Medizin als die höchste und schönste Wissenschaft an, in der lang verschollene Gedanken aus den Philosophenschulen des Altertums wieder wach geworden sind. Der Arzt wird es nunmehr sein, der die Brücken schlägt von der Physiologie, der organischen Physik und Chemie zu dem allein befruchtenden Gebiet der sozialen Praxis. Im Schlußappell der Frankfurter Naturforscherversammlung von 1867 werden die Priester der Wissenschaft feierlich aufgerufen, als die treuen Arbeiter an der Natur zu wirken, um das natürliche Werk der Offenbarung zu vollenden. Die Naturkunde ist zu jener „Wissenschaft von der ewigen Verwandlung Gottes in die Welt" geworden, die schon Lorenz Oken postuliert hatte, als er unter der Ägide der Göttin Isis 1822 die Gesellschaft Deutscher Naturforscher und Ärzte ins Leben rief. Auf ihrer Versammlung zu Heidelberg im Jahre 1829 verstand sich dieses Gremium bereits als das Konzil für das kommende Zeitalter, und wenig später konnte Rudolf Virchow seine Ärzte feiern als die Hohenpriester der Natur in einer humanen Gesellschaft.

Was Fichte in seinen „Grundzügen gegenwärtigen Zeitalters" nur geahnt hatte, das scheint sich zu verwirklichen, jene Epoche der Vernunftkunst nämlich, „da die Menschheit mit sicherer und unfehlbarer Hand sich selbst zum getroffenen Abdruck der Vernunft aufbauet: der Stand der vollendeten Rechtfertigung und Heiligung". Zum Aufbau dieser revolutionierenden Freiheitsräume einige der wichtigsten Etappen:

Im Jahre 1847 hatte Salomon Neumann anstelle der alten Barmherzigkeit, „die man als Grundlage der Armenkrankenpflege proklamiert hat", das Recht gesetzt und Gerechtigkeit gefordert als oberstes Prinzip der öffentlichen Gesundheitspflege. Was ihm vorschwebte, war ein Rechtszustand, „der die Gnade entbehrlich mache, ein Rechtszustand, der den Besitzlosen ihr einziges Eigentum, ihre Gesundheit, sichere". Die christliche Barmherzigkeit habe bisher nur bewiesen, daß sie diese Notdurft nicht befriedigen könne: „Ihre Hilfe ist nur eine Scheinhilfe." Was dem armen Kranken wirklich dient, sind nicht die Almosen einer geizigen Barmherzigkeit, sondern die Prinzipien des sozialen Rechtsstaates! Wir sollten uns immer wieder vor Augen halten, daß wir nun einmal nicht im Staate der himmlischen Liebe wohnen, sondern zu leben haben in einem Staate des irdischen Rechtes. Und: „So weit der Himmel von der Erde, so weit ist die Wirklichkeit unseres Rechtsstaates entfernt vom Ideal eines christlichen Staates."

Die Ärzte überlassen die „medicina privata" nicht länger einem individualisierten Freiheitsraum; „denn die medizinische Wissenschaft ist in ihrem innersten Kern und Wesen eine soziale Wissenschaft, und solange ihr diese Bedeutung in der Wirklichkeit nicht vindiziert sein wird, wird man auch ihre Früchte nicht genießen, sondern sich mit der Schale und dem Scheine begnügen müssen." Gesundheit ist für Neumann das einzige allgemeine physische Eigentum und freier Besitz noch des Ärmsten der Armen. „Die Gesellschaft aber, die ihm nicht einmal den Schutz der Gesundheit gewährt, die sie doch besteuert, die fremde Pflichten zu benutzen versteht, ohne irgendwelche Rechte zu gewähren, ist doch wahrlich eine societas leonina." Neumann macht daher praktische Vorschläge für eine Ärztliche Assoziation, in der die private, die gewerbliche Gesundheitspflege mit der öffentlichen und polizeilichen Medizin zusammenfällt; beide unterstehen einem „Ministerium für öffentliche Gesundheitspflege". Nur so werde die Medizin ihrem ältesten Kulturauftrag gerecht; nur so kann sie die „unerschütterliche Garantie unserer sozialen Zukunft" sein.

Was hier nur rhapsodisch anklingt, ist bald schon architektonisch unterbaut und perspektivisch durchprogrammiert worden, durch Rudolf Virchow nämlich und seine Medizinische Reform im tollen Jahr 1848! Virchow will „die Gesetze der Medizin und Philosophie als allgemeine Gesetze des Menschengeschlechts" endgültig zur Geltung bringen. Da aber allein die Medizin alle Kenntnisse von den Gesetzen in sich vereint, „welche den Körper und den Geist zu bestimmen vermögen", ist sie allein auch berechtigt, „das Menschliche im Menschen für souverän und die Erde für den Himmel des Menschen" zu erklären. Wobei sich nur zu konsequent der nächste Schritt anbietet, nun auch „in die Gesetzgebung einzutreten, um jene Gesetze, welche in der Natur des Menschen schon gegeben sind, als die Grundlagen der gesellschaftlichen Ordnung geltend zu machen". Damit war das Ziel der Medizin deklariert: Medizin wird Gemeingut aller, sie geht ganz auf in das allgemeine, „dann einheitlich gestaltete Wissen, das mit dem Können identisch ist". Politik ist jetzt nichts anderes mehr als die „Medizin im Großen"!

Nicht länger dürfe in einem sozialen Zeitalter geduldet werden, daß sich lebendige Arbeitskraft freiwillig dem toten Kapital unterwerfe. Der freie Mensch soll nur arbeiten, soweit dies zur behaglichen Existenz notwendig sei, „aber er soll nicht seine besten Kräfte verschleudern, um Kapital zu machen". Nur die humane Bildung auf der Basis sozialisierter Naturwissenschaft bringe die Menschen dazu, den notwendigen Teil des Tages zu arbeiten, „um die andere Hälfte des Tages auf die Bildung des Geistes zu verwenden". So Virchow, und nicht Marx! Und so sieht auch Virchow seine aufgeklärte Epoche vor dem letzten großen Schritt zur Emanzipation: „Aus den Ärzten waren Priester geworden, welche die Medizin knechteten. Allein die Medizin emanzipierte sich ... Zunächst müssen dann die Ärzte wieder Priester werden, die Hohenpriester der Natur in der humanen Gesellschaft." Schließlich wird auch diese Medizin aufhören, eine besondere Wissenschaft zu sein. „Ihre letzte Aufgabe als solche ist die Konstituierung der Gesellschaft auf physiologischer Grundlage."

Es ist kein Zufall und liegt ganz im Zuge des Zeitgeistes, daß gleichzeitig auch die erste Sektionssitzung für Mathematik und Astronomie mit der Forderung anhebt: „Die Naturwissenschaft muß die Fragen der Philosophie in die Hand nehmen und wird in Kürze zur einfachen entscheidenden Lösung führen, was durch den Unverstand der gesonderten Philosophie zu anscheinend unlösbaren Problemen geworden war." Es kann aber auch kein Zweifel darüber bestehen – und das darf wohl an dieser Stelle dezidiert betont werden –, daß angesichts des enormen Prestigezuwachses der Naturwissenschaft sich die Philosophie die Fragen und das Fragen nur allzu bereit aus dem Griff und der Optik nehmen ließ und läßt – und vielleicht 1975 nicht weniger als 1875!

Aus dem Geiste dieser naturwissenschaftlichen Medizin und mit den Materialien wie Formalien dieses 19. Jahrhunderts wurden und werden die Ärzte für das Jahr 2000 erzogen, werden neue Fakultäten für das dritte Jahrtausend gebaut und die biotechnischen und soziologischen Dienstleistungsbereiche der integrierten Gesundheitszentren installiert. Eine Aufklärung über diese Geschichte hat nie stattgefunden; statt zu analysieren haben wir immer nur verdrängt. Eine Analyse aber ist um so notwendiger geworden, als hier – um das Jahr 1850 – die große, die eigentliche Zäsur aller Wissenschaftsgeschichte zu sehen ist, der einzig wirkliche Bruch in der Geschichte der Menschheit, dessen Folgen wir heute noch nicht abzusehen vermögen. Und wie der Elan dieser naturwissenschaftlichen Medizin nicht zu begreifen wäre ohne die Vektoren des Entwicklungsgedankens und ohne den Impuls der Sozialbewegung, so wird auch diese Sozialrevolution gesteuert von der aufkommenden Evolutionstheorie ebenso wie von der sich immer stärker durchsetzenden neuen Naturauffassung. Es ist das neue Selbstbewußtsein der Menschheit, wie Friedrich Engels das 1842 formuliert hat, „der neue Gral, um dessen Thron sich die Völker jauchzend versammeln". Darin allein soll noch in Zukunft das Wohl und der Beruf der Menschheit liegen; für diesen Gral werden wir „das Schwert um die Lenden gürten und unser Leben fröhlich einsetzen in den letzten heiligen Krieg, dem das Tausendjährige Reich der Freiheit folgen wird".

Es wird die Aufgabe auch des Medizinhistorikers bleiben, die ideologischen Strukturen dieses wissenschaftlichen Zeitalters genauer zu packen und seine Freiheitsräume kritisch auszuleuchten! Denn diese – die Theorie wie die Praxis beherrschende – Ideologie einer ökonomisierbaren Heiltechnik wurde zwar weltanschaulich weitgehend entschärft, um sich indes nur um so unheilvoller zu inkrustieren in unseren Institutionen und in unseren Curricula. Immer noch belastet mit dem abgetakelten Weltbild des 19. Jahrhunderts, schleppen wir uns dem dritten Jahrtausend entgegen. Dieses wissenschaftliche und ökonomische Weltbild ist es in erster Linie, das uns in diesem auslaufenden 20. Jahrhundert in eine Krise größten Ausmaßes gestürzt hat, nämlich in die Krise zwischen Ökonomie und Ökologie!

### *Zur Krise der modernen Medizin*

Unsere Medizin versteht sich als eine in ihrem Kern angewandte Naturwissenschaft, als Biomathematik und Biochemie, als Verhaltensforschung und Biotechnik. Ein großartiges Programm einer Anthropotechnik, das dem Menschen jenen reellen Zuwachs an Freiheit versprach und versprechen durfte, von dem sich die alten Ärzte nichts hätten träumen lassen!

Ich nenne nur die Lebensverlängerung um das Doppelte innerhalb eines Jahrhunderts, die faktische Eliminierung der großen Volksseuchen und der meisten Infektionskrankheiten, die faszinierenden Großoperationen einer Chirurgie und Transplantationstechnik, das Repertoire einer Pharmakotherapie, die mit gutem Gewissen den tausendjährigen Schatz der Materia Medica zum alten Eisen werfen durfte und zum erstenmal einen rational begründbaren Indikationsweg ermöglicht hat. Ich brauche nicht zu erinnern an die Befreiung von täglicher Plackerei, die Gewinnung eines ungewöhnlichen Freizeitraumes im Arbeitsalltag, an das Freiwerden von existentieller Angst durch immer raffiniertere und dynamischere Versicherungssysteme, kurz an den Freiheitsgewinn im Fortschritt.

Erinnern muß ich aber auch an jene Freiheitsverluste durch eben diesen Fortschritt, wie sie von kritischen Gegenstimmen seit einem Jahrhundert immer lauter artikuliert wurden: die zunehmende Abhängigkeit von sanitären Institutionen, den Überhang von Krankheiten durch verlängerte Lebenserwartung und Frühinvalidisierung, die Sozialzwänge durch Geburtenkontrolle und bald auch Sterbekontrolle, der nur zu rasch eine allgemeine

Lebenskontrolle mit Risikokontrolle, Krankenkontrolle und Alterskontrolle folgen könnte. Nicht von ungefähr sind gerade diesem Fortschritt die drei schwerwiegendsten Freiheitseinbußen zur Last gelegt worden: die Verseuchung der Umwelt, die Verkümmerung der Erlebniswelt, die Einschrumpfung der Mitwelt. Die computerisierten Dossiers, die man sich per Knopfdruck auf elektronischem Wege jederzeit universell verschaffen kann, sind ebenso für medizinische Forschungsprojekte verwertbar, wie sie – in falschen Händen – eine berufliche Karriere oder eine bürgerliche Existenz ruinieren können. Computerdaten über Verbrauchergewohnheiten können jederzeit der Industriebranche neue Werbefeldzüge aufzwingen, z. B. auf dem noch zu erobernden Seniorenmarkt für begüterte Damen zwischen 60 und 90 oder bei der Substitution für das soeben neuentdeckte Klimakterium virile, das dem Mann in seiner kritischen Phase zwischen der letzten Pubertätskrise und dem ersten Leistungsknick wieder auf die Sprünge hilft. Durch einen Knopfdruck läßt sich nicht nur das Leben beenden, menschliche Lebensgeschichte läßt sich auch schon auf Knopfdruck hin offenlegen, wenn universelle Datenbanken den Gesundheitspaß up to date halten und die Fakten in jenen Speichern der Zukunft fixieren, wo nichts vergessen und nichts vergeben wird.

Unsere Freiheit beginnt knapp zu werden, wenn wir an die erschreckenden Konturen einer Prothesenkultur oder das Schreckgespenst genetischer Manipulationen denken. Längst nicht analysiert ist unsere zunehmende Abhängigkeit von irrationalen Drogen, wobei neben den Psychedelica auch an die Euphorica und Analeptica erinnert werden darf. Immer stärker wird unsere Abhängigkeit vom sich bereits andeutenden sanitären Fließband, diese im Grunde überflüssige „Abhängigkeit von Ärzten, Lehrern, Priestern", wie Nietzsche das genannt hat, um es für uns Mediziner auf die freche Formel zu bringen: „Man muß für seinen Arzt geboren sein, sonst geht man an seinem Arzt zugrunde" (I, 706).

Nicht von ungefähr hat der Futurologe Herman Kahn (1972) dieses auf uns zukommende Dilemma als die „technologische Krise von 1985" markiert, eine Krise, die charakterisiert ist durch den Abbau traditioneller Werte, den Verlust menschlicher Maßstäbe und Perspektiven, die Dehumanisierung des psychologischen

Selbst, durch Geburtenkontrolle wie Sterbekontrolle samt jener Form von Glückspillen, die des Menschen Freiheit künstlich dopen und chemisch zersetzen und dabei doch nur ein Mehr an Abhängigkeit schenken. Denn solange es die Technik nicht schafft, reine Luft und klares Wasser, fahrbare Straßen und Verkehr ohne Lebensgefahr, giftfreie Nahrung und Pillen ohne Risiko zu produzieren, solange wird sie immer nur die gesetzten Schäden korrigieren und bei florierenden Märkten letztlich doch nur jenes Volk von Krüppeln und Rentnern hinterlassen, das in der Vision des alten Herder schon auftauchte, eine schauerliche Vision, die Goethe wieder aufgenommen und Nietzsche noch einmal dramatisch radikalisiert hatte: Ja, gewiß, sie wird siegen, eines Tages, ganz gewiß, die Humanität! Doch stehe dabei zu befürchten, daß dann in aller Freizügigkeit der durchzivilisierten Sozietäten nur noch einer des anderen humaner Krankenwärter sein werde!

Zu diesem ökonomischen Wachstum mit seiner „immer fester ineinander verschlungenen Maschinerie der Interessen und Leistungen" sah Nietzsche bereits eine komplette Gegenbewegung aufkommen. Mit dem Status der Anpassung sei eine Abflachung verbunden, das höhere Chinesentum, das Zufriedensein mit der Verkleinerung des Menschen, „eine Art Stillstandsniveau des Menschen", wie es auf uns zukommen müsse mit der „unvermeidlich bevorstehenden Wirtschafts-Gesamtverwaltung der Erde", mit jenem ungeheuren „Räderwerk von immer kleineren, immer feiner anzupassenden Rädern" (heute würden wir sagen: Konsistoren und Schalteinheiten). Gegen diese technische Welt wollte Nietzsche seine Gegenwelt aufbauen: den summierenden, den rechtfertigenden Menschen. Was hier attackiert wird, ist der ökonomische Optimismus, „als ob mit den wachsenden Unkosten aller auch der Nutzen aller notwendig wachsen müßte. Das Gegenteil scheint mir der Fall: Die Unkosten aller summieren sich zu einem Gesamtverlust: der Mensch wird geringer: – so daß man nicht mehr weiß, wozu überhaupt dieser ungeheure Prozeß gedient hat" (III, 628). Der Mensch wird geringer; er schrumpft ein zu jenem mathematisierbaren Punkt, von dem heute der Mister Computer schon heimlich träumt.

Dieses Dilemma von wachsenden Freiheiten bei sich aufdrängenden Zwängen dürfte in der Tat nirgendwo konkreter, so hautnah wie bedrohlich vital, nirgendwo plastischer und realistischer darzustellen sein als auf dem Gebiet der Medizin. Die Medizin von heute repräsentiert sich in der Tat in einem vielschichtigen, dramatisch bewegten Transformationsprozeß, den wir erst in unser Blickfeld bekommen, wenn wir ihn vor dem Hintergrund der historischen Verwandlungsszenerie betrachten. Als Modell dieser historischen Umwandlungszone diente uns der Zeitraum von 1800 bis 2000, alles in allem eine noch überschaubare Welt, für die wir noch einen Horizont haben, die wir als Vergangenes aufarbeiten könnten, um Kommendes zu gestalten. Diese Jahrhunderte sind keineswegs schon Geschichte geworden, sondern eher ein Vorfeld geblieben für unsere Gegenwart, unsere Umwelt, eine Welt, in der wir leben und leben werden. Die Krise dieser modernen Medizin hatte Viktor von Weizsäcker (1964) in einem Zusammenhang sehen wollen mit der abendländischen Entwicklung der Wissenschaften überhaupt, jenem so selbstverständlichen wie fragwürdigen Zeitenlauf, wo „der Aufgang des physikalischen Weltbildes um 1650 und sein Untergang um 1950 die spiegelbildliche Ähnlichkeit von Morgen und Abend haben".

Den Aufgang dieses Weltbildes hatte der alternde Virchow 1893 noch einmal vor Augen gestellt, als er von jener philosophischen Methode sprach, die seit Jahrhunderten maßgeblich geworden war für alle Spezialfächer und die schließlich mit Hegel und seiner Schule einen „förmlichen Generalstab geschulter Jünger" gebildet hat. Seit der Mitte des Jahrhunderts aber war diese Schule gestürzt, die Methodik wurde revolutioniert. Der „definitive Übergang in die naturwissenschaftliche Zeit" war vor sich gegangen, und was zunächst nur wie eine Revolution in der intellektuellen Welt ausgesehen habe, das manifestiere sich nun immer machtvoller auch als ein sittlicher Umbruch im Freiheitsbewußtsein der Menschheit. Soweit Virchow!

Zweifellos sind Naturwissenschaft und Medizin die Disziplinen geworden, die das letzte Jahrhundert bestimmten. Sie haben nicht nur die Modelle der kommenden Feldforschung geschaffen, sondern auch weitgehend die epistemologischen Maßstäbe des Normalen und Normativen gesetzt. Sie gaben an, was rational vertretbar war oder was als dekadent oder unwissenschaftlich abgelehnt werden mußte. Alle wissenschaftlichen, alle wirtschaftlichen, alle gesellschaftlichen Produktionen sind getragen worden von dieser neuen Ideologie eines Einheitsdenkens aus der Trias von Naturwissenschaft, Entwicklungstheorie und Soziallehre. Nur so ist diese Wissenschaft im Umbruch zu verstehen: als ein Vehikel der zu Ende geführten Säkularisierung, damit aber auch als das enthusiastisch gefeierte Instrumentarium einer neuen messianischen Prophetie.

In einer Rede vor der Naturforscherversammlung von 1886 in Berlin hatte Werner von Siemens „Das naturwissenschaftliche Zeitalter" proklamiert, eine Epoche, in der das Leben des Menschen immer genußreicher und anspruchsvoller werde, ein Zeitalter, in dem alle Bedürfnisse zunehmend befriedigt und endgültig gesichert würden. Den Überschuß an Freizeit, den er durch die Arbeit der eisernen Arbeiter (der „eisernen Engel") gewinnt, wird der Mensch seiner geistigen Ausbildung widmen. Die Naturwissenschaften werden die Menschen moralischen und materiellen Zuständen zuführen, die besser sind, als sie je waren. „Das hereinbrechende naturwissenschaftliche Zeitalter wird ihre Lebensnot, ihr Siechtum mildern, ihren Lebensgenuß erhöhen, sie besser, glücklicher und mit ihrem Geschick zufriedener machen."

Daß die „planmäßige Ausbeutung der Naturschätze" das erhabenste Ziel der Menschheit sei und den Menschen immer gottähnlicher machen werde, das betonte der Berliner Physiologe Du Bois-Reymond in seiner Akademie-Rede auf Werner von Siemens (1874). Was der Gottheit bei der Erschaffung der Welt bloß vorgeschwebt hatte, das schaffen wir nun realiter, nämlich: die Summe unserer Genüsse zu einem Maximum, die unserer Entbehrungen zu einem Minimum zu machen.

Ein weiteres Datum auf dem Wege dieser medizinischen Utopien darf nicht verschwiegen werden. Im Jahre 1900 gab Ernst Haeckel ein Preisausschreiben bekannt zum Thema: „Was lernen wir aus den Prinzipien der Deszendenztheorie für die innerpolitische Entwicklung und Gesetzgebung der Staaten?" Unter etwa 60 Bewerbern erhielt den Preis der bayrische Arzt Wilhelm Schallmayer, einer der profiliertesten Vertreter des damals blühenden Sozialdarwinismus. Der Stifter dieses Preisausschreibens, der erst nach seinem Tode genannt werden sollte, war Alfred Friedrich Krupp.

Das Motto des Kruppschen Preisausschreibens lautet: Höchstes Gut ist das organische Erbgut, ein „summum bonum“, für das allerdings einige Opfer zu bringen sein werden. Zu opfern ist in erster Linie das, was man im vorwissenschaftlichen Zeitalter als Freiheit bezeichnet hat. Von einer Freiheit des Individuums aber sollte tunlich nicht mehr gesprochen werden, wo derartig universale Prozesse zur Debatte stehen. Das soziale Nützlichkeitsprinzip wird maßgebender als die alte unhaltbare Gerechtigkeitsidee. Es spreche aber auch nichts dafür, daß man den Menschen z. B. auch in Zukunft etwa noch ein privates Geschlechtsleben zubilligen dürfe. Ein „Rassedienstliches Ministerium“ sorgt schließlich für Zwangssterilisierung, Zwangsasylisierung, Zwangskolonien der Krüppel, Blinden, Irren und Armen, bei Sterilisierung der Herrenschicht fremder Völker und Stilisierung einer Herrenschicht aus dem Lebensborn des eigenen Blutes. So wörtlich und mit genau diesen Kernbegriffen im Kruppschen Preisausschreiben von 1900!

Die falsch verstandene Freiheit der herrschenden Humanität, so heißt es weiter, hat uns ja die biologischen Schwächlinge geradezu herangezüchtet. Und da das Individuum in seinem Egoismus nie sozialethisch denke, müsse es eben volkseugenisch verplant werden. Zuchtwahl ist daher weitaus besser als alle Heil- und Pflegeanstalten. Da für diese Ethik Religion und Philosophie bisher keine Maßstäbe geboten hätten, müsse die Biologie neues Licht auf die alten Fragen werfen.

Wohlbehagen und Glück seien durchaus medizinisch zu steuern, etwa durch „Züchtung eines Menschenschlages mit glücklichem Temperament“. Was nämlich die beste soziale Organisation nicht zu leisten vermochte, kaum auch aller Fortschritt in Technik und Kunst, das leistet mit Leichtigkeit ein neuer „Menschenschlag mit heiterem Temperament“. Um solche edlen Zwecke zu verwirklichen, muß allerdings die Ärzteschaft umgewandelt werden in einen Stand ärztlicher Staatsbeamter. Lehrstühle für Soziologie und Staatskunst überwachen die generative Ethik, die schließlich die „Weihe einer nationalen Religion“ erhält und die einmal „die Religion der Zukunft“ sein wird!

Bleiben wir noch eine Weile bei unserem historischen Aufzucht-Gedanken und bei Lebensqualität und Lebensglück des Volkes, wozu ich auch noch die härter gesottenen Vertreter heranzitieren sollte. Im Jahre 1895 erschien eine Entwicklungsethik mit dem vielversprechenden Titel „Von Darwin bis Nietzsche". Verfasser war Alexander Tille, Geschäftsführer des Zentralverbandes der deutschen Industriellen in Berlin. Für Tille liegt das eigentliche biologische Material, der Mensch, noch völlig brach, und gerade hier könnte doch manches um so vieles besser verwertet werden. Tille hält allein das für wertvoll, was sich im wirtschaftlichen Konkurrenzkampf durchzusetzen vermag, jene eiserne Selbstzucht nämlich, wie sie sich nun einmal im Kampf um das Geld entwickelt. Als wertvoll können daher nur solche Menschen angesehen werden, welche mit dem Recht des Stärkeren den Schwächeren vernichten und solchermaßen produktiv werden. Gegenüber dem Recht dieses Stärkeren ist jedes historische Recht hinfällig.

Im Namen der Wissenschaft und aus Gründen des Gemeinwohls konnte damals der Sozialdarwinist Tille fordern, daß Priester, welche die Enthaltsamkeit predigen, als Verbrecher am Rassewohl ausgepeitscht werden müßten. Im Namen der gleichen Wissenschaft und wiederum unter dem Druck sozialer Zwänge wird heute eine Bevölkerungspolitik propagiert, die das Kinderkriegen als Sünde wider den Heiligen Geist deklariert. Amerikanische Wissenschaftler (wie der Präsident des Population Council in New York) machen uns mit guten Gründen plausibel, warum nur eine unfreiwillige Geburtenverhütung effektiv werden kann, wobei die Grade der Freiheitseinschränkung – je nach Geschmack – erheblich sind. Ich nenne nur und zitiere: Periodische Zwangsaborte aller Frauen, Zwangssterilisierung aller Männer nach dem dritten Kind, verkäufliche Lizenzen für Kinder, Zugabe temporärer Sterilisierungsmittel in das Trinkwasser oder in Lager-Nährmittel, ferner: Umkehr der Steuervorteile, staatliche Belohnung für Kinderverzicht, Lotterien für Kinderlose, Einführung von zwei Eheformen, von denen die eine kinderlos und auflösbar bleibt, und zahlreiche andere ähnliche Tricks, die um nichts dem Sozialdarwinismus um die Jahrhundertwende nachstehen! Natürliche Gesetze haben nun einmal – so glaubt und dekretiert man – politische Konsequenzen! Unter dem Druck einer Bevölkerungsspannung wollte Tille damals sogar die Landesgrenzen durch Volksgrenzen ersetzt wissen. Frühere Bewohner werden dann ausgeräumt, ausgesiedelt, dezimiert – und dies alles unter dem harten Gesetz jener Religion der Natur, von der das ganze 19. Jahrhundert geschwärmt hatte!

Diese Art von Naturforschung als die Erkenntnis des Wahren, diese Ethik als Erziehung zum Guten, diese Ästhetik als Pflege des Schönen, das sind – wie Ernst Haeckel 1892, noch vor seinen Welträtseln, schrieb – „die drei hehren Gottheiten, vor denen wir anbetend unser Knie beugen ... In ihrer naturgemäßen Vereinigung und gegenseitigen Ergänzung gewinnen wir den reinen Gottesbegriff. Diesem ‚dreieinigen Gottesideale', dieser naturwahren Trinität des Monismus, wird das herannahende 20. Jahrhundert seine Altäre bauen!"

Für keinen Wissenschaftler – gleich welcher Provenienz – besteht heute noch ein Zweifel darüber, daß der Traum von einer wissenschaftlichen Menschheitsreligion nicht in Erfüllung gegangen ist. Wissenschaftler selbst verwandter Spezialfächer – wie etwa Tierpsychologie oder Klinische Psychologie – sprechen eine völlig verschiedene Sprache. Mit der Spezialisierung der Begriffe schrumpft der Sektor der Erfahrung. Die Hohenpriester der Natur sind zu wissenschaftlichen Barbaren geworden. Die Vorurteile zwischen den Gruppen wachsen. Niemand glaubt mehr daran, wie dies Virchow 1871 noch auf der Naturforscherversammlung in Rostock proklamiert hatte, daß allein die Naturwissenschaft dem einzelnen Menschen gestatte, im vollen Sinne wahr zu sein, daß unwissenschaftliche Vorurteile immer weniger würden, daß eine universelle Wahrheit die Menschen verbinden könne, daß im einheitlichen Forschen der Fortschritt der Menschheit verbürgt werde und in dieser Bürgschaft das Glück der Menschheit liege!

Dieser Übergang vom philosophischen zum naturwissenschaftlichen Zeitalter ist, wie wir nur an einzelnen Knotenpunkten zeigen konnten, nicht von ungefähr gekommen. Die Phasen lassen sich recht genau markieren. Sie gehen einher mit den Etappen der Entfaltung des naturwissenschaftlichen Denkens, von Vesal über Harvey und Morgagni bis zu Virchow, sie markieren nicht nur den Weg einer immer wirksamer werdenden Heiltechnik, sondern auch sehr genau den Gang der Verkümmerung einer alten Heilkultur.

Für die wachsende Tragweite und Fragwürdigkeit dieser Wissenschaft sind uns wieder die Augen geöffnet, so sehr auch und gerade die Medizin als Heiltechnik gebannt scheint von jener säkularisierten Endzeiterwartung, die scheitern mußte. Wir wissen auch nur zu gut, daß die Zerstörung einer Illusion noch keine Wahrheit ergibt, sondern nur – wie Nietzsche (III, 446) das nannte – „ein Stück Unwissenheit mehr", eine Erweiterung unseres „leeren Raumes", einen Zuwachs an Öde und ein Mehr an neuen Zwängen, für die wir nun abermals systematisch die Heuristik der Hohlräume zu erarbeiten haben.

Dies gilt um so mehr, als der Arzt von heute in der Naturwissenschaft nicht mehr die Matrix oder gar die Norm seiner Heilkunst erblicken wird, sondern nur noch einen Aspekt. Ihm gibt die Wissenschaft Auskunft nur über Partialprozesse und nirgendwo eine Antwort auf Fragen der Lebenswelt oder gar Lebensqualität. In Konfrontation mit dem konkreten Bedürfnis einer Gesellschaft und angesichts einer ebenso konkret auf uns zureifenden Zukunft wird sich die kommende Theorie der Medizin neue Muster unter einem neuen Horizont schaffen müssen, wobei wir uns abermals konzentrieren wollen auf die exemplarischen Modelle: die Naturwissenschaft mit Biomathematik, Biologie, Biochemie; eine Geisteswissenschaft mit Verhaltenslehre, Psychologie, Humanökologie, und die Sozialwissenschaft mit ihrer Interaktionstheorie, einer Sozialmedizin und interdisziplinärer Teamforschung.

Lassen Sie mich mit diesem dreifachen Modelldenken versuchen, die Krise unserer Medizin zwischen gestern und morgen etwas schärfer zu profilieren, eine Krise des Menschen auch, die in erster Linie darin zu sehen ist, daß er sich nicht mehr zu orientieren weiß zwischen Herkunft und Zukunft, sich nicht mehr zurechtfinden will, weder in seinem Gestern noch in seinem Morgen!

Nun ist die Medizin zu allen Zeiten in einer Krise gewesen. Der Begriff Krisis ist ein medizinischer Terminus und meint die Entscheidung einer Krankheit zum Besseren oder zum Ende. Der Arzt gilt geradezu als der Fachmann für Krisen. Dennoch lassen sich historisch einige Krisenräume schärfer herausprofilieren, die mit der Freiheit oder Unfreiheit des Menschen unmittelbar verknüpft sind. Erwähnt sei nur der therapeutische Nihilismus um die Mitte des 19. Jahrhunderts oder aber auch die Krisensituation, wie sie von der anthropologisch orientierten „Medizin in Bewegung" ausgegangen ist und noch unterhalten wird. Während sich nämlich die klassische Medizin als angewandte Naturwissenschaft auf weitgehend biologisch determinierte Strukturen verlassen konnte, öffnet sich die neue, patientenorientierte Medizin dem psychosozialen Kontext und damit wieder neuen Freiheitsräumen. Dieser Raum aber wird sicherlich nicht allein von einer Psycho-sozio-somatik geordnet werden können, kaum auch von der erst am Horizont auftauchenden ökologischen Konzeption. Hier wird vielmehr eine neue Philosophie der Natur und eine systematische Ärztliche Anthropologie auf den Plan gerufen.

Nur im Blick auf diese anthropologische Ganzheit können wir die immer wieder geforderten normativen Kriterien erarbeiten. So Häring und sein „Heilender Dienst" (1972), der aber nicht möglich scheint, wenn man nicht „die Notwendigkeit von Freiheit und Verantwortung im Gesamtraum des Menschen" berücksichtigt. Hier in erster Linie, meint Bernhard Häring, läge der Dienst der Theologie an der Medizin, der Dienst auch von gründlichen geschichtlichen Studien, die uns „eine atemberaubende Erkenntnis der Einheit menschlicher Geschichte" geben könnten. Hier lägen die großen Brücken des Dialogs!

Aus der Symptomatologie dieser Krisensituation deutet nun offensichtlich alles darauf hin – die zunehmende Ambivalenz der Technik, der drohende Verlust des ökologischen Gleichgewichtes, der radikale Abbau der Tradition ohne eine ernstzunehmende Alternative, beispielsweise auch der bereits stattgehabte Untergang unserer alten Universität –, daß die auf uns zukommende Krise der Medizin eben nicht mehr von der Wissenschaft gemeistert wird, daß sich vielmehr interdisziplinär strukturierte Gremien auf höherer Ebene zu bilden haben, die unter optimaler Information eine permanente Systemanalyse betreiben sollten, um möglichst präzise jene Alternativen zu erarbeiten, die erst dann einer politischen Entscheidung zu Gebote stehen. Vielleicht wird man eine solche kybernetische Gleichgewichtspolitik im großen wie im kleinen nur noch von der Medizin erwarten können, von einer Medizin freilich, die sich ökologisch – und eben nicht nur ökonomisch – orientiert und die damit allein auch die therapeutischen Maßstäbe setzen könnte.

### *Aspekte einer ökologisch orientierten Heilkunde*

In seiner Freiburger Vorlesung zu Schellings Freiheits-Abhandlung hat Martin Heidegger seiner Überzeugung Ausdruck gegeben, daß Wesentliches in der Geschichte des Menschen niemals dadurch überwunden werde, „daß man ihm den Rücken zukehrt und durch bloßes Vergessen sich scheinbar frei macht. Denn das Wesentliche kehrt immer wieder, und die Frage bleibt nur, ob dann ein Zeitalter dafür bereit und stark genug ist."

Das Wesentliche kehrt immer wieder, das sollten uns auch unsere kurzen historischen Exkurse um Gesundheit und Krankheit gezeigt haben, die alle ohne des Menschen Freiheit weder theoretisch zu definieren wären noch ohne sein Freisein praktikabel würden. Sie gehören nun einmal zu jenem „Seyn im Ganzen", dem sich der Mensch nicht zu entziehen vermag und um dessentwillen wir philosophieren und praktizieren.

„Wir philosophieren aber nur dann", wie dies Heidegger am Faden der Freiheit weiterspinnt, „wenn die Lage unseres Daseins zur wirklichen Not der Frage nach dem Seyn des Ganzen wird." Wo aber wäre eine solche Not der Frage noch dramatischer, noch konkreter, noch vitaler als in jener Heilkunde, deren Gegenstand ja nichts anderes ist als Not und Hilfe, als die Not-Wende – wo wäre sie noch elementarer als beim Arzt, als dem „Zeugen der großen Szenen des Lebens", Zeuge von Geburt und Tod, von Hoch-Zeiten und Tief-Zeiten, all dem Elend und allem Wahnsinn, als bei seinem immer wieder von neuem notwendigen Eingreifen an einem Patienten, den der Arzt letztlich doch wieder verliert an den Tod!

Nun ist es mit der Freiheit, wie wir an einem ganz kleinen Stück historischer Kasuistik gesehen haben, keine so einfache Sache. Wir haben im Grunde den Begriff immer nur umschrieben, immer nur zu modulieren versucht auf das Maß der Gesundheit. Mit Gesundheit sahen wir keine Kategorie, sondern eher jenen Habitus vor uns, der uns größtmögliche Harmonie der Säfte und Kräfte verspricht, eine optimale Vergeistigung des Leiblichen und Verleiblichung des Geistigen, auf daß der Mensch immer wieder von neuem aufblühe zu vieltausendfältiger Gesundheit. Es gibt so viele Gesundheiten, wie es Krankheiten gibt. So hat dies Paracelsus gewußt, als er aller Heilung Sinn für einen Menschen darin sah, „die Gebrechlichkeit seines Leibs zu wenden und ihn zu bringen wiederum in seine Macht und Stärke, auf daß er möge Gott das darbringen, in das er geboren ist, welches ein Kranker eben nicht zu vollbringen vermag, da er tot liegt wie ein Tier und wie entschlafen". Damit erhalten Gesundheit und Krankheit ihr letztes Maß und ihren Maßstab an der Freiheitsgeschichte jeder einzelnen Person, an ihrer Individuation und einer Rehabilitation, die jetzt nicht mehr eine rein mechanische „restitutio ad integrum" wäre, sondern die freilich erst noch qualitativ zu bestimmende „restitutio ad integritatem".

Wir haben gesehen, wie die Tradition der älteren Heilkultur abgebrochen wurde, um dem Reduktionalismus naturwissenschaftlicher Methodik und Systematik zu verfallen. Wir sahen, wie sich darin aufgebaut hat eine unheimlich ambivalente Medizin als die „Technik der Biologie" (so heißt sie noch heute in der Propyläen-Weltgeschichte!), eine Heilkunst und Heiltechnik, die uns faszinierende Errungenschaften bescheren konnte, die aber insgesamt wieder in eine Krise geraten ist.

Die Medizin von heute stellt uns in der Tat vor eine paradoxe Situation. Auf der einen Seite erleben wir, wie der Mensch sich seinen Lebensraum ständig erweitern und immer beständiger sichern konnte, auf der anderen Seite beherrschen uns zunehmend Unsicherheit und Angst. Von Jahr zu Jahr wird der Mensch abhängiger von einer Medizin, von deren Zielen und Motivationen er immer weniger erfährt, so sehr sie ihm auch an den Nerv und unter die Haut gehen. Und sogar der Träger dieses Heilwesens, der Arzt – auch er erlebt, wie sein Funktionsbereich mit jedem Tag wächst, während seine Kompetenzen zusehends schrumpfen. Er muß zusehen, wie seine Kunst immer komplexere Verbindungen eingeht zu allen Lebensbereichen, Wirtschaftsräumen, allen Subkulturen einer Gesellschaft, die ihrerseits wieder bemüht ist, gerade diesen Eingriff des Arztes auf einige wenige technische Handgriffe zu reduzieren, und die ihn am liebsten zum Lieferanten fertiger Arzneimittel machen möchte, wenn nicht gar zum Funktionär einer öffentlichen Hand.

Hier stehen wir nun wirklich vor der Frage, wie sie denn wohl aussehen sollen, diese Wertmaßstäbe einer Weltmedizin im dritten Jahrtausend. Sind es noch die alleinseligmachenden Leistungskriterien, wie sie uns von den Mammutorganisationen der Wirtschaft verordnet werden? Oder bilden sich schon die erwarteten „Zentren intellektueller Aktivität" heraus, die zu Brutstätten einer neuen Wissenschaft werden könnten, einer höheren Ökonomik der Intentionen, die dann unwillkürlich – und vielleicht gar nicht so freiwillig – auch die neuen Prioritäten setzen müßten? Kann „Big Business", so lautet unsere Frage, überhaupt ersetzt werden durch „Big Science", und fände dabei die „Theorica" wieder ihr altes Gleichgewicht zur „Practica"? Wird sich aus der Industriegesellschaft, einem puren Leistungskollektiv, einmal wieder jener menschliche Freiheitsraum auftun, wie ihn etwa Paracelsus mit seinem Schlüsselbegriff der „Liberalität" erwartet hat – erwartet nicht aus menschlichem Vermögen, sondern aus jener „Gnade der Armut", die allein die Freiheit des Geistes und des Herzens uns schenken wird? Nur so kann Paracelsus, der Arzt, in seinen theologischen Schriften bekennen: „Selig und mehr denn selig der Mann, dem Gott gibt die Gnade der Armut. Darum am seligsten ist, wer die Armut lieb hat. Sie entledigt ihn vieler Fesseln, befreit vom Gefängnis der Hölle ... Wer jedoch den Reichtum liebt, der sitzt auf einem gefährlichen Zweig."

Wir werden ganz zum Schluß noch einmal auf diese merkwürdige Liberalität des Menschen in der Sicht eines Arztes zurückkommen, und wir wollen auch zwischendurch all diese historischen Rückgriffe und Vorgriffe nur als Annäherungen und Abschattungen verstehen in einem Vorfeld, das uns möglichst viel von einer solchen Freiheit läßt. Es ist das Bild, das wir uns von uns selber machen, das uns zum Zeichen wird und in dem sich auch künftighin erweisen muß, ob wir wachsen oder verkümmern. Auch in Zukunft steht der Arzt vor der Freiheit des Menschen. Er kann einem Anspruch entsprechen, er kann in seiner Verantwortung versagen. Er hat zu erklären, in aller Liberalität, was seine Sache ist und seines Amtes.

Das Tun des Arztes – in der Absicht, die Not zu wenden – ist und bleibt der Eingriff, ein elementares Eingreifen in die Integrität eines anderen Menschen, in den Verbund eines körperlichen Organismus, in ein persönliches Gegenüber und seine Verhältnisse, damit aber auch schon in Bande und Verbände und letztlich in die Sozietät. Damit sind die beiden Grundbegriffe vorgegeben, die wir nun etwas deutlicher in den Blick und Griff bekommen sollten: Eingriff und Integrität.

Eingreifen wird der Arzt mit allen ihm zur Verfügung stehenden Mitteln, mit dem Messer, mit der Pille, mit dem ärztlichen Rat, ja mit seiner Ratlosigkeit, mit Eingriffen, die sich in wachsender Effizienz immer auch potenzieren zu Mißgriffen, einem Fehlgreifen, selbst zu Übergriffen in einer Situation gesteigerter Möglichkeiten, aber auch klarer Grenzen ärztlicher Verfügungsgewalt, Möglichkeiten und Grenzen, die ganz eindeutige Kriterien des Eingriffs erfordern. Die Medizin bedarf eo ipso einer Apologetik.

Diesem Eingriff bietet sich die Integrität einer Person dar in jeweils geschichtlicher Situation, vor die der Arzt spezifisch gestellt wird, eine allerdings gestörte „integritas“, deren Grund aber doch das Heile und Ganze meint, die Gesundheit eben, das, was die alten Araber „salam“ nannten, wohl auch Frieden und Wohlergehen, mehr aber das körperlich-seelisch-geistige Heil insgesamt: die Integrität eines zunächst einmal biologischen Komplexes.

In einem Aufsatz „Biologische Begründung der Autoritätsproblematik“ hat kürzlich der Wiener Pädiater Hans Asperger (1972) versucht, die Freiheit als das Wesensbestimmende menschlicher Existenz auch vom Biologischen her zu begründen. Mit Arnold Gehlen sieht er den Menschen als ein natürliches „Kulturwesen“, mit Portmann als die „physiologische Frühgeburt“, mit René Spitz als Frucht eines „sozialen Mutterschoßes“. Der Mensch ist, alles in allem, aus auf Entwicklung zum Sprung in die Freiheit! Unterwegs erst glänzt diese Freiheit auf, im kämpferischen Spiel, beim Überwinden von Hindernissen, in der schöpferischen Freude, der „Eudaimonia“, dem flüchtigen Glück des Ganzen, diesem so „verführerischen Goldaufblitzen am Bauch der Schlange vita“, von dem man auf eine erschütternde Weise in Nietzsches Nachlaß lesen kann.

Im Ziel auch aller technischen Veranstaltung bleibt ja diese Eudaimonie, die erst von unserem industriellen Zeitalter so unheilvoll mit Prosperität verwechselt wurde. Auch die Technik könnte uns Menschen ja über uns selbst erheben, und gerade sie in bevorzugtem Maße, da sie doch – wie Goethe in den Paralipomena zu den „Wanderjahren“ schrieb – „der höchsten Vernunft die fertigsten Organe“ bereitet. In unserer technisierten Sozietät hingegen wird das Wohl des Menschen zumeist als technische Ausstattung mißverstanden und auf den Leistungsmechanismus eines möglichst zu prolongierenden Lebensstandards reduziert, wobei der Mensch nach und nach zu jenem Midas-Komplex verführt wurde, der aus allem Gold machen möchte, um dann am eigenen Überfluß zu krepieren.

In dieser kritischen Situation aber nähern wir uns abermals dem Knotenpunkt, wo Gesundheit auf Freiheit trifft und wo beide sich verfehlen könnten, zumal wir allem Anschein nach freiwillig auf jede Definition von Gesundheit verzichtet haben, aller Formulierung der Weltgesundheitsorganisation zum Trotz. Denn Gesundheit als Wohlbefinden zu definieren oder Wohlbefinden mit Gesundheit zu deklarieren, das ist eine pure Tautologie, von einem seelischen oder gar sozialen Wohlbefinden gar nicht zu reden! Wir wissen nur zu gut, wie labil dieses Gleichgewicht ist, wie verwaschen die Grenzen des Gesundseins – eines äußerst provisorischen Zustandes, der auf die Dauer nichts Gutes verspricht! Wir können immer nur diagnostizieren – keineswegs in einem einmaligen „gnostischen Akt“, vielmehr einer permanenten Prozedur des Durchschauens –, wie und wo der Mensch dehabilitiert und deformiert, entstellt, verunstaltet, dekompensiert, immer auch infantil, leistungsschwach und damit krank ist.

Wir Mediziner beschränken uns viel zu leicht auf Krankheiten, die wir nur zu gern in unseren Computern füttern und speichern möchten, ohne auch nur das mindeste zu wissen von Krankheit als solcher. In Schellings „Weltalter“ hieß es noch, mystisch verbrämt, aber klar im Kern: „Krankheit entsteht immer aus der Erektion eines relativ Nicht-Seyenden über ein Seyendes." Krankheit ist ein defizienter Modus im dynamischen Schwebezustand des Gesundseins, jener „modus deficiens" und „status destitutionis" der alten Scholastiker. Mehr noch: Der Mensch kann – biologisch intakt – dennoch krank sein zum Tode, wie er übrigens auch im modernen Rehabilitationstraining geradezu zu Tode saniert werden kann!

Wir haben gesehen – was im Jahrhundert der verobjektivierten Medizin vergessen wurde –, wie sehr der „homo patiens" selber attackiert ist und wahrhaftig betroffen, wie er in einem infantilisierten Klima mit seiner gebrochenen Freiheit unter Einschränkung elementarer Lebensbedürfnisse zu leben, weiterzuleben hat. Und auch und gerade im „status refectionis", auf dem Weg zur Genesung, gibt es noch alle Grade der Freiheit und eine höchst empfindliche Sensibilisierung von Freisein, das nur so mühsam die therapeutisch jeweils vorprogrammierten Heilmaßnahmen erträgt und erduldet, was wiederum dem Arzt nahelegen könnte, nur einen approximativen Gebrauch von seinem Umgang mit dem Eingriff zu machen. Denn in seiner Freiheit gebunden ist der Mensch ja nicht so sehr durch seine gesellschaftlichen Verpflichtungen oder durch einen Sittenkodex mit seinen moralischen Konventionen, gebunden sind wir in erster Linie durch unseren Leib, diesen kompletten Endokosmos und Mesokosmos an konkreter Leiblichkeit, der an Komplexität den galaktischen Systemen eines Makrokosmos um nichts nachsteht.

Der alte Lichtenberg, der die Hälfte seines Lebens darum gegeben hätte, einfach einmal zu wissen, wie der mittlere Barometerstand im Paradies gewesen sei, konnte auch – so spöttisch wie geistreich – registrieren: „Ich habe oft die Meinung, wenn ich liege, und eine andere, wenn ich stehe, zumal, wenn ich wenig gegessen habe und matt bin."

Gesundheit im leibhaftigen Sinne gibt uns denn auch allein die Chance, den Willen zum Leben sinnvoll zu realisieren; Gesundheit wäre hier, wie Karl Barth dies in seiner Dogmatik genannt hat, Kraft zum Menschsein. Krankheit wäre Beeinträchtigung dieser Kraft. Den Kranken interessieren ja Gesundheit und Krankheit niemals an sich, als Phänomene für sich, sondern immer nur im Blick auf ein „Wozu“. Diese so altfränkischen Begriffe wie Gesundheit und Krankheit wären demnach keine absoluten Größen, sondern jeweils personal strukturiert, in der Lebensgeschichte eines einzelnen Menschen begründet. Analog zum Freisein folgt dem Kranksein immer nur ein „krank woran?“, einem Gesundwerden immer das „gesund wozu?“

Mit Prämissen dieser Art hat es die Medizin von heute wieder zu tun, seit sie in das faszinierende Spannungsfeld zwischen Naturwissenschaft, Geisteswissenschaft und Sozialwissenschaft geraten ist, ohne sich jedoch für eines dieser Modelle entscheiden zu können oder zu dürfen. Unser Freiheitsraum scheint dabei – wie wir gesehen haben – immens gewachsen. Eine immer brisanter werdende Informationsflut umbrandet uns. Der dem Informationshorizont entsprechende Operationsradius fordert unsere Freiheit geradezu heraus. Das biotechnische Instrumentarium intensiviert die Qualitäten einer Lebenswelt, wie es auch den individuellen Spielraum einzuschränken vermag – zunächst wertneutral, zweifellos, aber doch mit einem verhängnisvollen Verstärkungsfaktor versehen, der unversehens wieder neue Gefährdungen nach sich ziehen wird. Eine Ambivalenz dominiert in diesem Spannungsfeld, die alles jeweils wieder relativiert. Dies gehört wohl gesetzmäßig zur Ausübung von Verfügungsgewalt in einem konkreten, leibbezogenen Milieu, unter je spezifischer Einschränkung der Freiheit eines anderen. Man legt uns zweifellos immer größere Möglichkeiten in den Griff, frei zu jenem Eingriff, der bereits vor dem individuellen Leben beginnt und der noch lange nach dem Tode wirksam bleibt. Man denke nur an die zunehmende Verwertung von eben absterbenden Organen, von längst abgestorbenen Leichenteilen oder an all das, was früher als Amputationsrest oder als Nachgeburt in den Abfalleimer kam – gar nicht zu reden von dem schier uferlosen biologischen Material legalisierter Aborte!

Und doch beginnt – wie wir konstatieren mußten – gerade beim Prozeß der Liberalisierung unsere Freiheit knapp zu werden: Die Zwänge wachsen, die ökologischen Gleichgewichtsverluste drohen. Die Evolution der Jahrmillionen scheint umzukippen in eine Devolution und nur noch zu retten durch eine Revolution! Und wenn einst die Karolingische Akademie in ihrer rätselhaften Metaphorik die Freiheit angesprochen hat als eine „Form der Unschuld", dann haben wir jedenfalls heute diese Unschuld verloren.

Die Wissenschaft von morgen wird immer mehr konzipiert als ein System höherer Ordnung und höherer Zwänge, als „System Science". Man spricht bereits von einer Systemtechnik, von der „Big Science", jener so eigentümlichen Verflechtung von Naturwissenschaft, Technik und Wirtschaft, der die Medizin des Jahres 2000 alle Erfolge verdanken wird. Wir sind auf dem Wege zu einer echten Projektwissenschaft, die von den Erwartungen her gesteuert wird und sich daher auch als „Management Science" verstehen muß, als ein übergeordneter Verbund von Menschen, Tatbeständen und Begriffen, von Gütern und Maschinen, die sich in einem einzigen wechselseitig beeinflußten Prozeß gesteuerter Informationen und Energien befinden. Diese Wissenschaft öffnet den Raum des Möglichen, und sie stellt uns damit auch vor die Alternativen. Der wachsende Eingriff des Menschen in die Natur heizt den „Prozeßcharakter alles Wirklichen" immer stärker an, während jene Angst brodelt, die Kierkegaard noch preisen konnte als „Schwindel der Freiheit". Die scheinbar zeitunabhängigen Gegebenheiten, die „Natur" also mit ihren in Jahrmillionen eingespielten Gleichgewichten der Evolution, werden offensichtlich dabei zurückgedrängt und eingeschränkt.

Wir sind schon mitten in diesem Prozeß: Auf der einen Seite beginnt die private Heilkunst sich breitflächig zu verknüpfen mit Sozialfeldern, Umweltperspektiven, arbeitsphysiologischen und tiefenpsychologischen Aspekten, mit Wirtschaftsfaktoren erster Ordnung, wobei die wachsenden Kosten bald schon unsere ökonomischen Möglichkeiten übersteigen, während anderseits diese private kurative Heiltechnik vom individuellen Therapieren abgedrängt wird, um von Großräumen der Vorsorge und Nachsorge, der Vorsiebung, Absicherung und Resozialisierung okkupiert zu werden. Die Planung einer solchen Verbund-Medizin, einer sanitären Gesamtversorgungslandschaft, kann nicht mehr im neutralen Vakuum einer sogenannten Gegenwart abrollen. Planung dieser Art und solcher Größe hat immer konkrete Motivationen, deren Vektor und Motor die Tradition ist. Geschichte und Gesellschaft werden damit zu Korrektiv und Kritik, zu einem hermeneutischen Feld ständig neuer Kriterien und immer besser angepaßter Parameter für einen Entwicklungsprozeß, der mit Sicherheit ohne den Arzt nicht zu operationalisieren sein wird.

Es wird dabei aber auch alles darauf ankommen, ob es den Ärzten gelingen wird, sich mit den Strukturen und Mechanismen einer großangelegten Selbstkontrolle die Freiheitsspielräume ihrer Praxis zu erhalten. Das beginnt schon bei der Kontrolle der Forschung und der Arzneimittel, und dies kumuliert sich bei der ärztlichen Informatik wie auch bei aller Ausbildung und Fortbildung, um in der Arztpraxis selber als dem Prinzip eines Rückkoppelungsprozesses seine eigentliche Legitimierung zu erfahren – Legitimation dann auch durch die Gesellschaft, die ganz präzise Kosten-Nutzen-Analysen erwartet, um bei ihren gesundheitspolitischen Entscheidungen die notwendig gewordenen Prioritäten zu setzen.

Die Umstrukturierung der Dienste in den Heilberufen trägt auch hier eine bedenkenswerte Signatur. Es dürfte gut sein, ein wenig bei der Ökologie dieser Dienste zu bleiben und sie vor dem Panoramawandel der medizinischen Assistenzberufe zu analysieren. Denn hier vollzieht sich vor unseren Augen ein weitgehender Abbau der traditionellen ärztlichen Dienste bei einem deutlichen Umbau der Pflegedienste, dem Einbau der biomedizinischen Technik, im Aufbau der Sozialdienste, einem Anbau des Managements und zahlreicher weiterer Dienstleistungsbereiche. Gerade unter diesem Aspekt aber wird uns die faszinierende Verbindlichkeit der Urbegriffe von „therapeia, epimeleia, diakonia" deutlich, die alle aus dem Umfeld eines „oikos" gedacht sind, jenes „oikos", in dem die antike Kosmoslehre eine so lebendige Korrespondenz mit der christlichen Geschichtstheorie unterhalten konnte.

Die ganze alte Ökonomik war in diesem Sinne noch eine Lehre vom „oikos", vom Haus und seinem Hausgesinde im weitesten Sinne des Wortes. Das Haus als Gesamt des Daseins durchzieht die Hausväterliteratur des 17. und 18. Jahrhunderts. Wirtschaft ist hier noch ganz jener Komplex von Ethik, Soziologie, Pädagogik und Technik, nicht zuletzt auch der Medizin.

Wirt ist der pflegende und sorgende Hausvater, Wirtschaft dient leiblicher Rekreation und Restauration. Ende des 18. Jahrhunderts noch liegen diese „Ökonomischen Sozietäten" in den Händen der Ärzte, die hier jene Physiologie und Hygiene der Umwelt betreiben, wie sie heute wieder gefordert wird.

Und es wird sich jetzt schon entscheiden, ob die von Jahr zu Jahr anwachsenden therapeutischen Kolonnen medizinischer Assistenzberufe nur verwaltungstechnisch koordiniert werden und in der interkommunizierenden Kooperation unausgereifter therapeutischer Kommunen auf halber Strecke bleiben oder ob überhaupt die Innovation neuartiger medizinischer, psychologischer und auch theologischer Erkenntnisse in jenen geistigen Hintergrund integriert werden kann, den man neuerdings mit dem Aufbau eines anthropologischen Feldes zu umschreiben versucht.

Mit diesen neuen Diensten aber treten Modelle einer Medizin in den Horizont unserer Heilkunde, die weniger Dienst an der Ökonomik sein wollen als vielmehr selber ökologischer Dienst sind. Und damit nähern wir uns, im Übergang von der Ökonomik zur Ökologie, dem Programm einer Lebensgestaltung, das ich noch kurz skizzieren darf. An die Stelle statischer Naturgesetzlichkeit ist eine geradezu paradoxe „Nicht-Natürlichkeit" menschlicher Wirklichkeiten getreten, damit aber auch ein neuer Freiheitsraum, ein uralter im Grunde genommen, jener spezifische Bezirk nämlich, den die alten Ärzte als das Feld der „res non naturales" umrissen haben, als „Diätetik", als das neben Chirurgie und Pharmazie gleichrangige, aber methodisch vorgelagerte Feld der alten Therapeutik.

Lassen Sie mich zur Einstimmung in diesen vergessenen Kulturraum ein gruppendynamisches Muster wählen, zumal die Gruppe sich heute als die „moderne Existenzform" anzubieten scheint. Diese „res non naturales" treten nämlich besonders eindrucksvoll in unser Gesichtsfeld, wenn wir sie einmal aus dem individuellen wie kollektiven Rahmen herauslösen und beispielsweise auf dem Wege einer Gruppe durch die gesellschaftliche Realität begleiten.

Da bildet erstens der Raum des „Aer" mit Licht und Luft das konkrete Mikromilieu einer leibhaftigen Umwelt, das wir nun einmal auszufüllen, durchzuleben und mit Atmosphäre zu erfüllen haben. Da wäre zweitens die Kultur von Speise und Trank, ein wirkliches Feld der Restauration und Rekreation, die uns kaum noch als medizinischer Gegenstand imponiert, während doch gerade hier in Usus und Abusus die kommunikativen Prozesse unterhalten, aber auch so empfindlich – man denke an Fettsucht, Trunksucht und Tablettensucht – gestört und pervertiert werden. Der dritte Punkt betrifft das Gleichgewichtspaar von „motus et quies", das jeder zivilisierten Lebensweise den Rhythmus vorschreibt, jenes erst noch zu äquilibrierende Verhalten und Sicheinlassen auf Arbeitszeit und Freizeit, auf Streß wie Muße, Spannung und Entspannung zugleich, gehaltene Gelassenheit eines tätigen wie kontemplativen Lebensstils.

Eng verknüpft sich hiermit das vierte Paar, der Topos von Schlafen und Wachen, der alle Kommunikation zensiert wie halbiert, um damit jenen kultivierten Binnenraum zu profilieren, in welchem die Menschen abgesichert sind gegen Licht und Lärm, aus dem heraus sie aber auch erst lernen, was es heißt, wirklich wach zu sein in dieser Schattenwelt der Dämmerungen. Auf das wachsame innere Milieu als Ganzes zielt der fünfte Punkt, das Panorama der „excreta et secreta", der innersekretorische Stoffverkehr mit seiner Steuerung der Säfte und Kräfte, der Hormone und Potenzen, eines Temperamentshaushaltes, der vor allem auch unserem Geschlechtsleben mehr Zug als Trieb sichern könnte!

Der sechste Punkt greift diese Kultur geselligen Lebens noch einmal insgesamt auf und weist hin auf das Ensemble dieser Topik. Als „affectus animi" werden hier menschliche Leidenschaften wirklich sozialisiert und stilisiert, als die Fähigkeit, zu trauern oder zu weinen, sich zu freuen oder zu fürchten oder auch in Zorn zu geraten, den berühmten heiligen Zorn, die Fähigkeit nicht zuletzt auch, zu feiern, wobei – so schon Aristoteles, so noch Thomas von Aquin – die Muße es ist, die alle Arbeit legitimiert, da sie – enteleologisch – ihr Ziel ist.

Auf all diesen Gebieten hat die Heilkunde eine imponierende, wenn auch – wie gesagt – verlorengegangene Überlieferung aufzuweisen; hier könnte und hier wird wohl eine Domäne des Arztes der Zukunft liegen. Nur in der Perspektive einer solchen qualitativen Lebensordnung konnte Sokrates den Asklepios einen

Mann mit staatsmännischem Blick nennen, war für Hippokrates der Arzt der „kybernetes", der Steuermann in allen Lebenslagen, hatte Isidor von Sevilla gar „medicina" ableiten wollen „a modo" und sie gepriesen als die Summa der „artes liberales" und als „secunda philosophia".

Hier ist vielleicht die einzige Stelle, im Kleinen und Konkreten und auf die Dauer etwas zu ändern, während alle politische, soziale oder auch ethische Reformation vielfach nur Traum und Täuschung geblieben ist. Hier liegt unsere Chance, wieder mit den nächsten Dingen – und weniger den ersten und letzten Dingen – vertraut zu werden. Allerdings bildet sich eine solche Heilkultur nicht aus den isolierten Ressorts von Umwelthygiene, Freizeitmedizin, Sexualerziehung oder Psychohygiene – alle sechs Punkte wollen vielmehr im Ensemble gesehen und operationabel werden, was einen kreativen Prozeß der Integrierung zur Voraussetzung hat.

Eine solche systematische Ordination müßte freilich auch all das hinter sich lassen, was wir im letzten Jahrhundert so beschämend dilettantisch als Volksaufklärung oder Gesundheitserziehung traktiert haben. Einem solchen ökologischen Heildienst zu integrieren wären alle Phasen um Geburt und Tod (mit Familienplanung und Perinataler Medizin wie auch einer Thanatologie und Euthanasie) und zwischendurch all die pathischen Hohlräume einer befristeten Lebenszeit mit ihren Lebenskrisen, durchlaufend von der Jugend bis ins Alter. Damit erst würde dem Arzt wieder ein volles System von korrelativen Disziplinen an die Hand gegeben, unter denen dann auch die Medizin mit ihrem Methodenpluralismus und in ihrer Fächerpluralität eine dominierende Rolle spielen dürfte.

Diese großartige Sechs-Punkte-Programmatik einer Gestaltung der Umwelt, der Mitwelt, der Erlebniswelt liegt noch im zweitausendjährigen Kontinuum einer Heilkultur begraben; sie war so gründlich von der Medizin des 19. Jahrhunderts vergessen und verdrängt worden; sie kommt uns erst heute – schon mitten im Zusammenbruch der ökologischen Gleichgewichte und angesichts der monströsen Zivilisationsseuchen des 21. Jahrhunderts – wieder zu Bewußtsein. Und wie die alte Diätetik ausgehöhlt wurde von einer Staatsdiätetik, die sich als Medizinische Polizei tarnte und heute eine eher rudimentäre Rolle noch im öffentlichen Gesundheitswesen spielt, und während gleichzeitig die Diaita des Individuums vertrocknet und zusammengeschrumpft ist auf das bißchen Korrektur von Speis und Trank, den faden Geschmack von Schleimsüppchen, baut sich diese neue leibhaftige Diätetik wieder zu einer ökologisch orientierten Kultur der Umwelt und Mitwelt aus.

Sicherlich ist es kein Zufall, und es darf wohl als ein Symptom gewertet werden, daß ausgerechnet die Versammlung Deutscher Naturforscher und Ärzte zu ihrer 150jährigen Jubelfeier im Herbst 1972 zu München unter dem Generalthema „Bewältigung des Fortschritts" die nahezu unüberschaubaren Probleme der Energieversorgung, die Ernährungsfrage, die biologische und kulturelle Evolution, den Wasserhaushalt der Erde und die Dynamik menschlicher Bevölkerung, die Fragen des menschlichen Verhaltens und das zwischenmenschliche Wirkungsfeld der Affekte in den Mittelpunkt ihrer Untersuchungen gestellt hat, Fragen, die alle nicht zu lösen sein werden ohne eine großangelegte Systemanalyse. Innerhalb dieser Systematik dürften sich dann auch jene Nahtstellen und Überlappungsflächen bilden zur Erziehung, Sozialsicherung und Ethik, die ihrerseits alle wiederum auf Verbesserung aus sind und damit letztlich auf Gesundheit.

Welche mögliche Freiheit in bezug auf Herkunft und Zukunft! „In Hinsicht auf die Vergangenheit" – schrieb Nietzsche – „genießen wir alle Kulturen und deren Hervorbringungen und nähren uns mit dem edelsten Blut aller Zeiten." Und noch einmal von der anderen Seite der gleichen Geschichte her: „In Hinsicht auf die Zukunft erschließt sich uns zum ersten Male in der Geschichte der ungeheure Weitblick menschlich-ökumenischer, die ganze bewohnte Erde umspannender Ziele."

Das goldene Zeitalter, als Glück des Paradieses oder als Ordnung der Endzeit, liegt zunächst einmal hier in uns selber. An die Stelle der antiquierten Prozeßutopien könnte vielleicht eine Systemutopie des Verstehens treten, ein System des natürlichen, sozialen und geistigen Lebens, in dem alle Aspekte organisch verbunden, aber auch verbindlich organisiert sein wollen.

Ehe man sich daher so ohne weiteres dem „Prinzip Hoffnung"

anvertrauen und immer wieder von neuem den Blick auf die „goldene Welt“ wagen sollte, müsse man, so hat uns Paracelsus angeraten, die Stunde nutzen und immer weiter suchen! Man sollte nicht erst warten, bis der dritte Teil der Welt erschlagen da liegt und der andere an den Schelmen stirbt, so daß kaum ein Drittel übrig bleibt (II, 165).

Vieles müsse freilich dabei auch einfach umgebrochen werden an dieser Welt, an ihren Ständen und Zuständen und an all ihren Erwartungen. „Alsdann“ – so schließt Paracelsus – „kommt die güldene Welt, das heißt, alsdann wird der Mensch endlich in seinen freien Stand und rechten Verstand kommen und wird menschlich leben.“

## LITERATURHINWEISE

*Engels, F.,*
Die Entwicklung des Sozialismus von der Utopie zur Wissenschaft, Hottingen–Zürich 1883.

*Erhard, J. B.,*
Theorie der Geseze, die sich auf das körperliche Wohlseyn der Bürger beziehen, und der Benuzung der Heilkunde zum Dienst der Gesezgebung, Tübingen 1800.

*Fuchs, J.,*
Lex naturae. Zur Theologie des Naturrechts, Düsseldorf 1955.

*Häring, B.,*
Heilender Dienst. Ethische Probleme der modernen Medizin, Mainz 1972.

*Hamburger, J.,*
Macht und Ohnmacht der Medizin. Plädoyer für ein neues Ethos, München–Gütersloh–Wien 1973.

*Heidegger, M.,*
Schellings Abhandlung über das Wesen der menschlichen Freiheit (1809), Tübingen 1971.

*Herder-Dorneich, Ph.,*
Zwangsorganisationen erhalten die Freiheit, in: Ärzteblatt für Baden-Württemberg 28 (1973) 189–194.

*Kahn, H.,*
Angriff auf die Zukunft, Wien–München–Zürich 1972.

*Kant, I.*,
Zum ewigen Frieden. Ein philosophischer Entwurf (1795), in: Werke, hrsg. v. W. Weischedel, Bd. 9, Darmstadt 1968, 191–251.
*Kant, I.*,
Der Streit der Fakultäten in drei Abschnitten (1798), in: Werke, ebd., 261–393.
*Kautzky, R.*,
Technischer Fortschritt und ethische Problematik in der modernen Medizin, in: Concilium 5 (1969) 371–378.
*Knoll, A. M.*,
Katholische Kirche und scholastisches Naturrecht. Zur Frage der Freiheit, Neuwied–Berlin 1968.
*Küng,* E.,
Arbeit und Freizeit in der nachindustriellen Gesellschaft, Tübingen 1971.
*Melsen, A. G. M. van,*
Naturwissenschaft und Technik, Köln 1964.
*Müller, A. M. K.*,
Die präparierte Zeit. Der Mensch in der Krise seiner eigenen Zielsetzungen, Stuttgart 1972.
*Neumann, S.*,
Die öffentliche Gesundheitspflege und das Eigentum, Berlin 1847.
*Nietzsche, F.*,
Werke in drei Bänden, hrsg. v. K. Schlechta, München 1964–1966.
*Paracelsus,*
Sämtliche Werke. 1. Abtlg.: Medizinische, naturwissenschaftliche und philosophische Schriften, hrsg. v. K. Sudhoff, Bde. 1–14, München–Berlin 1922–1933.
*Schaefer, H. – Blohmke M.* (Hrsg.),
Erfolge und Grenzen der modernen Medizin, Frankfurt 1966.
*Schallmayer,* W.,
Vererbung und Auslese in ihrer soziologischen und politischen Bedeutung, Jena ²1910.
*Schipperges, H.*,
Utopien der Medizin. Geschichte und Kritik der ärztlichen Ideologie des 19. Jahrhunderts, Salzburg 1968.
*Schipperges, H.*,
Entwicklung moderner Medizin. Probleme, Prognosen, Tendenzen, Stuttgart ³1971.
*Strotzka, H.*,
Psychotherapie und soziale Sicherheit, Bern–Stuttgart–Wien 1967.

*Tille, A.,*
Von Darwin bis Nietzsche. Ein Buch Entwicklungsethik, Leipzig 1895.
*Virchow, R.,*
Die medicinische Reform. Eine Wochenschrift, Berlin 1848/49.
*Virchow, R.,*
Die Einheitsbestrebungen in der wissenschaftlichen Medicin, Berlin 1849.
*Vonessen, F.,*
Krankheit und Freiheit, in: Antaios 12 (1971) 509–539.
*Weizsäcker, C. F. von,*
Die Tragweite der Wissenschaft, Bd. 1: Schöpfung und Weltentstehung, Stuttgart 1964.
*Weizsäcker, V. von,*
Natur und Geist, München 1964.

*Alfred Klose*

# CHANCEN UND BEDROHUNGEN DER FREIHEIT IN DER WIRTSCHAFT

## *Der Mensch in der Entscheidungssituation*

Die Auseinandersetzung um die Freiheit in der Wirtschaft ist heute allzusehr durch die ordnungspolitische Diskussion bestimmt. Die Frage der Wirtschaftsordnung steht so sehr im Vordergrund, daß dabei der Mensch in seinem unmittelbaren Einbezogensein in die Wirtschaft zu kurz kommt. Jeder Mensch steht mit der Wirtschaft in einem mehr oder weniger engen Beziehungszusammenhang: nicht nur als Produzent, Konsument, Arbeitnehmer, Arbeitgeber, Sparer – er fällt täglich Entscheidungen, denen wirtschaftliche Bedeutung zukommt. Die meisten dieser Entscheidungen sind kurzfristig und von geringem Einfluß auf den Lebensvollzug. Und dennoch ist es wesentlich, welcher Freiheitsbereich auch bei diesen kleinen Entscheidungen gegeben ist: ob die Konsummöglichkeiten etwa starr planwirtschaftlich festgelegt oder ob echte Alternativen gegeben sind. Wichtiger wird das Ausmaß der Freiheit bei den wirtschaftlich relevanten Entscheidungen, die für das menschliche Leben richtungweisend sind: der Berufswahl, der Wahl des Arbeitsplatzes bzw. der Möglichkeit eines Wechsels. Hier ist nicht nur entscheidend, daß sich für den Menschen immer wieder echte Wahlmöglichkeiten ergeben, sondern daß die wirtschaftlichen Voraussetzungen für einen menschenwürdigen Lebensvollzug gegeben sind.

Auch eine idealistische Deutung des menschlichen Lebens kann nicht darüber hinwegtäuschen, wie viel für die Lebenserfüllung von der Bereitstellung der Wirtschaftsgüter abhängt, vor allem aber auch davon, ob und in welchem Umfang die wirtschaftlich relevanten Entscheidungen in Freiheit oder unter Zwang erfolgen. So werden nüchterne Daten wie die Größe des Pro-Kopf-Volkseinkommens ebenso entscheidend wie echte Wahlmöglichkeiten auf den Konsumgütermärkten.

Kierkegaard hat die Freiheit zum Selbstvollzug darin gesehen, „sich selbst verwirklichen zu können", geradezu darin, „sich selbst zu wählen" [1]. In dieser existentiellen Deutung der Freiheit liegt wohl auch das Wesentliche für den Versuch einer Darstellung der Chancen und Bedrohungen der Freiheit in der Wirtschaft. Geht es doch immer darum, dem um seinen Lebensvollzug und seine Daseinsberechtigung ringenden Menschen echte Entscheidungsmöglichkeiten zu geben und nicht durch den Mangel solcher Alternativen dieses menschliche Leben einzuengen und unfrei zu machen.

Ansgar Paus hat im Geleitwort zu diesen Hochschulwochen davon gesprochen, daß der Mensch heute immer nachdrücklicher von der Erkenntnis betroffen sei, „daß er sich in einer Freiheit gefangen sieht, deren Maß die Unfreiheit anderer ist" [2]. Legt man die Freiheit, sich selbst zu wählen, dieser Deutung der Freiheit in der Wirtschaft zugrunde, so steht damit zunächst die persönliche Entscheidung über Grundwerte des menschlichen Lebens im Vordergrund. Diese Freiheit findet ihre natürliche Grenze dort, wo anderen die Chance eines selbstbestimmten persönlichen Lebensvollzuges genommen wird. Die größte Chance der Industriegesellschaft wird es sein, die Möglichkeit eines optimal bestimmten Lebensvollzuges immer mehr Menschen zu gewähren, zumindest die wirtschaftlichen Schwierigkeiten, die dem entgegenstehen, abzubauen. Dennoch werden auch in der Zukunftsgesellschaft nicht alle Menschen von der Freiheit, „sich selbst zu wählen", voll Gebrauch machen können. Jede Gesellschaft wird auch aus ökonomischen Gründen ein Scheitern des Menschen kennen, wird – wie Johannes Messner deutlich gemacht hat – ihre soziale Frage kennen. [3] Im Mittelpunkt aller Entscheidungen steht für den einzelnen Menschen die Frage, wie er seine eigene Lebensaufgabe sieht, welche Vorstellung er letztlich von seiner eigenen Funktion in der menschlichen Gesellschaft hat. Wenn Immanuel Kant es als die größte Angelegenheit des Menschen bezeichnet hat, zu wissen, wie er seine Stellung in der Schöpfung gehörig erfülle und recht verstehe, was man sein müsse, um ein Mensch zu sein, so wird deutlich, daß diese Grundfrage am Anfang aller Entscheidungen steht.

Die Chance des Geistigen besteht in der Chance der Entscheidungsbildung auf der Grundlage einer Fülle von Alternativen. Dabei drängt sich der Vergleich mit dem Dorf der vorindustriellen Gesellschaft auf, das seinen Bewohnern kaum irgendwelche Wahlmöglichkeiten in beruflicher Hinsicht geboten hat. Erst in unserer Zeit – und noch lange nicht für alle Menschen – bringt die zunehmende Mobilität echte Wahlmöglichkeiten zwischen einer Menge von Berufen und anderer persönlicher Entscheidungsvarianten. Die „Chance eines alternativreicheren Lebens" nimmt mit einem heute noch nicht absehbaren Tempo zu. In diesem Sinn spricht Harvey Cox vom Menschen, der frei sei, „aus einem weiteren Horizont von Alternativen" zu wählen. [4] Es wird eine der entscheidenden Aufgaben der Wirtschafts- und Gesellschaftspolitik sein, diese Entwicklung positiv zu beeinflussen und damit auch für die Freiheit neue Chancen zu erwecken.

## *Zur ordnungspolitischen Auseinandersetzung*

Wenn wir unseren Überlegungen eine positive Deutung der Freiheit in dem Sinn zugrunde legen, daß sie als Möglichkeit der Wahl zwischen bestimmten Alternativen aufgefaßt wird und nicht so sehr als das „Freisein von etwas", dann müssen wir die Ordnungsfragen ganz neu durchdenken. Eingangs wurde zwar gesagt, daß das Freiheitsthema zu sehr aus dem Gesichtspunkt der ordnungspolitischen Diskussion gesehen würde; damit soll aber nicht gesagt werden, daß die Fragen der Ordnungspolitik nicht entscheidend für die Freiheit sind. Zur Sicherung der Freiheit genügt freilich nicht eine bestimmte Wirtschaftsordnung; es müssen darüber hinaus bestimmte Vorsorgen gegeben sein, daß der Mensch auch im Bereich der Wirtschaft in der konkreten Entscheidungssituation möglichst frei wählen kann.

Wir ringen heute um ein optimales Wirtschaftssystem, das diese Voraussetzungen gewährleistet. Auf der einen Seite ist die Skepsis gegenüber der Marktwirtschaft sehr verbreitet. Man verweist nicht nur auf ihr Versagen in manchen sozialen Fragen, so gegenüber Kleingruppen in der Gesellschaft, die im Schatten einer vermachteten Sozialpolitik stehen. Deutlicher ist noch ein Versagen gegenüber neuen Aufgaben, wie etwa der Umweltpolitik, in gewissem Umfang auch gegenüber der Forschung und manchen Fragen der Bildungspolitik. Dennoch ist die Enttäuschung über Fehlentwicklungen in planwirtschaftlich geordneten Volkswirtschaften viel größer. Dort fehlen vielfach schon die einfachsten Wahlmöglichkeiten im Bereich des privaten Konsums, von Fehlplanungen bei den Produktionszielen ganz abgesehen.

Ota Šik verweist in seiner Analyse der tschechoslowakischen Wirtschaft vor allem darauf, daß ab einer bestimmten Entwicklungsstufe das quantitative Wachstum der Produktion einfach nicht mehr ausreicht. Das schnellere quantitative Wachstum werde nicht zuletzt durch eine ungenügende qualitative Entfaltung (ungenügende Typenbreite der Maschinen und Einrichtungen, zu langsame technische Entwicklung und konservative Erzeugungsstruktur) gebremst. Šik betont, daß die Betriebe in ihrem einseitigen Bestreben, einen möglichst großen Produktionsausstoß zu erzielen, „über dem bloßen Abmessen von Litern, Tonnen und Metern aufhörten, die Qualität ihrer Produktion im Auge zu behalten“ [5]. Darin zeigt sich eine ganz besondere Schwäche der Planwirtschaft.

Bei allen Anzeichen einer gewissen Annäherung der Wirtschaftssysteme dürfen wir die gewaltigen Unterschiede im Freiheitsausmaß zwischen Marktwirtschaft und Planwirtschaft nicht übersehen. Sie zeigen sich nicht nur im privaten Konsum, sondern besonders bei den Produktionsentscheidungen und den Investitionen, wo einer unerhört differenzierten und dezentralen Entscheidung in den Marktwirtschaften die zentralen Pläne der Planwirtschaften gegenüberstehen. Karlheinz Kleps vertritt in einer Untersuchung über die „Theorie und Realität einer Annäherung der Wirtschaftssysteme“ [6] die Ansicht, daß sich die Wirtschaftssysteme der westlichen Welt und insbesondere einiger westeuropäischer Industrieländer während der vergangenen Jahrzehnte einseitig dem Osten angenähert hätten; dies zeige sich besonders bezüglich der Eigentumsverhältnisse, der wirtschaftspolitischen Lenkungssysteme und der staatlichen Verwaltung. Gerade was das letzte Element anbelangt, bedroht tatsächlich eine immer weiter reichende Bürokratisierung der öffentlichen Verwaltung auch in den meisten westlichen Marktwirtschaften die Freiheit des einzelnen immer mehr. Bei den wirtschaftspolitischen Lenkungssystemen zeigen sich dagegen doch weitreichende Unterschiede: Die Mitwirkung der am Wirtschaftsprozeß beteiligten Gruppen und Verbände bei der wirtschaftspolitischen Willensbildung ist praktisch nur in den Marktwirtschaften gewährleistet.

Die Unterschiede, die nach wie vor zwischen den marktwirtschaftlich und planwirtschaftlich geordneten Volkswirtschaften bestehen, sind auch für den Versuch, zu einem verbesserten Wirtschaftssystem zu kommen, von Bedeutung. Ein an der Freiheit orientiertes verbessertes Wirtschaftssystem wird in diesem Sinn am Grundsatz der Machtdezentralisation ansetzen müssen, und zwar sowohl für die Märkte als auch für die wirtschaftspolitische Willensbildung. Dies bringt die Notwendigkeit wirksamer Kontrollen der wirtschaftlichen Macht mit sich, insbesondere in Form einer entsprechenden Kartellgesetzgebung mit einer Kontrolle der marktbeherrschenden Unternehmungen. Die Machtdezentralisation bei der wirtschaftspolitischen Willensbildung kann am besten durch die möglichste Einschaltung der großen Wirtschaftsverbände als Träger der Wirtschaftspolitik erreicht werden.

Der immer dynamischer werdende technische Fortschritt verlangt ein Wirtschaftssystem, das eine Chance der ständigen Erneuerung garantiert. Gerade die Marktwirtschaft stellt dort, wo sie wirklich funktioniert, keine bequeme Lösung dar, sie bringt Unruhe und macht immer neue Anpassungen und immer neue Anstrengungen erforderlich. Sie ist daher für eine Wirtschaftsgesellschaft von hoher Dynamik immer noch das bessere Wirtschaftssystem, sosehr dieses auch immer wieder verbessert werden muß. Zu diesen Verbesserungen gehört auch der Einbau von Elementen der Planung für jene Produktions- und Dienstleistungsbereiche, in denen die öffentliche Hand tätig wird. Eine längerfristige Budgetpolitik soll etwa den Unternehmer in die Lage versetzen, seine eigene Produktions- und Investitionsplanung an dieser längerfristigen Politik des Staates zu orientieren.

Die Konzeption eines verbesserten Wirtschaftssystems auf der Grundlage der Marktwirtschaft setzt aber auch voraus, daß man sich einerseits bewußt ist, daß die sozialen Sicherungssysteme gerade im Interesse der Freiheit klaren Begrenzungen unterliegen, daß aber auch die wirtschaftspolitischen Zielsetzungen, vor allem das Wachstumsziel, ständig überprüft werden müssen.

### *Grenzen der sozialen Sicherungen*

Wenn als soziale Marktwirtschaft ein Wirtschaftswachstum bezeichnet werden soll, bei dem bei der Verwirklichung der marktwirtschaftlichen Zielsetzungen „die sozialen Schäden vermieden und abgebaut werden sollen, die anläßlich der Industrialisierung entstanden waren" [7], so ist damit nur sehr allgemein eine zusätzliche Zielsetzung aufgezeigt, die weite Möglichkeiten einer Sozialpolitik einräumt, welche sich an einigen marktwirtschaftlich relevanten Grundwerten orientiert. Folgt man Lenel, könnte man darunter etwa den Primat der Selbstvorsorge, die Sicherung der dafür nötigen Bedingungen und die Beachtung des Subsidiaritätsprinzips verstehen. Neben Lenel weisen aber auch zahlreiche andere Ökonomen darauf hin, daß in der Praxis fast immer das Gegenteil geschehen ist, daß trotz steigender Einkommen die Selbstvorsorge immer mehr zurückgedrängt wurde und ein mehr oder minder umfassendes soziales Sicherungssystem Eigeninitiativen verdrängt. Eine klare Grenze scheint sich aber für jede Sozialpolitik anzubieten, die sich noch innerhalb eines marktwirtschaftlichen Systems bewegt: Es müssen jene Alternativen in der ökonomisch und sozial relevanten Entscheidungssituation gegeben sein, ohne die eine Sicherung elementarer Freiheitsrechte des Menschen in der Wirtschaftsgesellschaft nicht denkbar ist: Freiheit der Arbeitsplatzwahl, Konsumfreiheit zumindest in den wichtigsten Bereichen, Investitionsfreiheit und Sicherung jener Entscheidungsmöglichkeiten, ohne die Vertragsfreiheit nicht möglich ist. Der Sozialpolitik verbleibt auch dann noch ein weiter Bereich von Eingriffsmöglichkeiten.

Die Fragestellung von Herbert Marcuse, warum denn eigentlich die Menschen auf anderen Einrichtungen für eine Produktion von

Gütern und Dienstleistungen bestehen sollten, wenn sie mit den vorhandenen Gütern zufrieden sind, die ihnen eine Verwaltung des Wohlfahrtsstaates „herunterreicht“, läßt sich wohl nur so beantworten, daß es nie möglich sein wird, eine allgemeine Zufriedenheit mit solchen „zur Verfügung gestellten“ Gütern zu erreichen. [8] Geht man von den Bedürfnissen aller einzelnen, in einer konkreten Lebenssituation stehenden Menschen aus, kann es nie geschehen, daß zentrale Verwaltungsstellen eine Produktion gewährleisten, die zur allgemeinen Zufriedenheit führt. Erst die Konsumgütermärkte mit ihrem vielfältigen Angebot können eine größtmögliche Zufriedenheit bei der unermeßlich differenzierten Bedürfnisbefriedigung gewährleisten. Aufgabe der Sozialpolitik wird es bei einer solchen Sicht sein, für jene Bedürfnisse vorzusorgen, die zur existentiellen Lebenserfüllung erforderlich sind, die aber der Markt nicht gewährleisten oder zumindest nicht in allen Situationen bieten kann. Damit hat die Sozialpolitik auch eine entscheidende Aufgabe, für die Krisensituation vorzusorgen, Lebensrisken abzudecken.

Wenn dennoch die Wirklichkeit dadurch gekennzeichnet ist, daß die sozialpolitischen Sicherungen in manchen Bereichen immer mehr ausgebaut werden und auch dort eingreifen, wo die Beteiligten selbst dies gar nicht wünschen (etwa bestimmte Sozialversicherungsleistungen bei Beziehern höherer Einkommen), darf nicht übersehen werden, daß Sozialpolitik in weitem Umfang eben des Lastenausgleiches bedarf. In ihren Zielsetzungen kann die Sozialpolitik nur makroökonomisch denken, wenn sie auch immer von den konkreten Lebensbedürfnissen des Menschen ausgehen muß. Gefährlicher dürfte sein, daß gerade das Fehlen einer makroökonomischen Haltung Fehlentwicklungen auch anderer Art mit sich bringt. Die Überschätzung der Finanzierungsmöglichkeiten der einzelnen Träger der Sozialpolitik, vor allem in der Sozialversicherung, läßt immer mehr die Eigenständigkeit der einzelnen Teilsysteme der sozialen Sicherheit verlorengehen und eine letztlich nur mehr vom Gesamtstaat getragene Sozialpolitik übrigbleiben. Damit aber ist nicht nur der Grundsatz des Subsidiaritätsprinzips verlassen, sondern überhaupt eines sozialen Sicherungssystems, das mit einer marktwirtschaftlichen Ordnung verbunden sein kann. Denn diese verlangt, wo immer es möglich ist, eine Begrenzung der wirtschaftlich-sozialen Aufgaben des Gesamtstaates und nicht eine Konzentration im Sinne einer Machtfülle dieses Staates, der seine wirtschaftliche Hauptaufgabe in der Führung einer starken Wirtschafts- und Sozialpolitik bei Aufrechterhaltung möglichst vieler Entscheidungsträger in allen Bereichen des Wirtschafts- und Soziallebens sehen soll.

### *Revision des Wachstumszieles*

Carlo Mötteli hat die Problematik um eine Revision des so lange vorherrschenden Wachstumszieles mit der These umschrieben, daß „die an unsere Zeit gerichtete Herausforderung" nicht „in der Errichtung eines immer kunstvolleren Gebäudes für ein noch rascheres Wachstum des Sozialproduktes", sondern vor allem in einer „Humanisierung von Gesellschaft, Staat und Wirtschaft" bestehe. [9] Wie immer man diese Humanisierung umschreiben will, so dürfte doch außer Zweifel stehen, daß dabei entscheidend Freiheitswerte zur Diskussion stehen. Zunächst aber noch zur Rangordnung der wirtschaftspolitischen Ziele: Auch wenn heute die Skepsis über den Vorrang des Wachstumszieles immer deutlicher hervortritt, ist damit noch lange nicht gesagt, daß in der wirtschaftspolitischen Praxis entsprechende Konsequenzen gezogen werden. Wenn wir in einer Zeit andauernd hoher Inflation feststellen müssen, daß die Budgets der Gebietskörperschaften, nicht nur auf der gesamtstaatlichen Ebene, überdurchschnittlich anwachsen, daß konkrete Maßnahmen der Stabilisierungspolitik immer wieder am Einspruch der betroffenen Gruppen scheitern oder zumindest in ihrer Wirkweise abgeschwächt werden, wird deutlich, daß das Wachstumsziel immer noch stark im Vordergrund steht. Dies ist nicht nur darauf zurückzuführen, daß die jeweiligen Regierungsparteien ihre verteilungspolitischen Ziele leichter bei hohem Wachstum durchsetzen, sondern auch auf die Vermachtung der Wirtschaftspolitik durch starke Gruppeninteressen. Mötteli sagt geradezu, daß diese Gruppeninteressen die soziale Marktwirtschaft haben scheitern lassen. Auch wer optimistischer urteilt und ein Scheitern dieser sozialen Marktwirtschaft nicht als gegeben ansieht, kann nicht umhin, angesichts des Machtdrucks der großen Interessengruppen in manchen Bereichen, besonders in der Einkommenspolitik, eine immer neue Zurückdrängung anderer wirtschaftspolitischer Ziele, vor allem der Geldwertstabilität, gegenüber dem Wachstumsziel festzustellen.

So gesehen erscheint es nicht übertrieben, gegenüber einer harten Wachstumspolitik manchmal geradezu von einer nur „symbolischen" Stabilisierungspolitik zu sprechen. Auch immer neue „Stabilisierungsphasen" und „Maßnahmenpakete" können nicht darüber hinwegtäuschen, daß der größte Teil der darin enthaltenen Maßnahmen wenig oder nichts zur erhöhten Geldwertstabilität beiträgt. So ist in dem in Österreich am 30. Mai 1973 beschlossenen Maßnahmenpaket eine Reihe solcher „dekorativer" Stabilisierungsmaßnahmen enthalten: Die Errichtung von Koordinationskomitees mit den anderen Gebietskörperschaften über eine zurückhaltende Tarif- und Gebührenpolitik kann so lange nur wenig bringen, als eine grundsätzlich expansive Budgetpolitik beim Bund wie bei den meisten anderen Gebietskörperschaften gegeben ist; ebenso bringt ein weitreichender Katalog von verschiedenartigen Stabilisierungsmaßnahmen in der Bauwirtschaft noch lange keine stabilen Baupreise, wenn nicht ein koordiniertes Vorgehen in der gesamten Budgetpolitik erreicht werden kann. Einzelne Maßnahmen, wie etwa die Forderung nach verstärktem Einsatz von Fertigteilen, stehen mit einer Praxis im Widerspruch, die eine weitere Differenzierung der Bauordnungen mit allen Hemmnissen für genormte Bauteile mit sich bringt. So lassen sich immer wieder Widersprüchlichkeiten dieser Stabilisierungspolitik aufzeigen. Vor allem in der Preispolitik bringt der zunehmende Dirigismus mit einer Verschärfung der direkten Preiskontrollen wenig Vorteile gegenüber einer bewährten sozialpartnerschaftlichen Regelung, wie sie sich durch die Paritätische Kommission und ihre Unterausschüsse durch lange Zeit eingelebt hat. Noch immer ist es in Österreich ein entscheidender Vorteil, daß das Klima der Sozialpartnerschaft harte Lohnkämpfe, Streiks und Aussperrungen vermeidet. Darin liegen nicht nur für die Stabilisierungspolitik entscheidende Vorteile gegenüber der Situation anderer westeuropäischer Staaten, sondern dieser Geist der Sozialpartnerschaft stellt auch einen Garanten einer Wirtschaftsordnung dar, in der zumindest wesenhafte Freiheitswerte realisiert werden können.

Entscheidend für eine Neuordnung der wirtschaftspolitischen Ziele ist nicht nur ein höherer Rang des Stabilitätszieles gegenüber dem Wachstumsziel, sondern auch eine kritische Analyse der gesamten Wirtschaftspolitik, wieweit sie heute immer mehr traditionelle Freiheitsbereiche einengt. Dies ist nicht nur in der Stabilisierungspolitik der Fall. In der Wohnungspolitik etwa ist es erst sehr spät gelungen, so vor allem im Wohnbauförderungsgesetz 1968 und der Mietengesetznovelle des gleichen Jahres, wieder einige Auflockerungen der lang andauernden Wohnungszwangswirtschaft zu erreichen. Seither gibt es gegenteilige Versuche, so vor allem bei den Absichten einer umfassenden Baugrundbeschaffungs- und Assanierungsgesetzgebung mit einem weitreichenden Vorkaufsrecht der Öffentlichen Hand. Eine ehrgeizige sektorale Industriepolitik ist ein anderes Beispiel für das Eindringen planwirtschaftlicher wirtschaftspolitischer Ziele in einen Bereich, in dem sich starke marktwirtschaftliche Kräfte durchgesetzt hatten. Es ist letztlich immer wieder die Sicht vom Teil her und nicht vom Ganzen, die zu einer Störung der wirtschaftlichen und gesellschaftlichen Entwicklung führt. Gerade diese Gefahren zwingen zu einer Einordnung sowohl der erstrangigen als auch der nachgeordneten wirtschaftspolitischen Ziele in ein ordnungspolitisches Gesamtkonzept.

Der Prozeß einer Revision des Wachstumszieles läßt sich nicht durch einige kurzfristig gesetzte Zielveränderungen in der Wirtschaftspolitik erreichen: Es geht dabei um die Notwendigkeit, eine allmähliche Bewußtseinsveränderung herbeizuführen und eine Veränderung nicht so sehr des Wachstumszieles an sich zu erreichen, sondern dieses Wachstumsziel in einen gewissen Gleichklang mit dem Stabilisierungsziel, vor allem aber mit den für das Freiheitsprinzip so entscheidenden Zielen der Sicherung ausreichender Beschäftigungsmöglichkeiten und der Erhaltung einer menschenwürdigen Umwelt zu bringen. Gerade das Umweltziel erfordert gewaltigen Kapitaleinsatz, der wiederum nur aus einem wirtschaftlichen Wachstumsprozeß ermöglicht wird. Diesen Wachstumsprozeß aber so zu entwickeln, daß er nicht die anderen Zielsetzungen gefährdet und insbesondere die Humanisierung unserer Gesellschaft über die Wirtschaft hinaus fördert und nicht beeinträchtigt, wird zu einem entscheidenden Ziel einer Gesellschaftspolitik, für die letztlich auch die Wirtschaftspolitik nur einen wenn auch sehr wichtigen Teilbereich darstellt.

Entscheidend für diese Revision des Wachstumszieles wird auch eine stärkere Berücksichtigung des Wirtschaftsraumes als Lebensraum der staatlich organisierten Gesellschaft. Die Raumordnungspolitik ist kein peripherer Bereich der Gesellschaftspolitik. Im Gegenteil, viele Bedrohungen der Freiheit kommen heute aus einer sehr ungünstigen Bevölkerungsverteilung: Den immer mehr anwachsenden Ballungsräumen stehen sich entleerende Gebiete gegenüber. In beiden Bereichen wirken nun sehr ernst zu nehmende Störungen, die eine menschlichere Gesellschaftsordnung beeinträchtigen: In den Ballungsräumen sind es die Verkehrsprobleme, die Luftverschmutzung, die Mangelerscheinungen in der Versorgung lebenswichtiger Güter, in den Abwanderungsgebieten treten Mängel vor allem in der Infrastruktur auf: Störungen im Schulbetrieb durch Lehrermangel, Schließung lokaler und regionaler öffentlicher Einrichtungen, Verödung des sozialen und wirtschaftlichen Lebens. Eine Humanisierung der Gesellschaft braucht auch ein regional ausgewogenes Wirtschaftswachstum als Grundlage der sinnvollen gesellschaftlichen Entwicklung. Daraus entstehen große Aufgaben für die Raumordnungspolitik, die zu einem integrierenden und entscheidenden Bestandteil der gesamten Gesellschaftspolitik geworden ist. Im Zusammenhang mit der Revision des Wachstumszieles geht es um eine Definition des Wirtschaftswachstums im Sinne eines regional ausgewogenen Wachstums. Das ist keine theoretische Überlegung, sondern eine Zielsetzung, die die praktische Arbeit der Planungsstellen und Behörden, die sich mit Raumordnungs- und Regionalpolitik befassen, bestimmen sollte. In Österreich geht es dabei um die Österreichische Raumordnungskonferenz mit ihren zahlreichen Gremien, vor allem den Raumordnungsbeirat mit seinen Arbeitsausschüssen. Nach der Festlegung der Ziele der Raumordnungspolitik und gleichartiger Kriterien für die Erfassung der regionalen Unterschiede ist es nun an der Zeit, mehr in die konkreten Fragen einzusteigen. In Österreich ist die Lage insofern besonders schwierig, als nicht nur

Abwanderungsgebiete an der „toten“ Grenze gegenüber der Tschechoslowakei und Ungarn vorhanden sind (bis zu einem gewissen Grad auch gegenüber Jugoslawien), sondern auch die Abwanderung österreichischer Arbeitskräfte aus den westlichen Bundesländern in die Bundesrepublik Deutschland, nach der Schweiz und nach Liechtenstein ernste Probleme schafft; die zunehmende Industrialisierung vor allem der bayrischen Grenzgebiete läßt die Situation besonders für Oberösterreich und Salzburg immer schwieriger werden. Bei dieser Sachlage ist es klar, daß eine Wachstumspolitik in Österreich stark regional orientiert sein muß, wenn sie eine zukunftsorientierte Wirtschaftsstruktur erhalten und weiterentwickeln will.

### *Dezentraler Entscheidungsprozeß in der Wirtschaftspolitik*

Die Sicherung der Freiheit in der Wirtschaft setzt neben dieser kritischen Prüfung der wirtschaftspolitischen Zielsetzungen aber auch voraus, daß die wirtschaftspolitischen Entscheidungen möglichst nicht allein durch zentrale Entscheidungsträger ohne Mitwirkung der Vertreter der großen Wirtschaftsgruppen getroffen werden. Die pluralistische Struktur der modernen Wirtschaftsgesellschaft verlangt eine weitreichende Mitwirkung der am Wirtschaftsprozeß beteiligten Gruppen.

In unserer Gesellschaft bestehen viele Einrichtungen, um dieses Ziel zu erreichen. Die Mitwirkungsmöglichkeit von Verbänden und Körperschaften an der Gesetzgebung und Wirtschaftsverwaltung wurde durch ein umfassendes Anhörungs- und Begutachtungsrecht gesichert; dazu kommen Sachverständigen-Beiräte vielfältiger Art, an denen vor allem Vertreter der Wirtschaftsverbände mitwirken. Alle diese Gebilde und Einrichtungen können wichtige Entscheidungshilfen geben oder Entscheidungsunterlagen vorbereiten. Die Entscheidung selbst bleibt den dafür verfassungs- und gesetzmäßig vorgesehenen Organen vorbehalten. Eine möglichst klare Kompetenzverteilung in Entscheidungsfragen ist nicht nur ein wichtiges Anliegen der Demokratiereform, sondern auch eine sich immer neu stellende Aufgabe einer Gesellschaftspolitik, die darauf hinzielt, im Interesse einer freiheitlichen Gesellschaftsordnung möglichst viele verantwortungsbewußte und verantwortungsfähige Kräfte in den sozialen Entscheidungsprozeß einzuschalten.

Österreich ist für ein solches Modell ein besonders eindrucksvolles Beispiel, da es mit seiner traditionellen Sozialpartnerschaft wirtschaftspolitische Entscheidungen von einiger Tragweite einem engen Zusammenwirken der Regierung und der Spitzengremien der Sozialpartner überläßt. Die dadurch erzielte Verbreiterung der wirtschaftspolitischen Willensbildung stellt einen wichtigen Garanten des sozialen Friedens dar, dem wiederum große Bedeutung für Freiheit und Sicherheit zukommt.

### *Bedrohungen der Freiheit in Chancen umwandeln*

Die bisherigen Ausführungen haben manche Bedrohungen der Freiheit in der Wirtschaft deutlich gemacht: einen übersteigerten Zentralismus in den wirtschaftspolitischen Entscheidungen, eine einseitige Orientierung am Wachstumsziel, eine Sozialpolitik, die sich nicht an die Grenzen hält, welche Selbstvorsorge und Eigenständigkeit des einzelnen setzen.

In wohl kaum einem anderen Bereich wird derart deutlich, daß Bedrohungen und Chancen der Freiheit so eng beisammenliegen wie auf dem Gebiet der Technologie. Der technische Fortschritt läßt sich heute kaum mehr übersehen; die dadurch in Gang gesetzten Veränderungsprozesse gestalten das menschliche Leben so weit um, daß wir uns fragen müssen, ob in dieser immer mehr vom Technischen her geprägten Welt noch die Chance für einen frei bestimmten Lebensvollzug besteht. Immer mehr wird diese Frage auch im Zusammenhang mit dem Umweltproblem gestellt, das durch das allumfassende Vordringen der Technik entstanden ist.

Im Zusammenhang mit der Umweltpolitik kommen nationale und internationale Gemeinschaftsaufgaben von gewaltigen Dimensionen auf uns zu. Es geht bei diesen Fragen aber auch darum, gewisse Schwächen des marktwirtschaftlichen Systems zu überwinden, wie sie sich etwa in Japan bei der Luft- und Wasserverschmutzung so drastisch gezeigt haben. Gerhart Bruckmann hat festgestellt, daß die zentrale Aufgabe der Zukunftswissenschaft nicht darin besteht, Zukunftsbilder im Sandkastenspiel zu konzipieren, auch nicht so sehr in der Analyse von Zusammenhängen, sondern daß es vor allem darum geht, „die strategischen Punkte aufzufinden, an denen eine zielführende Bewußtseinsänderung einsetzen kann“ [10]. Diese Ansatzpunkte liegen zunächst in einer Verbesserung des marktwirtschaftlichen Systems in der Weise, daß auch beim Umweltproblem die „Chance des Neuen“ wahrgenommen werden kann: Gerade die Marktwirtschaft ist anpassungsfähig, kann und soll daher auch ganz neu an sie herantretende Aufgaben lösen, soll neue Märkte etwa für Abfallstoffe und Wiederverwertungsmöglichkeiten in neuen wirtschaftlichen Kreisläufen entstehen lassen. Die technische Entwicklung schafft immer neue Möglichkeiten zur Verwertung von Abfällen und Nebenprodukten.

Gegenüber allen Befürchtungen, daß die zunehmende Technisierung und Automatisierung der Wirtschaft und darüber hinaus immer weiterer Lebensbereiche die Freiheit in unserer Gesellschaft bedrohe, sprechen auch manche Tatsachen für die Hoffnung, daß gerade aus diesem heute noch nicht absehbaren technischen Fortschritt auch Freiheitsgewinne erwachsen. Gerade die fortschreitende Anwendung und Vervollkommnung der kybernetischen Systeme bringt die Möglichkeit eines umfassenderen und auf die Einheit des Denkens hinzielenden Erkenntnisprozesses mit sich. Automation und Kybernetik ermöglichen es in besonderem Ausmaß, einen Produktions- und Informationsprozeß mehr als zusammenhängendes System und nicht so sehr nach seinen einzelnen Elementen zu betrachten. [11] Entscheidender dürfte noch sein, daß die Entwicklung analytischer Gesamtsysteme möglich wird und sich so vom Technischen her ganz neue Denkweisen für den menschlichen Geist anbieten. Diese Möglichkeiten sichern auch mehr Freiheit für den Menschen über den Denkprozeß hinaus.

Freiheitsbedrohungen weitreichender Art können aus der drohenden Energiekrise entstehen. Eine weltweite Verknappung der Energiereserven müßte zu einer umfassenden Lenkung und Bewirtschaftung führen und damit zu einer Wachstumsbedrohung schwerstwiegender Art. Ein solches Lenkungssystem würde aber auch jedes marktorientierte Wirtschaftssystem zerstören. In einer Totalplanung würden entscheidende Freiheitsbereiche des Menschen verlorengehen.

Heute gibt es näherliegende Freiheitsbedrohungen in der Weltwirtschaft. Vor allem sei auf die Störungen im Weltwährungssystem hingewiesen. Dabei geht es weniger um die offen zu Tage tretenden Phänomene der immer wieder aufflammenden Währungskrisen, sondern um die tieferen Ursachen: letztlich um die großen Ungleichgewichte im Wachstumsprozeß, in der Kapitalausstattung, in der Struktur der einzelnen Volkswirtschaften, auch in den übernommenen internationalen Verpflichtungen. Auch hier können Lösungen nur durch internationale Zusammenarbeit umfassender Art erreicht werden. Im übrigen wird der Prozeß zur Schaffung eines neuen Weltwährungssystems langwierig sein und immer neuer Verbesserungen bedürfen. Es geht um eine Währungsordnung, die langfristige Dispositionen auf allen Ebenen ermöglicht, insbesondere für die Investitionsentscheidungen der Unternehmen, und auch die Voraussetzungen für einen weiter wachsenden internationalen Warenaustausch schafft. Darin liegen entscheidende Voraussetzungen auch für die Sicherung der Freiheit in der Wirtschaft.

In einer Fernsehdiskussion am 29. Juni 1973 hat der Schweizer Finanzminister Celio mit Nachdruck darauf hingewiesen, daß die fortgesetzte Zerstörung des Weltwährungssystems ernste Gefahren auch für die freiheitliche Wirtschaftsordnung mit sich bringt. Der zunehmende Dirigismus, den die Stabilitätspolitik weit über den Bereich der Währungspolitik hinaus nach sich zieht, gefährdet immer mehr jenen Bereich der Marktwirtschaft, ohne den Austauschbeziehungen über Märkte gar nicht existieren können: Marktorientierte Entscheidungen über Preise und Investitionen werden durch eine zunehmende Aufhebung des Preismechanismus immer mehr erschwert und schließlich unmöglich. Kreditrestriktionen, immer neue Paritätsveränderungen am Währungssektor, direkte Eingriffe in den Preisbildungsprozeß, Preisfestsetzungen ohne Rücksicht auf die Kostenentwicklung, eine nicht mehr kostenbewußte Tarif- und Gebührenpolitik der Gebietskörperschaften, eine mehr parteipolitisch als an ökonomischen Zielen orientierte Budgetpolitik, eine expansive Steuerpolitik sind nur die wichtigsten Kennzeichen dieses lang andauernden Prozesses der Zerstörung marktwirtschaftlicher Kräfte. Vor allem aber werden die Finanzierungsgrundlagen der Marktwirtschaft immer mehr ausgehöhlt: Die Unsicherheit über die Kursentwicklung der wichtigsten Währungen lassen ebenso wie die starken Schwankungen in der Finanzierungs- und Liquiditätspolitik unter stabilisierungspolitischen Gesichtspunkten eine Planung längerfristiger Finanzierungsfragen im Unternehmen immer schwieriger werden.

In einer umfassenden Diskussion in den „Wirtschaftspolitischen Blättern" [12] über die Möglichkeiten der Preispolitik in der modernen Wettbewerbswirtschaft, besonders unter den gegebenen Verhältnissen eines starken und lang andauernden Preisauftriebes, kam übereinstimmend die Meinung zustande, daß zunächst eine stärkere Belebung des Wettbewerbes angestrebt werden müsse und die Möglichkeiten einer Preispolitik vor allem erst dort einsetzen sollten, wo dieser Wettbewerb nicht oder zu wenig stark vorhanden sei. Weniger erwarteten sich die Diskussionsteilnehmer von der direkten Preiskontrolle, die eben zu einer „Deroutierung ganzer Märkte" führen könne.

Die Bedrohungen der Freiheit liegen nicht zuletzt auch in Versuchen, die Investitionsentscheidungen weitreichenden Beschränkungen zu unterwerfen. Solche Investitionsbeschränkungen ergeben sich auch in marktwirtschaftlich geordneten Volkswirtschaften aus indikativen Planungssystemen, aus Versuchen, zumindest gewisse Produktions- und Wachstumsziele für einzelne Branchen aufzustellen und durch Absprachen in Kommissionen und anderen Einrichtungen zu realisieren. Rahmenplanungen dieser Art wirken unterschiedlich; Freiheitsbeschränkungen sind aber auf jeden Fall dann gegeben, wenn durch wirtschaftspolitische Entscheidungen ein mehr oder minder starker Druck auf die Unternehmen ausgeübt wird, sich bestimmten gesamtwirtschaftlichen Planungszielen zu unterwerfen und ihre Investitionspläne nicht primär nach den Marktgegebenheiten, sondern nach vorgegebenen Daten zu treffen. Aber auch zu starre Mitbestimmungsmodelle können die Freiheit der Investitionsentscheidung als Garanten eines freiheitlichen Wirtschaftssystems beeinträchtigen. Damit soll keineswegs gesagt werden, daß erweiterte betriebliche Mitbestimmung die Freiheit in der Wirtschaft beeinträchtigen muß. Im Gegenteil, diese kann – wie noch ausgeführt wird – vorhandene Freiheitsbereiche erweitern. Investitionsentscheidungen aber an die Mitwirkung komplizierter Entscheidungsinstanzen binden bedeutet eine Gefährdung des Entscheidungsprozesses, der seiner Natur nach rasch und reibungslos – zugleich aber nach oft schwierig zu beurteilenden Kriterien – erfolgen muß.

In der wirtschaftspolitischen Praxis der Gegenwart stellt der in fast allen westlichen Staaten überhandnehmende Preisdirigismus eine weitere Gefährdung der Freiheit in der Wirtschaft dar. Sicher ist ein gewisses Ausmaß an Preisregelung in einer Zeit anhaltend hoher Inflationsraten unvermeidlich. Es geht aber darum, diese zeitbedingten Interventionen nicht zum System werden zu lassen und nicht einzelne vorübergehende Schwierigkeiten – wie etwa die Einführung eines Mehrwertsteuersystems – zum Anlaß systemändernder Eingriffe durch eine umfassende Preiskontrolle zu machen. Für die marktwirtschaftlich geordneten Volkswirtschaften empfiehlt sich eine flexible Preisregelung in möglichst leicht durchschaubarer Art, nicht aber ein kompliziertes und differenziertes Preiskontroll- und Preisüberwachungssystem. Dabei ist eine Koordination der Preis- und der Wettbewerbspolitik entscheidend. Auch die Preispolitik soll sich mehr auf jene Bereiche konzentrieren, in denen der Wettbewerb nicht oder nur unvollkommen funktioniert. Es gilt aber auch, die Funktion der Wirtschaftsverbände in der Preis- und Wettbewerbspolitik neu zu überdenken. Die Sozialpartnerschaft wird immer mehr zu einem integrierenden Bestandteil eines reformierten marktwirtschaftlichen Systems. Die freiheitsbezogene Funktion dieser Sozialpartnerschaft besteht nicht nur darin, daß sie den sozialen Frieden als wesentlich für eine gedeihliche innerstaatliche Entwicklung fördert, sondern wohl auch darin, daß die Sozialpartner mit dazu beitragen, eben dieses marktwirtschaftliche System zu erhalten und zu verbessern. Eine Mitwirkung an der Preis- und Wettbewerbspolitik durch die Sozialpartner kann insofern sehr entscheidend sein, als die großen Wirtschaftsverbände nicht nur in der Lohnpolitik, sondern auch in Preis- und Wettbewerbsfragen über große

Erfahrungen verfügen und daher Kompromißlösungen anbieten können. So hat die Mitwirkung der Wirtschaftsverbände im Rahmen der Paritätischen Lohn-Preis-Kommission in Österreich gezeigt, daß sich dabei flexible Formen einer Preiskontrolle entwickeln lassen, die besser geeignet sind, ein marktorientiertes freiheitliches Wirtschaftssystem zu erhalten und weiterzuentwickeln, als dies eine umfassende und starre staatliche Preisregelung könnte.

Die Preis- und Wettbewerbspolitik ist nur ein wenn auch wichtiger Bereich der Stabilisierungspolitik. Freilich sind die wesentlichen Aufgaben dieser Preispolitik auch unabhängig von der Preisentwicklung gegeben; zu jeder Zeit müssen gewisse Sicherungen durch die Preis- und Wettbewerbspolitik gegeben sein, soll der für die Marktwirtschaft unerläßliche Wettbewerb erhalten bleiben. In einer Zeit anhaltender Inflation gewinnt die Preispolitik freilich mehr Bedeutung. In der Wirtschaft, in der zur Erreichung eines Zieles aber nicht dauerhafte Errungenschaften aufgegeben werden sollen, kann Stabilisierungspolitik nicht allein durch Preisregelung betrieben werden. Sie bedarf eines umfassenden Konzeptes von Maßnahmen der Wirtschaftspolitik in vielen Bereichen, vor allem auch der Geld- und Währungspolitik, der Arbeitsmarktpolitik, der Lohnpolitik, des Vergabewesens und vor allem der Budgetpolitik.

## *Zur betrieblichen Mitbestimmung*

Alle sozialen Einrichtungen unterliegen ständigen Veränderungen. Die Entwicklung sowohl der betrieblichen wie der überbetrieblichen Mitbestimmung zeigt gleichfalls einen solchen Veränderungsprozeß. So haben sich auch in Österreich bei der überbetrieblichen Mitbestimmung immer wieder neue Einrichtungen entwickelt und die bestehenden Institutionen neue Funktionen übernommen. Dies gilt sowohl für die Paritätische Kommission für Lohn- und Preisfragen als auch für den Beirat für Wirtschafts- und Sozialfragen sowie für die verschiedenen ministeriellen Beiräte. Auch die betriebliche Mitbestimmung soll neue Einrichtungen und Instrumente entwickeln, dabei aber vorsichtig experimentieren, um keine Störeffekte auf die betriebliche und volkswirtschaftliche Entwicklung zu setzen. Man muß die betriebliche und die überbetriebliche Mitbestimmung insofern als Einheit sehen, als es sich zwar um zwei verschiedene soziale Steuerungssysteme handelt, die aber doch die gleiche Zielsetzung haben: eine stärkere Mitwirkung der Arbeitnehmer am Wirtschaftsgeschehen. In Ländern, in denen die überbetriebliche Mitbestimmung stärker entwickelt ist, muß die betriebliche nicht den gleichen Entwicklungsstand erreichen; es kommt eben auf den Gesamteinfluß der Arbeitnehmerseite an.

Entscheidend ist auch bei der betrieblichen Mitbestimmung, daß für die im Betrieb tätigen Menschen erweiterte Freiheitsbereiche entstehen. Dies ist dann nicht gesichert, wenn die Vertretung der Interessen der Arbeitnehmer im Betrieb von Funktionären vorgenommen wird, die außerhalb des betrieblichen Geschehens stehen. So gesehen erscheint es entscheidend, daß die betriebliche Interessenvertretung von der Interessenvertretung der Arbeitnehmer auf gesamtwirtschaftlicher Ebene, den Gewerkschaften und Arbeiterkammern, deutlich getrennt ist. Die Wahrnehmung der Interessen der Betriebsangehörigen soll nicht von zentralen Stellen abhängen und bestimmt werden, sondern aus den individuellen Gegebenheiten des einzelnen Betriebes erfolgen. Eine Erweiterung von Freiheitsbereichen wird gleichfalls verhindert, wenn der einzelne Arbeitnehmer auf die Wahrnehmung seiner Interessen durch die betriebliche Interessenvertretung keinen Einfluß hat. Es geht um eine betriebliche Mitbestimmung, die den einzelnen Arbeitnehmern möglichst weitgehende Mitentscheidungsmöglichkeiten einräumt, aber auch der Belegschaft als Ganzes eine Mitwirkung an den personalen, sozialen und wichtigen wirtschaftlichen Entscheidungen ermöglicht, von denen das Wohl des ganzen Betriebes abhängt. Ihre Grenzen findet diese betriebliche Mitbestimmung an den Freiheitsrechten der Unternehmer, die vor allem die schwierigen und komplizierten Entscheidungsprozesse im Bereich der Investitionen verantworten müssen.

Wir brauchen gerade für die Weiterentwicklung der betrieblichen Mitbestimmung mehr empirische Untersuchungen, nicht zuletzt über die Auswirkungen auf die Produktivität der Betriebe und die Unternehmerentscheidungen. Wie bei der überbetrieblichen Mitbestimmung soll die Entwicklung durch ein gewisses langfristiges Konzept bestimmt werden; es können aber die einzelnen Einrichtungen und Instrumente nach den Bedürfnissen der wirtschaftlichen Praxis wechseln. Zentralistische Entscheidungen durch außerbetriebliche Organe sind auf alle Fälle für Modelle betrieblicher Mitbestimmung abzulehnen, da sie vorhandene Freiheitsbereiche nur einschränken und keinesfalls erweitern würden.

## *Gruppenpluralismus – Zerfall oder Ordnung?*

Mit der Kennzeichnung unserer Gesellschaft als einer pluralistischen verbindet sich die Vorstellung rivalisierender Gruppen, die sich um eine rückhaltlose Durchsetzung ihrer Sonderinteressen bemühen. Trotz der zunehmenden Organisationsdichte der Interessenvertretungen und einer in manchen Bereichen weiterreichenden Aufspaltung dieser Organisationen sprechen deutliche Anzeichen dafür, daß sich die Interessengegensätze gerade in der pluralistischen Gesellschaft allmählich ausgleichen. Ein Beispiel stellt die immer weiterreichende Zusammenarbeit der Wirtschaftsverbände, vor allem in Form der Sozialpartnerschaft, dar. Die zunehmende Einsicht in die Notwendigkeit, den Ausgleich zwischen den einzelnen Gruppen zum integrierenden Bestandteil der Gesellschaftspolitik zu machen, zwingt immer mehr zu einer Haltung, die in der Kooperation der einzelnen Gruppen eine unerläßliche Voraussetzung für ein funktionierendes Gesellschaftsleben sieht. Die Gliederung dieser Gesellschaft in Gruppen nach beruflichen, wirtschaftlichen, regionalen, kulturellen, religiösen, nationalen und anderen Motiven ist nicht nur ein Faktum für die Gesellschaftspolitik, sondern auch immer mehr eine Grundvoraussetzung einer Freiheitsordnung. Immer deutlicher wird heute die Notwendigkeit gesehen, in den gesellschaftlichen und politischen Mechanismus Kontrollen einzubauen, die einer Konzentration von Macht und Entscheidung entgegenwirken. Gerade diese Funktion kann in unserer Gesellschaft nur mehr dann in ausreichendem Umfang erfüllt werden, wenn sich die

Dezentralisation auf eine entsprechende Gliederung der Gesellschaft nach den angeführten Gruppierungen stützen kann, die den gegebenen Unterschieden in Beruf, Kultur, Sprache, Nation, Sitte und Religion Rechnung trägt.

Die gesellschaftliche Entwicklung drängt geradezu mit elementarer Gewalt zu den größeren Einheiten, und zwar auf nationaler wie auf internationaler Ebene. Aufgabe der Gesellschaftspolitik wird es in dieser Situation sein, den Prozeß so zu gestalten, daß nicht eine Fusion der vorhandenen gesellschaftlichen Einrichtungen zustande kommt, sondern die Grundzüge einer gegliederten Gesellschaft erhalten bleiben. So dürfte die Zukunftsgesellschaft immer mehr durch ein Mit- und Nebeneinander organisierter Gruppen im innerstaatlichen Bereich wie auch regionaler Einheiten von Staaten auf internationaler Ebene gekennzeichnet sein.

Einer Gesellschaftspolitik, die sich am Freiheitsprinzip orientiert, erwächst bei diesen Gegebenheiten die Aufgabe, dieses Nebeneinander der Gruppen im Staat und der Staaten auf internationaler Ebene immer mehr zu einem Miteinander zu bringen. Dazu gehört auch die Entwicklung von Konfliktregelungsmodellen. Auch auf nationaler Ebene kommt der Entwicklung derartiger Schiedssysteme große Bedeutung zu, vor allem zur Sicherung des sozialen Friedens, der wiederum eine Grundvoraussetzung des wirtschaftlichen Wachstums darstellt. In Österreich wurde mit der Paritätischen Kommission für Lohn- und Preisfragen ein solches Schlichtungsorgan entwickelt, dem zusammen mit den übrigen Einrichtungen der Sozialpartnerschaft, wie vor allem dem Beirat für Wirtschafts- und Sozialfragen, eine entscheidende Bedeutung für die Sicherung des wirtschaftlichen Wachstums und des sozialen Friedens zugekommen ist. Eine ähnliche Funktion hatte früher auch der Sozialökonomische Rat in den Niederlanden.

### *Um ein wirtschafts- und gesellschaftspolitisches Konzept zur Sicherung der Freiheit*

Die bisherigen Überlegungen sollten deutlich machen, daß die Entwicklung zu einem neuen Steuerungssystem in der Wirtschaft hindrängt. Manches spricht dafür: etwa die zunehmende Bedeutung jener Wirtschaftsbereiche, in denen der Markt nicht in der Lage ist, gegebene und mögliche Fehlentwicklungen wie Umweltschäden, drohende Energiekrisen, unbewältigte Fragen der Raumordnung abzuwenden. Auf der anderen Seite zeigen sich aber gerade dort neue Fehlentwicklungen, wo die Ordnungskräfte des Marktes, der Eigeninitiative und der Selbstvorsorge ausgeschaltet werden.

Eine am Grundwert der Freiheit orientierte Gesellschaftspolitik muß diese eigenverantwortlichen Kräfte stärken, im übrigen aber mehr Verantwortungsbewußtsein für jene Lebensfragen wecken, die von diesen Kräften des Marktes und der Eigenverantwortung nicht bewältigt werden können. Es wurde deutlich gemacht, daß es dazu zunächst veränderter Zielsetzungen in der Wirtschaftspolitik bedarf. Das Wachstumsziel darf nicht mehr den unbedingten Vorrang haben. Dieses der Industriegesellschaft „fast schon immanent gewordene Streben nach mehr und immer noch mehr Wirtschaftswachstum" [13] muß durch eine langfristig orientierte maßvolle Gesellschafts- und Wirtschaftspolitik überwunden werden. Zu der im Interesse einer freiheitlichen Wirtschaftsordnung als notwendig erachteten Vielzahl der Träger der Wirtschaftspolitik muß ganz offensichtlich eine Vielzahl der Zielsetzungen in der Wirtschaftspolitik treten. Nicht nur der Entscheidungsprozeß in der Wirtschaftspolitik wird differenzierter, sondern auch das Zielbündel. Es ist Aufgabe einer langfristigen wirtschafts- und gesellschaftspolitischen Konzeption, für einen Ausgleich zwischen den verschiedenen Zielen des Wirtschaftswachstums, der Preisstabilität, der Vollbeschäftigung (bzw. eines bestmöglichen Einsatzes des Arbeitskräftepotentials), einer ausgeglichenen Zahlungsbilanz, möglichster Umweltschonung, der gerechten Einkommensverteilung u. a. zu sorgen. Martin Heidegger hat gesagt, daß vielleicht der bisherige Mensch zuviel gehandelt und zuwenig gedacht hat.

Über die Grundziele der Wirtschafts- und Gesellschaftspolitik muß zweifellos mehr nachgedacht werden. Gerade die Wirtschaftspolitik erfolgt auch heute noch weithin aus den Bedürfnissen des Augenblicks, nach dem Machtdruck der Interessenten. Auch Freiheitsverluste entstehen in unserer Zeit vielfach aus dem Mangel einer solchen langfristigen wirtschaftspolitischen Konzeption, wie die Beispiele etwa aus der Preis-, Investitions- und Währungspolitik deutlich machen. Solche langfristige wirtschafts- und gesellschaftspolitische Konzepte müssen sich auf umfassende Analysen und sozialwissenschaftliche Forschungen gründen. Ansatzpunkte sind da und dort vorhanden, so etwa in der Budgetpolitik. In Österreich wurde versucht, durch Budgetprognosen eine längerfristige Orientierung der Budgetpolitik zu erreichen. Das vom Wirtschafts- und Sozialbeirat aufgestellte Ziel der Erarbeitung von Budgetkonzepten konnte allerdings noch nicht realisiert werden.

Karl Steinbuch hat die These aufgestellt, daß die Gesellschaft die Pflicht habe, ihre eigene Veränderung zu planen. [14] Die langfristige Planung gesellschaftlicher Veränderungen tritt in der modernen Gesellschaftspolitik immer mehr in den Vordergrund. Dies bedeutet auch, mehr über die Impulse, die zu diesen gesellschaftlichen Veränderungen führen, zu wissen. Eine zunehmende Intensivierung der Sozialforschung wird in diesem Sinn daher unerläßlich sein.

René Marcic hat darauf hingewiesen, daß die Politik die „Fundamentalstruktur der menschlichen Existenz, das Grundgefüge unseres Daseins" trifft. [15] Es ist ein weiter und immer zunehmender Bereich von Entwicklungsmöglichkeiten des Menschen, der von den Maßnahmen der Politik beeinflußt und mitgestaltet wird. Dies spricht dafür, daß die Ordnungsaufgabe der Politik immer wichtiger wird und sich auf eine gesellschaftspolitische Gesamtkonzeption gründen muß. Wenn Marcic in dem „ins Hier und Jetzt gestellten Einzelmenschen" den eigentlichen Gegenstand jeglicher Politik sieht, dann hat die Erfüllung dieser politischen Ordnungsaufgabe auch immer auf die bestmöglichen Entwicklungschancen des Menschen abzuzielen, sie muß dem menschlichen Geist freien Raum zur Entfaltung und zur Erfüllung der ihm gestellten Aufgaben geben.

Diese Entwicklung des Menschen braucht zunächst die Gemeinschaft in allen ihren Daseinsformen und Seinsweisen, von der Familie bis zur staatlich organisierten Gesellschaft und den überstaatlichen Verbindungen.

In jeder dieser Gemeinschaften wirkt ein Gemeinwohl als Hilfe für die eigenverantwortliche Erfüllung der den Gliedern dieser Gemeinschaft vorgegebenen Lebensaufgaben, wie Johannes Messner immer wieder betont hat. [16] Diese Hilfestellung auf der Ebene des Gesamtstaates, der übrigen Gebietskörperschaften und auch der Verbände, nicht zuletzt der Wirtschaftsorganisationen, zu geben, dies wird zur erstrangigen Aufgabe einer Gesellschaftspolitik, die sich am Grundwert der Freiheit orientiert.

Eine an der Freiheit des einzelnen orientierte Gesellschaftspolitik muß den innerstaatlichen Wohlstandsausgleich besonders in den Vordergrund stellen. Dazu bedarf es eines umfassenden einkommens- und sozialpolitischen Sicherungssystems, das es allen Menschen ermöglicht, ihre Funktion im Wirtschafts- und Gesellschaftsprozeß in möglichster Freiheit vollziehen zu können.

Auch dieses Ziel wird nicht allein von der Sozialpolitik her bewältigt werden können. In der modernen Wirtschaftsgesellschaft wird die Bildungspolitik immer wichtiger. So wie die breite Eigentums- und Einkommensstreuung viel zur Freiheitssicherung beiträgt, ist auch die breite Streuung des Wissens – nicht nur über wirtschaftliche Fragen – eine Grundvoraussetzung einer Wirtschaftsgesellschaft, die allen ihren Gliedern möglichst große Entwicklungschancen sichern will. Immer wichtiger wird die sozialpädagogische Funktion der Bildungseinrichtungen. Josef Steindl hat in einer Untersuchung über Bildungsplanung und wirtschaftliches Wachstum darauf hingewiesen, daß die Menschen durch die Verschiedenheit ihrer Beschäftigung, ihrer sozialen Lage, ihrer ökonomischen Interessen und ihres Niveaus einander so weit entfremdet sind, daß sie durch den umfassenden Erziehungsprozeß, den unsere Bildungseinrichtungen auf allen Ebenen vermitteln, wieder mehr dahin gebracht werden müßten, „einander zu verstehen und zu gleicher Zeit auch ihren eigenen Platz und ihre Funktion in der Gesellschaft“ [17].

Heute ist es wichtiger denn je, eine zukunftsweisende gesellschaftspolitische Konzeption auch auf ein Unterlassen des Staates abzustellen. Nun kommt gerade im Bereich der Wirtschaft den Verbänden hier eine wichtige Funktion zu. Herbert Schambeck hat dazu festgestellt, daß der einzelne dadurch, daß die Verbände den intermediären Raum zwischen diesem einzelnen und dem übergeordneten Herrschaftsverband des Staates ausfüllen, eine unmittelbare Hilfe gegenüber dem staatlichen Zentralismus erhält. [18] Gerade die Wirtschaftsverbände erfüllen diese Funktion durch ihre Interventionen bei den staatlichen Zentralbehörden, aber auch im Rahmen ihrer allgemeinen Zielsetzungen, den Freiheitsbereich der einzelnen Arbeitgeber und Arbeitnehmer abzusichern, in vorbildlicher Weise. Eine realistische Wirtschaftspolitik versteht unter Gesellschaft die „Gesamtheit aller Personen in ihren Gruppierungen und deren Interaktionen“ [19].

Wichtig erscheint noch der Hinweis, daß eine pluralistisch gesteuerte Wirtschaft mit einer maßgebenden Trägerrolle der Sozialpartnerschaft nichts mit einem „streng abgegrenzten Korporativismus“ zu tun hat, sondern – wie Rudolf Weiler festgestellt hat – „die mögliche marktwirtschaftliche Konkurrenz einen echten Wettbewerb der Branchen nach jeweiligem wirtschaftlichen Entwicklungserfordernis und der Sozialgruppen in den Branchen nach ihrem Leistungsanteil notwendig macht“ [20]. Entscheidend ist, daß der Markt der maßgebende Faktor bleibt, der einzelne allerdings nicht schutzlos der Marktmechanik überlassen ist, sondern durch das System der Sozialpartnerschaft gewisse, noch marktkonforme Absicherungen erhält.

Geht man von der schon erwähnten These von Ansgar Paus aus, daß es nicht um eine Freiheit gehen dürfe, deren Maß die Unfreiheit anderer ist, so folgt daraus, daß neue Formen des Zusammenwirkens in den verschiedenen sozialen Entscheidungsprozessen gefunden werden müssen. Dabei muß der Grundsatz gelten, daß geteilte Verantwortung noch ernster genommen werden muß als die Alleinverantwortung. Nur unter dieser Voraussetzung lassen sich komplizierte Entscheidungsprozesse unter Wahrung der Freiheitsrechte aller Beteiligten verwirklichen, wie wir sie bei der betrieblichen und der überbetrieblichen Mitbestimmung, aber auch beim Zusammenwirken von Regierung und Sozialpartnern in den wirtschaftspolitischen Entscheidungen immer wieder vorfinden.

Ein Entscheidungspluralismus dieser Art ist zugleich auch ein Verantwortungspluralismus. Ein verbessertes freiheitliches Wirtschaftssystem bedeutet aber auch Ordnungspluralismus: Bei Vorherrschen der Marktwirtschaft gibt es auch weite Bereiche der Planung, insbesondere im öffentlichen Sektor. Vor allem aber geht es um einen arteigenen Pluralismus der Planung: Der einzelne muß die Möglichkeit haben, auch im wirtschaftlichen Bereich die großen und kleinen Entscheidungen des Lebens in möglichster Freiheit zu treffen.

## ANMERKUNGEN

[1] *S. Kierkegaard,* Entweder – Oder, Bd. 2, Düsseldorf 1957, 268ff.

[2] *A. Paus,* Vorwort, 7.

[3] *J. Messner,* Die soziale Frage, Innsbruck [7]1964, 25.

[4] *H. Cox,* Stadt ohne Gott?, Stuttgart [5]1969.

[5] *O. Šik,* Fakten der tschechoslowakischen Wirtschaft, Wien 1969, 13ff, 53ff, 131ff.

[6] *K. H. Kleps,* Theorie und Realität einer Annäherung der Wirtschaftssysteme, Zürich 1970, 3ff, 39ff; dazu noch: *W. Weber,* Konvergenz der Wirtschaftsordnungen von Ost und West, Wien 1971.

[7] *H. O. Lenel,* Haben wir noch eine soziale Marktwirtschaft?, in: Ordo 22 (1971) 29ff.

[8] *H. Marcuse – K. Popper,* Revolution oder Reform?, München 1972, 11ff.

[9] *C. Mötteli,* Herausforderung der Liberalen, in: Ordo 21 (1970) 43ff.

[10] *G. Bruckmann* in: Die Presse vom 30. Juni 1973 (125-Jahr-Festnummer).

[11] *Ch. Gaspari – H. Millendorfer,* Prognosen für Österreich, Wien 1973, 11ff.

[12] Möglichkeiten und Grenzen der Preispolitik in einer Wettbewerbswirtschaft, in: Wirtschaftspolitische Blätter 1/2 (1973).

[13] *W. Braunbek,* Die unheimliche Wachstumsformel, München 1973.

[14] *K. Steinbuch,* Die informierte Gesellschaft, Stuttgart ²1969.
[15] *R. Marcic,* Art. „Politik", in: *A. Klose* (Hrsg.), Katholisches Soziallexikon, Innsbruck–Wien–München 1964, 841ff.
[16] *J. Messner,* Das Gemeinwohl. Idee – Wirklichkeit – Aufgaben, Osnabrück 1962, 43ff.
[17] *J. Steindl,* Bildungsplanung und wirtschaftliches Wachstum, in: Studien und Analysen. Schriftenreihe des Österreichischen Institutes für Wirtschaftsforschung 2 (1967) 12.
[18] *H. Schambeck,* Kirche – Staat – Gesellschaft, Wien–Freiburg–Basel 1967, 90.
[19] *E. Bodzenta,* Sozialer Wandel und Gesellschaftsanalyse, in: *Ders.* (Hrsg.), Die österreichische Gesellschaft, Wien–New York 1972, 8.
[20] *R. Weiler,* Wirtschaftliche Kooperation in der pluralistischen Gesellschaft, Wien 1964, 480.

*Hans Strotzka / Kurt Buchinger*

# FREIHEIT UND NEUROSE

„In welchem Sinne darf man also sagen: Der Mensch ist frei? In demselben Sinn, in dem man von der Gesundheit, der Kraft oder dem Glück spricht. Der Mensch ist nicht immer gesund, nicht immer stark, nicht immer glücklich."

(*Voltaire,* Aus dem Philosophischen Wörterbuch)

## *Die verschiedenen Theorien zum Problem Freiheit und Determinismus*

Fast alle Überlegungen zu diesem Problem gehen von zwei scheinbar entgegengesetzten und einander widersprechenden Erfahrungen aus und dem Versuch, sie miteinander in Einklang zu bringen:

1. In der Natur sind Regelmäßigkeiten im Ablauf und in der Aufeinanderfolge von Ereignissen beobachtbar, aufgrund deren Voraussagen möglich sind. Wenn der Existenz oder Aktion eines Objektes die eines anderen wiederholt vorangegangen oder gefolgt ist und beide durch ihre Kontiguität auffallen, dann nehmen wir an, daß auch künftighin beim Erscheinen des einen das des anderen gesichert ist, und verallgemeinern dieses beobachtbare Verhalten zu einer Gesetzmäßigkeit. David *Hume* (1964)* meint, daß wir die Assoziation, die sich zwischen beiden gefestigt hat, extrapolieren und von realer Verursachung des einen Ereignisses durch das andere sprechen. Werden wir durch die weitere Erfahrung widerlegt, dann suchen wir die bisher angenommene Ursache durch eine andere, die es zu finden gilt, zu ersetzen. Denn wir haben inzwischen, durch ähnliche Assoziationen veranlaßt, postuliert, daß alles eine Ursache hat, die notwendig mit ihrer Wirkung verbunden ist.

* Die angegebene Jahreszahl bezieht sich jeweils auf das in den Literaturhinweisen am Ende des Beitrages genannte Werk des betreffenden Autors.

Diese Annahme der kausalen Determiniertheit allen Geschehens ist die Grundannahme wissenschaftlicher Forschung. Ohne sie wäre es überhaupt unmöglich, Klärungsversuche für irgendein Geschehen anzustellen. Ohne sie wäre es auch unmöglich, in planendem Handeln mit den Dingen umzugehen. Es wäre alles dem blinden Zufall oder vagen Vermutungen ausgesetzt. Den Gesetzmäßigkeiten, die die Wissenschaft aufstellt und die sie experimentell soweit als möglich zu verifizieren bemüht ist, ist auch der Mensch unterworfen. Er erlebt sie sogar bewußt in den Anforderungen, die seine „Natur" regelmäßig an ihn stellt, und den psychologischen Regelmäßigkeiten in seinem Verhalten.

2. Anderseits ist es eine Tatsache, daß der Mensch nicht wie die anderen Lebewesen in eine ihm ein für allemal vorgegebene biologische Umwelt eingebettet ist, in der seine Instinkte und Organe für die situationsadäquaten Reaktionen sorgen. Sein Überleben ist nicht durch angeborene Verhaltensmuster, die den Trieben und ihren Ansprüchen entsprechen, gesichert. Er ist insofern ein Mängelwesen (*Portmann,* 1970), das gekennzeichnet ist durch eine im Sinn biologischer Zweckmäßigkeit gefährliche Instinktreduktion *(Gehlen,* 1966), ein nicht festgelegtes Tier, wie Nietzsche einmal behauptet. Für ihn handelt nicht wie für die anderen Tiere die Art, er muß sich durch Überlegung die Umweltbedingungen so gestalten und verändern, daß er in ihnen leben will und überleben kann. Er plant die Bedingungen der Erfüllung seiner Triebe und die Formen des Zusammenlebens mit anderen. Daraus ergibt sich für ihn eine Vielfalt von Möglichkeiten, die sich in den kulturellen Schöpfungen niederschlägt. Diese und die individuelle Verschiedenartigkeit seiner Entscheidungen veranlaßten viele Denker zu behaupten, der Mensch sei frei: er könne wählen zwischen dieser und jener Möglichkeit.

Die Schwierigkeit der Erklärung menschlichen Verhaltens ist nun dadurch bedingt, daß der Mensch beide Erfahrungen in sich vereinigt: die der Regelmäßigkeit und der Gesetzmäßigkeit von Naturabläufen, denen er als Organismus physikalisch, biologisch, psychologisch unterworfen ist – und die der vernünftigen Überlegung und Planung, die ihm das Evidenzgefühl der Freiheit der Wahl zwischen den verschiedenen Möglichkeiten gibt. Wir erleben diese Vereinigung auf weite Strecken unproblematisch: Auch wenn wir das Gefühl haben, uns frei zu entscheiden, so tun wir das meist unter Berücksichtigung von Gründen und Kausalitäten, die es gestatten, die Entscheidung durchzuführen, und wir wissen, daß eine Handlung, die wir frei zu setzen glauben, den verschiedenen Reihen von Kausalitäten nicht widersprechen darf.

Die theoretische Frage ist aber die nach der Möglichkeit einer solchen Vereinigung zweier so verschieden gedachter Verursachungen von Prozessen, wie der aus Freiheit und der aus – selber wieder kausal determinierten – Determinanten. Ist eine auf die andere zu reduzieren, und dann welche auf welche? Ist das Gefühl der Freiheit eine Illusion, oder können beide Erfahrungen und ihr Zusammenbestehen begründet werden? Die Frage hat selber wieder einen mehr theoretischen und einen mehr praktischen Aspekt, deren Wechselspiel und Entwicklung für das Problem aufschlußreich sind und deren Analyse es zum Teil als Scheinproblem erkennen läßt.

*Platon* (1941) formuliert beide Aspekte des Dilemmas in einer Form, in der es seitdem für die Theorien zu unserem Problem bestimmend geworden ist. Im Dialog „Phaidon“ läßt er den Sokrates den Unterschied zwischen der Erklärung seines Verhaltens durch natürliche Kausalität einerseits und durch Vernunft anderseits feststellen: Die Naturphilosophen behaupten, Sokrates sitze hier im Gefängnis, weil seine Knochen, Sehnen und Gelenke so beschaffen sind, daß sie eine solche Stellung einnehmen können. Zu der Stellung selber käme es dann durch einen nach den Gesetzen der Kausalität bestimmten Prozeß, in dem eine Reihe von Bewegungsabläufen den sitzenden Sokrates als Resultat hätte. In dieser Erklärung, die übrigens stimme, meint Sokrates, käme der eigentliche Grund, der darin liegt, daß er sich entschieden habe, aus verschiedenen Überlegungen das Urteil der Athener anzuerkennen und nicht zu fliehen, nicht vor.

Diese Seite des Problems führt zu den mehr theoretisch spekulativen Versuchen, kausal determinierte Prozesse der Natur mit den frei verursachten des Geistes zu synthetisieren. Die naive und etwas verschwommene Alternative heißt seitdem: Im „Geistigen“ ist der Mensch frei, im „Natürlichen“ unterliegt er der Kausalität und ihrer Notwendigkeit. Die scheinbar gegenseitige Fremdheit der beiden Arten der Begründung von Verhalten unterstützte eine vom praktischen Interesse getragene Tendenz, die beiden Erfahrungen, auf denen sie beruhen, zu selbständigen Prinzipien und Substanzen zu machen. Das spekulative Pseudoproblem der Vereinigung der beiden Substanzen tritt erst nach der Behauptung ihrer ursprünglichen Getrenntheit auf. Die Vermischung der praktischen Interessen mit den theoretisch spekulativen schafft dabei die Verwirrung in diesem Problem.

Welches ist nun das praktische Motiv, das die Ursache dafür abgibt, von der Selbständigkeit und Freiheit des Geistes zu sprechen, dessen Koexistenz mit der kausal determinierten Welt der Materie die Spekulation dermaßen mit Scheinproblemen strapaziert? Platon spricht auch davon im „Phaidon", indem er den Sokrates die Hoffnung vortragen läßt, nach dem Tode ungestört von der ablenkenden Wirkung des Körpers und der Sinne sich mit dem Wesen der Dinge und Tugenden zu beschäftigen. Das Postulat, das hinter diesen und ähnlichen Äußerungen bei Platon steht, lautet: Der Geist *soll* unabhängig sein von den Einflüssen des Leibes, die ihn verwirren und von seiner eigentlichen Tätigkeit abhalten, er *soll* die Triebe und Sinne beherrschen. Die stärkste Unterstützung glaubte man diesen Forderungen durch das Bild von der Selbständigkeit der Seele, die auch ohne Leib existiert und erst dann in ihrem eigentlichen Element ist, zu geben. Dieser Mythologie und damit der mythologischen Frage, wie die Seele zu ihrem Leib kommt, geht es also nicht um die Lösung theoretischer Probleme. Die Beantwortung der Frage, in welchem wissenschaftlichen Gewand sie auch immer auftaucht, bleibt daher mythologisch und wird zusammen mit der Frage erst dann absurd, wenn man ihre Symbolik wörtlich nimmt und sie in ein theoretisch spekulatives Problem übersetzt.

Das ursprünglich sittlich-praktische Motiv für die behauptete Trennung von Leib und Seele ist in den Spekulationen Plotins (*Vorländer,* 1927) noch deutlich. Die Seele hat nach ihm eine eigene, in ihrem göttlichen Kern freie Existenz, die sie durch Schuld verliert. Gefallen in die Materie, verstricke sie sich in deren Notwendigkeit. Die Inkarnation sei eine Schuld, die die Seele durch freie Abwendung von ihrem Ursprung auf sich genommen habe. Je mehr sie sich nun vom Sinnengenuß, von der „Welt des Fleisches", in die sie verstrickt ist, abwendet und die Begierden unterdrückt, desto mehr nähert sie sich ihrem freien göttlichen Ursprung wieder an.

Schon die moralisierenden Formulierungen zeigen, daß die Erklärung weniger auf eine theoretisch-metaphysische Anthropologie abzielt als auf eine durch Mythen in theoretischem Gewand verstärkte Aufforderung zu einem bestimmten Lebensstil, zu einer Haltung, die in der Askese der Mönche ihren deutlichsten Ausdruck gefunden hat. Dennoch hat sie als theoretisches Konzept weitergewirkt, das bei *Descartes* (1960) eine wissenschaftliche Formulierung gefunden hat. Descartes hypostasiert die unmittelbare Selbstgewißheit des Denkens zu einer eigenen Substanz, der res cogitans, die gänzlich unterschieden ist von allen anderen vorgefundenen Substanzen, von den res extensae. Unter diesen res extensae, die nach den Gesetzen der Mechanik und den übrigen Naturgesetzen funktionieren, ist eine, die mit dem freien Geist auf unerklärliche Weise so verbunden ist, daß sie in der Lage ist, seinen Impulsen als Ausführungsorgan zu dienen. Die Verbindung der beiden res ist so unerklärlich, daß es einer eigenen Instanz, nämlich Gottes, bedarf, der für ihre enge Vereinigung in Anspruch genommen werden muß: Bei noch so differenziert wissenschaftlicher Beschreibung der Tätigkeit der beiden res wird anläßlich der Frage ihrer Einheit der mythologische Charakter des Problems in der Form eines Deus ex machina deutlich. Die Erklärung beruht auf einer petitio principii, indem die Wirkung des freien Geistes auf den kausal determinierten Leib durch die Einführung der Tätigkeit eines noch freieren Geistes, nämlich Gottes, erklärt wird.

Beide Konstrukte, das von Plotin und das von Descartes, zeugen von einer Geringschätzung des Leibes. Bei Plotin erscheint sie noch als tiefes Mißtrauen gegenüber der „Welt des Fleisches“, gegenüber der Dynamik der Triebe, und als Kampf, den die Seele dagegen führt, um sich wieder zu befreien. Bei Descartes ist die Sache verharmlost zu einem theoretisch klingenden Konzept. Der Leib ist bloß die Maschine, die an Gesetze gebunden die Intentionen der freien Seele ausführt. Die Triebe und ihre Eigenständigkeit kommen nicht mehr vor, sind verdrängt. Schon die Erinnerung daran wäre zu gefährlich für die rationale Ruhe des Systems, die durch Gott garantiert wird.

Der ursprünglich pragmatische Sinn allein rechtfertigte den Mythos von den beiden Substanzen Leib und Seele. Er sollte keine logisch stringente Theorie des Menschen geben, er sollte dazu auffordern, der Dynamik der Triebe und ihren blinden Ansprüchen, die als Bedrohung empfunden wurden, eine Kraft entgegenzustellen, die sie lenkt und beherrscht. Daß dem Übergewicht der Triebe und ihrer Eigenständigkeit zu entkommen ist, sollte dadurch überzeugend dargetan werden, daß man ihr die Vernunft, die freie Welt des Geistes auch als eigenständige Substanz von höchstem Wert, die von jenen erlösen kann, gegenübergestellt hat. Der Glaube an die Beherrschbarkeit der Triebe sollte durch eine zur ewigen Seele gemachten Tätigkeit des Ich verstärkt werden.

Mit dem Verlust und der Verdrängung dieser praktischen Dimension der theorie-ähnlichen Mythologeme bleibt ein abstruses theoretisches Konzept zweier res übrig, in dem jede vernünftige Tätigkeit des Menschen gedacht wird als zusammengesetzt durch die Aktion zweier verschiedener, unabhängig voneinander existierender Substanzen, die – Gott weiß wie – in ihm vereinigt sind. Die Behauptung der Trennbarkeit der beiden Instanzen wird ihres symbolischen Sinnes und ihres Appellcharakters entkleidet und wörtlich genommen. Sie und die Lehre von den beiden prinzipell voneinander verschiedenen Existenzen des Leibes und der Seele werden damit theoretisch falsch und müssen theoretisch widerlegt oder in neuen Lösungsversuchen umgangen werden. So verschieden die Lösungsversuche auch sind, so übereinstimmend sind die Widerlegungen der Lehre von den zwei Substanzen.

Gilbert *Ryle* (1949) behauptet, daß die von Descartes besonders deutlich ausgesprochene Lehre vom „ghost in the machine" auf einem Kategoriefehler beruht. Die Grundannahme, die zum Konzept des Geistes (im Sinne von Gespenst) führt, ist die Trennung und Entgegensetzung der Substanzen. Der Leib ist im Raum und damit den mechanischen Gesetzen unterworfen, die Seele ist nicht im Raum. Denn nur so ist es möglich, sie als frei und nicht der in der Natur erlebten Gesetzmäßigkeit der Kausalität unterworfen zu denken. Ich will sie als eigenständiges Ding, als res cogitans vorstellen, womit ich aber automatisch in eine gegenständliche, räumliche Vorstellung zurückfalle, die ich allerdings mit den entsprechenden Negationen versehe. Ich sage, sie sei nicht räumlich, nicht sichtbar, nicht mechanisch.

Es kommt dann zu absurden, aber von der Grundannahme her logischen Fragen: Wenn Leib und Seele grundsätzlich verschieden, beide selbständig und beim Menschen miteinander zusammengesetzt sein sollen, dann muß die Seele irgendwo lokalisierbar sein, denn zusammensetzbar und trennbar sind nur Dinge in Raum und Zeit. Einerseits soll sie also nicht räumlich und frei sein, anderseits im Raum des Leibes lokalisierbar. Sie wird zum Pseudogegenstand. Einerseits wurde aufgrund der Behauptung ihrer Freiheit die Hypothese ihrer prinzipiellen Unabhängigkeit von den mechanischen Gesetzen des Leibes gemacht, anderseits ist es naheliegend, ihr als Pseudogegenstand eine bestimmte paramechanische Gesetzmäßigkeit, nach der sie funktioniert, vorzuschreiben, wie Ryle sagt. Die Vermischung der jeweils gegensätzlichen Annahmen ergibt eben das „Gespenst“, das Seele genannt wird.

Ryle illustriert den Kategoriefehler am Beispiel eines Besuchers in Oxford, dem man die verschiedenen Colleges und Vorlesungsgebäude, die Bibliotheken und Wohnhäuser, die Büros und Registraturen zeigt und der dann immer noch fragen würde, wo denn das College eigentlich sei, als wäre es unter den Gliedern dieser logischen Klasse ein eigenes Glied, da es doch die ganze Klasse meint, deren Glieder es unter sich befaßt.

Mit ähnlichen Argumenten widerlegen die verschiedenen Philosophen die Vorstellung vom freien Ich als eines selbständigen Dinges: *Leibniz* (1972), indem er sagt, wenn das Gehirn als das Organ des Denkens begriffen werde, finde man darin nirgends das denkende Ich; *Hume* (1964), indem er sagt, daß die Existenz des Ich, der persönlichen Identität, durch keine Wahrnehmung und Vorstellung auffindbar sei, daß sie höchstens als eine Art Theater verstanden werden könne, auf dessen Bühne die verschiedenen Vorstellungen und Wahrnehmungen ihren Auftritt haben. Der Vergleich, sagt er, darf nicht irre leiten, denn es seien die Wahrnehmungen und Vorstellungen allein, welche die persönliche Identität konstituieren. Ihre Einheit kann also nicht im gleichen Sinne wahrnehmbar und vorstellbar sein.

*Kant* (1956) widerlegt die Vorstellung von der Seele als Substanz in der Paralogismenlehre der „Kritik der reinen Vernunft" ähnlich wie Hume, indem er sagt, daß das Subjekt der Gedanken und Handlungen, das ihnen Zusammenhang gibt und sie alle als meine bestimmt, nicht gleicherweise deren Gegenstand sein kann, was sie als selbständige Substanz eigentlich sein müßte. Er führt jedoch wiederholt aus, daß die Widerlegung der Lehre von der Seele als Substanz, als unsterblich usw. in der theoretischen Spekulation dem Gebrauch dieser Begriffe in praktischer Hinsicht keinen Abbruch tut. Man könne sie als Substanz in der Idee, aber nicht in der Realität bezeichnen. Die Gegenüberstellung von Idee und Realität bedeutet dabei zwar, daß die Idee der Seele nicht als der Akteur unserer Handlungen und Gedanken in diesen auffindbar ist wie andere Erfahrungen auch, macht sie aber dennoch nicht zu einem irrealen Produkt der Phantasie. Die Idee hat regulativen Charakter, d. h. sie ist die Einheit unserer Erfahrungen *und* die Aufforderung, alle künftigen Erfahrungen so zu realisieren, daß sie mit den vergangenen wieder eine Einheit bilden. Sie ist die Aufforderung, eine möglichst widerspruchsfreie Ordnung in unsere Erfahrungen zu bringen, sie ist, wie Kant sagt, unendliche Aufgabe. Diese Aufgabe der Idee ist für das Problem Freiheit und Determinismus von Bedeutung.

Zuvor sei jedoch zusammengefaßt, was sich für unsere Frage durch das bisher Gesagte ergibt: Die zur Unterstützung der Freiheitsdoktrin, aber auch aufgrund unserer verschiedenartigen Erfahrungen erfundene Trennung und Substantialisierung von Leib und Seele, Ich und Trieb, von Vernunft und Natur im Sinne des Organismus (oder wie die Alternativen sonst noch bezeichnet werden mögen) macht sowohl die Freiheit wie den Determinismus zu einem Unding. Es kann nämlich nicht mehr erklärt werden, wie beide aufeinander wirken sollen, wie eine im Verstand getroffene Entscheidung in einem von ihm so verschiedenen Medium, wie es der Leib ist, die Wirkung hervorrufen kann, die als Handlung beobachtbar ist.

Für diese Denkunmöglichkeit ist es relativ gleichgültig, ob man die vernünftige Instanz, die die Entscheidung trifft, als selber determiniert oder als frei ansieht. Werden ihre Entscheidungen als determiniert, z. B. durch die Triebe oder durch Umwelteinflüsse, aufgefaßt, so verdoppelt sich bloß das Problem, denn jetzt bewirkt nicht nur eine nichtkörperliche Ursache Aktionen in der Welt der Körper, sondern ihre verursachende Wirkung soll selber wieder verursacht sein durch causae aus dieser Welt der Gegenstände in Raum und Zeit. Werden ihre Entscheidungen als frei, im Sinne von indeterminiert, begriffen, dann ist es überhaupt unverständlich, wie es zu ihnen kommt – noch unabhängig von der Unverständlichkeit ihrer Wirkungen im Leib. Indeterminismus ist insofern die in einen theoretischen Begriff gefaßte Bankrotterklärung jeden Verstehens. Ebenso absurd wie diese theoretische Dichotomie von vernünftige Entscheidungen treffender Instanz des Ich und den Naturgesetzen unterworfenen Instanzen des Organismus ist der theoretische Versuch, sie durch Reduktion der einen Instanz auf die andere zu überwinden:

Der Versuch, alles auf die Seite des Ich zu schlagen, welches das Nicht-Ich, d. h. Objekte der sichtbaren Welt und damit auch seinen Organismus mit der Struktur des freien Selbstbewußtseins frei hervorbringt, kann – wenn überhaupt etwas – so nur der Versuch sein, die Mystik einer religiösen Schöpfungslehre mit theoretischen Begriffen umzuschreiben (was übrigens die deutsche idealistische Philosophie zum Teil von sich selbst behauptete).

Das Ich, das sein Nicht-Ich aus dem Nichts hervorbringt (*Fichte*, 1845), kann dann nicht mehr als menschliches Selbstbewußtsein gedacht werden, denn dieses findet sich mit einem Leib und dessen Trieben, mit Gegenständen und einer in bestimmter Weise strukturierten Umgebung vor, die ihm keine Erfahrung und auch keine transzendentale Reflexion als die von ihm hervorgebrachte vermitteln könnte. Sie sind ihm in aller Widerwärtigkeit – wenn auch vielleicht nur als die inhaltliche Möglichkeit und das Material seiner Handlungen und Identität – vorgegeben, längst bevor er auch nur eine klare Vorstellung von sich und seiner Spontaneität hat.

Der andere Versuch, alles, was in den Bereich vernünftiger Überlegung und frei erlebter Entscheidungen fällt, in einer Theorie auf natürliche Ursachen zurückzuführen und aus ihnen abzuleiten, kommt in eben das Dilemma, das er vermeiden möchte, nämlich bewußtes Erleben und Entscheiden von etwas abzuleiten, von dem es so gänzlich verschieden ist. Die Crux all dieser Erklärungen besteht darin, daß sie das, was sie abzuleiten vorgeben, für die Ableitung immer schon voraussetzen und es nach vollzogener Gedankenkonstruktion einfach verbal einführen.

Der theoretischen Spekulation muß die Vereinigung der verschieden erlebten Instanzen der menschlichen Persönlichkeit ein Rätsel sein, denn sie übersieht, daß mit Begriffen wie Leib und Seele, „Ich" und „Es" nicht wirklich selbständige, voneinander unabhängige und doch aufeinander einwirkende Substanzen gemeint sind. Sie übersieht den Symbolcharakter dieser Begriffe, mit dem verschiedene Erfahrungen in ihrer immer schon bestehenden Wirkung aufeinander und nur in ihr erfaßt werden sollen. Sie übersieht, daß es hierbei um Erklärung von Tätigkeiten mit Hilfe von Arbeitshypothesen und nicht um die Existenz von eigenen „Wesen" geht, um Bestimmungsgründe unseres Handelns und Verhaltens und nicht um metaphysische Entitäten.

Unter diesen Bestimmungsgründen finden wir nun erstens die verschiedenen Neigungen und Triebe, die, für sich genommen, blind nach Befriedigung verlangen; wir finden zweitens Entscheidungen, die aus den Trieben allein nicht ableitbar sind und zu Handlungen führen, die einzelne Triebansprüche bisweilen zurückstellen, und wir finden drittens Forderungen, die uns mit ähnlicher Vehemenz bei den Entscheidungen bedrängen wie die Triebe, bloß daß sie Resultate eines Lernprozesses sind, indem sie uns durch Erziehung vermittelt wurden; obwohl sie meist Einschränkungen der Triebansprüche fordern, verlangen sie, in den Entscheidungen genauso berücksichtigt zu werden wie diese. Es handelt sich um die drei sogenannten Instanzen des „Es", des „Ich" und des „Über-Ich", die schon ihrer Struktur nach nicht als selbständige Instanzen verstanden werden können, aus denen sich die Person irgendwie zusammensetzt.

Die Triebe des Es könnten ohne die Tätigkeit des Ich zu keiner längerfristigen Befriedigung ihrer Bedürfnisse kommen. Das Lustprinzip, nach dem sie vorgehen, würde sie untereinander und zur Realität in einen dauernden Widerspruch setzen, der gerade diesem Prinzip auf die Dauer widersprechen müßte und der nicht einmal das biologische Überleben gewährleisten würde, das erst die Möglichkeit einer kontinuierlichen Lustgewinnung gibt. Das Ich wiederum hätte ohne Es keinen Inhalt, an dem es sich selbst bestimmen könnte; seine als Unabhängigkeit verstandene Freiheit ist eine Konstruktion, die höchstens das völlig abstrakte Selbstbewußtsein zum Gegenstand haben könnte, und auch das nur, wenn man außer acht läßt, daß dieses sich erst in der Auseinandersetzung mit dem Es und dem Über-Ich entwickelt. Das Über-Ich wäre für sich genommen und isoliert ebenso undenkbar, da es die aus einer mehr oder weniger erfolgreichen Tätigkeit des Ich hervorgegangene Verselbständigung von dessen Umgangsweise mit den Trieben des Es in der Realität ist.

Nur innerhalb der Beziehung dieser drei Arten von Bestimmungsgründen des Handelns läßt sich die Frage von Freiheit und Determinismus sinnvoll entscheiden, und auch dann bezeichnen Freiheit oder Determinismus nicht eine Eigenschaft einer dieser Instanzen, mit der sie auf die anderen wirkt, sondern die Form ihrer Beziehung selbst. Sie soll daher näher betrachtet werden.

Jede Instanz lebt also von ihrer Beziehung zur anderen. Keine kann wirklich unabhängig ihr Ziel erreichen, dennoch lassen sie sich nicht aufeinander reduzieren. Die spezifisch eigene Wirkungsweise einer jeden wird zur eigenen nur durch den Bezug zu den anderen. Sie besteht und erhält sich gerade durch diesen Bezug. *Freud* (1966) bringt diese Dialektik – daß jede Instanz sie selbst ist durch eine andere, die sie nicht ist, ohne die sie aber gar nicht sein kann – folgendermaßen zum Ausdruck: Er sagt einerseits, daß das Ich ein Teil des Es ist, der unter dem Einfluß der uns umgebenden realen Außenwelt eine besondere Entwicklung erfahren hat. Anderseits sagte er, daß eine Scheidung von Ich und Es unvermeidlich angenommen werden muß. Er sagt einerseits, daß das Über-Ich sich als besondere Instanz im Ich durch die Abhängigkeit von den Eltern herausbildet, anderseits stellt er es dem Ich als dritte Macht entgegen, dem dieses Rechnung tragen muß.

Die Forderungen des Es könnten, ihm selbst überlassen, auf die Dauer zu keiner Erfüllung kommen. Die Triebe streben irrational, ohne Rücksicht auf ihre Einheit oder Widersprüchlichkeit untereinander, ohne Rücksicht auf ihre Übereinstimmung mit der Realität, die zu ihrer Befriedigung unentbehrlich ist, d. h. zum Teil auch ohne Rücksicht auf biologische Zweckmäßigkeit, nach Abfuhr ihrer Energie. Es bedarf einer Instanz, die ihre

Einheit untereinander und ihre Übereinstimmung mit der Realität möglichst dauerhaft herstellt und Befriedigungsformen zuläßt und erfindet, die diesen Bedingungen nicht widersprechen. Es bedarf des Ich, das nicht selbst und in gleicher Weise ein blinder Trieb sein kann, sondern neben den Trieben zu ihnen Stellung nehmen soll. Dennoch hat es in seiner Vernünftigkeit eine eminent biologische Bedeutung, in der es für die Triebe des Es unentbehrlich ist: Es ist seine Aufgabe, möglichst allen möglichst konfliktfreie, möglichst kontinuierliche Befriedigung zu verschaffen. Das kann es nur, wenn es nicht jedem gerade auftretenden Triebanspruch unmittelbar folgen muß, sondern in der Lage ist, gelegentlich einzelne Ansprüche auf Befriedigung aufzuschieben oder ihnen diese zu versagen, deren Zielrichtung so zu ändern, daß die Energie leichter beherrschbar wird. Diese vernünftige Arbeit wird dem Ich von seiten der Triebe insofern ermöglicht, als deren Energie frei beweglich ist und ihre Verschiebbarkeit zuläßt.

Das Ich ist sozusagen die Funktion der Einheit der Triebe und der realen Erfüllbarkeit der Summe ihrer Ansprüche; und gerade darin besteht seine Freiheit und das, was traditionell Selbstbestimmung genannt wird. Sie bedeutet nicht die Unabhängigkeit von den Trieben, denn mit ihnen würde dem Ich das Material, der Inhalt verlorengehen, an dem es seine Tätigkeit entfaltet, die darin besteht, diese zu synthetisieren und ihnen realitätsgerechte Erfüllungsmöglichkeiten zu erfinden. Ohne sie bleibt bloß das Gedankenkonstrukt einer inhaltlosen Einheit übrig, von der nicht zu sagen ist, wessen Einheit sie sei, und die bestenfalls in der ebenso konstruierten Leerformel des „Ich bestimme mich selbst“ bestehen könnte. Wird sie substantialisiert, so wird sie zum Gespenst des freien Geistes, unter dem man nichts denken kann. Freiheit kann hier auch nicht Indeterminismus bedeuten, denn der würde sie auf einzelne zufällige Entscheidungen, für die es keine Gründe gibt, reduzieren, und diese würden über die jeweilige momentane Befriedigung hinaus es gerade unmöglich machen, auf die möglichst große Befriedigung möglichst vieler Triebe zu sehen, die nicht zu Widersprüchen untereinander und zur Realität führen soll.

Die Freiheit des Ich besteht darin, daß es nicht von dem einen oder dem anderen Trieb determiniert ist oder von einem nach dem anderen, so wie sie gerade auftreten, sondern daß es determiniert ist durch die Rücksichtnahme auf alle gemeinsam. Seine Freiheit ist die Aufgabe, sie und ihre Befriedigungsmöglichkeiten miteinander in Übereinstimmung zu bringen. Dazu muß es Sublimierungsmöglichkeiten schaffen, Abwehren produzieren gegenüber starken Ansprüchen usw. In diesen Tätigkeiten bestimmt es sich selbst als die Einheit, die es in dem Material, das ihm in determinierter Weise vorgegeben ist, hervorbringt. *Kant* (1967) formuliert diesen Sachverhalt, indem er die Freiheit den Versuch nennt, das Mannigfaltige der empirisch gegebenen Neigungen unter die Einheit eines reinen Willens a priori zu bringen.

Diese Tätigkeit des Ich gegenüber den Trieben ist jedoch nur die eine Seite seiner Determination und Freiheit. Nicht nur die Triebe und ihre Ansprüche sind ihm vorgegeben, es sind ihm auch bereits vorhandene und erprobte Arten des Umgangs mit ihnen vorgegeben in den Forderungen des Über-Ich. Diesen gegenüber stellt sich ihm eine analoge Aufgabe wie bei der Erstellung der Einheit der Triebe untereinander: Das Ich muß Es-Forderungen und Über-Ich-Forderungen so in Übereinstimmung bringen bzw. sie so modifizieren, daß keine auf endgültige Kosten der anderen erfüllt wird. Geschieht das dennoch, dann tritt die in ihren Ansprüchen unerfüllt gebliebene Determinante aus der Einheit des Ich, in der ihre Befriedigung keinen Platz hatte; d. h. aber nicht, daß sie verschwindet, sie stellt vielmehr ihren Anspruch von außerhalb der Einheit, den Einflüssen und bewußten Überlegungen des Ich entzogen, das es damit wirklich partiell unfrei gemacht hat.

Freiheit würde also die Aufgabe bedeuten, möglichst viele Determinanten unseres Handelns so miteinander in eine relativ stabile Einheit zu bringen, daß in ihr keine Determinante auf Kosten der anderen dominiert. Das Ich selbst ist keine solche Determinante, sondern die Tätigkeit, die, beeinflußt durch den Anhang jener, ihren Zusammenhang immer wieder hervorbringt und determiniert. Je mehr Determinanten nicht in dieser Einheit gebunden sind, nicht durch die Rücksicht auf alle anderen in ihrer Erfüllung modifiziert, eingeschränkt usw. sind, je mehr

Determinanten also für sich, relativ frei von der ihnen durch das Ich aufgelegten Rücksicht ihre Ansprüche stellen, desto unfreier ist das Ich. Dies gilt auch für die starre Unveränderlichkeit einer einmal hergestellten Einheit. Je festgefahrener die auf eine bestimmte Situation vom Ich gefundene Antwort auf einen bestimmten Triebanspruch, je unzugänglicher die einmal gefundene Lösung des Problems für ihre Modifikation bei Auftreten einer veränderten Situation in der Realität ist, desto unfreier hat sich das Ich selbst gemacht, denn es ist ihm nicht mehr möglich, aufgrund neuer Determinanten neue Antworten auf sie zu finden, sie in seine Einheit einzubeziehen.

### *Zur Frage von Freiheit und Determinismus in der angewandten Psychologie und Psychotherapie*

Die wissenschaftsimmanente Bedeutung der Beschäftigung mit dieser Frage ist unbestritten: Eine Theorie der menschlichen Handlung wird anders aussehen, ob ich sie auf dem Prinzip der Freiheit aufbaue oder ihr ein System kausaler Determination der Entscheidungen zugrunde lege. Auch das Menschenbild der Anthropologie und der benachbarten Wissenschaften wird entsprechend variieren. Eine Theorie der Gesellschaft, die die freie Selbstbestimmung der Individuen und Gruppen behauptet, wird sich von einer solchen unterscheiden, die soziologische Gesetzmäßigkeiten aufstellt, welche mit einer den Naturgesetzen analogen Allgemeinheit gelten sollen.

Für die Lösung der meisten Probleme des täglichen Lebens wird die Kenntnis solcher Theorien praktisch ohne Bedeutung sein. In ihren Handlungen werden sich die Anhänger der entgegengesetzten Theorien kaum nach diesen unterscheiden, denn es ist unwahrscheinlich, daß man sich in praktischen Situationen nach mehr oder weniger differenzierten Theorien über Freiheit und Determinismus motiviert. Sie werden erst dann wieder interessant, wenn es darum geht, die Motive oder das Ergebnis der Handlung zu rationalisieren.

Es gibt jedoch institutionalisierte Bereiche öffentlichen Handelns, das in mehr oder weniger festgelegten Bahnen abläuft. Ich denke in unserem Zusammenhang vor allem an drei Bereiche: die Rechtsprechung, die öffentliche Erziehung und Bildung sowie den Umgang mit psychisch Kranken in den verschiedenen Formen von Therapie. Die Strukturen der Organisationen in diesen Bereichen und das Verhalten ihrer Träger sollen soweit als möglich dem willkürlichen Zugriff des einzelnen entzogen werden. Die Allgemeinverbindlichkeit, deren man dazu bedarf, wird zum Teil durch die Anwendung wissenschaftlicher Erkenntnisse und Theorien garantiert.

Obwohl auch hier der Verdacht naheliegt, daß Theorien vom menschlichen Handeln, seiner Beeinflußbarkeit, Modifizierbarkeit bzw. Unbeeinflußbarkeit usw. dazu verwendet werden, um schon bestehenden politischen und sonstigen Interessen den entsprechenden Nachdruck und Anschein der Objektivität zu verleihen, so besteht dennoch hier am ehesten die Möglichkeit, daß solche Theorien, zumindest in beschränktem Ausmaß, die Grundlage bilden, an der man Handlungsanweisungen und ihre institutionelle Verankerung ableitet. Vor allem bei Reformbestrebungen oder Einrichtung neuer Institutionen in diesen drei Bereichen, die heute kaum ohne die Einholung wissenschaftlichen Rates und die Berücksichtigung theoretischer Grundlagen in Angriff genommen werden, können implizit in den Theorien enthaltene oder explizit formulierte Freiheits- oder Determinationspostulate eine Rolle spielen.

Die Prinzipien der Rechtsprechung und ihre Handhabung und in der Folge die Gestaltung der Gefängnisse; die Organisation des Bildungs- und Erziehungswesens; die Errichtung von Institutionen, die für die psychische Gesundheit der Bevölkerung Sorge tragen, das Setting und die Methoden der Therapie; und vor allem die Zielsetzungen in diesen Bereichen können so je nach den Theorien menschlicher Handlungen, die auf sie Einfluß haben, und je nach der Stärke des Einflusses variieren.

## Die Rechtsprechung

Wenn die Ideologie der freien Selbstbestimmung des Menschen konsequent befolgt wird, dann bestehen Verbrechen einfach in einem Zuviel an Freiheit, das sich der unberechenbare Täter gegenüber der Gesellschaft, die das berechenbare Maß der Freiheit setzt, herausnimmt. Die Strafe stellt dann das gestörte Gleichgewicht wieder her, indem sie dem Täter ein der Tat entsprechendes Maß an Freiheit entzieht. Was danach geschieht und wie dieses Gleichgewicht dann für den Bestraften aussieht, wenn er entlassen ist, bzw. wie es zu dem Freiheitsmißbrauch kommen konnte, welche psychologischen Hintergründe dafür ausschlaggebend waren, daß ein Mensch bestimmte Formen abweichenden Verhaltens zeigt, diese Überlegungen, aufgrund deren man Maßnahmen zur Resozialisierung bzw. zur Herbeiführung veränderter Verhaltensformen des Kriminellen ergreifen könnte, sind in einer solchen Rechnung meist nicht enthalten. Die Ideologie der Freiheit und unbedingten Selbstverantwortlichkeit des Menschen für sein Handeln könnte leicht dazu verführen, es eben der individuellen Anstrengung dieser Freiheit zu überlassen, sein Verhalten so zu verändern und sich in die Gesellschaft so einzugliedern, daß er nicht mehr straffällig wird.

Eine Skepsis gegenüber dieser unbeschränkten Freiheit würde eher dazu führen, Determinanten für abweichendes Verhalten ausfindig zu machen und den Versuch zu unternehmen, dasselbe aufgrund von verstärkten Sozialisierungsbemühungen zu verhindern, indem man z. B. Bildungsarbeit, Therapie und Resozialisierungshilfe leistet.

Anderseits könnte die extreme Ideologie des strengen Determinismus, dessen Theorie Handeln den Naturgesetzen analog ablaufen läßt und solche einmal feststehende Gesetzmäßigkeiten für unbeeinflußbar hält, dazu führen, Individuen mit extrem abweichendem Verhalten a priori für nicht resozialisierbar zu halten und sie damit aus der Gesellschaft, für die sie permanent gefährlich bleiben, auszuschließen. Denn wenn man wirklich annimmt, daß ein Mensch nicht anders handeln kann, als er handelt, dann ist jeder Versuch, ihn dennoch zu verändern, sinnlos. Streng genommen könnte in einer solchen Ideologie, die der Freiheit auch keinen noch so begrenzten Einfluß einräumt, auch der Versuch, sogenannte negative Determinanten des Verhaltens zu ändern, nicht gedacht werden; denn dieser Versuch wäre kein Versuch, sondern wiederum nur determinierter Ablauf unbeeinflußbarer Ereignisse.

Sicherlich wird auch in der institutionalisierten Praxis der Rechtsprechung niemand bestimmte Praktiken oder deren Unterlassung aus solchen extremen Theorien deduzieren, auch nicht aus weniger extremen Theorien, da sich Handeln überhaupt nicht aus Gedankenkonstruktion allein ableiten läßt. Dennoch können derartige unreflektierte Annahmen über Freiheit oder Determiniertheit die hier stark überzeichneten Tendenzen begünstigen.

### Die öffentliche Erziehung und Bildung

Eine ähnliche Rolle können derartige implizite Ideologien der Freiheit oder des Determinismus für die Organisation, Reform und die Handhabung des Bildungswesens spielen. Wenn alle gleicherweise frei sind, dann muß auf schichtspezifische Sozialisationsdifferenzen im Bildungsprozeß keine Rücksicht genommen werden.

Es liegt dann nahe, daß diese Differenzen den einzelnen in seiner freien Entscheidung, bestimmte Bildungswege einzuschlagen, nicht behindern können. Die postulierte Gleichheit der Bildungschancen für alle, d. h. die Freiheit, sich bilden zu können, die man für alle gleicherweise institutionell verankert, wird ideologisch erweitert zu der Annahme, daß auch alle tatsächlich die gleiche Freiheit besitzen. Es wird dabei übersehen, daß die Freiheit von Unterschichtkindern dazu realiter sehr eingeschränkt ist. Sie müssen sich die Bildungsvoraussetzungen, die in unserem mittelständischen Bildungssystem unreflektiert gefordert werden (theoretische Distanz, Abstrahieren von eigenen Emotionen, differenziertes Verbalisieren usw.), erst erwerben. In dieser Ideologie aber steht es Unterschichtkindern gleicherweise wie Mittelschichtkindern frei, sich dem Sprachgebrauch, den Verhaltensnormen und -erwartungen und den standardisierten Intelligenzanforderungen des Lehrers anzupassen oder auch nicht. Tun sie dies nicht, so „wollen“ sie es nach dieser Theorie einfach nicht und müssen die Konsequenzen ziehen: sie schränken sich freiwillig auf das niedrigstmögliche Bildungsniveau ein. Auf eine ähnlich rigide Interpretation und Behandlung stoßen dann alle Lern- und Verhaltensschwierigkeiten der Kinder in Schulen. Sie beruhen auf Freiwilligkeit und, da praktisch der freie Wille des Lehrers der Maßstab ist, nach dem der freie Wille des Schülers bewertet wird, eben auf Unwillen und werden durch ein System vorgesehener Strafen, z. B. in Form von Noten, geahndet.

Wenn der Glaube an die absolute Selbstbestimmung durch Statistiken über das signifikant häufige Auftreten dieses sogenannten Unwillens bei Unterschichtkindern und auch sonst bei bestimmten Familienkonstellationen fragwürdig wird, dann ergibt sich die Notwendigkeit, Determinanten für solches Versagen ausfindig zu machen; erst dann kann entsprechend berücksichtigt werden, was es für Unterschichtkinder heißt, sich dem Sprachcode und den damit verbundenen Verhaltensanforderungen der Mittelschicht, aus denen die meisten Lehrer und die Leistungsstandards kommen, anzupassen.

Man wird nicht mehr so leicht jene Phänomene im Bildungswesen der freien Entscheidung bestimmter Kinder zuschreiben, sondern sich eher überlegen, wie z. B. die Problematik schichtspezifischer Verständigungsbarrieren so berücksichtigt werden kann, daß alles Verhalten und alle Leistung nicht immer nur nach den Standards beurteilt wird, die auf der einen Seite der Barrieren entwickelt wurden, oder wie die Barrieren überwunden werden können. Oder man wird sich überlegen, wodurch im konkreten Fall beim einzelnen Lernstörungen usw. auftreten, und Methoden entwickeln, diese abzubauen.

Im anderen, der Freiheitsdoktrin gegenüberliegenden Extrem des strengen Determinismus liegt es nahe, Bildung als durch eindeutige Ursachen hervorgerufene eindeutige Wirkung zu verstehen. Es werden Lehr- und Lernmethoden konstruiert, in denen der gewünschte festgelegte Output „Bildung“ durch einen Input bewirkt wird, der der Kreativität und Eigeninitiative der einzelnen möglichst wenig und wenn, dann auch nur einen programmierten Spielraum läßt. Der Gebildete wird zum Speicher abrufbarer Techniken für die Zwecke derer, die ihn dazu bildeten.

### Der Umgang mit psychisch Kranken und die verschiedenen Formen von Therapie

Von besonderer Bedeutung ist die Frage der Freiheit und des Determinismus für die Problematik der Anerkennung bestimmter

Formen abweichenden Verhaltens als gestört und krankhaft und für die Arten seiner Behandlung. Die Schwierigkeiten wurden bereits angedeutet: In den genannten Beispielen hätte bei radikaler Vertretung der Freiheitshypothese der Begriff „gestörtes Verhalten“ keinen Platz; und wenn er dennoch auftritt, so als moralisches Werturteil, das die Störung als selbstverschuldet abtut.

Wenn man annimmt, daß jeder Mensch über die Gesamtheit der Bestimmungsgründe seines Handelns völlig autonom verfügt, dann hat er auch das, was als Störung bezeichnet wird, in freien Entscheidungen autonom hervorgerufen. Man dürfte dann in den meisten Fällen nicht von Krankheit sprechen oder nur von unverfügbaren Determinanten des Verhaltens, die Anlaß geben könnten zu einer therapeutischen Behandlung. Würden sie doch in unseren Beispielen den Kriminellen oder den unwilligen Jugendlichen zum Patienten machen, den man heilen sollte, statt ihn gerecht zu bestrafen.

Dabei zeigt sich jedoch sehr oft das Paradox, daß ein derartiges bedingungsloses Rechnen mit der Freiheit nur deren Gegenteil befördert: Der an den Willen des gestörten Individuums und seine Freiheit gerichtete Appell in Form von Strafen, Drohungen, gutem Zureden, Ratschlägen, aber auch sein Selbstappell in Form von guten Vorsätzen, Willensanstrengungen usw. ist oft nicht in der Lage, eine Befreiung vom Symptom herbeizuführen, trägt im Gegenteil manchmal sogar zu dessen Verhärtung bei. Der Triebverbrecher wird dadurch kaum gebessert, Lernstörungen legen sich nicht, neurotische Angstzustände und Depressionen verlieren sich dadurch nicht, Zwänge verschwinden nicht usw.

Wenn man nun nicht zynisch genug ist, von Unverbesserlichkeit im moralischen Sinn zu sprechen, und auch nicht resigniert genug, die Unmöglichkeit der Hilfe und Beeinflussung mit dem Hinweis auf eine fatalistisch gedachte Determination anzunehmen, dann bestünde die Möglichkeit, dieses Verhalten als krankhaft zu verstehen und einer Behandlung nach einer der Therapiemethoden zu unterziehen. So verschieden die Methoden der Therapie und ihre theoretischen Grundlagen auch aussehen mögen, so werden sie doch alle von der plausiblen Annahme ausgehen, daß der Patient zumindest in Hinsicht auf das neurotische Symptom nicht frei ist. Es zeigt sich hier das umgekehrte Paradox wie vorhin, daß nämlich das Ernstnehmen und das Rechnen mit der wenigstens auf das Symptom beschränkten partiellen Unfreiheit überhaupt erst die Bedingungen der Möglichkeit schafft, davon zu befreien, indem man es behandelt, in methodisch konstruierter Interaktion damit umgeht.

Nun unterscheiden sich die Methoden der Interaktion, die zum therapeutischen Erfolg führen sollen, durch die jeweils zugrundeliegende Theorie der Entstehung abweichenden, neurotischen Verhaltens. Sie impliziert auch immer eine allgemeine Theorie menschlichen Handelns, seiner Freiheit oder Determiniertheit. Ihre Hypothesen werden mitbestimmend sein für die Tatsache, daß die Handlungsanweisungen in den verschiedenen Therapieformen und -techniken sich voneinander unterscheiden.

1. Die *Gesprächstherapie* von Rogers basiert auf einem von O. Rank beeinflußten Konzept des Willens, der als spontane, freie Gegenkraft zu den Emotionen und Trieben angesehen wird. Es ist eine der deutschen idealistischen Philosophie ähnliche Theorie vom Willen als Schöpfer der eigenen Persönlichkeit. Der Mensch habe die Fähigkeit, sich selbst zu aktualisieren, das Ich sei eine autonome Kraft der Persönlichkeit zur Selbstgestaltung. Das individuelle persönliche Selbst könne jedoch durch ein im Laufe der Erfahrungen aufgepfropftes Selbstkonzept so sehr überfremdet werden, daß es Eigenteile verleugnet. Es kann sich durch ihm fremde, aber erworbene Gegentendenzen gehemmt finden in seiner Elastizität, die von der Welt kommenden Reize aufzunehmen und zu verarbeiten.

Die so entstehenden Konflikte werden als das Resultat eines sozialen Lernprozesses angesehen. Es gibt daher für sie in der Gesprächstherapie nicht die Bezeichnung Neurosen als eines Kernkonfliktes, der nach bestimmten Gesetzen der Psychodynamik in seiner Entstehung und seinen Symptomen determiniert ist. Die Therapie besteht darin, mit Hilfe des Therapeuten die überfremdenden Elemente im Selbstkonzept zurückzuerwerben.

Die Aufgabe des Psychotherapeuten ist es nicht, bestimmte Mechanismen (Übertragung) zu provozieren, um in ihnen die verschütteten, aus psychodynamischer Gesetzmäßigkeit wirkenden Determinanten neurotischen Verhaltens ins Bewußtsein zu heben, wie dies in der Psychoanalyse geschieht. Seine Aufgabe ist es auch nicht, wie in der Verhaltenstherapie, durch ein experimentelles Setting gewünschte Wirkungen durch festgelegte Ursachen zu erzielen, d. h. zu bestimmten Verhalten nach bestimmten Gesetzmäßigkeiten zu konditionieren. Sondern entsprechend der theoretischen Grundlage ist der Therapeut hier eher Partner eines prinzipiell freien Individuums, das er in der Möglichkeit, sich selbst zu bestimmen, akzeptiert, demgegenüber er sich als ebenso selbstbestimmtes Individuum zeigt, indem er zu verstehen gibt, daß er ganz „er selbst" sei – z. B. wird er gelegentlich eigene Gefühle, die ihm unangenehm sind, äußern. Und er hilft dem Patienten bei der Verbalisierung seiner Erlebnisinhalte, bei seiner Selbstexploration.

2. Die *Verhaltenstherapie* beruht auf der behavioristischen Theorie von der strengen Determination unseres Verhaltens, die auf den Lehren Pawlows und Skinners aufbaut. Sie hat, durch Tierexperimente bestärkt, Verhalten als das Resultat einer Konditionierung durch Lernprozesse definiert, in denen äußere Ereignisse bestimmte Reaktionen des Organismus verursachen. Es gibt experimentell verifizierbare Gesetzmäßigkeiten, nach denen die Verkettung von äußeren Ereignissen und Verhaltensformen erklärbar ist. So können z. B. neurotische Ängste dadurch entstehen, daß ein angstauslösender Reiz zugleich mit anderen unspezifischen Reizen dargeboten wird, welche dann durch die Kontiguität zum spezifischen Reiz dessen verursachende Funktion übernehmen, so daß auch in primär nicht ängstigenden Situationen mit Angst reagiert wird.

Es gibt in der ursprünglich strengen behavioristischen Doktrin keine Entscheidung zu bestimmtem Verhalten aus Einsicht. Es gibt auch keine unbewußten Triebkräfte und innerpsychischen Gesetzmäßigkeiten, die die Ursache für die Entstehung neurotischer Symptome abgeben. Das Symptom selbst ist die Krankheit, die es zu heilen gilt. Die konkrete Kenntnis der äußeren Bedingungen seines Auftretens und die allgemeine Kenntnis der Gesetzmäßigkeiten des Verhaltens machen es möglich, durch Beseitigung der ursprünglichen Ursache, durch Einführung anderer Ursachenketten, durch kausales Verstärken bestimmter Reaktionen und ebensolches Löschen anderer das Verhalten in gewünschte Bahnen zu lenken.

Der Therapeut ist hier mehr der Leiter eines Experimentes, der mit oder für den Patienten aus der genauen Kenntnis der Determinanten seines Verhaltens die Versuchsanordnung bestimmt, deren Durchführung zum veränderten Verhalten führen soll, und der nach den einzelnen Schritten im Experiment das Setting und die Bedingungen, wenn notwendig, modifizieren kann.

Das ursprüngliche verhaltenstherapeutische Konzept wurde zwar durch die Einführung von Variablen, die im strengen, auf äußere Daten beschränkten behavioristischen Determinismus keinen Platz hatten, wie z. B. der Theorie der Selbstverstärkung, des introzeptiven Konditionierens, der verbal mediators, der Zuneigung usw., erweitert; dennoch blieb das therapeutische Setting bisher vorwiegend durch die Theorie des Konditionierens und ihrer praktischen Anwendung in den verschiedenen Techniken bestimmt.

3. Auch die *Psychoanalyse* beruht auf der Lehre von der Determiniertheit des Menschen. Ihrer Komplexität wegen ist es schwer, sie bei kurzer Darstellung nicht zu verzerren; denn es handelt sich um eine Theorie der Persönlichkeit, die angeborene Triebqualitäten, welche – wie alles Angeborene – unabhängig vom Bewußtsein ihre Dynamik entfalten und ihre unabweisbaren Forderungen stellen, also die Instanz des Es, postuliert; wie auch eine Instanz, die in ihren Forderungen determiniert ist durch gesellschaftliche Einflüsse, denen man über die Eltern und ihr Verhalten ausgesetzt ist, also das Über-Ich. In und gegenüber diesen beiden Instanzen soll sich die dritte Instanz, das Ich, dessen Aufgabe die bewußte Selbstbehauptung ist, so durchsetzen, daß es dabei der Realität genügt.

Die Entfaltung der Forderungen und Kräfte dieser drei Instanzen ist entwicklungsgeschichtlich bestimmt. Entsprechend haben auch die Ursachen für das Mißverhältnis zwischen ihnen, das sich in Neurosen und anderen Persönlichkeitsstörungen niederschlägt, in der Entwicklung des Individuums, vorwiegend in seinem frühkindlichen Erleben, ihren Ort. So wird die Frustration wesentlicher Triebansprüche in einer Form und Situation, die diesen nicht gestattet, ihre Forderungen so zu erfüllen, daß sie mit denen des Ich vereinbar sind, dazu führen, daß sie – vom Ich verdrängt, dessen Ordnung durch sie gestört würde – ein ihm entzogenes Eigenleben führen. Dieses zeigt im gegebenen Augenblick seine Wirkung, das neurotische Symptom, demgegenüber das Ich machtlos ist.

Nun soll aber in der Therapie neurotisches Verhalten dadurch beseitigt werden, daß der unbewußte Grundkonflikt, auf dem es basiert, ins Bewußtsein gehoben wird. Der Therapeut soll einerseits dazu dienen, den Konflikt wiedererleben zu lassen, anderseits durch Interpretation helfen, ihn dem Bewußtsein näherzubringen. Dies soll aber immer so geschehen, daß der Patient die Einsicht in ihn selbst spontan produziert. Wenn dadurch die Möglichkeit gegeben sein soll, den Konflikt und damit das Symptom, das er bewirkt, aufzuheben, so würde das implizieren, daß das Bewußtwerden der konkreten Mechanismen des Es (übrigens auch des Über-Ich), zu denen es in der Geschichte des Individuums gekommen ist, die Determination der Persönlichkeit durch diese wenn nicht ausschalten, so doch einschränken kann.

Dann wäre aber die in der Therapie gewonnene Einsicht die Grundlage, auf der sich das Ich einen wirklichen Freiheitsraum schafft, wenn sie nicht nur die resignierte Einsicht in die Notwendigkeit bestimmter neurotischer Mechanismen ist. Freilich würde diese sogenannte Freiheit nicht in der Unabhängigkeit von den Forderungen des Es liegen, wohl aber darin, ihnen bewußt solche Befriedigung zu verschaffen, daß dabei ihre Energie in einem gewissen Rahmen für die Interessen des Ich verwertbar wird. Die Frage bleibt allerdings, ob die Art der Verwertung nicht selbst wieder bestimmt ist durch andere Determinanten und ob diese dem, was hier Freiheit genannt wurde, widersprechen. Zumindest bestünde die Möglichkeit, in den Grundlagen der psychoanalytischen Theorie eine Mischung von Determinismus und Freiheitslehre zu finden, die paradoxerweise einander nicht widersprechen müssen. Zur Klärung dieser Fragen wäre es jedoch notwendig, genauer zu untersuchen, was alles unter den Begriffen Freiheit und Determinismus verstanden werden kann.

Für die praktische Gestaltung bzw. Umgestaltung der Therapie wird man sich von einer Befassung mit dieser Frage nicht zuviel erwarten dürfen. Denn aufgrund welcher Theorie und deren impliziten Stellungnahmen zum Problem der Freiheit oder des Determinismus jene auch ursprünglich immer aufgebaut wurde, so wird sie nunmehr eher durch die Ergebnisse ihrer langjährigen Erfahrung als durch metatheoretische Postulate beeinflußt werden. Außerdem sind paradoxerweise die Erfolgsraten der verschiedenen Therapieformen, deren dazugehörige Theorien bezüglich unserer Problematik sogar widersprechende Konzepte vertreten, voneinander kaum signifikant unterschieden. Das läßt vermuten, daß in der therapeutischen Praxis immer mehr Variable eine Rolle spielen, als in die jeweilige Theorie aufgenommen worden sind, daß die Therapie also eine viel komplexere Interaktion darstellt, als die doch auf methodischen Abstraktionen und Modellen beruhenden Theorien erfassen konnten. Dennoch ist die eingehende Beschäftigung mit unserer Frage von wissenschaftstheoretischem Interesse. Sie könnte nämlich zu dem Ergebnis führen, daß die metatheoretischen Annahmen über Freiheit oder Determinismus als einander ausschließend nicht mehr sind als solche einseitigen Modelle, die der therapeutischen Praxis nicht gerecht werden und deshalb der Ergänzung bedürfen. Es könnte damit ein Beitrag zu einem besseren Selbstverständnis der Theorien geleistet werden.

### *Diskussionsschwerpunkte*

Der im Titel verwendete Begriff „Neurose" war stellvertretend für jede Form psychopathologischer Störung gedacht gewesen, daher war es notwendig, den Teilnehmern einen Überblick über wenigstens die groben nosologischen Kategorien zu geben (geistige Behinderung, exogene Psychosen, endogene Psychosen, Neurosen und psychosomatische Krankheiten, psychogene Reaktionen, Charakterneurosen). Der verschiedene Grad der Einschränkung der Entscheidungs- und Handlungsfreiheit bei diesen Gruppen ist klinisch gesichert und die Basis der forensischen Psychiatrie.

Aus dem 12. Kapitel der „Psychopathologie des Alltagslebens" wurden als Diskussionsgrundlage der Denkweise und des empirischen Beweismaterials eines Deterministen die introspektiven Selbstbeispiele von Freud über den Einfall des Namens Dora und einer Zahl vorgelesen.

Dem wurde die Ansicht von Albert *Görres* (1965) gegenübergestellt, daß auch ein dreijähriges Kind kein so passives Wesen mehr sei, „daß es ohne sein Zutun von Erbanlage und Umwelteinfluß in seinem inneren Schicksal festgelegt würde. Es hat schon hie und da die Möglichkeit, ihm angebotene Daseinsdeutungen – das sind implizit alle Wertungen und Vorschriften – mit anderen zu vergleichen und zu bezweifeln. Damit hat es die Freiheit, eine Wertung abzulehnen, eine andere vorzuziehen, also in den Grenzen der ihm zugänglichen Werte zu wählen und zu entscheiden."

Darüber ergaben sich erhebliche Zweifel. Aber auch die entgegengesetzte Auffassung von Alexander Mitscherlich auf der 11. Tagung der deutschen Richterakademie 1970 konnte nicht unwidersprochen akzeptiert werden: „Es gibt keine Willensfreiheit. Sie ist eine infantile Erfindung der Selbstidealisierung. Wir alle, auch die Rechtsbrecher, stehen unter Verhaltenszwang."

Wenn nämlich im Laufe der Entwicklung das Ich zunehmend die Möglichkeit hat, zwischen verschiedenen Determinierungen zu wählen, bzw. in pathologischer Regression diese Möglichkeit abnimmt, um sich in einer aufdeckenden Psychotherapie dieser Funktion wieder freier bedienen zu können, dann scheint es sinnvoll, einen beschränkten Freiheitsraum des Ich für Entscheidungen und Handlungen anzunehmen. Es wäre natürlich auch möglich, diesen größeren Freiheitsraum, der im großen und ganzen mit dem Begriff Ich-Stärke identisch ist, als eine bewußtere und differenziertere Determinierung zu beschreiben. Dies ändert jedoch nichts an der Tatsache, daß es sich hier um einen Zustand handelt, der auch als zu- oder abnehmende Freiheit definiert werden kann.

Adam *Schaff* (1965) meint dazu: „Das Problem der Freiheit kann man metaphysisch traktieren, aber auch operationistisch behandeln. Im ersten Falle stellen wir die Frage: Was ist Freiheit? – und warten auf eine Definition. In einer solchen Version dieser Frage wird die Angelegenheit hoffnungslos. Ob wir die eine oder die andere Definition der Freiheit akzeptieren, ist ja vom ganzen System abhängig, auf dessen Grundlage sie formuliert wurde, ist die Konsequenz bestimmter philosophischer Voraussetzungen, wobei zur Annahme der einen und Ablehnung der anderen Prämisse die Gefahr einer inneren Inkohärenz zwingt. Der Streit um die

Definition der Freiheit führt also zu einer Konfrontation der philosophischen Systeme und ist ohne eine solche unlösbar."

In seiner Antrittsvorlesung hat der Professor für forensische Psychiatrie der Universität Salzburg, Gerhard *Harrer,* unter dem Titel „Freiheit und Freiheitsverlust in der Psychiatrie" sich der Auffassung von Haddenbrock angeschlossen, „daß der Mensch als solcher im Bewußtsein der Freiheit seines Handelns lebt". Demgegenüber besteht jedoch die anthropologische Empirie menschlicher Unfreiheit in einer retrospektiv objektivierenden Beobachtung. Haddenbrock versucht die beiden Begriffe durch ein Konzept der Komplementarität oder der Unbestimmtheitsrelation von Freiheit und Unfreiheit zu überbrücken. Ähnlich ist die Auffassung von Max Planck: „Von außen betrachtet ist der Wille kausal determiniert, von innen betrachtet ist der Wille frei."

In Verbindung mit der Auffassung von Görres und der Annahme eines beschränkten Freiheitsraumes des Ich wurde auch die altersspezifische Entwicklung besprochen. Man gelangte zu der Auffassung, daß erst nach Abschluß der ödipalen Phase, also mit dem Beginn der Latenz, sinnvoll davon gesprochen werden könnte.

Hermann *Witter* (1970) meint, daß man Willensfreiheit als eine gesellschaftspolitisch notwendige Fiktion bezeichnen müsse. „Das Haften und Einstehenmüssen für das eigene Verhalten findet aber eine sinnvolle und human notwendige Begrenzung, 1. wenn offensichtlich ist, daß das Verhalten dieses Menschen durch eine Geisteskrankheit gelenkt wurde, oder 2. sobald eindeutig feststeht, daß dieser Mensch durch die Auferlegung der Selbstverantwortung nicht oder nicht mehr determinierbar ist."

Zuletzt wurde noch eingehend der Zusammenhang zwischen innerer und äußerer Freiheit u. a. am Problem der Soziogenese psychischer Störungen diskutiert. Es wurde darauf hingewiesen, daß mit massiver Repression, etwa Internierung und Zwangsarbeit für alle Personen mit abweichendem Verhalten, das Problem psychischer Störungen für eine Gesellschaft fürs erste oberflächlich gelöst werden kann. Es ist jedoch mit großer Sicherheit anzunehmen, daß dadurch ein Symptomwandel, eine Abdrängung ins Organische oder unter Umständen ein offener oder verschleierter Suizid die Folge ist.

Wenn auch die Rolle gesellschaftlicher Faktoren für die Pathogenese derzeit von manchen Gruppen überschätzt wird und das biologische und individualpsychologische Moment oft absichtlich vernachlässigt wird, so ist es doch sehr wesentlich, vor allem die Forschungsrichtung auf die Rolle gesellschaftlicher Momente hin zu verstärken. Die Instrumente der neueren psychiatrischen Epidemiologie gestatten derzeit bereits annähernd sinnvolle vergleichende Arbeiten. Wir stehen hier allerdings erst am Anfang einer wichtigen Entwicklung. Es dürfte jedoch als gesichert aufzufassen sein, daß Herbert Marcuse recht hat, daß unsere Gesellschaft derzeit noch mit einer Überschußrepression betrieben wird, die abgebaut werden müßte, wenn wir die Randgruppen pathologischen Verhaltens verkleinern wollen.

Daß die Freiheit des einzelnen an dem Freiheitsanspruch des anderen seine Grenzen findet, ist eigentlich selbstverständlich. Wir möchten aber zu dieser „Goldenen Regel" noch die Meinung eines der bedeutendsten lebenden Analytiker anschließen. Erik H. *Erikson* meint dazu in seinem Buch „Einsicht und Verantwortung": Die Goldene Regel befaßt sich offensichtlich mit einem der grundlegendsten Paradoxe des menschlichen Daseins. Jeder Mensch nennt einen eigenen, von anderen getrennten Körper, eine ihrer selbst bewußte Individualität, ein persönliches Gewahrwerden des Kosmos und einen sicheren Tod sein eigen. Und doch teilt er diese Welt mit anderen als eine Realität, die auch von anderen wahrgenommen und beurteilt wird, und als eine Aktualität, innerhalb deren er sich auf unaufhörliche Wechselwirkung einlassen muß. Das wird in ihren Schriften als Karma ausgedrückt.

Um das Eigen-Interesse und das Interesse anderer „Selbst" zu identifizieren, verwendet die Regel abwechselnd die Methode der Warnung: „Tu nicht, was Du nicht willst, daß man Dir tue", und die der Ermahnung: „Tu, wie Du willst, daß man Dir tue". Um des psychologischen Anreizes willen stützten sich manche Versionen auf ein Minimum an egoistischer Klugheit, während andere ein Maximum altruistischer Sympathie fordern. „Tu anderen nichts an, was Dir Schmerzen bereiten würde, wenn man es Dir zufügte" setzt, wie man zugeben muß, nicht viel mehr voraus als das geistige Niveau eines kleinen Kindes, das darauf verzichtet zu zwicken, wenn es dafür wieder gezwickt wird. Mehr reife Einsicht wird von dem Spruch vorausgesetzt: „Keiner ist ein Gläubiger, ehe er nicht für seinen Bruder liebt, was er für sich selbst liebt." Von allen Versionen aber fordert uns keine so bedingungslos heraus wie die der Upanishaden: „Er, der alle Wesen in seinem eigenen Selbst sieht und sein eigenes Selbst in allen Wesen" und das biblische Gebot: „Liebe Deinen Nächsten wie Dich selbst".

Der Zusammenhang zwischen dem Maß äußerer Freiheit in der Gesellschaft und dem Ausmaß psychischer Störungen in derselben ist innerhalb gewisser Grenzen unübersehbar. Psychohygienische und sozialpsychiatrische Aktivitäten stehen daher in einem wechselseitigen Förderungsverhältnis zu den Maßnahmen der Vermehrung äußerer Freiheit.

## LITERATURHINWEISE


*Descartes, R.,*
Meditationen, Hamburg 1960.

*Erikson, E. H.,*
Einsicht und Verantwortung, Stuttgart 1966.

*Fichte, J. G.,*
Wissenschaftslehre, in: Sämtliche Werke, Bd. 2, Berlin 1845.

*Freud, S.,*
Abriß der Psychoanalyse, in: Gesammelte Werke, Bd. 17, Frankfurt [4]1966.

*Freud, S.,*
Psychopathologie des Alltagslebens, Frankfurt 1971.

*Gehlen, A.,*
Der Mensch, seine Natur und Stellung in der Welt, Frankfurt 1966.

*Görres, A.,*
Methode und Erfahrungen der Psychoanalyse, München 1965.

*Harrer, G.,*
Freiheit und Freiheitsverlust in der Psychiatrie, unveröffentlichter Vortrag, gehalten an der Universität Salzburg, Institut für forensische Psychiatrie.

*Hegel, F.,*
Logik, Bd. 1, Stuttgart 1958.

*Hume, D.,*
Treatise of Human Nature, Aachen 1964.
*Kant, I.,*
Kritik der reinen Vernunft, Hamburg 1956, 370–436.
*Kant, I.,*
Kritik der praktischen Vernunft, Hamburg 1967.
*Leibniz, G. W.,*
Monadologie, Frankfurt 1972.
*Platon,*
Phaidon, in: Platons Hauptwerke, ausgewählt von W. *Nestle,* Stuttgart 1941.
*Portmann, A.,*
Entläßt die Natur den Menschen? Gesammelte Aufsätze zur Biologie und Anthropologie, München 1970.
*Rank, O.,*
Will Therapy, Truth and Reality, New York 1945.
*Rapaport, D.,*
Die Struktur der psychoanalytischen Theorie, Stuttgart 1970.
*Schaff, A.,*
Marxismus und das menschliche Individuum, Wien 1965.
*Vorländer, K.,*
Geschichte der Philosophie, Bd. 1, Leipzig 1927, 202ff.
*Witter, H.,*
Grundriß der gerichtlichen Psychologie und Psychiatrie, Berlin 1970.